INQUIETAÇÕES ↔ SERENIDADE

Blucher

KARNAC

INQUIETAÇÕES ↔ SERENIDADE

Efeitos a longo prazo das contribuições de Bion

Organizadores

Paulo Cesar Sandler

Antonio Sapienza

Odilon de Mello Franco Filho

Inquietações ↔ Serenidade: efeitos a longo prazo das contribuições de Bion

© 2016 Paulo Cesar Sandler, Antonio Sapienza, Odilon de Mello Franco Filho (*in memoriam*) (organizadores)

© 2018 Editora Edgard Blücher Ltda.

Equipe Karnac Books
Editor-assistente para o Brasil Paulo Cesar Sandler
Coordenador de traduções Vasco Moscovici da Cruz
Revisora gramatical Beatriz Aratangy Berger
Conselho consultivo Nilde Parada Franch, Maria Cristina Gil Auge, Rogério N. Coelho de Souza, Eduardo Boralli Rocha

Blucher

Rua Pedroso Alvarenga, 1245, 4º andar
04531-934 – São Paulo – SP – Brasil
Tel.: 55 11 3078-5366
contato@blucher.com.br
www.blucher.com.br

Segundo o Novo Acordo Ortográfico, conforme 5. ed. do *Vocabulário Ortográfico da Língua Portuguesa*, Academia Brasileira de Letras, março de 2009.

É proibida a reprodução total ou parcial por quaisquer meios sem autorização escrita da editora.

Todos os direitos reservados pela Editora Edgard Blücher Ltda.

Dados Internacionais de Catalogação na Publicação (CIP)
Angélica Ilacqua CRB-8/7057

Inquietações ↔ serenidade : efeitos a longo prazo das contribuições de Bion / organização de Paulo Cesar Sandler, Antonio Sapienza, Odilon de Mello Franco Filho. – São Paulo : Blucher, 2018.
636 p.

ISBN 978-85-212-1243-0

1. Psicanálise 2. Bion, Wilfred R. (Wilfred Ruprecht), 1897-1979 – Crítica, interpretação etc. 3. Interpretação psicanalítica I. Sandler, Paulo Cesar. II. Sapienza, Antonio. III. Franco Filho, Odilon de Mello.

17-1563   CDD 150.195

Índice para catálogo sistemático:
1. Psicanálise

Conteúdo

Introdução – Em retrospecto: descrição e análise crítica
de um encontro científico sobre a obra de Bion   9
Paulo Cesar Sandler

Parte I – Estudos individuais

O desafio de pensar sobre psicanálise   81
Antônio Carlos Eva

Inveja   103
Arnaldo Chuster e Renato Trachtenberg

O protomental não realizado como fundamento dos   109
transtornos de pensamento, simbolização e aprendizagem
Alicia Beatriz Dorado de Lisondo et al.

Fatores de conjunção e disjunção no relacionamento 137
de parceria fértil e criativa
Antonio Sapienza e Luiz Carlos Uchôa Junqueira Filho

O mito de Édipo 171
Celso Antonio Vieira de Camargo

Mudança catastrófica ↔ mudança criativa: entre a 179
genialidade e a loucura
Claudio Castelo Filho

Invariância, transformações e experiência emocional 209
Cecil José Rezze

Observação: de "O cravo bem temperado" a 227
"A arte da fuga"
Deocleciano Bendocchi Alves

Aplicando a grade aos movimentos de um grupo: 269
uma possibilidade de pesquisa em psicanálise
Isaias Kirschbaum e Marisa Pelella Mélega

Matematização da psicanálise? 291
José Lopes das Neves Neto

Estruturas em cena no processo psicanalítico: o *setting* 313
psicanalítico para a clínica hoje
Jaques Goldstajn

"Sonhar... Talvez...": o instinto de verdade e a função 337
mais profunda do sonhar nas contribuições de Bion
James S. Grotstein

De kleinianos a neobionianos 373
José Luiz F. Petrucci

Para um modelo sobre a dor mental: o negativo e a   381
arte de transformar
Manuela Fleming

Olhar indagador: *why shaped stare*   399
Maria Stela de Godoy Moreira

O vazio mental: entre o misticismo e o terror hipotalâmico   421
Mario Giampà e Luca Caldironi

Afinal, o que é a experiência emocional? (Ou uma pergunta
que eu gostaria de ter feito a Bion)   457
Odilon de Mello Franco Filho

Criatividade e expansão psíquica no limite do caos: 475
a mente como um sistema adaptativo complexo
Raul Hartke

Parte II

Estímulo I   487

Estímulo II   495

Uma experiência grupal organizada no momento   501
Bion 35-25

Concordâncias e divergências entre psicanálise e   533
psicoterapia psicanalítica
Ryad Simon

Sobre o senso comum   561
*Luiz Tenório Oliveira Lima, Uraci Simões Ramos e Cláudia
Starzynski Bacchi*

Produções oníricas e expansões de continência psíquica   569
e do pensar na análise de um adolescente
Teresa Rocha Leite Haudenschild

Uma experiência com um grupo (inicialmente) médio: 611
em busca do grupo perdido – experiência de elaboração
de uma situação grupal
Elsa V. K. P. Susemihl, Ester H. Sandler e Leda B. Spessoto

A experiência de grupos médios   627
Odilon de Mello Franco Filho

Mantendo viva a chama: encontros sobre a obra de   629
Bion pelo mundo
Paulo Cesar Sandler

Introdução – Em retrospecto: descrição e análise crítica de um encontro científico sobre a obra de Bion

Paulo Cesar Sandler[1]

O tempora, o mores

Uma década.

Intervalo de tempo usualmente suficiente para transformar crianças em adolescentes. Adolescentes, em adultos. E adultos, em idosos.

Intervalo de tempo no qual pode-se obter ideias a respeito de eventuais lutos – por pessoas, por eventos, por objetos imateriais – que possam ter sido animados em função de subserviência a fantasias de natureza esquizoparanoide.

Etapas de real maturidade podem tomar intervalos ainda maiores do que dez anos, no que tange às transformações que são utilizadas para demarcar essas "fases" de adolescência, maturidade, velhice. Utilizando a terminologia médica: seriam casos

---

[1] Ex-coordenador do Encontro Bion 2∞4 São Paulo.

protraídos. Em um jogo de palavras que pode ser considerado com seriedade, alguns sentem-se traídos pela inexorável passagem do tempo, talvez nosso único bem não renovável. Em todas essas situações emergem imobilizações na posição esquizoparanoide.

Por dificuldades na expressão de curiosidade e pelo mito individual que pode ser descrito por meio da formulação verbal "daqui não passo" (Bion, 1977/1996b, p. 25), o "novo" pode aparecer como "velho" – principalmente em casos, por vezes recalcitrantes em função de ganhos secundários obtidos.

Por vezes, ganhos secundários ocorrem por meras coincidências probabilísticas em personalidades subservientes ao princípio do prazer-desprazer. Um fator em efeitos placebos ou nocebos. Pessoas que recorrem a auto ou heteroisenção de percepção, elaboração e responsabilidade pessoal frente a mudanças criam situações em que "nada muda", assim como o fazem também pessoas com dificuldades em aprender a partir de experiências. Extensões feitas por Melanie Klein, entre 1936 e 1957, Donald Winnicott, entre 1958 e 1971, e Wilfred Bion, entre 1950 e 1965, sobre o conceito de narcisismo, inicialmente observado clinicamente por Sigmund Freud, entre 1911 e 1938, permitem afirmar que maturidade depende de um mínimo equilíbrio dinâmico – sujeito a instabilidades e consequentes modulações harmônicas, ou à falta delas – entre as posições esquizoparanoide e depressiva. Simultaneamente, e de modo paradoxal, há algo – em psicanálise, costuma-se dizer, "subjacente" – que permanece, essencialmente, o mesmo. Filósofos referem-se a esse "algo" como transcendente – a tempo, a culturas, a espaço. Por vezes, reconhecíveis na aparência, em pessoas individuais: conformações dos narizes, orelhas... e olhares. Maturação pode implicar "mais do mesmo", como ocorre com intérpretes reais no âmbito artístico.

Mudanças, ou não

Maturações e também a ausência delas podem ser sentidas, e experimentadas emocionalmente, como catastróficas (Sandler, 2009, pp. 313-337).[2] Predomina o que Freud denominou "negação" (1925): um dos mecanismos de defesa do ego, quando a pessoa está acordada, e também um dos mecanismos do trabalho onírico (Freud, 1900/1964d).

Negação, em conjunção constante com outro modo de funcionamento mental, o da racionalização (Freud, 1911/1964h), constituem-se como a dupla base para a geração de psicose. Juntas, podem ser vistas como atos violentos, originados por ódio à realidade, nos momentos em que a realidade se constitui por eventos independentes e contrários ao desejo e prazer humanos (Freud, 1910/1964a; Bion, 1967). As consequências dessa violência expressam-se em produções idiossincráticas, compondo delírios e alucinoses, no inevitável desastre instalado nos processos de pensar. Tais pessoas sentem – ou pensam experimentar – algo análogo ao vácuo ou à pobreza mental, mesmo que disfarçados na área da consciência, por interveniência de outros mecanismos de defesa do ego, como transformações no contrário. Podem desaguar em sentimentos paradoxais de riqueza e mania.

Mudanças inevitáveis são biologicamente ou naturalmente determinadas e afetadas por questões sociais – econômicas e culturais, ainda que sejam negadas na área cognitiva. Originam-se tanto no ambiente "externo" a todos nós, seres humanos, quanto no nosso ambiente "interno". Em pequena porcentagem dos casos, são realmente catastróficas (Bion, 1965, 1967, 1970, 2009). Podemos

---

2 Para uma revisão completa do conceito de mudança catastrófica, ver Sandler (2005, pp. 101-112).

definir, como definiu Bion, o termo catástrofe da seguinte forma: algo que introduz alterações bruscas, no espaço e no tempo, do *status quo* compatível com a sobrevivência humana. Emergem com toda força fatores probabilísticos incontroláveis pelos recursos humanos, sempre parcos. Isso é verdadeiro e comprovável em observação clínica, como o é em observação da vida, tal como ela é.

Existem exemplos de sobrevivência e também de falta de sobrevivência em casos realmente catastróficos, externos – como extermínios genocidas ou desmandos econômicos em função de fatores de personalidade cujo exame foge ao escopo do presente estudo.

Na população geral, apesar de indicações de tendências obtidas por meio de estudos históricos, ainda não é possível conhecer estatisticamente a proporção daquelas pessoas que sobreviveram e, menos ainda, a proporção daquelas que não sobreviveram. Observa-se a existência de casos em que ocorrem dificuldades de percepção e elaboração frente a mudanças naturais e assunção de responsabilidade frente a essas mudanças, que nunca estão sob controle individual. A sociologia, a psiquiatria e a psicanálise vêm tentando contribuir com o estudo dessas condições, que incluem várias possibilidades de transformação de ódio perante a realidade ou abominações de contato real com a verdade. Alguns fenômenos, como prevalência de avidez, sociopatia e idolatria, por vezes agem em conjunção constante, mas em proporções variáveis. A conjunção constante também se vincula a estados individuais de culpa alucinatória, ou totêmica (Freud, 1913/1964i).

Algum tipo de conhecimento provido por métodos estatísticos permitiria afirmar se esses casos de sobrevivência e também de falta de sobrevivência em catástrofes reais compõem maioria, média ou minoria na população geral. A impressão advinda de estudos de casos, obtidos historicamente e também em clínica psiquiátrica, é a de que constituem minoria. Caso fossem representados por uma curva de Gauss, ocupariam os polos da curva.

Ainda não há conceitos-chave e métodos para esse tipo de estudo transdisciplinar, simultaneamente socioantropológico e psicanalítico. Fatos observáveis na experiência clínica em psicanálise permitem a constatação de que nós, seres humanos, em maior ou menor grau, estamos habituados a manter dificuldades cognitivas quando enfrentamos o que tenha a aparência de ser novo; *a fortiori*, frente àquilo que realmente é novo. Consequentemente, impede-se então que possamos perceber e elaborar ações minimamente efetivas quando nos defrontamos com a mais notável característica das entidades vivas: a contínua mudança. Podem ser observadas algumas consequências: estados de hipnose em massa, mais adequadamente descritos por Gustav Le Bon em 1895 – o maior inspirador de Freud (1921/1964c) no âmbito da sociologia –, acoplados a estados alucinatórios e delirantes nos quais as pessoas mergulham em estados em que sentem haver "ausências" de sua própria mente, abusando do apelo a identificações projetivas, conduzindo a idolatrias e iconoclastia.

Algumas disciplinas, como a biologia e a medicina, assim como a história e a antropologia, descrevem um fato real: desenvolvimentos e o seu contrário, as degenerações. A física descreve, por meio de disciplinas denominadas, eletrodinâmica, hidrodinâmica e aerodinâmica, a existência real de fluxos materializados e imaterializados. Estas situações materializadas, apreensíveis pelo nosso aparato sensorial, já haviam sido descritas por meio de formulações matemáticas. Tanto a teoria da relatividade quanto a mecânica quântica puderam mensurar mais precisamente as mudanças.

Foi necessário, em função de vários fatores independentes de intenções, ações e também de desejo dos autores e efetores do encontro denominado Bion 2∞4 São Paulo, que se aguardasse uma década para elaborar esta retrospectiva crítica. Por "autores e efetores", refiro-me aos vários colegiados que organizaram o evento, e, dois anos depois, a todos os participantes do evento.

O lugar-comum, eivado de desejo, consegue entreter dúvidas a respeito da existência desse fato, mudanças. Imagina-se e fantasia-se situações estáticas. Há apenas uma situação estática, em que nada muda. Afortunadamente, não dispomos de muitos nomes para identificá-la: denomina-se morte.

No Iluminismo inglês, todos os teóricos eram, antes de tudo, práticos. Um dos que mais se sobressaiu nesse período foi John Locke (1690) – médico, teórico da ciência e da política –, responsável pela criação do sistema de democracia representativa atualmente em uso. Locke legou a todas as gerações posteriores de cientistas a mais precisa definição disponível para senso comum: um uso conjugado e de modo constante, em puro movimento vivo, de mais de um de nossos órgãos dos sentidos, aqueles que compõem nosso aparato sensorial. Por exemplo, fazemos uso de nosso órgão de captação de fótons, ou órgão visual, constantemente conjugado, ou acoplado a outro órgão de captação, o órgão auditivo, onde captamos ondas sonoras – resultando em percepções visuais e auditivas. Aquilo que só pode ser observado pelo uso de um órgão permanece desconhecido ou praticamente desconhecido. Consequentemente, fadado a maior erro, quando comparado com aquilo que pode ser captado por meio de senso comum.

Temos tentado diferenciar, em outras investigações, lugar-comum de senso comum, incluindo evidências obtidas em clínica psicanalítica. Observamos que o conceito de senso comum foi banalizado, tornando-se lugar-comum. Como na observação de Nietzsche (1873) a respeito de moedas que perdem, por excesso de uso, seu valor facial, lugar-comum implica moda. Mais especificamente, modismos – ou, se usarmos um anglicismo dentro da moda atual no Brasil, *fashion*. Na observação de Shakespeare, "a ardilosa vestimenta do Diabo". "Realmente, estamos vivendo uma época de disposições esquisitas: pois as pessoas podem construir coisas, modelando-as segundo sua própria moda, limpando-as dos objetivos essenciais destas coisas".[3] Nossa observação demonstra o fato de que modismos são criados por um ciclo: preconceitos, ligados a precoce esquecimento, que retorna a preconceitos. O estudo aprofundado desses fatores foge ao escopo do presente ensaio, abrangendo estudos antropológicos e sociológicos, mas pode ser encontrado em outros locais, inclusive em um estudo que fiz anteriormente (Sandler, 2013b, p. 141).

Uma vantagem desse intervalo de tempo é a possibilidade de propiciar, em princípio, maior elaboração das experiências vividas. Igualmente, a possibilidade de propiciar manutenção de preconceitos. Em uma analogia com os desenvolvimentos orgânico e psicológico que ocorrem na transição entre infância e fase de latência, o Encontro Bion 2∞4 São Paulo constituiu-se em "primeira infância". O tempo necessário – nunca voluntário – para esta escrita constituiria, analogamente, a fase de "latência".

O que nos reservará a "adolescência"? E a "maturidade"? Nem sequer sabemos se ocorrerão. Dado o fato de que, em princípio, todos os envolvidos precisariam ter se submetido a análises pessoais, e que poderiam tê-las obtido, seria realístico esperar que a "maturidade" pudesse ser não turbulenta?

---

3 Shakespeare (1990) registrou o fato em pelo menos duas de suas obras: *Measure for measure*, III: i, 95; e *Julio Caesar* I: iii, 45 – respectivamente: "the cunning livery of hell" e "Indeed, it is a strange-disposed time: But men may construe things after their fashion, Clean from the purpose of the things themselves."

Se esse intervalo de tempo – uma década –, no que tange ao Encontro Bion 2∞4 São Paulo, corresponde ao que ocorre com o desenvolvimento de vinhos, ou de bebidas destiladas, obtidos por maturação pouco turbulenta, depende da visão do leitor. Alguns desses leitores, provavelmente, participaram do evento.

O livro que se segue tenta mostrar algo do que ocorreu, mas é limitado por formulações verbais: pois o algo que ocorreu foi um evento vivo.

Podemos usar o termo maturidade como pressuposto, ou hipótese de trabalho em ciência. O exame do movimento psicanalítico – uso o termo na acepção que lhe foi atribuída por Freud, em 1914, poderá ser feito em uma tentativa de descrever fatos ocorridos por mais de um século, e poderá abranger alguns lugares no mundo. O exame dos efeitos da obra de Bion poderá ser feito em uma tentativa de descrever fatos ocorridos durante quase meio século, e poderá, igualmente, abranger alguns lugares no mundo.

O presente exame tem, na melhor das hipóteses, o *status* de hipótese nula, como é denominada em estatística. Se for usado como tese, equivalerá a mero preconceito; como tal, será subserviente ao princípio do prazer-desprazer.

Além de poder propiciar memórias aos que puderam comparecer ao evento, e imagens aos que não puderam comparecer, este livro, um misto de relatório de atividades e análise crítica de um modo de trabalho, poderá interessar a organizadores de futuros encontros de colegas de psicanálise.

As descrições pretendem ser evocadoras. Nesse sentido, inspiradoras – já que inspiração só pode ocorrer para quem tem pulmões e um sistema respiratório. Não pretende constituir-se como fórmula. Tentar replicá-la implicaria um risco de criar novas institucionalizações estéreis.

Hábito

Neurologicamente, hábitos de comportamento pessoal e social formam, e são formados, por arcos reflexos.

O termo "hábito", excessivamente desgastado pelo uso contínuo, tem sido visto como denegritório, e atualmente é mais utilizado quanto ao uso de drogas nocivas. No entanto, etimologicamente, o termo "hábito" nem sempre conteve juízos de valor, mais típicos de atividades judiciais, pedagógicas e políticas. Juízos de valor são alheios a algumas atividades como a psicanalítica; nisso, a psicanálise tem sido uma boa herdeira da atividade que lhe foi materna e paterna: a medicina.

Pode-se dizer realisticamente que há *hábitos construtivos* e *hábitos destrutivos* ligados a desbalanceamentos de prevalência dos instintos de vida e de morte, idealmente em homeostase entrópica (Freud, 1920/1959;[4] Sandler, 2009).

Hábitos construtivos – no senso comum da civilização ocidental – que podem ser exemplificados por hábitos higiênicos, como escovar os dentes ou fazer exercícios, e hábitos destrutivos, como o uso indiscriminado de drogas psicoativas ou lesivas a outros órgãos, ocorrem em grau semelhante. Hábitos construtivos facilmente se transformam em destrutivos por prevalência do princípio do prazer-desprazer. Um exemplo é a prática de esportes que passaram a

---

[4] O princípio de Fechner, elaborado por Helmholtz e Brentano, foram os inspiradores maiores de Freud.

ser violentos. Alguns deles, idealizados para a prevenção de moléstias cardiocirculatórias, rapidamente passaram a ser utilizados para destruir esses mesmos sistemas vitais – como atestou a triste polêmica social ocorrida uma década depois da introdução do método de treinamento aeróbico do sistema cardiocirculatório idealizado pelo Dr. Kenneth Cooper, cardiologista militar dos Estados Unidos. A vulgarização do método aliada a interesses comerciais de uma editora, que publicou um livro para venda popular escrito por James Fixx, foram fatores importantes nessa perversão dos objetivos iniciais. Fixx, amigo pessoal de Cooper, faleceu enquanto praticava exercícios de correr, sem estar preparado para isto.

Alternativas a modelos habituais de organização de congressos têm sido recomendadas, algumas vezes enfaticamente, por boa parte dos milhares de inscritos nesse tipo de evento e também por personalidades conhecidas no movimento psicanalítico. André Green, em um manifesto público no congresso da International Psychoanalytical Association (IPA) ocorrido em Amsterdã, em 1993, teceu uma análise crítica em tom de advertência – como lhe era habitual – a respeito dos modelos piramidais com tendência a favorecer meritocracias políticas às expensas de meritocracias técnicas.

Uso o termo "piramidal" para descrever organizações sociais ordenadas por vontade individual, no sentido "de cima para baixo", que criam elites dominantes e gradualmente eliminam voz, participação e representatividade das bases populacionais que dão corpo e mente a esse tipo de evento. O fato foi descrito por alguns historiadores e sociólogos, como Arnold Toynbee (1972), e alguns psicanalistas, inspirados por Bion, como Elliott Jaques (1976).

Congressos científicos foram devotados, em seu início, à livre expressão, ao escoamento, à comunicação e à troca crítica – criticismo no sentido de Kant – de ideias sobre algo que era não conhecido ou quase não conhecido pelo grupo de cientistas em épocas pré-Internet.

O movimento psicanalítico – termo cunhado por Freud –, filho do movimento médico, repetiu essa padronização com sucesso: temas como narcisismo, depressão, *acting out*, posições, objeto transicional e teoria do pensar constituíram-se como "novidades" e foram divulgados mais amplamente, e de modo principal, em congressos ocorridos entre 1910 e 1961.

Imperava no movimento psicanalítico aquilo que Hanna Arendt denominou de "meritocracia" (1954), nome aproveitado pelo economista e sociólogo inglês Michael Young, que publicou, um romance futurista de cunho irônico (1958). Propus uma extensão a esse nome para descrever o que ocorreu no movimento psicanalítico: preponderava, portanto, entre 1910 e 1961, uma "meritocracia técnica". Havia exceções: algumas pessoas, como o psiquiatra suíço Eugen Bleuler, um dos fundadores da primeira sociedade psicanalítica, em Viena, médico respeitadíssimo, que cunhou o termo "esquizofrenia", em reconhecimento ao trabalho de Freud, decidiu abandonar o movimento, cansado da atuação política de alguns – inclusive um de seus auxiliares, Carl Jung.

Young fez uma abordagem crítica ao aproveitar o nome meritocracia. Teve destacada atuação técnica, como professor, e também como político, com ações beneficientes, mas faleceu desgostoso, lamentando ter divulgado o termo: tornou-se famosa a descompostura pública que passou no desastrado Premier Tony Blair, que utilizou o nome como se fosse um privilégio a ser conquistado. Caso não apelemos para juízos de valor, ou seja, se fizermos do modo que o fez Arendt, poderemos observar historicamente de que, antes mesmo que se cunhasse tal nome, o fato designado pelo nome já havia sido usado há pelo menos dois milênios. Correspondia a um sonho de Platão quase praticado por Péricles: que os políticos na *pólis* Grega pudessem ser bons técnicos.

O fato, ou invariância subjacente, que estou denominando, "meritocracia" foi levado – pode-se dizer, "importado" – para a China, na época de Confúcio, e retornou à Europa durante a Renascença; foi incrementado durante o Iluminismo, entre os séculos XIV e XVII. Até certo ponto, foi utilizado em alguns principados germânicos, na época de Goethe, e, de modo extremamente limitado, na França napoleônica. Foi responsável pelo intenso incremento na pesquisa científica e no trabalho autístico. O fato pode ser importante, pois era uma época semelhante à atual, caracterizada pelo comércio globalizado. Apenas nos séculos XVIII e XIX a implementação de meritocracia, sob enorme custo, resultou em sua implantação na Inglaterra – no governo de Gladstone – e nos países nórdicos, ainda assoberbados por preconceitos étnicos. Incrementou-se notavelmente nos Estados Unidos, apesar dos excessos destrutivos típicos do pós-escravagismo, no governo Cleveland. No início do século XX, tomou um outro nome – pois meritocracia ainda não havia sido cunhada: "tecnocracia" (Smyth, 1920). Distorções precoces no uso do termo, principalmente após ter sido utilizado por "cleptocratas" autoritários e amantes da guerra sangrenta de invasão, logo o colocaram fora de uso.

No Brasil, meritocracia foi parcialmente implantada no século XIX, pelo ministro do exterior do Segundo Império, José Maria da Silva Paranhos Jr., mais conhecido como Barão do Rio Branco, em expansão protraída de um evento ocorrido duzentos anos antes, em função da medida emergencial, a fuga de D. João VI e sua corte para a colônia brasileira. Medida notavelmente esperta: para evitar a invasão napoleônica, D. João VI, "o Clemente", mudou a capital do país para as terras ultramar. Por uma destas "ironias da história" (Deutscher, I. (1956), a pretensa invasão, sob o comando do General Junot, mostrou-se inepta e... nada inclemente.

Uma das expressões mais marcantes da medida emergencial de D. João VI foi a "importação" de professores, e de técnicas de educação universitária. Pelas mesmas medidas, mais atualizadas, do Barão do Rio Branco, houve a expansão da Universidade para outras cidades que não Salvador e Rio de Janeiro. Bastante semelhante à havida nos Estados Unidos, embora em escala miniaturizada.

Nova expansão do fato ocorreu no governo ditatorial de Getúlio Dornelles Vargas (Fausto, 2006) no século XX. Ainda que de modo canhestro, quase involuntário e extremamente ambivalente, refletindo a personalidade do ditador, tiveram o condão de complementar aquilo que proponho denominar, meritocracias técnica e cultural, por meio de novas "importações". Incluiu-se aí a chegada de refugiados alemães e a introdução de técnicas industriais avançadas, com o intuito de substituir as importações. Esse movimento se expressou com maior clareza nas ações sob a orientação de Oswaldo Aranha (Hilton, 1994).

O fato, ou invariância subjacente, "meritocracia", ficou conhecido no Brasil com outro nome, seu verdadeiro rótulo político: "desenvolvimentista". Sua essência foi, durante todo esse tempo, iluminista, e depois, positivista, fortemente influenciada pela ética protestante no que se refere à valoração do trabalho, fato bem esclarecido por Max Weber (Faoro, 1920/1973). Durante a ditadura militar imposta em 1964, o mesmo fato, mais bem vestido para a moda vigente, desenterrou o nome "tecnocracia". Ter sido promovido – sempre involuntariamente – por governos ditatoriais, sempre de tendências criminosas e assassinas, deixou suas marcas, como se fosse um tipo de DNA.

O movimento psicanalítico no Brasil foi iniciado justamente por meritocracias técnicas e culturais, por dois médicos psiquiatras que mantiveram correspondência com Freud e outros analistas da primeira e segunda geração europeia, Franco da Rocha e Durval Marcondes. Franco da Rocha, o primeiro professor de Psiquiatria em São Paulo, fez também a primeira tradução de Freud. O início pareceu ter tido morte precoce, mas foi resgatado pela persistência do próprio Durval Marcondes, ajudado por outros persistentes: Virgínia Leone Bicudo, Adelheid Koch, Frank Philips, Mário Yahn, Henrique Schlomann e Theon Spanoudis, entre outros, que personificaram a tendência construtiva de uma meritocracia técnica. Havia um "controle remoto" exercido por Ernest Jones,[5] que governava a IPA com mão firme e séria. No Brasil, houve uma ambivalência autoritária, então secreta, como Werner Kemper, antigo dirigente de uma organização financiada pela ditadura "nazista". Ao citar todos esses nomes, tentamos seguir a orientação dada por Klaus Von Dohnányi, então prefeito de Hamburgo, em seu conhecido discurso de abertura no 34º Congresso Internacional de Psicanálise ocorrido na Alemanha, em 1985. Essa orientação tem nos parecido a mais próxima da realidade (Von Dohnányi, 1986; Freedman, 1995).

Sob o vértice psicanalítico, pode-se dizer que a Inglaterra notabilizou-se por desenvolver a "meritocracia" sob dois sentidos. Um deles, construtivo, sob a égide dos instintos de vida; outro, lesivo, sob a égide dos instintos de morte.

Como exemplo do primeiro, podemos citar a revolução industrial, a livre troca comercial no sentido não explorador, em conformidade com preceitos estabelecidos pela Revolução Americana –

---

[5] Sandler, J. (1970); Yahn, M. (1971); Bicudo, V. L. (1975). Comunicações pessoais. Há alguns estudos sobre a história da Sociedade Brasileira de Psicanálise de São Paulo, como as notas assinadas por Cecil Rezze e Raymundo Barcellos, disponíveis na Biblioteca da SBPSP, e o estudo de Roberto Yutaka Sagawa, "O inconsciente nos divãs da História", tese defendida no IFCH da Universidade de Campinas, 1989.

na verdade, originada na ação dos barões ingleses que impuseram a Magna Carta ao rei João (alcunhado João-Sem-Terra) no século I. A Inglaterra notabilizou-se por acolher dissidentes políticos, cientistas e artistas banidos em seus países de origem – tradição que parece ter começado com Giordano Bruno. Muitos argumentam que a vinda de Melanie Klein, Sigmund Freud e Anna Freud para a Inglaterra, e seu equivalente norte-americano com enorme número de praticantes, como Putnam, Brill, Hartmann, Alexander, Deutsch, Kohut, e outros, foram passos decisivos para a sobrevivência do movimento psicanalítico no mundo – inclusive no Brasil, pois Ernest Jones era um canadense que vivia na Inglaterra. Outro exemplo que pode interessar ao movimento psicanalítico como um todo, e, particularmente, aos integrantes do Encontro Bion 2∞4 São Paulo, é a organização dos pilotos dos esquadrões aéreos de caças, durante o que os historiadores denominaram, "Batalha da Inglaterra", que afugentaram os bombardeiros alemães, impedindo a invasão foi fruto do trabalho de W. R. Bion: os líderes das esquadrilhas eram escolhidos pelos pares, e não pelo sistema militar de antiguidade na corporação, ou por indicação de nobreza familiar, em um nepotismo financeiro fontes de toda corrupção (Lyth, 1980).

O ponto de vista psicanalítico pretende alcançar – em termos de apreensão mínima – a complexa conjugação de fatores individuais com fatores sociais, envolvidos em todo tipo de meritocracias. Fazem parte de escolhas – inconscientes ou não – de atividades necessárias à sobrevivência individual. Pertencentes a áreas de id e superego, não podem ser abordadas neste ensaio; requerem o ambiente protegido de uma análise individual.

Esses fatores refletem áreas de ego e de funções de ego elencadas por Freud e, nesse sentido, podem ser abordadas neste texto. Um desses fatores individuais pode ser citado, pela extensa influência na preponderância naquilo que proponho denominar, "meritocracia política" (Sandler, 2012). Esse fator se expressa pelo fenômeno de idolatria e cultos à personalidades. Usualmente estudado em teologia e mitologia, foi detectado em psicanálise por Freud e, depois, por Bion – na formação grupal em torno de líderes messiânicos, usualmente impedindo a formação de grupos de trabalho (Bion, 1961). Esse trabalho foi expandido por Hans Thorner (1981), de quem emprestamos o próprio termo.

Os significativos progressos na ciência entre 1850 e 1950 e em suas expressões sociais e tecnológicas deram-se em função das meritocracias "científica", "técnica" e "artística" que predominaram nos Estados Unidos e também em parte da Inglaterra e da França. Outros países, como os soviéticos, introduziram meritocracias em outras áreas, como a cultural, notadamente nas artes cênicas e na dança, sob a órbita do que se chamou *Kommintern* (Taylor, 1991).

Em nenhum desses casos faltou motivação econômico-política, o que interferiu em vários graus na implantação e na manutenção das várias "meritocracias" e se refletiu principalmente em uma "meritocracia esportiva", denominação que atribuo ao que ocorre na área de esportes.

Sumarizando: a meritocracia política quase sempre subjaz, ou faz parte daquilo que se organizou, originalmente, com o nome de meritocracia técnica (científica ou artística), em graus variáveis, partindo da condição de entidades mantenedoras até a prática de ingerências na organização. O fato é conhecido antropologicamente, e inclui uma série de máximas como "a revolução devora seus iniciadores".[6] Na exata proporção em que a revolução executa

---

6   A máxima, que ganhou status de senso comum, foi cunhada durante a Revolução Francesa, por Danton: "A revolução é como Saturno: devora seus filhos".

ingerências – por definição, violentas –, ela também implica degeneração destrutiva. Inevitavelmente, torna-se prevalente e dominante, instituindo elites dominantes politicamente.

Adiantamos, neste ensaio, uma definição do campo semântico do termo, "integrantes": são as comissões de organização, e também os membros aderentes espontâneos a estas comissões, mais interessados nas atividades do evento, nos "aquis" e nos "agoras" no qual o evento esteve se desenrolando: práticas científicas, artísticas, tecnológicas ou desportivas. Há também âmbitos intermediadores: atividades organizativas, econômico-financeiras e de publicidade.

Em economia política, observa-se, ao longo de vários milênios que, no início das organizações sociais, tentou-se fazer algo semelhante à *polis*, ou democracia. No entanto, nem sempre a passagem do tempo resulta em amadurecimento construtivo – pode resultar em amadurecimento destrutivo, ou degeneração em termos políticos: corrupção, favorecendo minorias elitizantes. Quando ocorre essa degeneração, aquilo que era publicidade, organizada para que houvesse comunicação, torna-se propaganda partidária, destinada a imprimir e guiar impressões no público – como foi esclarecido por Bion no capítulo IV de *Transformações*. Onde havia sinceridade de propósitos úteis ao grupo como um todo, surgem divisionismos e utilidades para minorias elitizadas autoritárias.

Por necessidade organizacional, em função do aumento numérico de integrantes, sempre foi necessário construir sistemas de organização administrativo-burocráticos para patrocinar associações e congressos, originalmente, científicos, artísticos, tecnológicos ou esportivos. As ingerências da organização política gradualmente passaram a atender, de modo preponderante e preferencial, a interesses e vontades dos organizadores, que foram transformados, por si mesmos e também pela base do grupo, em elites dominantes minoritárias, descritas por Arnold Toynbee (1972); e, no Brasil, onde tornou-se prática social institucionalizada, foi descrita por Raymundo Faoro (1958).

Interesses dos membros aderentes, de inscrição temporária, passaram a ser desprezados. Novas atividades profissionais se fizeram necessárias para compor o subgrupo "organizadores". Renasceu, como novo *establishment,* em todas as áreas descritas (científica, artística, tecnológica, esportiva), aquilo que sugerimos denominar meritocracia política. Fatores *príncpes* na meritocracia técnica, como busca por verdade, deixam de sê-lo na meritocracia política, sendo substituídos por usos específicos no manejo da realidade para dirigi-la aos interesses da elite dominante. Ressalto o fato de que todos esses movimentos podem ser, em grande parte, orientados por fatores inconscientes das pessoas envolvidas, a não ser em casos de psicopatia.

Uma das consequências dessa situação é o incremento de travestir política de ciência. As origens psicológicas dessa situação foram aprofundadas por Bion em pelo menos três de suas obras. Como exemplo, o relato das dificuldades reportadas a Cristo por São Tiago e São João (Bion, 1970): queixavam-se, preocupados, das atividades de fazedores de milagres não autorizados pelo grupo de primeiros cristãos, antes de precisarem ficar escondidos em catacumbas. O que fazer com pessoas que apregoavam milagres, em nome de Cristo? Integrariam grupo? A resposta de Cristo soou enigmática: quem não estiver contra nós, será cristão. Outra iluminação provém de um amigo, e, segundo ele mesmo, discípulo de Bion: Elliott Jaques, em sua colaboração com Wilfred Brown no projeto Glacier (Bion, 1970; Jaques, 1976): "meritocratas políticos" ressentem-se, ainda que inconscientemente, do fato de que pode--lhes faltar oportunidade, ou capacidade, ou habilidade, ou disposição pessoal, muitas vezes traduzida por esforço, para adestrar-se nas várias técnicas precípuas, restando-lhes pelo menos uma alternativa: tentativas de compensá-las na doação política.

A experiência de parte dos organizadores do Encontro Bion 2∞4 São Paulo, dentre os quais destaco Antonio Sapienza,[7] Ester Hadassa Sandler, Francisco Claudio Montenegro de Castelo e Marta Petricciani, permitiu uma avaliação dos modos habituais de organização de eventos científicos em psicanálise. A percepção foi de que têm se mantido, gradativamente, carentes de métodos que garantam participação e representabilidade científica na exata proporção em que meritocracias políticas têm substituído meritocracias técnicas. Seria possível fazer uma sociedade na qual houvesse equivalência, e não preponderância de uma, às custas da outra? Abordamos este tema anteriormente.[8]

Usualmente, essas meritocracias [técnicas/políticas], refletindo tendências típicas da sociedade circundante, infiltram-se em várias instituições, inclusive academias e universidades, alienando-as de suas funções precípuas, e tornando-as agentes mantenedores de *status quo* considerados melhores ou úteis, para imobilizar tendências progressistas que possam ameaçar indivíduos formando panteões de notáveis. Posturas magistrais ligadas a "escolas" conduzem a repetições e rituais louvando aquilo que é conhecido. Em analogia a estações repetidoras de transmissões feitas por

---

7 Em 1998, comunicação pessoal ao autor; *Destinos do místico e de suas obras* (2010), apresentado na Bienal de Psicanálise de Ribeirão Preto.
8 Na proposição da existência de um "Sexto Pressuposto" em grupos, formado por alucinações de inclusão e exclusão de subgrupos. O trabalho foi agraciado com o prêmio "Durval Marcondes", da Associação Brasileira de Psicanálise, em 2000. Publicado em alguns locais, teve sua última versão em forma de um capítulo de livro, em 2013 – *A Clinical Application of Bion's Concepts, volume III: Visual and Verbal Approaches to Reality*. Londres, Karnac Books.

empresas emissoras de comunicação, estatais ou não, impedem, por exclusão, divulgação de aproximações diversas que possam se aproximar daquilo que seja real e desconhecido.

Estaria tal situação relacionada ao gradativo desaparecimento dos descobridores. Muitas vezes, a passagem do tempo apaga os nomes dos descobridores; raramente é o caso de haver apenas um; e, mesmo quando há apenas um, ele, ou ela, sempre se baseia em descobertas anteriores. Em psicanálise, ainda é possível saber quem foi: Sigmund Schlomo Freud, atualmente, apenas um nome. Nossos tempos – séculos XX e XXI – continuam usufruindo de desenvolvimentos de descobertas feitas entre o século XVI e XIX. Outro fator a se considerar, pelo menos como hipótese, é o fato real de que existem ambientes favoráveis à detecção, emergência e crescimento de descobridores, como Itália, França, Alemanha e Inglaterra, desde a Renascença. No entanto, se existem ambientes favoráveis, também existem os desfavoráveis. Por exemplo, a Alemanha, durante e após a guerra promovida pela ditadura nazista.

Dificilmente o gradativo desaparecimento dos grandes criadores estaria adstrito apenas a questões individuais. Há indícios de que trata-se de reprodução inconsciente das mesmas razões que têm afetado avassaladoramente a sociedade englobante – estagnação, repetição, decadência, e, de modo marcante, banalização.

Consenso momentâneo

Houve um consenso momentâneo – entre boa parte das pessoas da comissão organizadora do Encontro Bion 2∞4 São Paulo – sobre como o *modus faciendi* habitual de congressos estaria se esgotando com a diminuição sensível, e, para alguns, insuportável, da divulgação da produção científica dos associados às sociedades dedicadas ao estudo da psicanálise.

Em reuniões em grupo, ocorreu a essas pessoas, que formavam o núcleo do qual depois se tornaria um colegiado organizador, uma espécie de sonho coletivo expresso por uma dúvida: o que poderá ocorrer se a ordenação não seguir apenas interesses pessoais ou da elite minoritária dominante? Seria possível tentar um caminho "de baixo para cima", das bases, dos membros aderentes ao evento, rumando para as comissões de organização?

Uma parte do grupo propôs que a organização fosse restrita apenas a tarefas administrativas. Dois membros recordaram-se de que, entre 1910 e 1970, eventos promovidos pela Associação Psicanalítica Internacional tentavam evitar com que membros de comissões organizadoras apresentassem trabalhos em congressos que estes mesmos membros estivessem organizando; ou tivessem trabalhos publicados em periódicos em que fosse editores, invocavam-se questões éticas. Essa tendência ocorreu, em parte, em São Paulo, até final dos anos 1970.

A expressão "consenso momentâneo" pode explicitar, ainda que de modo tosco, um fato tão tênue como tenaz, unindo as personalidades envolvidas nessa direção. O fato foi um consenso manifesto a respeito do hábito de se organizar um congresso formando um grupo de "convidados pela elite minoritária dominante". Este hábito seria, em princípio, revisto. Haveria convidados, mas formariam um grupo de "convidados pelas bases".

Revendo as fitas gravadas das reuniões, confirma-se que cedo emergiram conflitos de autoridade. Outra parte das personalidades envolvidas não puderam realmente se coadunar no consenso inicial, que acabou sendo mantido, a partir daquele momento, no âmbito das aparências. Modo mais preciso de qualificar o que ocorreu seria o de um consenso relutante, abrigando contrariedades por parte minoritária do grupo organizador.

Os resultados obtidos tiveram relativo sucesso em evitar algumas ações impeditivas para a ocorrência de um congraçamento minimamente criativo e, igualmente, de evitar conclusões inequívocas de que houve apenas um evento feliz; ou de modo oposto, apenas perda de tempo.

Sensações precoces

Tudo na vida das entidades animadas que dispõem de sistema nervoso se inicia pela "experiência sensível" – a estimulação proveniente de influxos da realidade "externa", já estudada pelos gregos antigos, e da "interna". Nós, seres humanos, fazemos parte dessas entidades providas de sistema nervoso, em sua forma mais desenvolvida. Realidade, "externa" e "interna" – modos de se formular baseados justamente no espectro de absorção de nossos órgãos sensoriais – foram estudadas por nós mesmos, seres humanos, inicialmente por meio de mitos e de outras manifestações artísticas. Há pelo menos três milênios, por médicos e biólogos, que rumaram, na maior parte das vezes, para aspectos materializados, mais facilmente apreensíveis pelos nosso aparato sensorial. Como a realidade inclui aspectos imaterializáveis, foram necessários pelo menos um milênio e meio para que se pudesse descobrir e estudar esses aspectos, inicialmente por matemáticos, físicos, químicos e, há um século, psicanalistas. Usamos os termos, "meio externo" e "meio interno" – até o ponto que chegou nossa investigação, estes termos foram cunhados por um médico francês, Claude Bernard, que viveu no século XIX e influenciou sobremaneira toda a prática médica, que se mantém delimitada por alguns padrões descobertos por ele.

Os estímulos – todos eles, penetrantes – se abatem sobre nossos órgãos neurológicos encarregados de efetuar apreensões sensoriais, por necessidades ditas naturais. Foram incialmente descritos por Alcméon de Crotona e Aristóteles, que se dedicavam à Medicina. Descrições e elucidações mais precisas de necessidades naturais apareceram no século XIX, feitas por Charles Darwin, qualificado como naturalista. Isso ocorre com o recém-nascido. E continua a ocorrer até o fim de nossas vidas.

Nestes termos, ou seja, daquilo que pode ser apreendido pelos nossos órgãos sensoriais, parece-nos ter havido uma sensação imediata, e generalizada, de sucesso. Não pudemos efetuar mais do que uma pesquisa estatística informal no grupo de 479 pessoas presentes, que indicou esse sentido: uma amostra de cem pessoas respondeu a questões pessoais, acrescida de mais cem pessoas durante os cinco anos subsequentes.

Suponho que uma formulação verbal minimamente apropriada é que o Encontro Bion 2∞4 São Paulo foi minimamente nutriente, de modo imediato, aos que o organizaram e aos que o frequentaram – com poucas exceções. Houve fatores de risco:

- um caráter experimental, de "contracorrente" (Berlin, 1979), na tentativa de evitar compromissos políticos, escolásticos e cultos a personalidades;
- abrir a possibilidade de entrada de estrangeiros para um ambiente urbano com peculiaridades que desaconselhavam a iniciativa: decadência sócio-política-econômica-cultural expressa por erupções de violência criminosa – um clímax de situação desenvolvida por quase oitenta anos.

Somando-se a esses riscos científicos e sociais, fomos brindados pela ausência de patrocínio financeiro, por parte da SBPSP.

Contávamos com uma equipe com dedicação à psicanálise e dotada minimamente daquilo que Schopenhauer e, depois dele, Freud, chamaram de *wille* – um termo intraduzível. Não pode ser confundido com "vontade", que é uma supersimplificação consciente popular advinda de imobilização de alguns eventuais leitores na posição esquizoparanoide. O termo expressa a potencialidade do que Freud depois denominou "instinto epistemofílico", versão mais atual da "ânsia de conhecer" de Aristóteles (Sandler 1997, 2013a), depois desenvolvida no conceito de *trieb*, gerado biologicamente. Pode ser visto como energia instintiva voltada à vida, que enseja riscos de aniquilamento.

Dedicação a pessoas implica riscos, também: estes termos, *Wille, Trieb*, representam as origens da ansiedade básica da humanidade, bem descrita por Melanie Klein (1934): não é apenas o ódio que destrói o objeto, mas a violência dos impulsos amorosos. O termo *wille* pode ser apreendido por disposição instintiva natural, impulso que se traduz em esforço e trabalho em grupo voltado ao bem grupal – a "mente grupal" de Le Bon (1896), Freud (1921) e Trotter (1919/2016). É necessário disciplina sobre tendências narcísicas; sobre a imperiosidade que pode existir, do princípio do prazer-desprazer, dependente dos sentidos dos instintos de vida e morte – complementarmente "social-ísticos" e "narcisísticos". Quando os instintos de vida são "social-ísticos", os instintos de morte são "narcisísticos", e vice-versa (Bion, 1960/2000b).

Autorias

Diz-se que o sucesso tem muitos pais. Às funções de ex-coordenador, responsável pela vinda do evento ao Brasil, acumulei a responsabilidade pessoal em fatos que podem ser vistos tanto como sucessos quanto como insucessos. Keats, de Freud e Melanie Klein, observou que "o belo está nos olhos de quem o vê" (*beauty is in the eyes of the beholder,* na verdade, uma citação imprecisa de um verso em "Ode on a Grecian Urn"); supomos que expressa verdade, mas não toda a verdade. De qualquer modo, parece-nos verdade de que depende do vértice e dos parâmetros, que podem ser arbitrários, de cada observador, qualificar algo como sucesso ou insucesso. Supomos ainda que os dois sempre estão juntos: duas faces da mesma moeda.

Leituras variam, mas um autor pode tentar preservar sua mensagem caso inclua definições minimamente legíveis e busca por verdade. Uma palavra em inglês, *disclaimer*, intraduzível de modo último, abrange simultaneamente campos semânticos das palavras "desautorizar", "renúncia" e "retratação". Uma versão por neologismo poderia ser "des-reivindicação".

Tudo que se segue tenta ter valor de descrição histórica, o mais isenta possível. De modo algum reivindica criatividade partenogenética; nem tampouco propriedade: fantasias individualistas que incluem como invariante básica a *phantasia*[9] primeva de geração espontânea daquilo que os francês denominam *idées mères*.

---

[9] Termo atualmente em desuso, cunhado por James Strachey, Alex Strachey e Joan Riviere e plenamente aprovado por Freud, para designar "fantasia inconsciente", conceito criado em 1910 com a publicação do caso clínico do pequeno Hans. A única expansão clínica a respeito do fenômeno foi feita por Melanie Klein. Sua missão era diferenciar "fantasia inconsciente" do lugar-comum "fantasia". Susan Isaacs (1946) tentou metodizar a diferenciação.

Nada do que foi feito o foi sem que se filiasse a uma linhagem histórica anterior, que forneceu exemplos positivos e negativos – estes últimos, talvez mais importantes, para que não fossem seguidos. Positivo e negativo não expressam juízos de valor – são definidos segundo o sentido matemático.

Assinar este texto indica apenas uma responsabilidade pessoal pelo próprio texto. No término da mensagem de abertura do Encontro Bion 2∞4 São Paulo, na qualidade de responsável, declarei que, sem os inscritos no evento e sem os companheiros do colegiado organizador – tanto aqueles que auxiliaram para que o encontro pudesse ocorrer quanto aqueles responsáveis por manifestações relutantes, de intenção impeditiva, e também destrutiva – eu seria quase nada. Seria oportuno reiterar o que disse sob forma de discurso público, frente à audiência dos membros do evento? Levo em conta que discursos falados, "o tempo leva" – na maior parte das vezes, sem deixar vestígio; e em muitas vezes, deixando vestígios distorcidos. Mesmo quando se utilizam aparelhos de gravação – na época do evento, isso foi feito por meio de fitas magnetofônicas de celulóide, mais vulneráveis a danos irreparáveis e que, atualmente, não podem mais ser ouvidas com a facilidade de antes. Um texto de Bion expressa o fato de modo incomparavelmente mais claro, profundo, amplo e compacto do que qualquer texto que eu poderia redigir:

> *A mentira é característica de uma relação entre mente hospedeira e mente parasítica, e destrói as duas. O pensador pode acolher pensamentos, desde que não precise de pensamentos para aumentar sua própria importância e que possa tolerar pensamentos que não o façam. Quando o pensador é essencial para o pensamento ele entra em conflito com outros pensadores que se sentem essenciais ao pensamento. A inveja, ciúmes, e possessividade incitadas*

são as contrapartes dos elementos tóxicos no parasitismo físico. Contribuem para a natureza destrutiva da cultura que se desenvolve a partir do desenvolvimento da mentira. A necessidade de cada indivíduo reivindicar que sua contribuição para o pensamento é única e essencial diferencia este clima emocional de um outro, no qual a inevitabilidade do pensamento e a falta de importância do indivíduo que a abriga não gratificam o narcisismo do indivíduo e, portanto, carecem de apelo emocional. O trabalho que corrobora a descoberta alheia carece desse apelo. Mesmo que esse trabalho precise de um pensador ele não requer um pensador específico e nisso se assemelha a verdades – pensamentos que não precisam de nenhum pensador. (Bion, 1970, cap. 12)

Princípios

O Encontro Bion 2∞4 São Paulo tentou propiciar a seus participantes uma experiência viva de trabalho, parcialmente baseado e dirigido, em termos de planejamento, em proposições e sugestões de teorias de observação da sessão psicanalítica e dos grupos sociais introduzidas por Sigmund Freud e expandidas por Wilfred Bion.

Tentou-se propiciar um ambiente de indagação, questionamento crítico e consideração à realidade; ou seja, o mesmo ambiente que precisa cercar o exercício da psicanálise. Participação, igualdade e humanismo pareceram aos organizadores do encontro fazer parte do muito que Bion nos deixou. No entanto, essas características relacionam-se intimamente a um perigo: o de negar, ou desconhecer que:

> *A relação entre grupo e místico pode pertencer a uma dentre três categorias: comensal, simbiótica ou parasítica. Pode-se aplicar a mesma categorização às relações entre um grupo e outro. Não vou me ocupar com a relação comensal: as duas partes coexistem de um modo mutuamente inofensivo. Na relação simbiótica existe um confronto; o resultado produz desenvolvimento, embora possa haver certa dificuldade em discernir o desenvolvimento. Na relação parasítica, o produto da associação é algo que destrói as duas partes associadas. A realização que mais se aproxima à minha formulação é o setting grupo-indivíduo dominado por inveja. Inveja gera inveja, e essa emoção autoperpetuante finalmente destrói tanto o hospedeiro como o parasita. Não se pode atribuir inveja a uma parte ou outra; na realidade ela é uma função da relação. (Bion, 1970, cap. 7)*[10]

Ainda é cedo para se dizer se o resultado do Encontro Bion 2∞4 São Paulo foi uma contribuição à preservação da obra de Bion – intuito consciente de todos os envolvidos, sem exceção. Ou seu contrário, inevitavelmente parte integrante, usualmente negada desse intuito consciente – usualmente racionalizado – mesmo que agindo de modo inconsciente.

Colaborei com a maior parte dos encontros ocorridos no movimento psicanalítico mundial sobre a obra de Bion, entre 1993 até 2016. Sempre mantive dúvidas – e continuo mantendo – sobre sua pertinência:[11]

---

10 A última parte da frase nos parece particularmente iluminadora.
11 Obviamente, isso não se restringe à obra de Bion.

> *A ideia que é nutrida por amor se desenvolve de matriz à função em Linguagem de Consecução; a partir dessa linguagem pode se transformar em um feito. Mas se a ideia for submetida à clivagem, ela pode se dividir repetidamente, cada fragmento crescendo e sendo clivado novamente. Assim, a pessoa não consegue desenvolvimento, mas divisão e multiplicação – um aumento canceroso, não qualitativo. Parece haver um grande aumento na ideação, mas de fato não há; pois se examinadas, todas as ideias revelam ser a mesma e única ideia. A matriz emocional de onde isso brota não é inveja e gratidão, mas inveja e avidez. A ideia continua sendo clivada, mais e mais e sente-se que ela produz uma quantidade de fragmentos – "fezes mentais". Por outro lado, inveja e gratidão estimulam um desejo de ganho, embora tornem o indivíduo capaz de estabelecer uma relação boa entre, de um lado, aquilo que foi ganho, e, de outro lado, aquilo que capacitou com que a pessoa o ganhasse. Outras partes da personalidade ficam inativas por não assumir o débito da personalidade "predatória" e pela necessidade de continuar repudiando-o. A avidez do superego leva a um estado em que o ponto de vista "moral" usurpa o domínio da realidade (fatos científicos), e as leis morais usurpam as leis "científicas". (Bion, 1970, cap. 13)*

Tanto o evento como este livro são tentativas de "public-ação". Tentativas que nos parecem justificadas, em que pesem seus riscos, se houver senso comum sobre o fato de que

> *não irá constituir um fato científico enquanto não for possível comunicá-lo e, então, descobrir se ele é (ou não*

é) um fato que preenche essa função de integração para um grande número de pessoas, uma sociedade ou um grupo, "em comum".... todos os assuntos científicos são fatos que se tornaram públicos e de conhecimento público – o trabalho científico consiste em public-ação. (Bion, 1960/2000b, p. 193)

Os leitores da obra de Bion costumam ter noção do uso de um recurso gráfico, sempre restrito, de apelar para hifenação de termos que normalmente não são grafados deste modo. O intuito era de ressaltar aspectos que lhe pareciam importantes: no caso do termo, "public-ação" (*public-action*, no original em inglês), é de enfatizar uma "ação pública", quando se decide publicar alguma texto, ou obra de arte: tornar algo público, extrapolando o uso privado.

Para o momento para os tempos

O evento pretendeu, assim como este livro pretende, ser uma continuidade da postura humanística e científica de Freud e Bion, ainda que limitada à repetição emulativa artesanal dessa postura.

Organizar um evento com participação e representatividade democrática constitui-se como provação, mas também provê oportunidade de compartilhamento com uma audiência mais ampla. Utilizando uma observação prática de John Ruskin (1894/1871), podemos dizer que o evento ligado à obra de Bion realizado em São Paulo no ano de 2004 foi para o momento, para os inscritos no evento. O livro pretende ser para os tempos, na "public-ação" escrita.

Uma vantagem – a amplitude e reflexão permitida pela palavra escrita – paga o preço de uma desvantagem – perda da vivacidade possível em eventos grupais, experimentado no momento. Privilegiamos o trabalho em pequenos grupos como foro principal para o desenvolvimento do conjunto de ideias – presente, desde o início, em todas as etapas do encontro. Isso já estabeleceu, desde o início, uma diferença fundamental frente a megaeventos compostos de milhares de participantes. Participação e representatividade foi o que esperávamos obter. Das dúvidas e dos desenvolvimentos que poderão surgir a partir da leitura deste livro, o leitor que tiver ido ao encontro poderá incrementar a sua participação. E o leitor que não tiver ido terá a oportunidade de iniciá-la.

Ideologia: colegiados e pequenos grupos (Pisani, 2005)[12]

O evento Bion 99 Buenos Aires, um curto fim de semana, foi idealizado por Elizabeth Tabak de Bianchedi, em 1997, para providenciar continuidade a um notável, único evento comemorativo. Referimo-nos ao centenário de nascimento de W. R. Bion, organizado por Parthenope Bion Talamo, Silvio Merciai, Franco Borgogno e Francesca Bion, em Turim, em 1997.

O evento em solo argentino diferenciou-se do primeiro por sua perspectiva de continuidade. Uma das origens psicológicas dessa perspectiva baseia-se na negação primeva e totêmica daquilo que se conhece por extinção, a morte. Essa diferenciação marcou a introdução de meritocracia política. A dra. Bianchedi e seus colaboradores decidiram que os novos encontros seriam iniciados obrigatoriamente na Argentina e deveriam ser bienais, "nos

---

12 A denominação mais usual é "grupos médios". Costumamos chamá-los de pequenos no Brasil (Pisani, 2005).

mesmos anos que os Congressos da International Psychoanalytical Association, mas em datas diversas, embora próximas, para nunca coincidir com os organizados pela IPA".[13]

Respeitar ordenações políticas exemplificadas pela atitude de Parthenope Bion Talamo[14] difere de inserir-se conscientemente nela e utilizar-se conscientemente dela.

Anunciou-se publicamente que o encontro de 2001 seria sediado na cidade de São Francisco, na Califórnia, por combinações individuais prévias durante o *Bion 99 Buenos Aires* entre os organizadores argentinos e dois norte-americanos, presentes em Turim: Enid Young e John Stone. De modo inopinado, tanto Stone como Young escolheram, na plenária final do evento, que o Brasil deveria sediar a edição seguinte, em 2003. Eles também me escolheram para organizá-la. Uma nova votação livre naquele momento ratificou unanimemente a indicação, e incluiu um convite para que eu fizesse parte da comissão de organização do encontro planejado para 2001 nos Estados Unidos.

Isso pode ter ocorrido em função de um reconhecimento mais amplo do desenvolvimento da prática da psicanálise neste "país tropical, abençoado ... bonito por natureza", como Jorge Ben Jor (1969) exclamou em estrofe musical, repetindo mensagem escrita

---

13 Comunicação pessoal de Bianchedi a este autor, em 1997, e pública, para os organizadores do evento a ser realizado em Buenos Aires.
14 Mesmo que a atividade psicanalítica precise dar-se resguardada de influências sociais, no recato sigiloso do contexto analítico em consultório, isso não implica o desinteresse da sociedade pela atividade psicanalítica. A sobrevivência do psicanalista está em jogo, como ressaltado por Bion na concepção de mudança catastrófica (1965).

em carta dos primeiros tempos da ocupação pelo reino português, na Idade Média.[15]

Descrevo essa votação aberta e livre, *sem redes políticas de combinações prévias*, para dizer algo sobre as origens de um modo de pensar e fazer as coisas. Creio terem influído nessas indicações específicas – do Brasil, e a minha – os esforços nos congressos internacionais da International Psycho-Analytical Association desde 1993 (ver o artigo final deste livro, "Mantendo viva a chama: encontros sobre a obra de Bion pelo mundo", p. 629), no de Turim em 1997 e em outros ligados a versões brasileiras da obra de Bion e artigos científicos em periódicos de circulação mundial.

Aproveitando a experiência de encontros preparatórios do grupo de colegas argentinos para o Bion 99 Buenos Aires, a comissão norte-americana recomendou que esses encontros prévios fossem estendidos para o mundo inteiro; devido a fatores sociais, o encontro que se realizaria em São Francisco, em 2001, foi transferido para o ano seguinte, e ocorria em Los Angeles.

Foram feitos apenas em São Paulo, apoiados pelo então presidente da SBPSP, Márcio de Freitas Giovanetti, que autorizou o envolvimento de um colega da diretoria científica, José Neves. Eu era o então responsável pelo departamento de publicações, e fiquei automaticamente envolvido na elaboração de textos-estímulo, cujo intuito focou cinco temas:

- aspectos controversos em leituras da obra de Bion;
- busca por insaturação;
- seis personagens em busca de um autor, ou, assim é se lhe parece?;

---

15 Carta de Pero Vaz de Caminha a d. Manoel I, 1500.

- a presença do "menos" ou negativo;
- Freud e Klein e Bion… ou Freud ou Klein ou Bion?

Os textos citavam todas as passagens da obra de Bion que se referiam ao tema para estudo dos participantes. Esses textos foram extraídos do embrião de uma obra publicada posteriormente por mim (Sandler, 2005),[16] e que foi longamente planejada.

A ideia de fornecer estímulos, emulada pela organização de Bianchedi e seus colaboradores, foi desenvolvida; esperava-se criar um modo de apresentar que pudesse ser menos didático e conferencial, e que pudesse criar fios condutores para discussões livres.

O esforço nesses eventos-piloto foi feito no sentido de formar pequenos grupos heterogêneos, evitando a endogamia escolástica, fenômeno bastante comum no movimento psicanalítico, do qual a obra de Bion não escapou – a despeito de sua desaprovação explícita –, publicada em *Uma memória do futuro* e *Cogitações*, quanto à fantasia falsa da "existência" de "bionianos", fenômeno social e individual primitivo, já referido neste texto como idolização, descrito em algumas obras de Freud, como "Totem e tabu" (1913/1964i), "O futuro de uma ilusão" (1913/1964g) e "Moisés e o monoteísmo" (1938/1964c).

A comissão organizadora inspirou-se no encontro argentino de 1999 e no congresso da Federación Psicoanalítica de América Latina (Fepal) no Uruguai, em 2001, para introduzir o sistema de coordenadores, que em São Paulo teve como representante a dra. Ester Hadassa Sandler. Mudança importante frente a esses predecessores foi a já citada resolução consensual de que o ingresso desses coordenadores seria "de baixo para cima". Substituiu-se o método

---

16 Na década seguinte, essa obra se tornaria uma referência mundial.

tradicional da meritocracia política de "convidados" pelo método de propiciar algum tipo de espontaneidade ao trabalho grupal. Inscritos e coordenadores escolheram os temas e foram sorteados para ocupar determinadas salas. Experiência prévia indicou que se fiar exclusivamente em participações voluntárias acabaria sendo excludente para alguns, os mais tímidos, e também para os mais vaidosos – duas faces paradoxais da mesma moeda. Mesclou-se então coordenadores convidados, por meritocracia técnica, de reconhecida experiência, e voluntários, que se familiarizariam com os textos-estímulo. Sua função era introduzir o tema e coordenar os pequenos grupos.

Em suma, o sistema formou grupos mediando oferta e procura. O método, democrático, parece ter sido tentado pela primeira vez em São Paulo, em 1981 (ver o histórico, no item seguinte). Esse método caracterizou-se por ser incomparavelmente mais trabalhoso do que os métodos habituais, ou do que aqueles de estrutura piramidal. Segundo Winston Churchill, fazedor de frases incomparável, em discurso na câmara baixa em 1947, talvez citando algum autor desconhecido, "democracia é a pior forma de governo, com exceção de todas as outras formas que já foram tentadas" (tradução nossa do original: *Democracy is the worst form of government, except for all those other forms that have been tried from time to time*).

Imaginou-se, quase como em um sonho, que *liberdade de escolha de temas e de coordenadores, mesclada com liberdade para exercer quaisquer funções em pequenos grupos, poderia possibilitar a descentralização e a diluição de autoridade no funcionar do encontro.*

O encontro, sem maior divulgação do que uma circular no âmbito da SBPSP, em um sábado, foi contemplado por um sucesso surpreendente em análise estatística: o número de integrantes da SBPSP nessa época – cem colegas pela manhã e oitenta à tarde.

Realizou-se em ambiente fraterno, em uma instituição já marcada por dissensões – e que contava com algo em torno de quatrocentos membros – que nunca provocaram rupturas expressas, mais características dos movimentos psicanalíticos do mundo inteiro (a SBPSP nunca sofreu cisões e divisões administrativas, apesar de ser a mais antiga no Brasil). A média de frequência a reuniões científicas era de vinte pessoas.[17] Não sabíamos na época que estávamos criando um *know-how* básico do que constituiria, com algumas modificações, o Encontro Bion 2∞4 São Paulo.

O encontro em São Paulo

São Francisco foi trocada por Los Angeles, e o evento foi realizado com um ano de atraso. Embora já houvesse consenso no exterior da vinda do evento para o Brasil, isso foi, à última hora, ameaçado pelo temor frente às condições crescentes de violência criminosa "urbana", ainda que destituída de qualquer urbanidade, que caracterizava as cidades do Brasil. Colegas do Canadá e da Itália apresentaram como alternativas sediar o encontro em seus países.[18]

---

17 Em 2015, a mesma instituição já contava com novecentos membros, e a média de frequência por reunião científica era estatisticamente similar (dezoito a vinte pessoas).
18 Ausentei-me involuntariamente da última reunião em Los Angeles. As resistências inesperadas causadas por medo da violência no Brasil foram tamponadas pela ação de Arnaldo Chuster, com a argumentação de que a violência era um fenômeno mundial, recém-ilustrado com a tragédia terrorista que havia extinguido cerca de três mil vidas e um conjunto imobiliário em Nova York no ano anterior.

Éramos sete

Parafraseando Veríssimo, em letra e atitude, observamos o ocorrido após Turim, ou seja, em Buenos Aires e Los Angeles. A observação me permitiu tomar uma decisão após a votação na plenária de Buenos Aires e tentar formar um grupo inicial com pessoas que participaram de pelo menos duas daquelas reuniões – e quando possível, por pessoas que eventualmente tivessem participado de outras reuniões dedicadas à obra de Bion nos congressos ocorridos no Brasil e naqueles patrocinados pela IPA. O princípio norteador foi a experiência prévia.

Órgãos para produção escrita aliados à tecnologia de informática seriam necessários, e os diretores e colaboradores dos departamentos de publicações e de informática da SBPSP passaram a fazer parte voluntária desse embrião colegiado. Éramos sete pessoas com um devaneio em senso comum, talvez um sonho diurno: criar o clima para um encontro livre e amigável entre pares. Alguns de nós formariam, no ano seguinte, o órgão que denominamos, "Colegiado Diretor".

Não foi possível usufruir completamente a ideia de uma abertura ampla, total e irrestrita a todos os membros da SBPSP que quisessem integrar esse colegiado. Alguns, filiados a escolas, postaram-se francamente contra; outros, acharam-no ideal e, por isso, infactível.

Após duas reuniões em grupo, nós, os sete, julgamos adequada a possibilidade de cada um dos participantes do encontro anterior, em Los Angeles, convidar uma segunda pessoa para integrar o núcleo inicial expandido, que passaria a contar com catorze pessoas. Os números sete e catorze foram naturais, por necessidade, e não por desejo. Os critérios norteadores indicavam que os integrantes do grupo expandido teriam que:

- ter alguma experiência em encontros anteriores sobre a obra de Bion;
- ter experiência em congressos de psicanálise;
- possuir familiaridade com a obra de Bion.

Três integrantes eram advindos de outros estados brasileiros: Rio de Janeiro e Rio Grande do Sul. A abertura incluiu a tentativa de integrar o calendário do evento com o calendário de eventos da SBPSP. Decidiu-se, quase que consensualmente, pela inclusão de representantes institucionais. Apenas um integrante foi contrário a essa ideia.

Agregaram-se, por indicação do então presidente da SBPSP, Márcio de Freitas Giovannetti, além dos diretores dos departamentos de publicação e informática, formando grupos de apoio, mais três integrantes institucionais do departamento científico: Félix Gimenez e Ana Maria Andrade de Azevedo – que, por questões pessoais, cedo deixou o grupo. Félix Gimenez terminava sua gestão, e foi substituído por Paulo Duarte, que também não pôde ou não se dispôs a acompanhar os trabalhos, nomeando um representante da tesouraria, na pessoa de Alceu Roberto Casseb. O meu contato com a presidência da IPA, então sob a gestão de Claudio Eizirik, garantiu seu apoio irrestrito. Eizirik manifestou-se na abertura do evento.

Somaram-se, então, dezoito integrantes, quórum considerado como mínimo para a montagem de um grupo de trabalho que organizaria o evento planejado para abrigar algumas centenas de pessoas. Foi possível, a despeito de resistências internas no grupo, usufruir a ideia de que não administraríamos "privilégios nem vaidades pessoais".[19]

A intenção – ou pretensão – era a de que um colegiado, agindo administrativamente, contribuiria para o bem comum. Na minha visão como ex-coordenador, hoje relator, *seríamos exclusivamente um instrumento de comunicação, alocação de lugares e organização.*

O encontro foi sendo construído desde a formação do colegiado. A própria escolha do nome explicitou aquilo que se tentou fazer em termos de funcionamento. Foi se construindo um *timing* para a emergência de coordenações científicas em termos grupais – sendo o grupo o próprio colegiado. Turbulências naturais e clivagens destrutivas não puderam ser evitadas, mas foram temporariamente minimizadas em nome de um senso minimamente comum.

A minha intenção foi a de que não houvesse um presidente ou análogo, dada a premissa de um colegiado isento de autoritarismo pessoal. Parecia-nos mais típico de meritocracias políticas tradicionais a presença de presidentes ou diretores únicos. Essa mentalidade pôde ser praticada, pelo menos durante alguns meses, na organização. A coordenação de fato, nas várias áreas, era orgânica, no respeito estrito a competências e disponibilidades pessoais. Questões de responsabilidade financeira junto à SBPSP, além de injunções institucionais e certas características pessoais nos dois grupos iniciais (o de sete pessoas e o de catorze pessoas) determinaram que surgisse de direito a figura de um coordenador geral.

---

19 Expressão verbal de Antonio Sapienza na quarta reunião do colegiado, secundado por Ester Hadassa Sandler, Marta Petricciani e Renato Trachtenberg, além deste autor. Oitenta por cento das reuniões do colegiado foram objeto de gravação magnetofônica.

A escolha do termo "coordenador" constituiu derradeira tentativa de evitar autoritarismos de qualquer espécie. Na expressão pública, constante de gravação magnetofônica de uma das reuniões feita por mim, agora ex-coordenador geral, foi a de que "não daria ordens a ninguém e simultaneamente não me submeteria a ordens de ninguém". Essa declaração parece ter estimulado relutâncias que evoluíram para queixas e, com o tempo, à medida que o encontro ficava mais implantado, surgiam ações restritivas por parte minoritária (3%) do colegiado.

Dois integrantes do colegiado demitiram-se por discordarem dessa orientação não autoritária. Uma pessoa convidada por um integrante de outro estado e que compareceu a duas reuniões houve por bem declinar da participação em um grupo em que pelo menos três pessoas promoveram a sua não participação durante o período anterior à eleição livre do coordenador geral.

A eleição do coordenador geral, em função da pressão institucional, ocorreu cinco meses depois do início dos trabalhos. Eleito pela maioria – catorze *versus* três –, preferi me abster da votação. Frente ao resultado, aceitei exercer a função. A eleição se fez, sob discórdia, com voto aberto.

Esse grupo nunca esteve imune a pressupostos básicos, a não ser no período mais inicial. Surgiram preponderâncias alternantes de subgrupos caracterizados por lideranças messiânicas, pareamentos de ataque e fuga, reproduzindo observações de Bion sobre pequenos grupos. Esse fato ocasionou a saída de mais um integrante em função da turbulência inevitável.

Convidaram-se mais alguns integrantes dentre os que já haviam se apresentado espontaneamente nos encontros preparatórios, agora em número de três. Seis meses depois, o grupo continha dezenove pessoas.

O método, em que pesem as vicissitudes naturais da condição humana, possibilitou a formação e a manutenção mínima de um grupo de trabalho. Essa avaliação pode ter sido resumida pelo fato de o encontro ter sido realizado em clima de congraçamento amistoso geral.

Organograma

Adotaram-se as denominações "áreas de função" para as áreas científica (composta espontaneamente de onze membros), de produção e divulgação (que contava com cinco membros) e financeira (com três membros). Essas três áreas trabalharam intimamente com a coordenadoria geral e, de acordo com as necessidades e disponibilidades individuais, membros de uma área trabalhavam livremente em outra. A área científica foi a mais procurada, ensejando a criação de uma segunda coordenação; para tanto, quatro membros foram eleitos.

Houve, no segundo ano de funcionamento do colegiado, o acréscimo de mais uma área, denominada "colegiado diretor" (com quatro membros), após as defecções e ameaças de mais duas defecções. O colegiado organizador era sempre a instância decisória, e mantinha o sistema de voto aberto em casos de questionamentos.

Os trabalhos do colegiado

Trabalhamos de fevereiro de 2002 até outubro de 2004. Até 10 de julho, fazíamos reuniões semanais ou quinzenais que duravam de três a seis horas, com interrupções em julho e dezembro.

Três membros vindos de outros estados no Brasil, Renato Trachtenberg, Aldo Duarte e Arnaldo Chuster, às custas de sacrifício pessoal, compareceram à quase totalidade das reuniões mensais, registradas em atas, muitas delas gravadas em reprodutores magnetofônicos.[20] Foram produzidos cerca de 150 documentos entre atas e textos preparatórios de planejamento. Trocaram-se cerca de mil e-mails em um grupo privativo de comunicação por internet.

Todas as medidas implementadas foram tomadas em um consenso construído obviamente sobre muitos dissensos e polarizações cuja natureza psicológica (âmbitos de *id* e superego) poderia ser indicada em um estudo posterior, já que escapa ao escopo deste texto.

Tendo se mostrado inviável uma abertura ampla, total e irrestrita a todos os membros da SBPSP que quisessem integrar o colegiado, houve tentativas de se montar "subgrupos de participação" para contornar a situação. Manteve-se abertura para qualquer membro do colegiado organizá-los em sua possível área individual de influência ou liderança. Apenas um subgrupo se formou, com quinze pessoas. Esse subgrupo se reuniu por duas vezes, de modo totalmente aberto. Uma reunião foi usada para apreciar os passos já dados pelo colegiado, e outra, para testar um texto-estímulo escolhido por votação entre esses quinze colegas, após três sugestões livres.

Nessa época, cogitou-se que o estímulo poderia ser extraído de uma das obras de Bion, *Uma memória do futuro* (1979).

---

20 A década seguinte ao ano de 2004 providenciou um avanço tecnológico nos aparelhos de gravação de voz: de eletro-mecânicos, como era o caso dos aparatos magnéticos de gravação em fitas de poliéster, os "audio-cassettes", para aparatos totalmente eletrônicos, computadorizados. O termo "magnetofônico" tornou-se datado, e reproduz uma época.

Ficou clara a impossibilidade física e organizacional de se fazer uma inclusão tão ampla como a imaginada naquele momento. Houve franco desacordo de alguns membros do colegiado – alguns deles mostraram-se contrários à própria obra final de Wilfred R. Bion. Ecoavam a resistência a essa obra final de Bion, já observada mundialmente. Doze meses antes do evento, uma analista estrangeira extremamente reputada no movimento psicanalítico mundial afirmou, em alto e bom som, em supervisão pública na SBPSP (igualmente gravada), que Wilfred R. Bion estaria, em sua visão, "gagá, ao escrever *Transformações* e tudo o que escreveu depois".

Em que pesem limitações desse tipo, em que o possível e o real se impõem – e ambos sempre se impõem – frustrando aquilo que é desejado e mostrando a irrealidade do fantasioso imaginado, pareceu aos integrantes dos encontros preparatórios e à diretoria da SBPSP que abria-se, ainda que temporariamente, de modo razoavelmente bem-sucedido, um modelo e um precedente à guisa de alternativa para congressos habituais. A aparência se confirmou na realidade, durante o próprio evento.

O colegiado conseguiu propiciar *uma colaboração ativa e a representatividade de todos os participantes, que puderam se inscrever e opinar livremente*, de modo fraterno e igualitário, uma característica iluminista libertária entre membros de um grupo de trabalho, típica da contribuição de Bion.

Consensos do colegiado

Foi unânime a decisão do colegiado de evitar um megaevento. Um de nós conseguiu identificar certas invariâncias que nortearam os trabalhos, e, com isto, também pôde nomeá-las, com um intuito organizacional. Acreditamos que este tipo de organização poderá ser útil a gerações futuras.

Forma segue função:[21] a construção do encontro começou com dois alicerces interdependentes: *forma* e *conteúdo*. A escolha do local com antecedência obedeceu aos critérios de pequenos grupos e de igualdade de oportunidades. Preterindo escolhas de hotéis ou centros de convenções e inspirados na experiência bem-sucedida havida em Buenos Aires, dois integrantes do colegiado, Francisco Claudio Montenegro de Castelo e Ester Hadassa Sandler, sugeriram as instalações de uma escola secundária tradicional de São Paulo, de localização particularmente privilegiada – à época, única. O Colégio Santa Cruz, mantido por uma fundação religiosa canadense, possuía edificações que permitiriam um ambiente descontraído, intimista, propiciador de estudo. O funcionar simultâneo de vinte grupos que poderiam contar com dez a sessenta pessoas em cada um seria possível – como de fato o foi. Essas instalações ofereciam ainda um moderno teatro, que foi utilizado para as reuniões plenárias prévias, antes de cada dia de trabalho, nas quais planejava-se fazer uma leitura pausada dos estímulos. O teatro também foi utilizado para a reunião de abertura do evento. Fazendo parte da espontaneidade, frente a um sério problema organizacional ocasionado por um dos integrantes do colegiado, e a pedidos, por aclamação imediata de todos os 496 inscritos reunidos em situação de emergência no pátio da escola, o mesmo teatro também foi utilizado para uma reunião extemporânea (descrita à página 501 deste livro) e para uma reunião final, não planejada para o encerramento do evento.

---

21 Formulado na filosofia por A. Schopenhauer, expandida por Louis Sullivan, criador da escola de arquitetura de Chicago. O moto foi depois adotado pela Bauhaus.

O número de inscritos foi limitado por decisão unânime do colegiado, aquela tomada para que se evitasse a todo custo a realização de um megaevento – favorecido pela diretoria da SBPSP. Decisão que coincidiu, inadvertidamente, com uma limitação física do teatro da escola secundária, que contava com apenas 496 lugares. Decidimos não inscrever todos os interessados, deixando uns poucos lugares (17) para eventualidades – providência preventiva que demonstrou-se adequada. O colegiado, em acordo majoritário, decidiu limitar o evento a três dias de atividades, baseado em experiências prévias. O consenso majoritário, mas não unânime, desse grupo, foi o de que congressos costumam caracterizar-se por prevalência de aspectos maníacos. Pensou-se na conveniência de não estimulá-los; a limitação dos dias poderia ser uma alternativa para isso. A carga horária diária acabou sendo maior do que a inicialmente prevista, solução de compromisso encontrada pela coordenação frente à insistência minoritária daqueles que preferiam um congresso mais prolongado. Eu, como relator e ex-coordenador geral, parti do princípio de que as mais bem-sucedidas democracias na história da civilização ocidental praticaram ativamente o respeito por minorias.

Pequenos grupos igualitários: vinte pessoas por grupo, propiciando um clima intimista. Não haveria – e não houve – plenárias de "notáveis" autoproclamados ou escolhidos por critérios pessoais e políticos, já que venceu, ainda que de modo apertado, a decisão de não se administrar privilégios de nenhuma ordem. Todos os inscritos pagariam por suas inscrições. Ninguém teria passagens ou hospedagens pagas. Se notáveis houvesse, revelar-se-iam espontaneamente na constituição e na evolução dos próprios grupos.

Encontros preparatórios: finalidades: (1) envolver efetivamente mais colegas na organização ao propiciarmos um ambiente de participação ativa de todos. Foram totalmente abertos; alguns vieram voluntariamente e por contatos pessoais. Motivamos alguns com interesse na obra de Bion que ainda não tinham se disposto a participar; (2) testar os dois estímulos (ver a seguir, p. 487-500); (3) identificar possíveis coordenadores.

Os encontros preparatórios foram levados a cabo em Curitiba, Rio de Janeiro, São Paulo, Argentina, Chile, Peru e Estados Unidos. Em São Paulo aconteceram dez encontros preparatórios:

- cinco no âmbito do colegiado, que serviram como um teste-piloto dos estímulos, sendo que nos dois iniciais foram utilizados textos de Bion escolhidos pelo grupo;
- dois para tentarmos ampliar opiniões extracolegiado sobre o desenho do encontro, nos quais foi utilizado um texto de Bion;
- três com todos aqueles que se dispuseram a ser coordenadores no evento propriamente dito, com embriões dos textos-estímulo (ver a seguir).

Três eixos básicos: extraídos dos cinco estipulados no encontro-piloto do evento preparatório para Bion em Los Angeles, em 2002, do qual fui representante eleito:

1. Clínica ↔ Teoria: estudo da obra de Bion, clínico-teórico;
2. Inquietações ↔ Serenidade (que forneceu o título para este livro): aspectos controversos da obra de Bion;
3. Desenvolvimentos: tentativas de expansão a partir da obra de Bion.

A partir deles, criamos uma lista com *temas correspondentes* na obra de Bion.[22] Essas listas faziam parte do ato de inscrição

---

22 Os temas correspondiam a alguns verbetes do dicionário *The Language of Bion* (Sandler, 2005), nesta época em fase de composição na editora

para o encontro, e formavam "mapas" estatísticos de preferências dos participantes no sentido de homogeneizar a composição dos pequenos grupos ao detectar tendências individuais de interesse científico. Foram necessários catorze meses para elaborar e atualizar esses mapas, e a tarefa exigiu monitoração contínua, que foi feita por três membros do colegiado. Esse é um fator que implica um trabalho comparativamente maior do que aqueles executados por meio de métodos habituais de organização de congressos. A esses três eixos, decidiu-se agregar outro, o de *trabalhos clínicos individuais*, em função de solicitações e de alguns clamores enfáticos advindos das bases.

Dois modos de apresentação: a disponibilidade e a espontaneidade, aliadas à igualdade de oportunidades, excluiu logo de saída qualquer comitê de notáveis – expressão de elites minoritárias – que impusesse julgamento de valor sobre os trabalhos inscritos. Partimos da observação de que esse método sempre se liga, ou cria injunções políticas e de autoridade auto-outorgada. Com exceção de dois integrantes, um dos quais demitiu-se em função disso, todos os outros membros do colegiado, em uma fase inicial, colocaram-se de acordo com a sugestão de que esses modos atrapalham ou impedem um congraçamento científico. Os dois modos eram:

- elaborações espontâneas sobre os dois estímulos;
- trabalhos espontâneos individuais sob a forma quase tradicional de apresentação.

A única modificação organizacional dessas apresentações individuais foi a aplicação do método democrático: os trabalhos que reunissem pelo menos seis assistentes seriam apresentados. Houve *papers*, um curso, painéis e uma realização cinematográfica de entrevistas elaborada por integrantes italianos. Conforme as inscrições eram feitas, percebeu-se uma enorme quantidade de ofertas, e que nem todos escolhiam previamente temas ou trabalhos individuais. O colegiado decidiu que aquelas pessoas inscritas que não tivessem manifestado nenhuma preferência e inscrições de última hora seriam alocadas para comporem grupos em trabalhos que não tivessem obtido nenhuma audiência. Por ação sub-reptícia, mantida como secreta por um dos integrantes do comitê coordenador, essa última decisão, que garantiria a representação democrática de alguns autores, foi excluída à última hora. Para contornar o problema criado, abri mão de minhas próprias apresentações individuais incluídas entre as mais votadas com o intuito de devolver o carácter original do evento, favorecendo dois autores do estrangeiro, igualmente inscritos à última hora. O leitor poderá, ao menos, supor algo sobre o grau de turbulência havido.

Estímulos originais: a proposta inicial de que seriam usados textos da obra final de Bion foi substituída pela tentativa de elaborarmos dois textos experimentados nos três dos encontros preparatórios mencionados anteriormente. Esses textos foram lidos na rápida sessão plenária de quinze minutos por dois membros do colegiado diretor, Antônio Carlos Eva e Cecil José Rezze, e em seguida fizemos reuniões dos pequenos grupos que precisavam então se encaminhar para as salas de discussão.

Encontro e congresso: intencionalmente, o nome "congresso" foi evitado por penumbras de associações. O logotipo do encontro, criado por Ester Hadassa Sandler e aprovado quase unanimemente pelo colegiado, com exceção de uma abstenção, simboliza seu espírito: abertura para evolução, tendendo ao infinito, posto que é chama, dentro de uma captação específica sobre a contribuição de Bion – à psicanálise e a humanidade.

Lançamento e relançamento de livros: o encontro abrigou lançamentos de obras originais: (1) Franco Borgogno, *Psicanálise como percurso*; (2) Hector Lisondo, *Mudança sem catástrofe, ou catástrofe sem mudanças*, comentários de Antonio Muniz de Rezende; (3) Marta Martinez e Darío Sor, *Brechas en el sueño*, comentários de Elizabeth Tabak de Bianchedi. Abrigou ainda re-lançamentos: (1) W. R. Bion, *Elementos de psicanálise* (nova versão); (2) W. R. Bion, *Transformações* (nova versão); (3) Maria Olympia Ferreira França (organizadora): *Bion em São Paulo, ressonâncias*.

Áreas administrativas: área de produção e comunicação: a diretoria de informática, representada por Jaques Goldstajn, usando material fornecido pelo departamento de publicações, representado por mim, criou um site bilíngue no qual se podia encontrar: o histórico do encontro e o *call for papers*, além de estímulos a indivíduos para que participassem por e-mail ou carta, explicações sobre o evento, inscrições e boletins e periódicos de atualização sobre os temas e sobre o desenvolvimento do trabalho do colegiado; fichas de inscrição, fôlder, livreto, *banners* e outros materiais impressos. Os participantes também podiam mandar seus trabalhos pelo site, de modo que eles eram remetidos para a área científica e organizados com dois meses de antecedência. Os contatos com os estrangeiros foram feitos por mim em bases individuais. Os informativos sobre o encontro foram reproduzidos em inglês, francês, alemão, espanhol e italiano por Marta Petricciani, Alicia Lisondo e por mim. Também sob responsabilidade do departamento de publicações, os estímulos e sua impressão foram traduzidos para o inglês e incluídos nas maletas para uso dos congressitas. A SBPSP nos daria apoio logístico em termos de secretaria, com Adele Pagni Lacotis, Suely Correa Tonetto, Fabiana Santos e Darci Lopes.

Área financeira: o dinheiro arrecadado foi administrado pela tesouraria da SBPSP. Os membros do colegiado foram os primeiros a se inscrever, dando um exemplo paradigmático de ausência de privilégios. Procuramos por patrocínios exaustivamente, e tivemos algumas frustrações por conta de promessas não cumpridas. Decidi que só gastaríamos à medida que arrecadássemos. Como não teríamos convidados especiais, fixou-se um preço 25% mais baixo do que o usual. Evitamos a contratação de serviços externos, que puderam ser reduzidos àquilo que exigia capacidade técnica inexistente entre os membros do colegiado: revisão dos textos dos estímulos em inglês, a arte-final do fôlder, horas extras de empregados da SBPSP, recepção e alimentação na hora do encontro, gravação em áudio e vídeo. A área de produção organizou as recepções sociais e a tradução – que eram feitas por colegas – nas salas e a hospedagem de estrangeiros em casas de colegas.

Além dos membros do colegiado, participantes dos encontros preparatórios e todos os estrangeiros se inscreveram previamente no evento principal. Isso nos proveu, em seis meses, a verba que cobriria toda a despesa de aluguel da escola secundária, além de um jantar de congraçamento e o projeto que se realiza com este livro. Membros da IPA e candidatos dos institutos de psicanálise tinham admissão automática; outros, precisavam de um aval. Tivemos colegas que vieram da Alemanha, da Argentina, do Chile, dos Estados Unidos, de Israel, da Itália, do Peru e de Portugal.

Avaliação dos resultados

Acreditando que "elogio em boca própria é vitupério" e que "juízo em causa própria" implica conduta antiética, incluo nesta apreciação uma análise crítica, que se dirige a um todo.

Não se aprende de sucessos, mas de enganos; na língua inglesa diz-se que "*your best teacher is your last mistake*" (algo como "seu melhor professor é o seu último equívoco", tradução livre).

Por que iniciamos esta parte do texto com o termo "elogio"? Unicamente por respeito à forte impressão inicial explicitamente exclamada pelos inscritos e pelos membros do colegiado: todos pensaram que o grupo (inscritos e colegiado) havia sido bem-sucedido em suas pretensões fundamentais. *Tendo sido prioritária a tentativa de satisfação das demandas e das necessidades dos inscritos, e não de determinados membros do colegiado, ou do próprio colegiado, concluímos que foi acertada essa orientação – que propiciou um ambiente excepcionalmente fraterno e de colaboração dos inscritos. O encontro reuniu não só pessoas reconhecidamente interessadas na obra de Bion, mas também colegas de outras orientações escolásticas.*

Emergiu um senso comum *imediato* sentido por todos os presentes: o Encontro Bion 2∞4 São Paulo proveu a participação e a representatividade de todos, sem exceção.

O clima de abertura, conjugado à escassez de eventos desse tipo, parece ter contribuído para a sensação geral de notável sucesso. O evento foi único no sentido de tentar, tanto quanto possível, não alimentar fantasias de superioridade formadoras de líderes messiânicos e de suas castas endogâmicas excludentes; isso inevitavelmente desaguaria em uma prevalência de meritocracias políticas e alienaria as finalidades precípuas do evento científico.

A tentativa de não estimular fantasias autoritárias e idolátricas foi cuidadosamente controlada dentro das possibilidades pessoais da coordenadoria. Não há como impedir movimentos que têm se demonstrado ainda naturais na "tateante infância" (Bion, 1975) dos grupos humanos e, consequentemente, do movimento psicanalítico. Somos a espécie mais jovem deste planeta. É forçoso reconhecer que ainda ocorrem, em alta frequência, estas fantasias autoritárias e idolátricas – mesmo que seja surpreendente que continuem sendo tendência entre ativistas cujas tarefas incluem a identificação e disciplina sobre estas fantasias – os psicanalistas. Temos constatado a emergência, uma vez mais, de mais uma "idade dos ditadores".

Em termos de análise comparativa, pode-se invocar, ainda que como hipótese (ou conjectura) imaginativa, qual poderia ter sido e como teria se caracterizado o estágio de desenvolvimento de outras disciplinas, como a música ou a matemática, caso elas tivessem sido examinadas após um século de existência.

Sob o ponto de vista histórico, não é difícil constatar a existência do primitivismo dos métodos utilizados pela psicanálise, que se refletem obrigatoriamente no instrumental à disposição dos psicanalistas. A comparação precisa ser sopesada pelo fato de que ciências mais jovens – como é o caso da psicanálise – apoiam-se em desenvolvimentos ancestrais de uma época em que elas não existiam. A psicanálise surgiu após alguns milênios de desenvolvimentos e retrocessos estudados por meio de mitologia, etimologia, filosofia e medicina (Sandler, 1997). Um exemplo da existência de grupos messiânicos no Encontro Bion 2∞4 São Paulo pode ser visto no fato, também baseado na tradicional amabilidade e hospitalidade reconhecidamente exibida pela população brasileira para com estrangeiros,[23] de que houve preponderante interesse na audiência, em

---

23 A presença de diferentes etnias que compôs o *melting pot* da civilização no Brasil, com marcada preponderância cultural de autores franceses no âmbito filosófico e anglo-saxão no âmbito científico, tem tido restrições ideológicas e macropolíticas nesse decênio que separa a realização do evento e estes comentários. Se isso marca evolução ou involução, cabe ao leitor decidir segundo sua visão e preferências; de resto, o tempo fará a arbitragem não jurídica e ideológica final. Já se faziam notar em alguns integrantes do colegiado, cujas atitudes e ações beiravam o preconceito.

conviver com analistas estrangeiros. Isso demonstrou, que formas tradicionais têm seu lugar facilitado, quando o modo escolhido foi de livre escolha.

Constituiria contradição em termos, inclusive ética, aplicar esse critério de modo forçado, autoritário. Não interferimos no número de pessoas que escolheram um determinado palestrante por ele ser mais conhecido, ou que, em função de sua produção científica, fosse o mais procurado. Apenas propiciamos – administrativamente – espaços fisicamente mais adequados para tanto. Se uma escolha baseada em privilégios foi evitada de modo consciente, negar ocorrências devidas a diferenças naturais foi igualmente evitada.

Colegas famosos no movimento psicanalítico, com poucas exceções que confirmassem a regra natural e espontânea, no impulso do momento, funcionaram como pares. A alta procura por seus trabalhos e a vontade de ouvi-los nos grupos foi espontânea – sem patrocínios da organização. Desenvolvimento não implica oposição gratuita, e menos ainda rupturas ideológicas frente ao que existe. Dispusemos de um clima agradável, fraterno, propiciador de conversas baseadas em mutualidade. Criamos um clima apolítico, a não ser no que tangia a uma ideologia científica.

Os encontros preparatórios foram fundamentais para consolidar o clima participativo e de integração e a conversa entre iguais. O Encontro Bion 2∞4 começou nesses momentos, ou seja, meses antes, em alguns países.

A praticamente todos os que desejaram apresentar trabalhos e/ou coordenar grupos foi fornecida a oportunidade de fazê-lo, a não ser na contingência já citada, de resto contornada. Foi oferecida a todos a oportunidade de ofertar seus trabalhos, por meio dos boletins e circulares, em todos os centros psicanalíticos filiados à

IPA. A divulgação foi feita em português, inglês, espanhol, italiano, francês e alemão – respeitando todas as línguas faladas por todos os presentes.

Dificuldades: inerentes a qualquer experimento

Enfrentamos resistência inicial de colegas, tanto estrangeiros quanto brasileiros, à tentativa de eliminar privilégios políticos e pessoais e de não entronizar "pessoas importantes".

Contatos pessoais com esses núcleos de resistência à mudança e à perda de privilégios políticos, com atenção a cada caso, resultou em que quase todos (em torno de quarenta), à exceção de seis, passassem a apoiar entusiasticamente o projeto e nele se engajar.

Talvez não estejamos cometendo um erro ao afirmar que aquele foi o primeiro encontro internacional organizado no Brasil que contou com mais de 10% de participantes estrangeiros *que custearam suas próprias despesas, sem exceção.*

O colegiado enfrentou perda de colegas, cada um saindo por um motivo, e isso precisou ser respeitado.

Falhas involuntárias ocorreram. A mim, pareceram ter sido em reduzido número: na alocação de tempo e espaço para alguns colegas estrangeiros; na transformação de um pequeno grupo já completo em um grande grupo; na omissão de certos nomes em um dos comunicados; no impedimento de três colegas de apresentarem seus trabalhos. Algumas puderam ser resolvidas.

A mãe-necessidade[24]

Um dos enganos que ocorreram de última hora na organização foi que um dos integrantes do colegiado modificou o espírito de pequenos grupos. Desejou, e impôs seu desejo, na hora do encontro, de participar do pequeno grupo. Pareceu atraído pela presença de pessoas consideradas "notáveis". Com isso, e pelo clamor instaurado, atraiu outros integrantes do evento que igualmente queriam participar, criando problemas de alocação. Resolvi, *ad referendum* do colegiado diretor em reunião extraordinária *in loco,* utilizar o teatro para o grande grupo neoformado na aguilhoada impulsiva do momento. A transcrição da sessão inesperada revelou resultados surpreendentes – produto do manejo fraterno e flexível da difícil situação em que criou-se um clima emocional em que muitos se sentiram excluídos (E, em termos de fenômeno grupal, eles estavam mesmo sendo excluídos). A solução foi incluí-los, permitindo mais uma experiência nova.

Os participantes precisavam se ater a intervenções limitadas a cinco minutos, em que os "notáveis" aclamados naquele mesmo momento poderiam falar sobre o modo como viam as influências da obra de Bion sobre seu trabalho – um quarto de século depois de seu falecimento. Ou seja, o próprio tema da macrorreunião do grupo pós-formado também surgiu no momento.

Ressalto a flexibilidade de poder ter feito mudanças de rota dentro do colegiado, seja por tentativas de aliviar tensões intragrupais derivadas de preferências pessoais, seja pela constatação de planos que se demonstraram inviáveis na prática. Teria o *éthos* da organização, inspirado nas observações de Bion sobre funcionamento grupal, espraiado-se em todos os inscritos na hora "H" do evento?

---

24 Expressão popular na Europa Central, utilizada por Freud (1914).

Grupos, trabalhos individuais e audiência: os estímulos gerais

Como podemos ver no capítulo dedicado a textos sobre grupos, o resultado foi notavelmente variado. Em geral, o estímulo foi deixado de lado. Não pudemos observar os fatores envolvidos nessa situação, o que configura desprezo com algum grau de confiabilidade científica.

A *posteriori*, sugestões meramente impressionísticas, obtidas por inquérito informal e leitura dos relatórios dos coordenadores de pequenos grupos, cuja amostra, talvez representativa, componham este livro, permitem elaborar hipóteses. Há indícios ligados à qualidade do estímulo; outros, às características de cada grupo. Há também alguns ligados à comunhão dos dois anteriores.

Foi possível constatar que, quando havia uma pessoa mais conhecida nos pequenos grupos, mesmo que ela tentasse resistir ao grupo de suposto básico messiânico, o grupo insistia em saber mais de seu trabalho, abandonando o estímulo. A tendência à formação de grupos de suposto básico em torno de certas pessoas, já notadas nos dez encontros preparatórios, manifestou-se na hora do encontro, preponderantemente quando havia presença de estrangeiros ou brasileiros mais conhecidos nos grupos. Toda a atenção se voltava para eles. Em outros grupos, houve situações momentâneas totalmente dissociadas do estímulo, que também provocaram o abandono do mesmo. Em alguns grupos, ocorreu uma tentativa de criticar o estímulo.

A evolução dos grupos dependeu também da experiência prévia dos coordenadores com grupos. Constatamos que o espírito de grupo e a colaboração amigável e sem privilégios nesses encontros prévios criaram um corpo de coordenadores unidos na finalidade comum, estimulados pela característica equalitária e libertária. Houve apenas um grupo em que floresceu uma turbulência destrutiva.

O rendimento heterogêneo de alguns pequenos grupos em torno dos estímulos, a despeito da homogeneização segundo interesses por temas, compôs um risco inerente ao desenho do encontro. Alguns, movidos por vários fatores que podem ser vistos sob o vértice psicanalítico, como curiosidade ou avidez, ou que sentem necessidade de se submeter a autoridades, não se dão bem quanto à perspectiva de, escolhendo um grupo, perder todos os outros. Observamos que alguns, mesmo achando seu grupo muito bom, migraram para outros, sendo então brindados por doses extras de frustração.

Também heterogêneo foi o rendimento de tradutores e coordenadores. Em alguns grupos, os participantes puderam ajudar; em outros, não. A tentativa de não privilegiar "notáveis" possibilitou-nos dar oportunidades ao mais jovens de exercerem funções, e, potencialmente de aprender.

Constatou-se que grupos messiânicos em torno de pessoas de reconhecido saber, brasileiras ou não, funcionaram melhor quando comparados a outros. Servi de "volante", tentando ajudar grupos problemáticos. Gratificante foi o fato de o ambiente ter propiciado a emergência de coordenadores naturais, que nem sequer haviam sido "treinados". Eles benevolentemente ajudaram ou substituíram os coordenadores institucionais.

Os dois estímulos, comuns a todos, talvez por sofrerem com as limitações naturais desse tipo de produção – confirmando o dito popular entre tecnólogos de que "um camelo é um cavalo desenhado por um comitê" –, pareceram-nos ter servido parcialmente a seus propósitos.

Algumas discussões sobre o Estímulo I (p. 487) penderam para o polo da clínica; outras, da teoria. Outras ainda se degeneraram em supervisões de casos; algumas iluminaram alguns pontos para os presentes; algumas trouxeram novas dúvidas; algumas deixaram o estímulo de lado, fato que ocorreu também com o Estímulo II (p. 495), por fatores a serem verificados, dependentes da redação e da composição de cada grupo.

A forma quase tradicional de trabalhos individuais atraiu tal interesse que lotou uma tarde inteira. Abriu a possibilidade de um grupo sob a consigna de "Meu trabalho clínico e a obra de Bion". Lotou boa parte das tardes, a partir das 17h, e também a manhã de domingo. Isso indicou a adequação de não se criar uma forma "superior", mas apenas pequenos grupos, oposta a formas que têm se provado úteis – desde que não sejam submetidas a critérios personalistas e/ou políticos.

Uma de nossas esperanças parece ter sido concretizada durante o encontro: a da divulgação, sem partidarismos escolásticos, da obra de Bion para psicanalistas da SBPSP ainda não afeitos a ela. O encontro, apolítico, recebeu colegas de grande experiência e produção na instituição, sem ligação específica com a obra de Bion e por vezes opostos a ela. É necessário observar que, de aproximadamente 750 membros e candidatos associados à SBPSP, pouco mais de duzentos fizeram a inscrição – e que o encontro recebeu 479 pessoas, além de mais 17 que se acomodaram de última hora, todas elas, da SBPSP. Parece-nos necessário enfatizar que tínhamos um grande número de coordenadores – aproximadamente sessenta.

Houve um engano de última hora na alocação de horários que cabiam a três apresentadores de trabalhos vindos do estrangeiro. Um dos membros do colegiado cedeu os horários que lhe cabiam, uma errata ao programa foi criada no espaço de poucas horas e inserida nas pastas.

A apresentação de trabalhos individuais acabou sendo aberta, após cinco meses de reuniões, aos membros do colegiado devido à insistência de alguns deles.

Fomos afortunados em contar com um grande grupo de coordenadores, alguns deles bilíngues, ajudando assim os colegas estrangeiros.

Como em toda democracia, houve expressão de controvérsias.

Todos os presentes, sem exceção, testemunharam um encontro amigável e científico, beirando a alegria em uma longa série de aspectos. Colegiado e inscritos poderiam sentir-se gratos a todos os que compreenderam essa forma de trabalhar, baseada nas contribuições de Bion quanto a grupos de trabalho que não favorecem supostos básicos do tipo de ataque-fuga, líderes messiânicos ou pareamentos. Como já exposto, observamos novamente sua existência em um grupo, em princípio, de orientação psicanalítica. Tentar não favorecê-los demonstrou ser construtivo e útil à finalidade científica.

A orientação geral de participação e representatividade foi tornada ainda mais necessária pela ausência de patrocínios de qualquer espécie. Instituímos a novidade, reforçada por necessidade externa, de receber colegas estrangeiros, vários deles muito renomados, sem arcarmos com custos de suas viagens e estadias.

Entre os colegas provenientes de outros países, contam-se aqueles que deram suporte de primeira hora ao nosso experimento de organização. Foi um encontro que se baseou única e exclusivamente em inscrições antecipadas; obtivemos um lucro de trinta e cinco mil dólares que foram revertidos imediatamente em benefício da SBPSP, órgão de utilidade pública que deu guarida moral ao evento e garantiu uma eficiente infraestrutura de secretaria.

Agradecemos unanimemente e de modo especial à Adele Pagni Lacotis, Suely Tonetto e Darci Lopes pelo empenho nessa atividade, cujo comprometimento foi muito além do profissional.

Grupos

O leitor poderá estranhar, dada a ênfase ao trabalho grupal e também a existência de uma sensação generalizada de alegria durante o encontro, o fato de que existam muito mais trabalhos individuais neste livro do que relatos de observações do funcionamento dos pequenos grupos.

Isso reflete um fato já indicado nas escolhas de apresentadores individuais e suas audiências. *Poucos, dentre os coordenadores, dispuseram-se a elaborar ou mesmo relatar por escrito o que houve nos grupos* – as exceções aparecem neste livro.

A exemplo do relativo abandono dos estímulos descritos pelo colegiado, não sabemos quais fatores contribuíram para esse estado de coisas. Isolá-los demandaria um estudo específico. Algumas hipóteses podem ser aventadas na tentativa de aprender com a experiência:

(i) O abandono dos grupos formados em torno dos estímulos não se verificou nos grupos formados em torno das apresentações mais clássicas. Terá sido produto de um processo de "seleção natural"?

(ii) Terá havido expressão das observações de Bion sobre a presença de alucinação em grandes grupos sociais, que por vezes produzem estados de euforia ou seu inverso, mais atuante do que se poderia suspeitar à hora do encontro?

Os participantes e o leitores deste livro estão livres para sugerir outras hipóteses.

O encontro abrigou um evento não oficial, a pedido de Franco Borgogno – um dos ex-coorganizadores do encontro havido na cidade de Turim, em 1997, por ocasião do centenário do nascimento de W. R. Bion – como registramos anteirormente. Borgogno criou o "Prêmio Parthenope Bion Talamo", em memória de nossa colega, tragicamente desaparecida. Doutora em filosofia e psicanalista, faleceu no ápice de sua experiência psicanalítica, na época em que iniciava suas próprias contribuições escritas à nossa atividade.

O pedido de Franco Borgogno foi aprovado, ainda que não unanimemente, pelo colegiado organizador. A vencedora do primeiro prêmio, que incluiu uma quantia financeira – segundo Franco Borgogno, de quinhentos dólares[25] –, foi Celia Fix Korbivcher, membro do colegiado organizador. Seu estudo está disponível em língua portuguesa na *Revista Brasileira de Psicanálise*, e também em língua inglesa, no *International Journal of Psychoanalysis*.[26] Houve uma insistência enfática da vencedora, no próprio dia do início dos trabalhos – algumas horas antes da sessão de abertura do encontro – apresentada a título de exigência, perante o coordenador, para que ela se apresentasse de modo especial, com a justificativa de poder agradecer publicamente a Franco Borgogno. Os programas, incluídos nas pastas dos congressistas, já haviam sido distribuídos aos inscritos. Todos, e em especial, os membros do colegiado organizador, conheciam a realidade de uma questão crucial, que obstaculizava a satisfação do desejo da vencedora: o evento,

---

25 O prêmio também foi outorgado em encontros posteriores, em Roma e em Boston, mas sem envolver quantias em dinheiro.
26 *Revista Brasileira de Psicanálise*, 35, 935-58, 2001; republicado em *International Journal of Psychoanalysis*, 86, 1595-610, 2005.

programado para poucos dias, tinha agenda totalmente tomada. Esta questão, de escassez absoluta de tempo, jamais poderia ter sido resolvida individualmente, e menos ainda, pelo coordenador, por configurar uma ação arbitrária. Como descrito anteriormente, o código relacional que regeu toda a conduta administrativa da organização do evento foi de que todas as decisões de atividades e de alocações de tempo seriam grupais. Casos duvidosos foram submetidos, sem exceção, a uma votação grupal. Esse código foi seguido em todas as etapas durante dois anos e meio. Frente à situação de pressão momentânea, dois dos membros do colegiado diretor e o coordenador, em função de uma conduta ética pessoal, reuniram-se extraordinariamente no recinto do próprio evento, duas horas antes da sessão de abertura, com o intuito de obter tempo para satisfazer o desejo da vencedora. Esses três membros do colegiado diretor decidiriam suprimir, a conselho do coordenador, uma das atividades já programadas, possibilitando a apresentação especial da vencedora.

Os eventos que cercaram a outorga, envolvendo de modo específico a escolha dos trabalhos, foram marcados por peculiaridades – em que não faltaram controvérsias. Segundo Franco Borgogno, o plano inicial seria outorgar o prêmio por meio de uma das sociedades de psicanálise sediadas na Itália. Problemas de natureza revelada, mas apenas apontadas pelo colega, impediram-no de fazê-lo. Em função disto, apareceu o pedido ao colegiado organizador do Encontro Bion 2∞4 São Paulo. Premido pelos impedimentos das sociedades italianas, Franco Borgogno encareceu o pedido para que o colegiado acolhesse a ideia do prêmio – o que foi feito, como registrado anteriormente, de modo não unânime, mas por maioria simples. A esse desconforto inicial, juntaram-se outras questões problemáticas, atingindo a comissão julgadora do prêmio, escolhida de modo independente das orientações e indicações do colegiado organizador. Inicialmente, por determinação do criador do prêmio, seria composta por colegas que morariam na Itália e, talvez, em outras localidades europeias. Esses colegas não tiveram seus nomes divulgados, caso tenham exercido as funções planejadas. Frente a evidentes dificuldades, Franco Borgogno manifestou o desejo, colocado como oferecimento, de que membros da SBPSP fizessem parte da comissão julgadora que, segundo ele mesmo, estava reduzida e, portanto, dificultava a consecução do projeto. Estabeleceu o critério: precisar-se-ia escolher três membros brasileiros natos para a comissão julgadora, que exercessem as funções de Presidente da SBPSP e da diretoria científica, além de um membro do colegiado organizador. Nenhum desses colegas pôde expressar seu parecer por várias contingências: um deles preferiu não fazê-lo, mesmo tendo assumido a tarefa; outro alegou que o pedido havia sido feito fora de prazo. O integrante do colegiado organizador foi o único a elaborar um parecer – que foi ignorado. Não foi esclarecida devidamente a origem do patrocínio financeiro.

Como o prêmio foi anunciado bem antes da decisão de se fazer o evento sobre a obra de Bion na cidade de São Paulo, algumas pessoas, ao saber que tornar-se-iam membros do colegiado organizador, solicitaram a Franco Borgogno que retirasse a inscrição de seus trabalhos, por motivos éticos. Problemas de comunicação, jamais esclarecidos – queremos crer que vinculados a questões linguísticas, pois parte da comunicação era feita por meio telefônico –, impediram-no de fazê-lo. Sem consultar o colegiado organizador, e, queremos crer, movido pelas melhores intenções, frente às seguidas controvérsias, Franco Borgogno decidiu modificar, uma vez mais, os critérios iniciais sobre a atribuição do prêmio. Uma semana antes do evento, comunicou ao colegiado a existência de um segundo prêmio, "cuja pontuação era quase igual à do primeiro". Este segundo prêmio foi atribuído a Lawrence Brown – um dos colegas que compuseram um grupo organizador do evento cinco anos depois, na cidade de Boston. Também por decisão pessoal, colocada de modo explícito e revelada apenas no momento da cerimonia de abertura do encontro, Franco Borgogno outorgou ainda mais cinco prêmios a vários outros inscritos – incluindo alguns que haviam solicitado explicitamente, com antecedência de meses, a retirada de suas inscrições, por questões éticas. Estes cinco prêmios suplementares foram entregues para os membros do colegiado organizador; como o colegiado tinha seis membros, um deles não foi agraciado. Todos os agraciados à revelia e o membro que não foi agraciado experimentaram situação *sui generis*, incluindo descontentamento, já que um dos integrantes do colegiado organizador teve seu parecer ignorado; outros tiveram seu pedido de retirada das inscrições desprezado; e, finalmente, um outro não recebeu nenhum prêmio. Estes segundo, terceiro, quarto, quinto e sexto prêmios não envolveram quantias financeiras. Resumiram-se à entrega de uma placa metálica com inscrições comemorativas. Não foram classificados por títulos tradicionais como "menção honrosa"; também não houve referência sobre classificação ordinal segundo notas obtidas na avaliação, como ocorreu com o primeiro e segundo colocados. Houve um único relato verbal, frente aos seguidos questionamentos feitos pelo colegiado organizador, a respeito da metodologia utilizada para o julgamento dos trabalhos concorrentes ao prêmio: "a competição estava acirrada, com diferenças de notas equivalentes a centésimos".

O final do Encontro Bion 2∞4 São Paulo

O luto perante o término de trabalhos marcados por intensividade – e neste sentido, guardando semelhanças com o objeto principal de encontros sobre psicanálise, ou seja, a própria psicanálise – foi marcado por paradoxal contingência: o ambiente foi formado por tenaz e ao mesmo tempo tênue emoção, circulando entre inscritos e organizadores: tenacidade expressa publicamente, por longos abraços congratulatórios e avaliações de sucesso inconteste, acrescidas de adeuses coloridos por "até mais ver", nos quais um "até nunca mais" subjazia, embora ainda não explicitado; tenuidade expressa por movimentos simultâneos de formação de subgrupos messiânicos e de pareamento, entre alguns organizadores e alguns dos inscritos.

Alguns membros do colegiado organizador, explicitamente inconformados com o término de uma situação mais marcada por alegria festiva do que pela infelicidade de dissenções explícitas, decidiram realizar novos eventos locais, inicialmente apresentados como heranças, em torno de estímulos mensais; o luto parecia manifestar-se por novo nascimento, mesmo que fosse do tipo, "mais do mesmo".

O decênio demonstrou que a experiência se espraiou de modo parcial no que tange às tentativas de fornecer estímulos "disparadores" – hoje, parte integrante de vários eventos nacionais e internacionais sob égide da International Psychoanalytical Association.

Ainda não se espraiou – e nem é possível saber se irá se espraiar – o método de uma organização representativa e participativa, advinda das bases, e não do topo de uma pirâmide imaginária.

Agradecemos ao Dr. Antonio Sapienza, membro do colegiado diretor, e ao Dr. Odilon de Mello Franco Filho, coeditores deste livro, pela leitura dos originais e correções que possibilitaram a presente versão.

Referências

Arendt, H. (1954). Crise na educação. In H. Arendt, *Entre o passado e o futuro* (M. Barbosa, Trad.). São Paulo: Perspectiva.

Ben Jor, J. (1969). País tropical. In: *Jorge Ben* [LP e CD]. Rio de Janeiro: Record.

Berlin, I. (1979). *Against the current*. Londres: Hogarth Press. (Trabalho original publicado em 1968)

Bion, W. R. (1961). *Experience in groups*. Londres: Tavistock.

Bion, W. R. (1965). *Transformations*. Londres: Heinemann.

Bion, W. R. (1967). *Second thoughts*. Londres: Heinemann.

Bion, W. R. (1970). *Attention and interpretation*. Londres: Tavistock.

Bion, W. R. (1988). O sonho. In W. R. Bion, *Uma memória do futuro* (P. C. Sandler, Trad., Vol. 1). São Paulo: Martins Fontes. (Trabalho original publicado em 1975)

Bion, W. R. (1996a). A aurora do esquecimento. In W. R. Bion, *Uma memória do futuro* (P. C. Sandler, Trad., Vol. 3). Rio de Janeiro: Imago. (Trabalho original publicado em 1979)

Bion, W. R. (1996b). O passado apresentado. In W. R. Bion, *Uma memória do futuro* (P. C. Sandler, Trad., Vol. 2). Rio de Janeiro: Imago. (Trabalho original publicado em 1977)

Bion, W. R. (2000a). *Cogitações* (F. Bion, Ed.; Tradução de E. H. Sandler e P. C. Sandler). Rio de Janeiro: Imago. (Trabalho original publicado em 1960)

Bion, W. R. (2000b). Narcisismo e social-ismo. In F. Bion (Ed.), *Cogitações* (E. H. Sandler e P. C. Sandler, Trads.). Rio de Janeiro: Imago. (Trabalho original publicado em 1960)

Bion, W. R. (2009). *A clinical application of Bion's concepts* (Vol. 1). Londres: Karnac.

Faoro, R. (1973). *Os donos do poder: formação do patronato político brasileiro*. Porto Alegre: Globo. (Trabalho original publicado em 1958)

Fausto, B. (2006). *Getúlio Vargas*. São Paulo: Companhia das Letras.

Fechner, G. T. (1948). Elements of Psychophysics. In Dennis, W. (Ed.). *Readings in the history of psychology* (pp. 206-213). New York: Appleton-Century-Crofts.

Freedman, N. (1995). Conference on "psychoanalyis and power". Sponsored by Goethehouse and the The New School for Social Research. *American Imago, 52* (3), 239.

Freud, S. (1959). Beyond the pleasure principle. In S. Freud, *The Standard Edition of the Complete Psychological Works of Sigmund Freud* (Vol. 20). Londres: Hogarth Press. (Trabalho original publicado em 1920)

Freud, S. (1964a). Formulations on the two principles of mental functioning. In S. Freud, *The Standard Edition of the Complete Psychological Works of Sigmund Freud* (Vol. 12). Londres: Hogarth Press. (Trabalho original publicado em 1910)

Freud, S. (1964b). The future of an illusion. In S. Freud, *The Standard Edition of the Complete Psychological Works of Sigmund Freud* (Vol. 21). Londres: Hogarth Press. (Trabalho original publicado em 1927)

Freud, S. (1964c). Group psychology and analysis of the ego. In S. Freud, *The Standard Edition of the Complete Psychological Works of Sigmund Freud* (Vol. 19). Londres: Hogarth Press. (Trabalho original publicado em 1921)

Freud, S. (1964d). The interpretation of dreams. In S. Freud, *The Standard Edition of the Complete Psychological Works of Sigmund Freud* (Vol. 4-5). Londres: Hogarth Press. (Trabalho original publicado em 1900)

Freud, S. (1964e). Moses and monotheism. In S. Freud, *The Standard Edition of the Complete Psychological Works of Sigmund Freud* (Vol. 23). Londres: Hogarth Press. (Trabalho original publicado em 1938)

Freud, S. (1964f). Negation. In S. Freud, *The Standard Edition of the Complete Psychological Works of Sigmund Freud* (Vol. 19). Londres: Hogarth Press. (Trabalho original publicado em 1925)

Freud, S. (1964g). On the history of the psycho-analytic movement. In S. Freud, *The Standard Edition of the Complete Psychological Works of Sigmund Freud* (Vol. 14). Londres: Hogarth Press. (Trabalho original publicado em 1914)

Freud, S. (1964h). *Psycho-analytic notes on an autobiographical account of a case of paranoia*. In S. Freud, *The Standard Edition of the Complete Psychological Works of Sigmund Freud* (Vol. 12). Londres: Hogarth Press. (Trabalho original publicado em 1911)

Freud, S. (1964i). Totem and taboo. In S. Freud, *The Standard Edition of the Complete Psychological Works of Sigmund Freud* (Vol. 13). Londres: Hogarth Press. (Trabalho original publicado em 1913)

Hilton, S. (1994). *Oswaldo Aranha: uma biografia*. Rio de Janeiro: Objetiva.

Isaacs, S. (1946). The nature and function of phantasy. In M. Klein, P. Heimann, S. Isaacs, J. Riviere (Eds.), *Developments in Psycho-Analysis*. Londres: Hogarth Press.

Jaques, E. (1976). *A general theory of bureaucracy*. Londres: Heinemann, Halstead Press.

Klein, M. (1950). *Contributions to psychoanalysis*. Londres: The Hogarth Press and the Institute of Psycho-Analysis. (Trabalho original publicado em 1934)

Le Bon, G. (1896). *The Crowd: A Study of the Popular Mind*. New York: Macmillan. (Trabalho original publicado em 1895). Recuperado de https://archive.org/details/crowdastudypopu00bongoog.

Locke, J. (1690). *Ensaio acerca do entendimento humano*. São Paulo: Nova Cultural.

Lyth, O. (1980). Obituary: Wilfred Ruprecht Bion. *The International Journal of Psychoanalysis, 61*, 269.

Nietzsche, F. (1978). Sobre a verdade e a mentira no sentido extramoral. In *Os pensadores*. São Paulo: Abril Cultural. (Trabalho original publicado em 1873)

Parshal, K. H. (2006). *James Joseph Syvester: a jewish mathematician in a victorian world*. Baltimore: John Hopkins University Press.

Pisani, R. (2005). *Elementos de análise de grupo*. São Paulo: Departamento de Publicações da SBPSP.

Ruskin, J. (1894). *Sesame and lilies*. Orpington (Greater London): George Allen. (Trabalho original publicado em 1871)

Sandler, J. (1970). Comunicaçao pessoal.

Sandler, P. C. (1997). *A apreensão da realidade psíquica*. Rio de Janeiro: Imago.

Sandler, P. C. (2000). Psicanálise e música. In *Turbulência e Urgência* (vol. IV de A Apreensão da Realidade Psíquica). Rio de Janeiro: Imago. (Trabalho original publicado em 1997)

Sandler, P. C. (2005). *The language of Bion*. Londres: Karnac.

Sandler, P. C. (2009). *A clinical aplicattion of Bion's concepts* (Vol. 1, pp. 313--337). Londres: Karnac.

Sandler, P. C. (2012). Publicações, psicanálise e o movimento psicanalítico. In P. Montagna (Ed.), *Dimensões. Psicanálise. Brasil.* São Paulo: SBPSP.

Sandler, P. C. (2013a). *A clinical application of Bion's concepts*, versão aumentada de "O quarto pressuposto", Prêmio Durval Marcondes de 1999, publicado na *Revista Brasileira de Psicanálise*, 2000.

Sandler, P. C. (2013b). *A clinical aplicattion of Bion's concepts* (Vol. 3, p. 141). Londres: Karnac.

Shakespeare, W. (1990). *Complete works*. Nova York: Avenel. New Jersey: Gramercy.

Smyth, W. H. (1920). *Technocracy*. Berkeley: Gazette.

Taylor, A. J. P. (1991). *Europe: grandeur and decline*. Londres: Penguin. (Trabalho original publicado em 1943-1955)

Thorner, H. A. (1981). Notes on the desire of Knowledge. The *International Journal of Psychoanalysis, 62*, 73.

Toynbee, A. (1972). *Um estudo da história*. (I. S. Leal e M. Silveira, Trads.). São Paulo: Martins Fontes.

Trotter, W. (2016). *Instincts of the herd in war and peace*. Nova York: Create Space Intedendent Publishing Platform. (Trabalho original publicado em 1919)

Weber, M. (1967). *A ética protestante e o espírito do capitalismo*. São Paulo: Livraria Pioneira Editora. (Trabalho original publicado em 1905)

Young, M. (1994). *The rise of meritocracy*. New Brusnwick: Transaction. (Trabalho original publicado em 1958)

Parte I

Estudos individuais

Embora tenha havido uma ênfase da organização nos três eixos do encontro, Clínica ↔ Teoria, Inquietações ↔ Serenidade e Desenvolvimentos, espelhando respectivamente o passado – quer dizer, a obra escrita por Bion e seu uso, pontos considerados controversos em sua obra e desenvolvimentos e expansões posteriores –, a maioria dos membros preferiu a modalidade mais clássica: exercer a função de audiência e discutir trabalhos individuais. De qualquer modo, a composição dos grupos, delineada pelos temas gerais, foi feita pelo sistema de livre escolha.

O desafio de pensar sobre psicanálise

Antônio Carlos Eva

Escolho a palavra *desafio* para esta comunicação pois me parece que ela exprime a emoção central que experimento diante da tarefa que assumo.

A tarefa torna-se bastante difícil quando penso em Bion como estímulo maior para refletir e escrever sobre psicanálise. Entendo que Bion não nos propõe sermos, à sua imagem e semelhança, *bionianos*; mas, isso sim, propõe que sejamos nós mesmos, os mais verdadeiros e espontâneos que possamos ser no trabalho clínico, uma situação propícia para isso, e na vida como um todo, em que as possibilidades de sermos autênticos estão mais limitadas pelo próprio ambiente social que criamos, estabelecemos e mantemos. Procurarei fornecer alguns estímulos ou entradas para abordar o tema da influência de Bion em meu trabalho psicanalítico que sejam *linguagem de êxito* para os leitores e especialmente para mim mesmo.

Uso inúmeras palavras em itálico com a intenção de chamar a atenção do leitor de que se trata de um uso pertinente ao vocabulário psicanalítico, particularmente articulado com a obra de Bion. Fiel ao conceito de *Transformações*, sei que as uso de modo particular e pessoal, guardando, tenho a esperança, alguma semelhança com o uso corrente psicanalítico. Em função disso, não as arrolarei como referências bibliográficas. Apenas farei alguma exceção, quando pensar ser pertinente a citação bibliográfica.

Decidi que, apresentando um pouco de minha trajetória analítica, quem sabe consiga criar um campo comum, que sirva de base para o pensar sobre psicanálise. Nos últimos dez ou quinze anos, tudo o que escrevo e discuto centra-se na pessoa do analista, procurando com isso atrair o foco da atenção para a nossa presença na sala de análise.

Iniciei a descoberta de Bion escritor em 1967, por meio da tradução feita para o castelhano de *Aprender com a experiência*; logo depois, descobri também *Elementos de psicanálise*. A seguir, *Transformações, experiências em grupos, pensamentos revisitados*, e assim foi, praticamente sem parar, por vinte ou trinta anos. Tivemos ainda Bion em São Paulo, e, a seguir, as pessoas que estiveram com Bion em São Paulo.

O resultado, em 2004, desse conjunto de influências foi que o conceito que passei a fazer de mente, funcionamento mental ou nomes semelhantes foi que a *função, ou área, ou parte psicótica* da personalidade não para de crescer e se expandir, ocupando o território que eu denominava *não psicótico*, em que estão a representação, a abstração e o pensamento. E, como não atribuo esse encolhimento da parte *pensante-representacional* a qualquer mudança ou perda maior da humanidade, concluo que meu modo perceptivo e conceitual é que foi se modificando. De um enfoque próximo à psiquiatria, do qual venho, encaminhei-me para a descoberta da impossibilidade de discriminar, sem meu método psicanalítico *disciplinado*, a fenomenologia que capto. Ela precisa, pois, desse método e modelo.

Por vezes, tenho a fantasia ou a ideia de que somos tão somente *não pensamento, não aprendido da experiência,* e que a divisão proposta, psicótico e não psicótico, soa inútil. Pensar e apreender o significado da experiência é tarefa tão rara e difícil que me parece uma idealização, uma miragem que vai sempre se distanciando à minha frente à medida que me aproximo dela.

E como eu já habitei a terra da certeza, inserida no social, no campo que permite a separação entre saúde e doença, avaliada psiquiatricamente, em que pensamento era pensamento, fantasia era fantasia, alucinação era alucinação, acordado era diferente de dormindo e sonho se dava ao dormirmos, eu me pergunto: o que houve?

Repetir e ser repetido, a partir de como conceituo *Transformações* (Bion, 1965) e *Aprender com a experiência* (Bion, 1962), só podem ser assim chamados se ponho de lado esses conceitos, bem como a individualidade de cada pessoa.

Para a vida ser vivida, essa função da personalidade que anula o único e forma o *nós iguais* tem importância essencial. Creio que sobrevivemos ao impacto da vida quando, ao lado de *pensarmos e sermos únicos*, podemos também ser do *grupo nós*, ideia sabidamente falsa, mas sabidamente essencial para a sobrevivência e o repouso de estar e permanecer no mundo. Essa área faz parte de uma dimensão *mítica e sonhante* que nos mantém vivos.

Penso hoje que a convivência dessas duas funções da personalidade, que tenho chamado de *pensante* e *não pensante*, esta última possuidora de um *calmante interno* para a dor de ser único, é o que nos permite aproveitar o mau negócio de ser consciente do desafio de ser único e solitário.

Um dos fatores, fortíssimo provavelmente, para a reviravolta que experimentei foi o contato com as ideias de Bion e com as ideias de seus leitores, com quem estudei e conversei. E, muito centralmente, a experiência que vivo com meus analisandos.

A partir dessas experiências, criou-se um círculo, que está em contínua expansão. Essas infinitas vivências fizeram e lançaram-me no mundo das aparências e incertezas, que pude conhecer e procuro investigar. Como consequência, tornou-se raridade a verdade plena e a convicção última. São efeitos, penso eu, do que realizei com o conceito de *transformações* – conceito este que fui digerindo, pouco a pouco, à medida que me foi possível *suportar a frustração e o pensar*.

Queria propor, como nova entrada para o tema, que há uma perda notável nessa nova dimensão em que passei a me mover. Costumamos afirmar que os ganhos são imensos, valiosos, e que nos dão força e firmeza. Essas afirmações são, para mim, no entanto, menos palpáveis. Elas se filiam ao conceito de *verdade* como *alimento psíquico*, modelo criado em paralelo com a atividade de nos alimentarmos materialmente de tempos em tempos. Há, pois, um alimento material e outro psíquico – a verdade –, ambos essenciais à vida. Na minha vivência, a função psíquica se apresenta coordenando o todo da vida.

Como já escrevi anteriormente, o mundo mental em si, muito provavelmente, não mudou. Mudou, portanto, o ângulo pelo qual eu o apreendo; apesar de meu esforço, ele não se fixa e cria raízes, raízes que eram antes por mim conhecidas. Há ocasiões, no entanto, em que me percebo estar em terra firme e com raízes. Mas isso também me introduz, quase que invariavelmente, nas dimensões de *desconfiança* e de *investigação*. Estas duas tornam, novamente, o campo fluido e cambiante, no qual posso ou não penetrar, dependendo essencialmente de me sentir *confiante, calmo* e *integrado* para adentrar novas terras. Quem sabe, por vezes, com a esperança de lá encontrar a terra da certeza e da discriminação.

Calmo, confiante e integrado são estados que eu crio e nomeio para mim mesmo. Essas emoções, no entanto, guardam relações muito variadas com o outro, com o "objetivo" e com o "verdadeiro". Por vezes, também estão distantes do que é compartilhado por um grupo em que me encontro, ou, em uma dimensão maior, no campo social.

Progressivamente, tenho perdido o medo de ser único, o que em princípio deveria se constituir em dimensão de diversas vantagens. Digo e ouço dizer, escrevo e leio de outros, que é vantajoso ser único, conhecer-se, saber de nossa verdade íntima e, se possível, compartilhá-la com o grupo.

A minha vivência de ser único se constitui em uma dimensão difícil de alcançar e na qual também é difícil permanecer. Um dos aspectos que percebo dessa dificuldade diz respeito ao encontro e ao desencontro que terei com o outro se lhe conto, por exemplo, que perdi as certezas já tidas e que não as substituí por construções novas e mais fortes. Mas, vejo-me, isso sim, com dúvidas e mais dúvidas. Boa parte das teorias que davam conta de meu trabalho clínico não o fazem mais. Mostraram-se insuficientes.

Especialmente meus analisandos e aqueles supervisionados por mim se desagradam com essa dimensão do *não saber*, do não ter solução a ser aplicada a cada enigma surgido, a menos que eu use respostas sabidamente falsas para mim.

Para dar conta desse percurso, e para uma possível expansão, valho-me do poeta Fernando Pessoa. Como eu o admiro de longa data, vou me dar a liberdade de usá-lo a partir do *Poema em linha reta* para algumas associações e variações.

Escreve Álvaro de Campos, heterônimo de Fernando Pessoa:

> *Nunca conheci quem tivesse levado porrada.*
> *Todos os meus conhecidos têm sido campeões em tudo.*
> *E eu, tantas vezes reles, tantas vezes porco, tantas vezes vil,*
> *...*
> *Toda a gente que eu conheço e que fala comigo*
> *Nunca teve um ato ridículo, nunca sofreu enxovalho,*
> *Nunca foi senão príncipe – todos eles príncipes – na vida...*
> *...*
> *Arre, estou farto de semideuses!*
> *Onde é que há gente no mundo?*
> *Então sou só eu que é vil e errôneo nesta terra?*

Faço minhas as observações poéticas de Pessoa, a respeito de mim e do outro.

Tomo uma segunda liberdade, agora com a influência de *Transformações*, *Elementos de psicanálise*, *Aprender com a experiência*, *Grade* etc. para propor que me sinto aquele que leva porrada e que se sente porco, ridículo e vil; mas que *percebo* instalado ao meu lado, misturado e amalgamado a este, um outro, campeão em tudo, um semideus.

Crio, pois, uma diferença com o poeta Fernando Pessoa por perceber os dois em mim, por vezes calmos e de acordo com suas qualidades e circunstâncias, vivendo lado a lado; mas, por vezes, em guerra sem quartel, uma verdadeira guerrilha, não me deixando terra firme na qual possa me instalar.

Essa interiorização e consciência dos dois por vezes cria uma vantagem: intuo isso, por exemplo, quando há um *terceiro* dentro de mim, capaz de perceber os outros dois e com algum poder de administrá-los, e, por vezes, até com uma certa competência.

Aliás, dependo deste terceiro para me manter calmo em meu trabalho clínico. Por exemplo, quando percebo os outros *irmãos* semideuses, bondosos ou raivosos, ou quando percebo os irmãos que só levam porrada nesta vida.

Uma nova ideia de personalidade também se desenvolveu quando percebi que o melhor negócio a fazer é poder conviver com os dois, dada a impossibilidade, aprendida depois de muita luta, de poder expulsar um deles de dentro ou de perto de mim.

Talvez isso que articulo tenha alguma coerência, pois, vez por outra, posso escutar de alunos, supervisionandos e pares com os quais privo de amizade mais estreita que sou questionador, que não ofereço porto seguro, terra firme; mas, ainda assim, eles permanecem por perto e, pasmem, falamos sobre psicanálise. E, ainda assim, eles não me mandam para o exílio.

Penso que a terra firme eu gostaria de tê-la, primeiro para mim, *egoisticamente*, e se sobrasse espaço na mesma, gostaria de poder oferecê-la e compartilhá-la *socialmente*. Em outras oportunidades, busco a terra firme de outro ou de outros para poder usufruí-la. Nessas circunstâncias, sinto-me convidado e compreendido pelo outro.

Parece-me que essas imagens guardam proximidade com os conceitos de *vínculo parasítico e comensal*, desenvolvidos por Bion ao longo de seus livros.

Por isso, e quem sabe em função disso, tenho também, dentro do caos e das incertezas, feito algumas descobertas, que até o momento resistem às minhas investidas de desconfiança e de investigação. Se vale a experiência até o presente, também não há garantias permanentes de que elas se tornarão verdades duradouras. São, no entanto, motivo de *fé pessoal*.

Sucintamente, são elas:

1. A *fé* de que a visão que tenho dos outros e de mim contém uma dimensão que é estritamente pessoal, à medida que provém de *aprendizado emocional experimentado*. A fé, nesta vivência, me dá autoridade pessoal, acompanhada de *paciência* e *curiosidade* para com o outro, que se apresenta sempre com suas diferenças, as quais busco privilegiar em minha observação. Dá-me, também, uma certa resistência ou inibição para transformar o outro em minha imagem e semelhança. Esse resultado, logicamente, é apenas parcial. Vejo-me *repetindo* e sendo *repetido*, apesar das observações que acabo de fazer.

2. Vejo-me trabalhando cada vez mais ligado à experiência captada dentro da sala de análise, onde uma *função* da personalidade se apresenta de múltiplas maneiras e da qual procuro discriminar *fatores* úteis para o conhecimento de tal função. Concluo, pois, que o conhecimento, a descoberta, ocorre quando consigo contar para o outro o que percebo de *forma propícia* e *suportável*. Nesse trabalho, deparo-me com os fatores impeditivos de mudança, que dão o limite, ou o contorno, do que posso observar e depois transmitir. Penso ser interessante assinalar que essas vertentes de mudança e não mudança estão presentes no par. Torna-se mais fácil percebê-las no outro. Isso me dá, no entanto, paciência, pois tenho a experiência desse processo comigo. É por isso que todas as teorias analíticas enfatizam, a começar por Freud, que, por meio da análise pessoal, o psicanalista irá desenvolver seu instrumento primordial de trabalho. E que não podemos, nem por um segundo,

esquecer as artimanhas, cada vez mais sofisticadas e "pensadas", que cada um de nós utiliza para se afastar da experiência do novo em análise. Penso ser experiência comum que as aplicações, ou o falar ou escrever a respeito de psicanálise, são muito mais aceitas e fazem tanto mais sucesso do que a psicanálise em termos de dimensão teórica, e, mais ainda, em sua dimensão prática exercida na sala de análise.

3. Desse meu interesse, quase que exclusivo, sobre o que se passa no presente da sala analítica, resulta o aparecimento de pequenas unidades, que raramente podem compor, quando se acumulam, grandes unidades *conceituais*, as quais poderiam vir a se aglomerar em áreas ainda maiores, constituindo *teorias psicanalíticas*.

Não se trata de partir do zero, do absolutamente desconhecido, mas de se poder afastar disciplinadamente de outras manifestações, ainda que anteriormente elas tenham sido vivências, mas que no momento funcionam como parte da área de *não vivência*. Explicitando: aqui está a memória do já vivido com o analisando, ou com o analista, e que nesse momento tem função obstrutiva ou de ocultamento do presente. Incluo também, nesse território, as teorias psicanalíticas mais acabadas e científicas, que fazem parte de meu conhecimento psicanalítico. Creio estar fazendo uma diferenciação entre estrutura e função. Ainda que estruturalmente sejam de valor, funcionam, no momento, para evadir-me do novo, sempre presente e desafiante.

Assim, vivo atualmente um grande abismo entre uma prática simples, liliputiana, mesmo, e teorias sofisticadas, das quais só poderia me aproximar com *especulações imaginativas*, mas que pouca coerência observacional ou de certeza me dão se as aproximo de minha prática clínica.

Aponto para um paradoxo em nosso trabalho, pois, no local em que se podem capturar desenvolvimentos teóricos, eu não os posso comentar e estar atento a eles. Posso, isso sim, em outras circunstâncias, dar-lhes atenção, como penso estar fazendo neste escrito. Talvez seja uma situação semelhante à que Bion nos aponta ao dizer que a *grade* é um bom instrumento para afinar nosso repertório psicanalítico para o que se passa na sala de análise, mas que não deve ser usada na própria sala.

Talvez, o eixo maior que me orienta clinicamente é procurar me dar conta se a interação que tenho com o outro promove enfrentamento de tensão sempre existente provinda da *frustração*, ou se encontramos meios hábeis para evitar essa tensão nos afastando dela, isto é, *eludindo a frustração*.

4. O aprendizado emocional experimentado é o alimento para a formação de *elementos*-α, que serão, por sua vez, alicerce para o pensamento. Aqui se situa a *área não psicótica*. Ela é, pois, estritamente pessoal, construída e aprendida na experiência.

Esse campo de aprendizado, do qual provém o desenvolvimento do pensamento pessoal, difere de outras fontes de conhecimento as quais não contam com a dimensão do apreendido na vivência emocional. Isso, evidentemente, não invalida sua pertinência ao *patrimônio pessoal*. Esse patrimônio inclui boa parte do conhecimento adquirido pelas normas grupais e culturais e que estão fortemente presentes no nosso acervo pessoal.

Devo ainda incluir aqui o que chamamos de contato com a verdade última, que oferece certeza absoluta, e que por ter essa característica não participa de investigação ou indagação. Essa dimensão da personalidade está associada com a posse de satisfação. Essas fontes de saber são, pois, fortemente inibidoras do aprender por meio da experiência emocional. A forma de aprendizado, por meio da função-α, se apresenta dispensável e sem qualquer sentido útil ou de curiosidade para quem já possui o todo. Creio ser esse um grande componente das resistências à mudança no trabalho psicanalítico.

5. Tenho, pois, como tarefa central, chamar a atenção, apontar e, a seguir, enfrentar a frustração associada com a *ausência*, pois creio que a partir dela é que se desenvolvem os meios de pensar e de aprender da experiência. Acredito que essa tarefa, que resulta no aparecimento do pensamento, facilita a vida como um todo. Vale, pois, como meio para ter um encontro comigo e com o outro, como ser humano.

Penso ser necessário, agora, explicitar um pouco mais o que entendo por *aprender com a experiência emocional*, que resulta em *emoção de pensamento*, capaz de abranger desde áreas complexas como a matemática, até o sonho e o mito, que se regulam por formas mais simples de apresentação.

Bem sei que os vocábulos *simples* e *complexo* não dão conta dos limites que quero demarcar como área não psicótica. Estou, pacientemente, à espera de um perímetro mais assertivo para o que procuro dizer e descrever.

O meu campo de trabalho será, primordialmente, falar sobre a experiência emocional e o aprender com ela. Esse caminho, único que conheço para escrever sobre o tema, deixará em segundo plano o próprio aprender com as emoções. Não tenho acesso, no entanto, a uma linguagem mais apropriada para "esse" estar na experiência emocional. Ela me faz muita falta. Penso que ainda está para ser construída, ao menos para nós psicanalistas. É captada nas artes em geral, singularmente, por cada um de nós.

Reconheço, ainda, que escrever sobre isso se torna um caminho mais fácil e conhecido se retorno à experiência emocional, como referência, para comentá-la. Imagino que possuímos um *anestésico interno*, que secretamos continuamente em busca do domínio do conhecimento, em busca de resolver e solver os mistérios que a cada momento a existência nos propõe.

Por outro lado, não creio que tenhamos suficiente paz e tranquilidade ao escrever e discutir o tema. Ele necessariamente alude ao nosso fazer psicanálise e remete a componentes que julgamos essenciais para tal.

Talvez eu possa realçar a diferença que procuro destacar contando minha experiência recente ao ver uma criança na rua diante de meu carro, à noite, com bastões de fogo e fazendo malabarismos. Surpreendeu-me, chamou a minha atenção, estava o novo diante de mim. Hoje, decorridos alguns meses e disseminada a apresentação diante dos carros, nas ruas da cidade, os malabaristas já fazem parte do conhecido, com seus bastões de fogo, e perdi a emoção primeira de surpresa. Essa situação foi incorporada ao conhecido e esperado. Foi-se a surpresa. Coloquei-a no convencional utilizando meu anestésico interno. Posso reconhecê-la e discriminá-la, mas foi-se o novo. Ela se "repete" em área de não pensamento.

Fazendo uma aproximação grosseira com o aprender com a experiência, penso que nossa busca diante dele é a de sermos ou nos vermos, ou sermos vistos, como o primeiro e único. Alinhavo, pois, a dificuldade ou a quase impossibilidade de apreendermos o novo e o vivo de cada momento da sessão de análise. Postulo que esse novo é parte essencial do aprender com a experiência emocional.

Postulo, ainda, que há sempre um único novo a cada momento de nossa vida. Cada vez que não o percebo – por determinantes variados –, ponho o aprender com a experiência em *descanso* ou *paralisação*. Para isso, utilizo-me, automaticamente, do acervo de conhecimentos que tenho para estar na situação.

Acompanho Bion na proposta de que estamos mais despreparados para entrar em contato com a emoção do humano vivo do que para estarmos diante do novo inanimado ou do já conhecido e identificado. Nosso trabalho, como analistas, se dá na área do despreparo universal.

Aponto, a seguir, o perímetro que devo percorrer, nesta escrita, para dar conta minimamente do aprender com a experiência emocional.

A) Definir experiência emocional e aprender com a experiência emocional, de tal modo que as definições criem um campo compartilhado de ideias com os leitores.

B) As definições de experiência emocional e aprender com ela somente terão significado se puderem ser inseridas no conjunto maior de *elementos* que compõem a minha teoria do psiquismo, quando, então, ganharão sentido, coerência e consistência.

É desnecessário enfatizar que essa é uma tarefa quase impossível, por várias razões. Como propus a tarefa e não vejo caminho melhor do que descrevê-la, sigo por ela, atormentado pela incompletude que aponto.

Há, também, uma atração pelo novo. Decifrar o enigma da esfinge nos permite, de imediato, continuar vivos; mas a contraparte desse conhecimento é que, encontrando e tendo a chave, paralisamos a curiosidade alimentadora do pensamento. Estaremos salvos, vencedores, mas paralisados como pesquisadores curiosos. Tenho certeza, ou quase, de que a psicanálise, especialmente na sala de análise, para se manter viva e atuante, precisa estar na *contramão* do conhecimento acabado, do conhecimento que tem a chave decifradora. Ainda mais se for a chave mestra. No modelo proposto, decifrar o enigma da esfinge salva, mas encerra, aprisiona, limita e dá por completa a busca.

Como chave mestra, aponto a completude do conhecimento alcançada por vários caminhos, particularmente com o par *sadio-doente* ou *superior-inferior*. Bion, ao expor sua grade em *Elementos de psicanálise* (1963), aponta a *coluna 2* como local apropriado para as formas sabidamente falsas de lidar com a vivência emocional, o que garante tranquilidade à pessoa.

Teorias sofisticadas, funcionalmente deslocadas de seu meio, servem também, e muito bem, para compor o anestésico da completude e do já conhecido. Nesses anos todos, tenho usado e visto serem usadas as *incógnitas elementos-α e elementos-β*, de forma *naturalizada*, fazendo parte "materialmente" dos fenômenos mentais. É corriqueiro, mesmo sem espanto, dizer que isso ou aquilo é *elemento-β*, parecendo mesmo poder ser visto ou ouvido pelos órgãos perceptivos sensoriais. Provavelmente, Bion não se deu conta da força e da grandeza de suas incógnitas. Vale o mesmo para a grade pessoal que ele desenvolveu para uso próprio e da qual nos apropriamos e que tem hoje uso quase universal.

Proponho que a emoção vivida por duas pessoas na sala de análise centra e sintetiza a busca do impossível, representado por resolver o enigma de qual é a experiência emocional em curso e o consequente aprender dela. O passo seguinte, dentro do impossível, será: como torná-la cativa de meu conhecimento? Creio ser experiência comum ouvir de uma pessoa que nos procura, no consultório, que ela veio porque sabe que já atendemos "muitos casos iguais ao dela", que somos especialistas no assunto. Isso é o que, por um lado, cria uma *confiança inicial*, e que, por outro lado, *amortece-anestesia* a busca de desconhecimento e consequente aprender com a experiência emocional. Deixamos de lado, se compartilhamos o papel proposto, a pesquisa do ser só e único no mundo, premissa necessária para desenvolver pensamento pessoal.

Aponto, pois, para um novo elemento na situação que acabo de esboçar: a existência de um vínculo centrado no *suposto básico de dependência*, o que remete a dupla para a área do não aprendizado, pois um sabe o caminho, sendo pois o *líder* ou *pastor*, enquanto o outro se propõe fazer parte do *rebanho* que segue o líder. A premissa de descobrir-se e apropriar-se da vida própria está suspensa.

O trabalho do psicanalista, centrado no enfoque da vivência emocional em curso, procura atender o *conhece-te a ti mesmo*. Cuide-se, porém, pois a tempestade pode ser desencadeada nesse processo e pode fazer-te submergir.

Cabe ao *pensamento*, proposto como *emoção básica*, harmonizar, de várias formas, as duas dimensões primordiais da existência: ser único e pastor de si próprio em solidão e dependência e, conjuntamente, estar protegido por um grupo externo ou interno. Chamo a atenção para o uso que faço de *e* para as duas dimensões primordiais, e não para a alternativa *ou*.

Aponto, seguindo Bion, para três emoções básicas: amor, ódio e conhecimento. Certamente, a admissão do conhecimento como emoção básica é o grande desafio que enfrentamos em nosso trabalho clínico.

O modelo do jogo de xadrez tem se mostrado para mim bastante eficiente na introdução do campo analítico, permitindo que cada um se dê conta do tabuleiro e das peças que utiliza em seu ser psicanalista.

Com o modelo do xadrez, procuro fazer uma distinção entre o jogo com suas regras, que se aproxima do *senso comum*, e aquilo que é cada partida ou lance da partida, centro de meu interesse em psicanálise.

Procuro, mais uma vez, distinguir o que seja aprender com a experiência daquilo que é descrever ou escrever sobre ela, por mais adequado e criativo que seja o método empregado ao fazê-lo. Psicanálise, na concepção de aprender com a experiência emocional, essencialmente, é viver a situação. Descrevemo-la, posteriormente ou secundariamente.

Posso agora apresentar um dos elementos essenciais para o aprender com a experiência emocional e que na minha prática se oferece frequentemente como divisor de águas em conversas e trabalhos científicos. Sempre que possível, atenho-me à experiência em curso no momento, diante de mim e veiculada verbalmente, como caminho maior e mais frequente, mas intuída também por outros meios expressivos que não o discurso articulado em palavras.

A possibilidade, para um par de pessoas, de estar em um perímetro emocional que *tenha pontos comuns* é condição básica para que uma desempenhe para a outra o necessário e suficiente para perceber algo ou dar-se conta de algo. É condição para também poder discriminar esse algo de um todo, dar-lhe um nome ou sinal, e, se possível, comunicá-lo à outra pessoa com expressões *de êxito*; isto é, expressões de fato comunicativas, que aproximem mais os pontos comuns no círculo das duas pessoas.

É apenas uma nova formulação do jogo de xadrez, visto agora no local em que as peças se movimentam. É uma premissa de que é preciso estar atento a cada movimento nosso ou do outro para *perceber* e *intuir* o resultado obtido, pois é a partir dele que iniciamos um outro passo para esclarecer o indiscriminado e o desconhecido.

A partir desse círculo comum, abrem-se várias interrogantes:

1. De que outro falo? Quem é o outro, em minha apreensão?

Do *vértice* do sujeito, trata-se, sempre, de uma outra pessoa. No vértice da segunda pessoa, que observa a primeira, o outro pode ganhar a dimensão de ser algo ou alguém indiscriminado. À segunda pessoa não cabe, nessa circunstância, chamar a produção da primeira de pensamento. Essa produção estará na área dos fatos bem estabelecidos e certos. Está perdida a dimensão de discriminação entre o eu e o outro. Diremos que a primeira pessoa, tendo posse e conhecimento completos, se aproxima do que Melanie Klein e Bion apontaram como fenômeno projetivo, na teoria da *identificação projetiva*.

2. Quem tem o poder ou a incumbência de decidir – em termos de *elemento de psicanálise* – sobre a natureza do movimento em curso? Certamente a segunda pessoa; no caso, o psicanalista.

Penso ter cabimento apontar agora as condições de mente do analista para suportar, de modo variado, o enfrentamento da experiência com o analisando na busca de expansão e discriminação compartilhadas.

Em trabalho anterior, feito para o evento Bion 99, em Buenos Aires, que versava sobre *transformações e sonhos*, propus o que se espera do analista: *paciência, humildade* e *respeito* pelo que apreendemos como animado e humano; acrescento que as três dimensões anteriores estão governadas por outro elemento, qual seja a *frustração suportável* para o analista. Penso que a frustração suportada pelo analista é que governa a presença e a discriminação do outro como ser humano único e diferente de mim.

Tal estado de mente não pode, em minha experiência, ser imposto ou induzido a alguém, por informação ou demonstração racional. Ele necessita de uma configuração mental na qual se possa estar disponível para investigar o humano, no correr da experiência emocional e dentro da dimensão de incompletude.

Bion insiste em *Elementos de psicanálise* que ao analista não importa a compreensão sobre o analisando, mas, antes de tudo, a criação de uma alternativa em busca de incompletude ou *insaturação*, pois é nessa busca que se aprende com a experiência.

Esse caminho de insaturação pressupõe a perda da certeza de quem sou e de quem é o outro; aparece aqui outro elemento essencial do aprender com a experiência, que é estar *perdido da certeza dos fatos*, sabendo-se habitar, no entanto, um *como se soubéssemos*. É nele que nos apoiamos para poder desenvolver uma comunicação compartilhada; no mais das vezes, nos apoiamos no verbal, que é a forma de comunicação em que somos mais capazes.

Cabe ressaltar uma diferença importante sobre as motivações imediatas de analista e analisando. Em princípio, procuro, como analista, dar-me conta de quem é o outro que está diante de mim. Para isso – ainda que sabidamente falso –, tomo-me como *observador fiel* ou *real* da experiência em curso. Necessito de um ponto fixo para poder apoiar o movimento que faço. Estou ciente, no entanto, de que esse é um estratagema que me permite dar um passo dentro do *como se*. Se tenho essa ideia presente, aparece-me como fiel acompanhante a *humildade* e *respeito*.

Em longos e extensos períodos de análise, o analisando, acossado pelo conflito que lhe causa o desassossego, busca alívio e tratamento eficiente para a *dor* a partir dos meios disponíveis de sua mente. É necessário que o analisando possa se manter coeso e pensante para poder aprender com a experiência em curso. Essa coesão dependerá de sua condição de suportar frustração e dor. Se e quando a dor é insuportável e a ameaça de *ruptura* é iminente, a mente se vale de modos *não pensantes* para criar um aglomerado contínuo que superpõe vários fatores para a função primordial de sobrevivência.

3. Um trabalho ambicioso, mas também extremamente necessário, diz respeito à discriminação das funções que podemos estabelecer para as áreas da mente e – à maneira de um caleidoscópio –, percebendo-as no momento do jogo. Dar-lhes *continência* e perceber o sentido único e fugaz que desempenham é essencial. Esse sentido único e fugaz, funcional, frequentemente supera ou ultrapassa o já *estabelecido*.

4. É necessário estarmos sempre atentos para o fato de que as questões apresentadas cabem tanto no caso do analisando como no do analista. O analisando encontra-se privilegiado em relação ao analista, pois conta com a presença deste na sala de análise. Nunca é demais assinalar que, para o essencial, nós analistas nos encontramos sós. Há, pois, uma *assimetria* nas funções de analista e analisando.

Poderemos conversar sobre o que passamos ou percebemos na sala de análise, mas em outro contexto. Essa disciplina de poder discriminar as diferentes dimensões e os diferentes contextos do funcionamento mental é, provavelmente, a mais sofisticada questão para nós como analistas clínicos; ou como autores, ao propor uma teoria que dê conta de nossa clínica.

Creio que poder reunir essas dimensões por meio do pensamento é a busca essencial de nossa vida. Ela nos permite, por um lado, ganhar novos instrumentos para nossa relação conosco e com os outros. Por outro lado, acoplada com essa dimensão, há também a discriminação de quem sou eu e a dor de me perceber no infinito do mundo. Ainda que ganhe novos instrumentos ou recursos, dou-me conta também da precariedade deles para abarcar as solicitações da vida.

Aponto agora para a revolução pela qual passei, como pessoa e psicanalista, ao perceber, basicamente como analisando, o sentido e o significado do escrito *Transformações e invariâncias*, que trouxe um outro tabuleiro e novas peças para o meu jogo de xadrez. Sempre que suportável, tira-nos da coisa em si, dos fatos acabados e controlados. Se há coesão suficiente, constitui-se em instrumento valioso para perceber e intuir as experiências humanas. Nessa condição, estamos em um sistema de observação que necessita de contínua alimentação para que possamos nos comunicar conosco e com o outro.

Aprender com a experiência pressupõe a distinção entre eu e o outro, bem como a capacidade de suportá-la, o que evoca a solidão e a dependência. As transformações que fazem parte dessa tomada de consciência escolherão áreas como as de *aprendizado* e também as de *alucinose*, pois a frustração é a dimensão básica em jogo.

Se apresentei o pensamento como organizador de tendências, é preciso distingui-lo de não pensamentos, que se assemelhando fenomenologicamente a pensamento não exercem essa função ordenadora sintética. Recebem várias denominações na dependência de sua apresentação e do autor que os verifica: *alucinações, delírios, atuações, ruídos, pensamento esvaziado de sentido, objetos bizarros, automatismos de pensamento* etc.

Como proponho que a experiência emocional permite o aparecimento de pensamentos, cabe discutirmos os fatores que agem continuamente na mente e que interferem no fenômeno observável, impedindo o aprender com o vivido.

Bion, no meu entender, procurou em seus escritos, nos seminários e, deduzo que, fundamentalmente, na sala de análise, encontrar um modo eficiente de contar ao outro como percebia a experiência presente. Como estar presente para o outro, interferindo na experiência em curso para facilitar o aprendizado. De tempos em tempos, percebo que muda a interferência que faz, resultado provável de um novo modo de se orientar na comunicação.

Permanecem, no entanto, a percepção da solidão associada com a dependência, o desejo ou a busca de algo ou alguém que atenue e dê conta do isolamento inevitável. Ao lado disso, há também uma necessidade que busca vida, continuamente, sem levar em conta a pessoa que a hospeda e suas peculiaridades. E sabemos que a vida mental se nutre de verdade, de algo genuíno, que crie condições para suportar a dor.

Estabelece-se, então, uma tensão entre essas duas tendências, permanentes e atuantes, durante toda a vida. O que varia parece ser a intensidade e o equilíbrio para um lado ou outro, com as consequentes apreensões pela consciência do que se passa.

A nossa *função analítica* nesse vértice é, pois, permanecer por perto, com os instrumentos (paciência-humildade-respeito-tolerância à frustração diante da certeza perdida), de modo a poder interagir e facilitar a agregação em busca de pensamento, fruto do aprender com a experiência.

As teorias psicanalíticas que desenvolvemos procuram nos amparar nesse caminho de incertezas em que buscamos sermos nós mesmos. Têm, ainda, a função de criar um patrimônio que possa ser consultado por todos aqueles que percebem a importância da mente no todo da vida.

Espero, no entanto, ter mantido a ideia de que apenas arranhamos o mistério da vida, que se mostra, com o correr do tempo, mais e mais profundo.

Referências

Bion, W. R. (1962). *Aprender com a experiência*. Rio de Janeiro: Imago.

Bion, W. R. (1963). *Elementos de psicanálise*. Rio de Janeiro: Imago.

Bion, W. R. (1965). *Transformações, experiências em grupos, pensamentos revisitados*. Rio de Janeiro: Imago.

Inveja

Arnaldo Chuster
Renato Trachtenberg

Bion ampliou e desenvolveu o conceito kleiniano de inveja.

A partir do momento em que se interessa pelo mito edípico como problema do conhecimento, a inveja aparece "dirigida contra a capacidade do indivíduo de negociar as posições" (*Cogitations*, 1992, p. 208). As "posições", como um fator vital no diálogo entre desconhecido e conhecido, indicarão a capacidade de aprendizado do indivíduo durante toda a sua vida. Sua capacidade de tolerá-las e a interação contínua e dinâmica entre as duas estariam permanentemente assediadas pela inveja. Por isso mesmo, em *Learning from experience* (1962), a inveja aparece como fator fundamental em K. A inveja, impossibilitando uma relação comensal, é conectada aqui ao "terror sem nome". A inveja que destrói conhecimento em K tem qualidades morais derivadas da qualidade de "super" ego de (♀ ♂). Ela afirma a superioridade moral e a superioridade em potência do "des"-aprender.

O próprio Bion, à medida que se aproxima de um modelo mais estético da mente, modifica seu conceito de inveja. Vemos em *Attention and interpretation* (1970) que Bion diz: "se a inveja tivesse que assumir um aspecto de objeto total, tornar-se-ia a *inveja* da personalidade capaz de maturação e do objeto que estimula a maturação". Nessa afirmação, observamos o conceito vincular já presente em seus comentários anteriores e que agora inclui o problema estético da maturação (ou desenvolvimento, ou crescimento). Além do problema do conhecer, entramos na questão do ser. Ao final de *Attention*, ele diz que "o impulso para inibir é fundamentalmente inveja dos objetos-estimulantes do crescimento".[1]

O impulso para inibir coloca a inveja em um modelo espectral da mente não alcançável pelo conceito kleiniano, em que o aspecto destrutivo define um modelo hiperestrutural. O modelo espectral implica uma condição de não definição, não fechamento: uma abertura para infinitas possibilidades.

Os *growth-stimulating objects* (objetos fertilizantes) favorecem o crescimento por meio da capacidade negativa ao criar condições para o contato com a frustração e com a verdade. O critério de crescimento é dado pelas aspirações dos objetos internos. A inveja, assim entendida, seria motivada pela tensão entre o que o sujeito gostaria de ser e o que não pode ser. O paciente invejoso não suporta não ser a pessoa que ele não será jamais.

O modelo do câncer, utilizado por Bion, vincula a inveja à mentira. A célula que se nega a morrer, que elimina a informação da morte, termina destruindo o organismo no qual vive. Modelo do parasitismo, destruindo o hospedeiro em busca de perpetuação. Seria a relação sexual no inferno.

---

1 *Growth-stimulating objects*.

A mentira é o mais poderoso instrumento da inveja, pois tenta resolver a tensão entre o que o sujeito é e o que suas aspirações demandam por meio do parecer (que é). A alucinose – acreditar ou fazer acreditar que é – acompanha habitualmente a inveja – Bion fala da relação da inveja com a alucinose em *Transformations* (1965). A mentira, sob a forma de transformações em alucinose, parte de uma premissa falsa utilizando uma lógica correta para provar uma superioridade moral.

Esse fenômeno pode ser observado em análises didáticas em que o analisando chega com a convicção de ser um "grande" analista. Ele não suporta a percepção de que não é a pessoa cujas aspirações exigiam que ele fosse. Muitas vezes, sua crença está apoiada na própria instituição psicanalítica que repete e faz conluio com a situação familiar (família tipo gangue). Toda interpretação é vivenciada como uma tentativa de destruição da crença, que deve ser mantida a qualquer preço. Interpretação e humilhação se equivalem. Em graus mais extremos, se colocam como os salvadores da psicanálise ou das instituições, percebidas como ameaçadas de uma morte iminente. A fantasia de imortalidade não suporta os limites e as falhas da psicanálise, de suas instituições e aqueles do próprio analista. A crítica impregnada de moralidade mantém a psicanálise (e seus instrumentos) sob constante avaliação e vigilância.

Um paciente gago, ao fragmentar sua fala, propõe a imortalidade dos pensamentos com pedaços de pensamentos falando ao mesmo tempo. Explica todos os seus problemas pela gagueira, como se ela, desaparecendo, fizesse também desaparecer seus problemas. Não se reconhece naquilo que não pode ser. Sua inadequação mantém a ideia de uma mãe eternamente presente que rejeita sua adequação, favorecendo sua permanência junto a ela. Os pais aparecem, por meio da fala, como defasados, "des-continuados": mãe dependente e condescendente e pai cobrador, questionador da explicação (gagueira). A gagueira "justifica" sua inibição social e profissional, mas vai ficando claro para o paciente que talvez os termos estejam invertidos.

A inveja é produtora de fatos marcantes. As "assombrações," os mortos-vivos, ao contrário dos *growth-stimulating objects*, representam figuras invejosas daquelas que continuam vivendo. São impressoras (impressionantes) de memória. O analista em estado de inveja está carregado de memória. Assim, podemos pensar que um analista invejoso terá dificuldades de criar pela "assombração" de seu próprio analista didata, pela dificuldade em elaborar sua inveja dele.

A mentira é importante "criadora" de memórias, fatos que atenuam o sentimento de inveja ao mesmo tempo que o expressam. O mentiroso, como na assombração, assume o papel do não existente, usurpando-o.

Os pacientes didáticos já referidos são hábeis geradores de memórias. Seja mencionando lembranças, autores ou citações, "excitam" no analista sua própria inveja carregando-o de memória, desejo e compreensão. O analista se sente compelido a demonstrar (no sentido matemático) suas interpretações, já que o paciente lhe parece exigir fatos e provas. Isso seria a contraparte da alucinose, já que o paciente vive em um mundo de "fatos e provas" que sustentariam a crença de que ele é (verdade) o que parece ser (mentira).

Não seria o estado mental impregnado de memória, desejo e compreensão um indicador de atividade de inibição de *growth-stimulating objects*, e, portanto, de que um vínculo invejoso na análise requer investigação?

Referências

Bion, W. R. (1962). *Learning from experience*. Londres: Heinemann.

Bion, W. R. (1965). *Transformations*. Londres: Heinemann.

Bion, W. R. (1970). *Attention and interpretation*. Londres: Tavistock.

Bion, W. R. (1992). *Cogitations*. Londres: Karnac.

O protomental não realizado como fundamento de transtornos de pensamento, simbolização e aprendizagem

Alicia Beatriz Dorado de Lisondo (coordenadora)
Ana Maria Queiroz Guimarães Protti
Clícia Assumpção Martarello de Conti
Elizabeth Gnatos Lombardi Garbellini
Leila Gnatos Lombardi
Nelson José Nazaré Rocha

Introdução

Este artigo surgiu da experiência clínica com crianças órfãs, portadoras de HIV e abrigadas em uma instituição, que foram por nós atendidas pelo método de observação de bebês de Esther Bick. Utilizamos avaliação diagnóstica e psicoterapia psicanalíticas. Notamos nessas crianças imensas dificuldades na área de simbolização, aquisição da linguagem, aprendizagem e também transtornos do pensamento. Apesar das condições tão fragmentadas da realidade psíquica e de outras áreas tão prejudicadas da vida dessas crianças, surpreendeu-nos a receptividade e a capacidade para mudanças estruturais que elas demonstraram ter, coisa que procuramos refletir e compreender em nossas investigações psicanalíticas.

Depois de um ano de trabalho, nossa hipótese era a de que, possivelmente, esses abrigados haviam passado por experiências emocionais de falta do seio pensante, estético e transformador; de privação da função materna e de um conteúdo que buscasse um continente em uma procura infinita. Pensamos que a preconcepção não encontra o objeto, não há penetração, não há função-α transformadora. Assim, a preconcepção se desvitaliza, não há barulho, e, sim, o silêncio dos sepulcros, em uma passividade para quem a vida não faz sentido.

Explicitando nossa hipótese: os transtornos no pensamento, na simbolização e na aprendizagem devem-se ao protomental não desenvolvido, que não estrutura o espaço mental como continente por não encontrar a realização diante de uma privação abismal. Aparecem, assim, os buracos no tecido mental, delimitados por restos sensoriais aglutinados em vez de articulados, os restos sem valor. Diferenciamos, dessa maneira, esses transtornos das neuroses, das psicoses, do autismo defensivo e dos fenômenos -K.

Formulamos ainda que o protomental – os aspectos não nascidos da mente – conclama a presença de um objeto, o que pudemos oferecer por meio de observações e sessões de psicoterapia psicanalítica, por meio da função-α transformadora do vínculo analítico.

A experiência do contato emocional que esses pacientes puderam desfrutar em suas vivências com um psicanalista mostrou uma imediata reação, como evidentes melhoras na área cognitiva, na vulnerabilidade somática e na aquisição da linguagem. Notamos que, ao serem contidos por um continente – no caso, o analista –, o processo de simbolização era estimulado, levando à realização de contínuas transformações possíveis em direção a O. A falta da função-α foi reparada, dependendo da capacidade de figurabilidade e representabilidade de cada dupla analítica.

Foi fundamental a presença atenta desse outro para que se pudesse ir em direção à criação de uma mente-capaz-de, evidenciando a importância do outro qualificado para a concepção do psiquismo humano. Este outro qualificado era o psicanalista, com sua capacidade de *rêverie*, de modular as angústias e de transformar o que estava não nascido, desvitalizado ou em estado de preconcepção, traços mnemônicos sem figurabilidade e sem capacidade de representação.

Protomental

> *Abra os olhos e você vai ver a escuridão do útero.*
> *(Bion, 1979, p. 2)*

Para Bion (1961), o sistema protomental é aquele em que o físico e o psíquico se encontram indiferenciados. É uma matriz da qual surgem os fenômenos que, na origem, no nível psicológico, parecem ser sentimentos descontínuos, apenas muito ligeiramente associados entre si. Afirma ele que o conceito de sistema protomental, junto com as teorias dos supostos básicos, poderia ser usado para oferecer um enfoque novo da enfermidade física e, particularmente, das enfermidades chamadas psicossomáticas. Para explicar o destino dos supostos básicos, que não estão em atividade, ele postulou a existência de um sistema protomental.

Bion ampliou a genialidade kleiniana sobre os primórdios da vida psíquica, incluindo a dimensão do protomental como um modelo aberto a fecundas investigações, que partem da realidade da clínica e transcendem, por meio de conjecturas imaginativas, até as regiões escuras do mistério da mente humana. Na história da psicanálise, Freud tentou se aproximar ainda mais da rocha dura do psiquismo, apontando para as fantasias filogenéticas, nunca descartando a importância da pré-história do indivíduo, coagulada no inconsciente estrutural. Symington (1993) sugere que o sistema protomental prefigura a noção de elementos-β, que Bion descreveria mais tarde.

Meltzer (1978) estabelece um paralelismo entre o sistema protomental e o narcisismo primário. O sistema protomental guarda as partes mais primitivas do *self*. São as partes da personalidade que pensam com o corpo, cujo funcionamento se aproxima das leis da neuropsicologia (Meltzer, 1986). Bick, Tustin e Meltzer ousaram aventurar-se a conceitualizar os achados clínicos dos fenômenos que antecedem a clássica posição esquizoparanoide, ou seja, aqueles anteriores às relações de objeto, que pressupõem a diferenciação sujeito/objeto e a identificação secundária freudiana. Nesses estados de indiferenciação, estamos autorizados apenas a conceituar a identificação primária como aquela que é anterior à carga de objeto e, portanto, anterior à diferenciação sujeito/objeto.

Entre nós, em São Paulo, Celia F. Korbivcher (2001) contribui com o conceito de transformações autísticas, enaltecendo o reinado da sensorialidade nos primórdios da vida mental. A noção de aparelho protomental é terreno fértil para frutos conceituais; o próprio Bion (1976), mais tarde, referiu-se a ele como um nível somatopsicótico da vida mental.

Posteriormente, Meltzer (1986) interpreta o sistema protomental como representante do não simbólico nominativo, o externo factual, o quantitativo; no outro extremo, encontra-se o sistema mental em que estão: o orientado internamente, o emocional, o qualitativo e o estético. Entre ambos, a função-α, um processo de transformação em símbolos. Ainda segundo esse autor, no sistema protomental, no qual existe um nível primitivo de vida mental, há um grau de cisão e idealização severa do *self*. Se essa severidade não for modulada por experiências suficientemente boas, a tendência é que esse sistema fique muito cindido das estruturas da personalidade que evoluem junto com a linguagem. Apesar da cisão, o sistema protomental exerce forte influência sobre a personalidade em função da excessiva ansiedade que dele emerge: angústia catastrófica, angústia de precipitação, angústia de liquificação, o reinado do terror sem nome.

Segundo Grotstein (comunicação pessoal, em 2004), o sistema protomental é uma proto-organização: o sistema mãe-bebê compõe uma unidade indistinguível, mas, ao mesmo tempo, eles são separados. Isso é um paradoxo. O aspecto de estar separado é o que registra as experiências. O trauma se configura quando algo acontece antes de o feto ou o bebê estarem em condições de metabolizar a experiência, por meio de representação, simbolização, sonho, personificação, capacidade de brincar.

Ele ainda afirma que o primeiro objeto do bebê não é a mãe nem o seio, mas a placenta; não como um objeto que vai fazer parte da realidade do bebê, mas como um serviço permanente de provisão, sem interrupção. A relação com a mãe é diferente da relação com a placenta e com o seio. A mãe é objeto que sustenta, mas como objeto de fundo, misterioso, que nunca é visto nem conhecido, apesar de sua presença ser tida como certa; ao passo que o objeto placenta ou seio é visível. Essa experiência de sustentação passa a fazer parte da mente e do ser do bebê.

Concordamos com Zimerman (comunicação pessoal, em 2004) quando ele enfatiza que Bion não trabalhou suficientemente as ligações de sua descoberta sobre o aparelho protomental com o clássico aparelho mental estrutural de Freud. Entretanto, nos parece que o protomental pode se enraizar no conceito de id da segunda tópica freudiana, mergulhado nos alicerces do corpo biológico. Essa ampliação pressupõe que o id vá muito além do recalcado, como no modelo clássico da neurose. As impressões fetais podem deixar uma série de inscrições na vida mental do feto que, no melhor dos caminhos, podem vir a se configurar como representações de coisa e aparecer por meio de sonhos, criação artística etc.

É nesse sistema que ficam depositadas, como corpos estranhos produzindo as mais variadas perturbações, as vivências de algumas situações traumáticas, que, pelo grau de violência e intrusividade que possuem e pelo desamparo que geram, não ganham representação.

O ponto essencial é: o impacto que a privação da função materna tem sobre a criança perpetua o desamparo psíquico estruturante, potencializando-o até que ele venha a ser o trauma a se repetir compulsivamente. O desamparo mais sofrido do ser humano é o desamparo da não representação (Botella, 1997). Concordamos com Botella & Botella (2001): o trauma deve ser entendido na negatividade; uma violenta e brusca ausência de tópicas, como uma ruptura no aparelho mental, provocando o desmoronamento das funções mentais. Partindo de Levy (2003), comprovamos na nossa clínica a afirmação de Botella no que diz respeito a essa desorganização brutal, que provém da ausência de sentido, e reiteramos a questão mística, pergunta transcendental de Cristo na cruz, "Pai, por que me abandonaste?". Isso nos remete à pergunta cravada em nosso coração pelos pacientes que questionavam a razão e a finalidade de terem nascido. Em outras palavras, a falta do objeto externo que dê sentido configura a violência do desamparo. A questão da representação e da simbolização fica, portanto, no centro do problema do trauma, já que é o outro que investe de sentido a vida. Isso quer dizer que estamos além do desejo e da fantasia; estamos no terreno do desamparo, da ameaça de não integração do *self*. Entretanto, ressaltamos a necessidade de criar um *self* antes que ele possa cumprir uma função como a de significar a vivência do trauma.

O protomental não é só a presença do arcaico, ele também é campo do potencial com capacidade de evolução e desenvolvimento em função da experiência analítica. Mergulhando nas raízes atávicas da constituição do psiquismo, queremos enfatizar que essas regiões escuras não necessariamente apontam para os transtornos do desenvolvimento; nessas regiões jazem também as potencialidades da criação artística, a matéria-prima da constituição dos sonhos e da realização humana em um processo contínuo de vir-a-ser. Enquanto a ideia do pré-natal está circunscrita a uma dimensão cronológica, o protomental é uma estrutura em que estão albergados os germens da vida mental. Esses níveis primordiais do psiquismo são alcançados por meio das conjecturas imaginativas. Podemos, então, considerar as protoemoções não como *restos* arcaicos, mas, sim, como algo com potencial para se transformar em *preconcep*ção em um processo evolutivo de crescimento, à procura de realização.

Técnica

> *Pobre corpo; pobre mente. Se lembrarmos que um deriva do outro, é quase surpreendente que eles não consigam se dar bem e que um se julgue superior ao outro.*
> *(Bion, 1967)*

O desafio é como tornar pensável o que podia estar fechado em claustros, ou disperso nesses pacientes.

O sonho-α do analista – forma contínua de processamento de emoções – é um processo relacional. Esse tipo de sonho permite transformar o que encontramos na sala de análise em ideogramas, que são formas sensoriais que alojam experiências não sensoriais. O analista que sonha possibilita um processo de reparação e desenvolvimento da função-α, abre perspectiva no paciente para o desenvolvimento de pensamentos e a capacidade de usá-los para o contato consigo próprio.

Em um movimento helicoidal de idas e vindas, a experiência psicanalítica favorece o nascimento daquilo que ainda não nasceu, aninhado no sistema protomental no qual, além do pré-natal, há pensamentos sem pensador e intuições selvagens. Sapienza (2004), parafraseando Pirandello, diz que, em vez de personagens à procura de um autor, são sentimentos e partes do corpo à procura de um personagem, para nele se encarnarem. Klein (1990/1930) descobriu que os brinquedos podem ser usados para personificar objetos internos. Bion, usando o recurso da ficção, escreveu *Memórias do futuro* (1979) para dar voz à existência dos distintos aspectos da personalidade encarnados em seus personagens como forma de dizer o que não teria vez na linguagem científica tradicional.

Bion (1962) propõe um modelo no qual o paciente é um feto a quem as emoções da mãe são comunicadas, porém, para quem o estímulo para as emoções e sua fonte são desconhecidos. Podemos entender o feto como um modelo para pensamentos fetais, ou seja, pensamentos ainda sem nascimento psíquico; isso implica a ideia de uma mente embrionária e em evolução, de entender nascimento não como origem, mas como ponto de inserção.

O jogo psicanalítico envolve a ampliação do método psicanalítico usado na clínica de crianças. Podemos entender os sonhos, os modelos e a personificação como instrumentos equivalentes aos brinquedos, pois eles são mediadores e têm um poder modulador da dor mental. Podem permitir encontrar o ponto de inserção entre a realidade psíquica e as formas sensórias por meio das quais essa realidade se expressa.

Tanto o sonho-α quanto a personificação permitem encontrar o fato selecionado para gerar significados. Eles são recursos desintoxicantes, pelo nível de mediação e/ou por jogos que se harmonizam com um estado de mente de não saturação (Cortiñas, 2004).

Na técnica psicanalítica, a arte consiste em o analista complementar a sua intuição psicanaliticamente treinada com a transformação dos conceitos que habitam sua mente em pensamento preconceitual. A interpretação é um jogo conjectural que condensa ciência e arte.

Segundo Zimerman (em comunicação pessoal, em 2004), Bion é quem aproxima a realidade de pulsões e fantasias à realidade exterior, considerando a mãe real e concreta. Um analista, diz ele, jamais substitui a mãe, mas trabalha com o paciente para preencher vazios por meio de uma função de maternagem, a fim de que o protomental possa ganhando figurabilidade.

Para exercer a função de um continente adequado, no aspecto de objeto capaz de participar do trabalho que dá figurabilidade ao protomental, as qualidades do analista supõem, primeiramente, que ele esteja disponível para receber a carga de ansiedade do paciente. Supõe ainda que ele possa segurá-la dentro de si, acolhendo-a, para então dar significado, sentido e um nome a essas experiências emocionais que vêm sem palavras. Isso requer uma paciência ativa, que implica um respeito ao tempo do paciente, além de uma escuta aguçada que possibilite o reconhecimento dos microssinais de sua melhora. Zimerman enfatiza que ser continente implica uma função ativa, diferente de ser recipiente.

Grotstein, em comunicação pessoal (2004), afirmou que, para continuar acreditando, o analista precisa saber onde está, precisa saber a posição que ocupa, precisa falar a mesma língua do paciente. Ele ressalta que o importante na situação analítica é a experiência emocional vivida pela dupla, e adverte que alguns analistas privilegiam o entendimento, a interpretação, quando o necessário é privilegiar a experiência.

Em outro trabalho surgido de nossa experiência nessa clínica (Lisondo et al., no prelo), à luz da revitalização dos conceitos teóricos que inspiram a primeira parte deste artigo, a técnica precisou ser revisitada a partir da exigência de práxis clínica. Ressaltamos ali que, diferentemente da psicanálise clássica na orfandade mental, é fundamental caminhar:

> *Do Inconsciente ao Id, região misteriosa do não reprimido da mente, constituído pela repressão primária, que está na fronteira com o soma, na segunda teoria freudiana do psiquismo, muito aquém do modelo da neurose e, portanto, da repressão secundária;*

> *Da interpretação à construção. Não se trata de fazer Consciente o Inconsciente, nem de preencher as lacunas mnemônicas. A questão é construir os alicerces do aparelho mental, o continente, a trama. Editar em vez de reeditar, através de uma gramática especial, o que não poderia ser repetido. A tarefa é a construção da mente como continente, criando assim o Ego e Superego (Lutemberg, 2001), tendo o analista como um catalisador semântico;*

Da pulsão à pulsão com o objeto, entendido nas suas misteriosas funções, na poética do encontro humano inspirador, impulsionado pelos ares de Eros, criando o sentido da existência ao dar valor à vida, com amor pela verdade. Não é o objeto reduzido a satisfazer a pulsão, no percurso libidinal, na sua crua necessidade. O objeto é o outro humano, ser sexuado, intérprete do mundo.

Da neutralidade à neutralidade ideológica, conferindo valor especial ao vínculo, com a presença afetiva viva e ativa da pessoa do analista apaixonado em um encontro específico e transcendental.

(Zygouris, 2003; Moguillansky, 1999; Bianchedi et al., 1999)

Inspirados por Levy (2003), e partindo da expansão conceitual de Bion, Baranger e Ferro sobre o conceito de campo analítico – que traz uma visão dual da situação analítica –, acrescentamos que essa visão leva a uma ampliação considerável da geografia em que ocorrem os processos de simbolização, representação e figurabilidade, à medida que passa a ser considerado o que acontece no *campo analítico*, e não mais só nas camadas intrapsíquicas, mas na intersubjetividade da experiência analítica.

Essa ampliação é fundamental para o tipo de pacientes de que estamos falando, uma vez que dessa maneira entendemos que a experiência analítica pode ajudá-los no trabalho de representação. Relembrando Marucco (1998), não estamos mais apenas na *via de levare*, estamos também na *via de porre*: na primeira, trabalhando as resistências para que as imagens e representações inconscientes possam surgir; na segunda, pondo as nossas imagens e pictogramas afetivos (Barros, 2002) para dar um sentido ao vazio representacional. Segundo Botella & Botella (2001), utilizamos a associação livre do paciente e a atenção flutuante do analista para ter acesso à trama de representações; já para chegar ao não representável, é necessário recorrer à construção do campo analítico, para que surjam as transformações das marcas mnemônicas primitivas em imagens "quase alucinatórias". Assim, elas podem transformar-se em emoções compartilhadas e sentimentos.

Concordamos com Levy (2003) quando ele afirma que o conceito de transformação de representação de coisa em representação de palavra, assim como o de transformação de elementos-β em α, diz respeito à representação do não representado; daquilo que está à espera de uma representação.

Material clínico

Vinhetas da observação de bebês pelo método Esther Bick. Carlos: um ano e cinco meses, no início da observação

Primeira observação

Cerca de cinquenta minutos após o início da sessão, não há nenhum som, mas muito movimento da parte de Carlos. A cuidadora recomeça a falar com ele, Carlos vem em minha direção dizendo "*mã-mã-mã*"; sinto um impacto, misto de surpresa e dor, mas antes que me recobre, a cuidadora pega-o no colo, dizendo: "Ih, ele chama todo mundo assim...".

Terceira observação

Carlos é deixado no berço. Quando a cuidadora se retira, ele a acompanha com o olhar. Ele se senta, mexe nos pés, estica as pernas e se deita; enquanto mexe no corpo, faz sons, entretido consigo mesmo. De repente, seu olhar cruza com o meu, ele mexe a cabeça, volta a procurar o vão entre as grades e repete esse movimento várias vezes. Brinca com as perninhas levantadas, olha para alto, dizendo: "*mã-mã-mã*", "*mã-mã-mã*", "*pá-pá-pá*". Volta a olhar para mim e estica a mão em minha direção.

Nona observação

A cuidadora que o acompanha se retira, dizendo que vai ao banheiro. A outra, com uma criança no colo, também se retira. Fico sozinha com Carlos. Ele sobe e desce do "quadrado", com suas mãozinhas fortes e ágeis. Vem em minha direção, me olha firme, primeiro aponta com o dedinho, depois toca minha mão com a pontinha do dedo indicador, fazendo sons muito suaves e delicados com a boca. Nesse momento, a cuidadora volta, senta-se no chão ao meu lado e pergunta: "Porque será que ele fala '*pá-pá-pá*', se ele nunca teve um?" Carlos continua dizendo: "*pá-pá-pá*", "*pá-pá-pá*", "*mã-mã-mã*", "*mã-mã-mã*". Sinto-me muito emocionada; minha pele fica arrepiada, meu peito e meus olhos ardem. Preciso tensionar o corpo para me conter. Tenho vontade de interromper a observação e conversar com a cuidadora.

Comentários

Carlos foi indicado pela instituição para observação, apresentado como uma criança "arteira, que não para e ainda não fala". O início da observação causou impacto: de um lado, a falta de sons;

de outro, a expressividade de Carlos por meio de sua intensa atividade corporal, de muito movimento. A observadora experimentou admiração e prazer ao se defrontar com o que interpretou mentalmente como vitalidade, vivacidade e tenacidade cativantes, na procura do objeto compreensivo; as vozes do silêncio sugeriam uma procura desesperada de significado.

Todavia, as manifestações ativas e exploratórias não encontravam ressonância e permaneciam em uma sensorialidade dispersa, sem encontrar uma função integradora do *self*, pela falta de experiência da consensualidade como processo de simbolização incipiente.

Pensando nessas vinhetas, nos perguntávamos o que fazia Carlos quando balbuciava "*m*ã-*m*ã-*m*ã" e "*p*á-*p*á-*p*á!" Quem ele estaria chamando, já que, como diziam os cuidadores, "ele nunca teve pai nem mãe, veio com dias para o abrigo e nunca foi procurado...".

Silvia Neborak (em comunicação pessoal, em 2003), no início da observação e de nosso projeto, identificou uma preconcepção das funções materna e paterna no procurar insistente de Carlos por uma mãe e por um pai.

Conversando com Grotstein (comunicação pessoal, 2004), ele comentou que Carlos sabia que precisava de uma mãe, mostrando nessas vinhetas as estratégias que usava para se ligar. Como ele disse, o paradoxo presente na relação mãe-feto – de serem ao mesmo tempo indistinguíveis e separados – faz com que a mãe seja registrada na protomente como uma presença misteriosa, que dá sustentação. É necessária a experiência de unicidade, matriz fundamental para que a mente se constitua; nessa vivência, o vínculo é gerado. Portanto, quando Carlos toca, aponta, sorri e balbucia ele está à procura da realização dessa preconcepção.

Grotstein diz ainda que é a função-α do bebê que envia sinais e não símbolos, mensagens em linguagem pré-léxica, para que a mãe os interprete se estiver em sincronia com ele. Na instituição, embora rodeado de gente, Carlos não dispunha de um continente capaz de acolher e compreender o significado de sua procura, o que não criava as condições para a realização dessa experiência; ou seja, faltava um objeto real externo capaz de exercer a função de "*um abrigo psíquico para a vida mental*" (Lisondo et al., 2005).

Pensamos que, ao se constituir um campo emocional-relacional na observação, foi se configurando um *setting* mental com acolhimento do protomental que se manifestava em muito movimento, muita procura e balbucios de Carlos em busca de figurabilidade. O olhar surgia como um elo de ligação, quando ele se sentia visto e procurado (2ª vinheta).

As vinhetas revelam a presença da função de *rêverie* na mente da observadora, que promovia a realização da experiência de *at--one-ment*. Carlos, ao ser olhado, valorizado, admirado, escutado, ou seja, psiquicamente investido, foi se apropriando do significado da experiência de ligação e da linguagem significativa, e, na relação humana, pôde nascer.

Thiago, 5 anos, primeira sessão de psicoterapia psicanalítica após o processo de avaliação: "desespero" (ele inicia a sessão com sons que me lembram uivos de desespero, sons muito tristes que evoluem para uma música)

Thiago chega cinco minutos atrasado, acompanhado da cuidadora. Estou aguardando e, antes de entrar na sala de espera, Thiago põe a cabeça na janela e logo se esconde quando eu o cumprimento. Dessa vez, ele me acompanha facilmente e me pergunta, olhando para mim:

— Tia, por que todo dia eu venho aqui?

— Acho que seu desejo é vir todo dia. Quero combinar com você que teremos esse encontro às quartas-feiras, nesse horário.

Thiago vai em direção à caixa e pega a fita adesiva que havia usado na sessão anterior. Mostra muita dificuldade em manuseá-la e a deixa de lado, pegando a fita crepe. Digo-lhe que a caixa e o material estarão ali para trabalharmos juntos, e que tudo o que está ali é só dele, entregando-lhe a chave com o cadeado. Thiago vai cortando pedaços da fita crepe e colocando à volta da mesa. Enquanto isso, começa a emitir sons:

— Col, col, col, cul, cul...

— Cucucul, culcucul, culcul, culcul

São sons de desespero. Esses sons vão aumentando e eu penso que ele parece um cachorrinho latindo, ou um lobinho uivando. Ele continua com os sons e diz:

— Acabou o curativo. Não Durex.

— Mas para você parece mesmo um curativo.

Ele me olha muito pensativo e, depois de um tempo, diz:

— É, parece. — Ele espirra e diz: — Saúde... Amém.

Digo-lhe:

— Acho que o curativo que você espera de mim é aquele para cuidar dos seus machucados e para você ter saúde.

Chama minha atenção que nesse dia seus olhos não apresentam aquela alteração.[1] Observo que a pálpebra esquerda é mais fechada do que a direita. Ele me olha fixamente e diz, com muito orgulho:

— Você tá olhando tudo o que tô fazendo.

— E você gosta de ser olhado e de ter a minha presença com você.

Ele pega a tinta; depois, a deixa de lado. Pega uma folha, lápis de cor e giz de cor e embala na continuação dos sons.

— Cul, cucucul, cucucucucu...

A música tem um som muito triste. Pergunto sobre essa música. Ele diz que é uma musiquinha, e continua...

— Uu, Uu, Uu. Já sei namorar. Já sei beijar muito. Agora é sério.

Canta essa musiquinha repetindo-a muitas vezes enquanto desenha.

— Já sei beijar à vontade. Muito, muito, muito.

Continua cantando cada vez mais alto e mais nitidamente enquanto desenha.

— Já sei namorar. Já sei beijar à vontade.

---

1 No período de avaliação, observei uma descoordenação no movimento de um dos olhos, oscilante, e uma queda na pálpebra, que me fez pensar em um grave comprometimento neurológico.

Digo-lhe:

— Você começou a cantar uma música que está cada vez mais nítida para mim, e você quer que eu saiba de uma coisa muito séria: que você quer amar e ser amado.

Ele usa o guache e o lápis verde para o seu desenho. Em seguida, faz um borrão vermelho. Parece um rosto contornado com alguns riscos. Pergunto o que ele desenhou.

— Uma mulher, uma casa, um cachorro e uma comidinha de cachorro.

— Você chegou e sua musiquinha parecia um cachorrinho latindo, acho que você desenhou isso: você como um cachorrinho aqui ao meu lado, querendo receber de mim uma comidinha.

Ele passa a tinta no papel intensamente. Depois, rasga o desenho e diz "joga fora, tá feio"; a folha ficará encharcada depois de ele ter passado várias camadas de tinta.

— Eu me interessei pelo seu desenho e por suas músicas, mas você acha que o desenho é feio, que não tem valor, e por isso joga fora.

Thiago pega outra folha e diz:

— Agora vou fazer um desenho.

Então ele se concentra nesse desenho que é feito com lápis de cor, sentado ao meu lado. Há muitos pedaços de "curativos" contornando a mesa enquanto Thiago desenha.

— Hoje você me contou que quer ser cuidado, e os curativos e eu estamos à sua disposição.

— É "prá mim" fazer uma cartinha.

— E o que você está escrevendo nessa cartinha?

— É "prá" Cássia, do abrigo.

— Além da cartinha há um desenho que você está fazendo com muito cuidado. O que você desenhou?

— É uma caverna.

— Ah, deve ter algo dentro dessa caverna, o que será?

— Um bicho... Um dinossauro. Dinossauro tem rabo?

Ele interrompe a conversa para "ouvir" um barulho.

— O que é isso? — pergunta apreensivo. — Pensei que era um lobo.

Ele se acalma, pega o desenho, dobra-o e o coloca dentro de outra folha, com a qual faz uma espécie de envelope. Sobre esse envelope, coloca a caixa de guaches.

— mm... mm... mm... nnnn... neném... neném... neném... mamãe... neném... mmmmm... mamãe... mamãe... tentei... tentei... tentei... mamãe... neném... Você chama... Mamãe... mãe... eu te quero... prá amar... Mamãe... Mamãe eu te quero prá amar

Eu digo:

— Você fez uma nova música e me conta da falta que sua mamãe te faz para amar e ser amado.

Ele pega a caixa de giz de cera e coloca todos, um por um, dentro da caixa. Cada um dos bastões de giz cai pelo outro lado que está aberto, de forma que a caixa permanece vazia.

— Como põe isso, que cai tudo?

— A sua pergunta é como segurar dentro de você o amor que você tanto precisa.

— Mamãe eu te quero prá amar.

Thiago repete essa estrofe muito alto, muitas vezes, cada vez mais alto. É um canto triste e muito desesperado. Pega a cartinha e o desenho e diz que ele já secou, e que vai levá-lo para casa.

— Nós podemos guardar a cartinha e o desenho do dinossauro na caixa. Tudo o que fizermos aqui deixaremos guardado na caixa. Você não pode levar esse material, pois é material para nós conversarmos aqui.

— Mas eu vou levar!

Ele se encaminha para a porta, guarda a carta dentro da calça como se eu não fosse perceber. Estendo a mão para ele pedindo que ele me ajude a guardar a carta. Ele grita:

— Mas eu quero levar!

— Pode ser que você esteja com medo de deixar o seu dinossauro aqui.

— Eu quero levar!

Ele me entrega o desenho para que seja guardado na caixa. Ele se joga no sofá e diz que não vai embora. Começa a chorar e a gritar, dizendo que não vai sair dali. Ele se gruda no sofá e parece ter passado cola nas costas. Ele grita e chora, dizendo que não vai embora, esperneia. Pego um lenço e limpo seu nariz, e ele continua berrando. Digo que ele é bem-vindo, que nós temos um tempo juntos e que estarei esperando por ele na semana seguinte. Carrego-o até a sala de espera. Ele vai esperneando, gritando e me chutando. Eu o entrego à cuidadora, que me olha assustada.

Discussão

Podemos abordar a compreensão psicanalítica dessa emocionante e profunda sessão utilizando vários vértices, como o -K, ou ataques ao vínculo; mas podemos também colocar em destaque o conceito de terror, e a importância da função analítica no desenvolvimento protomental, ou na transformação do patológico. Na obra de Bion, essa função adquiriu um espaço próprio.

Temos aqui uma boa oportunidade de focarmos clinicamente o trabalho transformador da função-α do analista em uma evolução suave e progressiva. Posteriormente, ouvimos sons semelhantes a uivos, letras pronunciadas com expressividade sonora, contatos primitivos e comoventes à procura do objeto amoroso. Ao encontrar esse objeto no campo transferencial, Thiago pôde revelar a sua intensa dor e encontrar o curativo para profundas feridas.

Bion nos fala das experiências emocionais ligadas ao terror sem nome, que é expressado com linguagem articulada e que invade a mente como um bumerangue; quer dizer, a dispersão do terror volta potencializada em sua qualidade de gerar mais dispersão. Para Martinez e Sor (2004), essa é uma tentativa de representar um ataque de pânico no momento posterior ao acontecimento, quando a personalidade tenta recuperar o pôr-se em ressonância consigo mesmo.

Thiago expressa esse terror com seus uivos. Ao encontrar o outro que dá sentido, ele permanece à espera de um outro som, que forme a palavra. Em um crescente diálogo psicanalítico encontram uma frase e uma música: constrói-se aí uma história significativa dessa relação, em que o não nascido ganha significação e representabilidade em um processo de neogênese, e o patológico pode ser acolhido e ressignificado. Ocorre aqui um novo encontro, uma realização em que as experiências anteriores de privação, ou de realizações não suficientes por falha do objeto, encontram acolhimento para serem expressadas. Observamos ainda que certas preconcepções puderam ser desenvolvidas na transferência graças à continência de um objeto.

No plano gráfico, Thiago dá figurabilidade ao terror, ao desenhar a caverna com o dinossauro e o lobo, personificando os personagens de um mundo atávico.

A sessão alcança um ápice de elaboração com um esboço de introjeção, quando ele se refere a amar e ser amado, sendo esse um momento de dor mental intolerável. Ele sente a incapacidade de conter esse amor, e a dureza da privação começa a eclodir.

Acompanhamos o desespero da protomente, ameaçando-o e induzindo-o a atuar, quando ele é solicitado a deixar o refúgio concreto da carta, primeiro passo em direção ao trabalho mental. A atitude firme da analista cria a esperança na continuidade da relação e na possibilidade incipiente de um diálogo emocional interno, com a amiga abrigada, ele mesmo. Essa não autorização revela uma postura teórica e técnica da analista e não uma escolha normativa.

Martinez e Sor (2004) apontam a atitude corajosa da analista, que abre a porta para o pensamento, ou, como Bion sustenta, para o desenvolvimento da preconcepção com uma realização negativa. Ao tolerar essa frustração, Thiago vai pensar sobre ela e assim se dará origem o aprendizado pela experiência. A analista, que estava dentro da experiência emocional, intuiu a necessidade de Thiago de acreditar que poderia esperar pela sessão seguinte, de um ato de fé.

Ao final da sessão, Thiago agarra-se dramaticamente ao seu lugar de analisando, em que há algo de vital e precioso que ele não quer perder. No desespero, protesta...

O final da sessão é impactante, com uma partida, na qual a indiferenciação corpo-mente, reduzidos a uma só unidade, permite que o protomental o exponha ao desamparo da não representação. Caso ele suporte a solidão e o caos, como diz Bion, poderá descobrir a verdade subjacente à realidade fundamental: que a analista estará à sua espera na próxima sessão, e que ela não desaparecerá para sempre, como em uma repetição de sua história.

Conclusão

Os estudos de Bion sobre o psiquismo fetal expandiram os horizontes do pensamento psicanalítico para a compreensão dos fenômenos psicossomáticos e dos estados primitivos da mente. Entre nós, em São Paulo, Wilheim (1989, 1996, 1997) tem realizado importantes contribuições, que na nossa elaboração teórica são fecundas quando interpretadas como conjecturas, como modelos.

Tivemos o privilégio de atender psicanaliticamente crianças órfãs de um abrigo. Diante dessa experiência, ampliamos nossa capacidade de escutar e perceber a manifestação dos fenômenos psíquicos embrionários, aqueles que estão muito aquém das possibilidades de representação, as marcas e os registros ingovernáveis. Com fé e paixão pelo poder do método psicanalítico, nos oferecemos como analistas na criação de um vínculo inédito, com a nossa mente analisada, com investimento e esperança.

Na clínica, foi possível resgatar os níveis arcaicos na estruturação da subjetividade à procura da criação do espaço mental, matriz das funções mentais, e da criação do continente, às vezes do nascimento psíquico na realização da preconcepção humana.

Neste trabalho, destacamos especialmente a privação do objeto externo real suficientemente bom como fator traumático na "orfandade mental"[2] (Lisondo et al., 2004). Esse trauma não permite o desenvolvimento das funções mentais incipientes, presentes no nível protomental, como preconcepções à procura de realização. A privação da boa *rêverie* não permite alimentar a vida psíquica e dar sentido a ela. Essas preconcepções, quando não encontram o objeto disponível, perdem a vitalidade psíquica, murcham, desistem. Uma nova história começa a ser construída, como na sessão de Thiago.

A intuição e a sensibilidade treinada do analista permitem que se alcance a interpretação quando é possível passá-la pela peneira do pensamento crítico – crítica que tem como leito de sustentação a própria análise, o pensamento teórico, a discussão do material clínico. O "vale-tudo" seria uma licença inaceitável, afastada do pensamento científico e do compromisso ético. Ou seja, sustentamos que o objeto analítico é inefável em sua essência, qualidade esta que não nos poupa da exigência de precisão. Apresentamos essa comunicação como testemunho de nossa aspiração por um diálogo reflexivo e crítico com a comunidade científica.

---

2 "Denominamos *orfandade mental* quando a privação das funções materna e paterna é um estigma no destino da criança desde o útero mental materno, quando a sua vida é marcada pelo sinistro, isto é, quando o *infans* é privado do bom contato psíquico com a mãe e/ou pai durante a gravidez e após o nascimento.

Temos como hipótese que a orfandade mental das crianças institucionalizadas leva a uma configuração psíquica na qual se destacam: falha na estruturação da identidade primária ==> o ser; falha na regulação narcísica ==> autoestima; depressão essencial; sobreadaptação; e outros fatores a investigar nesta configuração. A orfandade mental é paradigma epistemológico para nosso trabalho" (Lisondo et al., 2004, pp. 324-325).

Como epígrafe e com a intenção de manter as questões em aberto, sem respostas que as aniquilem, oferecemos ao leitor, como convite para pensar conosco, questões inspiradas nessa vivência:

Neste trabalho, sustentamos que os estados mentais primitivos, que estão congelados, paralisados, não desenvolvidos, podem ser transformados pela experiência que permita a realização da preconcepção. O patológico ([-K], ataques ao vínculo etc.) – diferentemente do não desenvolvido, que está à procura da boa experiência com o objeto – repete e não é permeável à simples experiência, que é destruída. A psicanálise clínica pode ser muito fecunda e auspiciosa quando o protomental não foi desenvolvido.

Como dar figurabilidade ao protomental? Intuição, hipóteses, conjecturas imaginativas, sonhos-α, reconstruções? Que qualidades do objeto podem reclamar o protomental?

Podemos considerar o protomental como sinônimo do elemento-β?

Klein inicia a sua teoria com o bebê já nascido. O constitucional nela é quase mito biológico? Será que Bion, ao trazer o protomental encarnado no constitucional, no vínculo e na relação biológica com o líquido amniótico na mãe, não estaria dando um passo adiante de Klein? Seria essa a diferença fundamental entre eles?

O inconsciente estrutural não reprimido da segunda tópica, o id, seria o lugar do protomental? A ontogênese, acervo do id que recapitula a filogênese, estaria na base do protomental?

De que maneira as especulações psicoembrionárias, fundamento do protomental, têm um interesse clínico não só para ampliar a compreensão do psicopatológico, mas, sobretudo, para enraizar metapsicologicamente os estados primitivos da mente não desenvolvidos, com as suas consequências técnicas na clínica?

Freud fala das fantasias originárias na busca da origem do psiquismo. As séries complementares também remetem às experiências anteriores ao nascimento, mesmo tendo em conta a sua oposição a Rank. O conceito de identificação primária com o pai totêmico antecede a experiência com o objeto, assim como o conceito de narcisismo primário. Qual é o lugar do psiquismo pré--natal em Freud e em Klein? Os pacientes desse abrigo têm sofrido traumas cumulativos. Com eles, percorremos o inferno de Dante. É o vértice místico, que transcende o científico, aquele que pode inspirar, no analista, atos de fé para alcançar o desenvolvimento possível? Dito de outra forma, quais as implicações do vértice místico na postura analítica dessa clínica?

Referências

Barros, E. M. R. (2002). An essay on dreaming psychical working out and working through. *The International Journal of Psychoanalysis, 83*, 1083.

Bianchedi, E. T. et al. (1999). *Bion, conocido/desconocido*. Buenos Aires: Lugar.

Bion, W. R. (1961). *Experience in groups and other papers*. Londres: Tavistock.

Bion, W. R. (1962). *Learning from experience*. Londres: Heinemann.

Bion, W. R. (1967). *Second thoughts*. Londres: Heinemann.

Bion, W. R. (1976). Evidence. *Bulletin of the British Psychoanalytical Society, 37* (8).

Bion, W. R. (1979). *Memoir of the future: the dawn of oblivion*. Perthshire: Clunie Press.

Botella, C. & Botella, S. (1997). *Más allá de la Representación*. Valência: Promolibro.

Botella, C. & Botella, S. (2001). *La figurabilité psychique*. Paris: Delauchux et Niestlé.

Cortiñas, L. P. (2004). Ciência: ficção e jogo psicanalítico. *Revista da Sociedade Brasileira de Psicanálise de Porto Alegre, 1,* (2), 361-382.

Klein, M. (1990). A importância da formação de símbolos no desenvolvimento do ego. In M. Klein, *Amor, culpa e reparação*. Rio de Janeiro: Imago. (Trabalho original publicado em 1930)

Korbivcher, C. F. (2001). A teoria das transformações e os estados autísticos. Tranformações autísticas: uma proposta. *Revista Brasileira de Psicanálise, 35* (4), 935-958.

Levy, R. (2003). A visão topográfica no processo psicanalítico: o irrepresentável. *Revista Brasileira de Psicanálise, 37* (4), 1067-1077.

Lisondo, A. B. D. (2003). Na cultura do vazio, patologias do vazio. *Interpelaciones entre la clínica y la teoría. Asociación Psicoanalítica de Buenos Aires* (pp. 87-119). Buenos Aires: APdeBA.

Lisondo, A. B. D. et al. (2004). Orfandade mental. In Hermann, F. & Lowenkrow, T. (Orgs.). *Pesquisando com o método psicanalítico* (pp. 323-348). São Paulo: Casa do Psicólogo.

Lisondo, A. B. D. et al. (2005). Pôster apresentado no 44º Congresso Internacional de Psicanálise da IPA, Rio de Janeiro, julho de 2005.

Lisondo, A. B. D. et al. *A (re)construção do psiquismo em crianças e adolescentes marcados pelo trauma e privação. A importância do objeto externo real na constituição da subjetividade.* Artigo ainda não publicado.

Lutemberg, J. (2001). Revisión del paradigma freudiano de la sexualidad: El vacio mental y la adición. *Public. Asociación Escuela Argentina de Psicoterapia para Graduados, 27* "Fundamentos del psicoanálisis: desarrollos teóricos, clínicos y técnicos".

Martinez, M. S. & Sor, D. (2004). *Brechas en el sueño: fragmentos escogidos de el sueño de W. R. Bion: Memórias del futuro*. Buenos Aires: Polemos.

Marucco, N. C. (1998). *Cura analítica y transferência. De la represión a la desmentida*. Buenos Aires: Amorrortu.

Meltzer, D. (1978). *Explorations in autism*. Perthshire: Clunie Press.

Meltzer, D. (1986). *Studies in extended metapsychology. Clinical applications of Bion's ideas*. Londres: Clunie Press.

Moguillansky, R. (1999). *Vinculo y relacion de objeto*. Buenos Aires: Polemos.

Sapienza, A. (2004). Comentários sobre o trabalho "Ciência: ficção e jogo psicanalítico" apresentado no Encontro Internacional sobre o *Pensamento de W. R. Bion* por L. P. Cortiñas, São Paulo.

Symington, N. (1993). *Narcissism: a new theory*. Londres: Karnac.

Wilheim, J. (1989). Resenha: A caminho do nascimento: uma ponte entre o biológico e o psíquico. *Ide, 17*, 90-91.

Wilheim, J. (1996). Psiquismo pré-natal e pós-natal: transições. In L. C. U. Junqueira Filho (Org.). *Silêncios e luzes: sobre a experiência psíquica do vazio e da forma* (pp. 21-23). São Paulo: Casa do Psicólogo.

Wilheim, J. (1997). *O que é psicologia pré-natal*. (3ª ed. atualizada). São Paulo: Brasiliense.

Zygouris, R. F. (2003). *O vínculo inédito*. São Paulo: Escuta.

Fatores de conjunção e disjunção no relacionamento de parceria fértil e criativa

Antonio Sapienza
Luiz Carlos Uchôa Junqueira Filho

Este texto contém oito proposições e foi escrito a partir de conversas bastante informais entre os autores, desenvolvidas ao longo de alguns anos, apoiadas em reflexões derivadas da experiência em clínica psicanalítica temperadas por filosofia de vida, acompanhadas de suportes de pesquisas e leituras mais específicas sobre o tema instigante e complexo.

1. Recursos para transcender o jogo paranoico.
2. Senso comum apoiado em julgamento de ego e em razão política de base social-ista.
3. O valor da elaboração das falhas na relação amorosa.
4. A contenção emocional como garantia do pensar.
5. Modalidade de relacionamento com o casal parental: inspirativo ou conspirativo.
6. Capacidade de reformular vínculo para preservar assimetria.
7. Cultivo de uma dinâmica de identificação plena e livre com o não *self*.
8. A emoção procriada pelo par requer otimismo de evolução.

Trata-se de um texto escrito a partir de conversas bastante informais entre os autores, desenvolvidas ao longo de alguns anos, apoiadas em reflexões derivadas da experiência em clínica psicanalítica temperadas por filosofia de vida, acompanhadas de suportes de pesquisas e leituras mais específicas sobre um tema que nos parece instigante e bastante complexo: fatores de conjunção e disjunção na criatividade e fertilidade na vida em parceria.

Decidimos, então, publicar nossas ideias, agrupando-as nesse conjunto de oito proposições, visando mapear fatores que, a nosso ver, encontram-se na base estrutural e dinâmica dos binômios criatividade e fertilidade, de um lado, e destrutividade e esterilidade, de outro lado, nas relações formadas por duas pessoas.

A experiência emocional de nossa atividade analítica junto a nossos pacientes constitui uma fonte básica e essencial que nos tem nutrido no cotidiano e que nos permite expor o que se segue. A esses parceiros, aqui invisíveis, queremos expressar nossos agradecimentos pelas jornadas frequentemente árduas e também ricas de ensinamentos para nós, seus analistas.

Recursos para transcender o jogo paranoico

> *For never was a story of more woe*
> *Than this of Juliet and her Romeo.*[1]
> *(Shakespeare, 1597/1990)*

Nossa proposta destacará os valores dos vínculos de amor à vida e de consideração por verdades face à dinâmica dos jogos

---

1 "Pois nunca houve uma história mais triste que esta de Julieta e seu Romeu" (tradução livre).

relacionais humanos dominados por ataques e fugas, que caracterizam o suposto básico de guerra em uma dinâmica primária de automatismos protomentais e mentais em que, de modo permanente e mais ou menos latente, prevalecem valências do tipo "quem está no comando" e "quem obedece e é controlado".

Se assim acontecer, essa configuração implicará uma paranoia explícita ou velada, cuja resultante poderá ser a de transformar o outro em extensão do próprio eu, criando uma ilusão de harmonia unitária, quando na verdade cada um está fechado em si mesmo, em bases precárias, para impedir a elaboração de divergências.

Em uma primeira instância, a anexação poderá levar aos entretenimentos, paixões e prazeres do suposto básico de idílio, caso se apaguem as diferenças das personalidades, uma vez que os participantes vivam em um fascínio que possa alcançar graus de mútua hipnose, com juras de amor, fidelidade e felicidade para todo o sempre.

Esse conjunto idílico privilegiará o terceiro excluído, qual um messias, estrangeiro e representante de um "não eu" perturbador, fruto das esperanças da parceria que, ao ganhar forma e vida própria, desperta também ameaças de que o excluído poderá sucumbir aos jogos emocionais em que o casal parental se une para combatê-lo e destruí-lo.

Em outras palavras, a promessa de um bebê desejado evidencia um paradoxo, pois sua realização alimentará também as ameaças provenientes das forças invejosas e ciumentas acobertadas até então pelo enamoramento de "eterna lua de mel", do tipo contos de fada, em que o casal viveria feliz para todo o sempre. A fertilidade consentida lançará o casal no exercício real das funções parentais e, desse modo, o concepto gerará um duplo campo de forças emocionais. Emerge aí um conflito entre as esperanças de gerar uma nova vida e os terrores da cesura do nascimento, revividos em cada um dos parceiros, os quais poderão mergulhar em emoções e vicissitudes de encerramento da vida de parceria idílica.

O triângulo potencial de pai, mãe e futuro bebê reinstala de modo atual a vigência das funções materna e paterna; assim, a sexualidade que gera o bebê poderá ser considerada como destruidora do "amor perfeito" fusional e, se maturada, possibilitará um luto com a reorganização da situação amorosa orquestrada agora por impulsos de vida.

O casal poderá reforçar a dinâmica idílica e exercer impulsos filicidas de modo mais ou menos consciente e atuante com a interrupção do que vinha sendo gestado. Se houver viabilidade do bebê até seu nascimento, poderão surgir negligências, rejeição e abandono do bebê pelo casal; por vezes, ocorre a retirada de um dos parceiros, que não suporta a triangularidade, e o casal é desfeito em meio a nuances complexas de desinvestimentos físicos e mentais; a fusão poderá se deslocar para a relação de dois contra um, em que o terceiro excluído poderá ser ora o pai, ora a mãe, ora o bebê.

Isso se não quisermos incluir uma eventual complexificação de fidelidades e traições nas disputas de favoritos e rejeitados com a entrada na arena de familiares (como avós, tios, filhos) ou de remanescentes de outros eventuais casamentos.

Um bom modelo de romance trágico de amantes que buscam a manutenção de idílio a qualquer preço nos é oferecido pela mágica narrativa de Shakespeare (1990) em *Romeu e Julieta*, publicada em 1597, em que os jovens enamorados de Verona buscam a união perfeita, procurando afastar-se do clima de guerras, inimizades e conflitos infindáveis entre suas exaltadas famílias de origem, os Capuleto e os Montecchio.

O prazer da sexualidade narcis-ista poderá então solapar e abolir a fertilidade da parceria, desconectando-a da sexualidade social-ista, aberta para as conexões da dinâmica de posição depressiva, fortemente tingida pelas complexas questões edipianas.

Em *Édipo Rei* (Sófocles, 430 a.C.-425 a.C.), os reis de Tebas, Jocasta e Laios, transtornados pelos terrores e ciúmes advindos de profecias oraculares, entregam seu filho Édipo ao pastor com ordens de expor e matar o bebê. O pastor amarra a criança pelos pés e a abandona no Monte Citéron; pais adotivos, da cidade de Corinto, adotam o bebê de "pés inchados".

No relato bíblico, o temor de Herodes, o grande – rei da Judeia, perseguido pela profecia de ser destronado pelo nascimento do Messias, promessa de Salvador e encarnado na pessoa de Jesus, nascido em Belém –, leva-o a desencadear o massacre dos inocentes, ordenando a matança das crianças judias com menos de dois anos em todo o reino. José conduz, com sucesso, Maria e o menino Jesus ao Egito, distante das ameaças do tirano assassino.

De que modo o excesso de amor pode bloquear a capacidade de amar? Essa indagação nos é sugerida pela leitura de *Compaixão e verdade* (Bion, 1960a), em que o autor propõe que "mesmo o amor pode inibir amor".

A autobiografia de Heisenberg, *A parte e o todo* (1969) (*Der Teil und das Ganze*, no idioma original alemão), inclui um interessante diálogo entre o autor e outro físico alemão, Max Planck, coordenador do Instituto de Pesquisas Atômicas em Berlim na época do nazismo. Os depoimentos de Heisenberg giram em torno de seu drama de consciência em aceitar migrar ou permanecer na

Alemanha hitleriana. Planck persuade-o a permanecer na Alemanha, com sua esposa e filhos, dentro da perspectiva de estruturar "nichos de liberdade e seguros suportes de ciência" para reconstruir a Alemanha, até então vitoriosa e delirantemente triunfante, dirigida pelo *führer* Hitler e seus asseclas.

O fanatismo nazista não contemplava compaixão pelos não nazistas, dedicando todo amor, ainda que mortífero, aos nazistas e seus simpatizantes.

Planck e Heisenberg previam a inevitável derrota da Alemanha no futuro, não se deixando iludir pela avalanche fanática do totalitarismo hitleriano, avaliando riscos e suas responsabilidades na sequência do pós-guerra para sua pátria.

Assim, em sua narrativa, Heisenberg nos conta de seu empenho em continuar suas pesquisas sobre o uso da energia atômica com fins pacíficos, conseguindo ao mesmo tempo ampliar os estudos para construir usinas nucleares e retardar os estudos e pesquisas visando a construção da primeira bomba atômica pelo *establishment* germânico. Quais os limites de fidelidade à ética, de amor à ciência e aos destinos da humanidade, da comunidade e da própria pátria tiveram que ser pensados e respeitados por Heisenberg, com seus familiares e colaboradores, em suas decisões? O livro *A parte e o todo* nos oferece um interessante arcabouço de vida real para refletirmos.

Senso comum apoiado em julgamento de ego e em razão política de base social-ista

> *Quando, na prática, deparamo-nos com um símbolo psicótico seu significado parece ser não que ele simbolize algo, mas sim indicar que o paciente está numa ligação íntima com uma deidade ou demônio. ... Este significado é bem diferente do significado que se assume estar subjacente a uma conjunção constante que seja pública e não privada ao indivíduo.*
> (W. R. Bion, 1970)

Desde que formularam a dualidade sujeito-objeto, os pensadores e os filósofos vêm insistindo na interação dialética que determina não só a estrutura de cada um desses termos, mas também o seu convívio. Coube, porém, aos psicanalistas e a seus psicanalisandos encarnarem essas figuras conceituais, animando-as com o sopro da via emocional, e, a partir dessa experiência, revelarem as modalidades de mecanismos e a multiplicidade dos usos subjacentes à constituição do *eu* com a ajuda do *outro*. O processo psicanalítico tem como matéria-prima, portanto, a saudável tensão surgida nos interstícios da confrontação inerente à alteridade.

O desenvolvimento psíquico, como nos assinala Bion, depende de uma interação equilibrada, no indivíduo, de suas tendências narcis-istas e social-istas. As circunstâncias da configuração social-ista, por sua vez, determinam o aparecimento de algumas questões que lhe são intrínsecas: destas, duas em particular nos interessarão, a public-ação e o senso comum.

A public-ação constitui, por assim dizer, o imperativo de convívio grupal e social, pois, ao levar o indivíduo isolado a compartilhar com seus pares sua formulação ou impressão pessoal, contribui tanto para o estabelecimento de uma "política de boa vontade" quanto para a dissipação de desconfiança persecutória. A atitude oposta é ilustrada pelo estado de "ruminação sorumbática" em que a ação de compartilhar o alimento psíquico[2] é substituída por uma atividade "regurgitativa" que, sob o disfarce de melhor digerir o alimento, visa, em realidade, excluí-lo de qualquer exposição externa. Em escala mítica, essa situação é representada pelo falso silêncio da esfinge que, depois de atrair os incautos, os confronta com a obrigação de decifrar aquilo que os pensadores alemães denominaram *hälsratel*, ou seja, um enigma capital, aquele que, não sendo esclarecido,[3] trará como punição a pena capital.

Bion pondera que a public-ação é requisito essencial do método científico à medida que expõe a formulação ou abstração ao escrutínio do senso comum. Uma instância histórica comovente desse processo ocorreu em meados do século XIX, quando da public-ação da teoria da evolução. Charles Darwin (1809-1882), cujo avô Erasmus Darwin (1731-1802) foi um importante precursor do darwinismo, empreendeu sua famosa viagem naturalística a bordo do H. M. S. Beagle entre 1831 e 1836, recolhendo um impressionante acervo de dados no sentido de embasar suas incipientes intuições evolucionistas. Ao retornar à Inglaterra, granjeou enorme prestígio científico, sendo admitido aos 29 anos como membro da Geological Society e, a seguir, da Royal Society. Em 1842 ele já tinha pronto um esboço de sua teoria sobre a origem das espécies, mas não se animou a publicá-lo

---

2 Lembremos que uma das possíveis raízes etimológicas para a palavra "companheiro" seria a expressão *cum panis*, que evoca a ação de dividir o pão com aqueles que se encontram em um clima amistoso.
3 A metáfora luminosa torna-se mais relevante neste contexto se atentarmos ao fato de que o termo sorumbático surge como forma metatética de *soombrático*, que designa o caráter de sombra e sombrio.

em função do temor da reação retaliatória do *establishment* criacionista.

Alfred Russel Wallace (1823-1913), um desconhecido naturalista inglês que estava desenvolvendo suas pesquisas no Arquipélago Malaio, sabedor das ideias de Darwin, enviou a ele, em 1858, um esboço de suas próprias teorias intitulado "Sobre a tendência das variedades de se afastar indefinidamente do tipo original". Darwin ficou perplexo como as conclusões a que Wallace chegara independentemente coincidiam com as suas, e, após expor suas aflições a seus amigos Lyell e Hooker, concordou em fazer uma divulgação conjunta com ele, não sem antes superar seus escrúpulos de que, adotando essa opção ele estaria privando Wallace da prioridade única na public-ação. No dia 1º de julho de 1858, ambos apresentaram um trabalho diante da Lynnean Society, protagonizando um dos mais belos episódios na história da cooperação científica e humana, já que Wallace, cioso da maior envergadura científica de Darwin, fez questão de que fosse ele o porta-voz da famosa "teoria da evolução através da seleção natural".

A rigor, interessa-nos ressaltar que o acaso histórico levou à confrontação de dois egos em função da oportunidade de compartilhar um elemento de senso comum, no caso, a teoria científica encasulada no narcisismo de Darwin, que só pôde ser liberada quando ele, inesperadamente, recebeu a comunicação de Wallace, exclamando aliviado: "até parece um resumo fidedigno da minha teoria!". A iniciativa de Wallace, ao que tudo indica, estava calcada em pulsão de cooperação social-ista, enquanto a sugestão da apresentação conjunta privilegiou a razão política de trazer a público o grito de uma verdade que o grupo já não conseguia mais abafar.

O senso comum como elo de intermediação da interação narcis-ismo ↔ social-ismo é uma contribuição original de Bion que amplia a formulação pulsional freudiana a qual contrapõe a pulsão do ego à pulsão sexual, incorporando ainda o paradigma relacional como força motriz do desenvolvimento psíquico. A genial proposta freudiana de isolar o analisando de seu grupo de origem, mergulhando-o na vivência de alteridade propiciada pelo *setting* psicanalítico, mobiliza angústias primitivas, que só podem ser contidas pela operacionalização daquilo que Bion denominou "visão de senso comum" e "visão de comunhão emocional". Só mediante o exercício conjugado dessas duas visões é que o indivíduo pode calibrar o seu "senso de realidade psíquica" com o seu "senso de realidade externa"; quando essa calibragem é bem-sucedida, o resultado é um ego que assume a sua singularidade, por um lado, e um grupo que se sente ameaçado por ela, de outro; quando o processo sofre uma descalibragem, o resultado é exaltação megalomaníaca ou obstrução depressiva por parte do ego, ou então retaliação reformatória por parte do grupo.

No entender de Bion, portanto, o conflito entre os impulsos narcis-istas e social-istas da personalidade é um fenômeno permanente que pode gerar um ataque ao vínculo entre essas duas instâncias, ou seja, ao senso comum. Hannah Arendt (Kristeva, 2002) calca sua sociofilosofia do julgamento na premissa de que "o teatro é a arte política por excelência pois é a única arte que tem por sujeito único o homem em suas relações com outrem". Remontando a Pitágoras, ela nos lembra da importância, para o ator individual, da opinião (*doxa*) da pluralidade de espectadores: "os espectadores constituem o domínio público: de uma parte, eles estão sempre no plural, uma vez que a experiência de um expectador tem de ser validada pela dos outros, formando assim um 'senso comum' oposto ao 'senso particular' (chamado também de 'egoísmo lógico'); de outra parte, sem eles os belos objetos não teriam como aparecer: eles são criados pelo julgamento dos espectadores e dos críticos". Daí a sua conclusão de que "a loucura reside na perda do senso comum, que nos permite julgar enquanto espectadores".[4]

Ampliando sua análise, ela sugere que a ação nunca é possível no isolamento, e que o herói, ao mesmo tempo agente e paciente, só se constitui tomando iniciativas, sendo inovador e se movendo entre outros. Por isso, o espaço da *polis* é tal que solicita que cada um mostre uma "coragem original", ou seja, um "consentimento em agir e em falar" que tire o indivíduo de seu abrigo particular para expô-lo aos outros e, com eles, "prontificar-se para arriscar a revelação".

Nesse sentido, o anti-herói seria aquele que, dominado por ansiedades persecutórias, vislumbra o senso comum como uma atividade de patrulhamento cruel e sádica. Consideremos o "exemplo trabalhado"[5] (para utilizarmos um outro conceito de H. Arendt) do pianista Glenn Gould, que ficou subitamente famoso em junho de 1955 ao gravar as "Variações Goldberg de Bach". Indagado em 1962 a respeito de suas reações à fama, ele se queixou amargamente de passar a ser considerado uma pessoa "excêntrica" (sic) porque "eu tinha a tendência de cantar e gesticular como um maestro enquanto eu tocava, pois, até então, eu tocava só para mim, seja

---

4 Bion (1992, p. 125) descreve um tipo de defesa psicótica que consiste em destruir o senso comum que torna a psique vulnerável às pressões do grupo social como forma extrema de preservar o narcisismo primário: o resultado é um "*nonsense* comum". Racamier (2001) descreve uma técnica mental que consiste em veicular a verdade por meio do *nonsense*: a loucura, em seu entender, seria uma estratégia relacional ativa, diferenciando-se assim dos mecanismos não relacionais da psicose.

5 Segundo H. Arendt, "o exemplo é o particular que encerra em si mesmo um conceito ou uma regra geral. A validade do exemplo ficará limitada àqueles que têm uma experiência pessoal, seja na qualidade de contemporâneos (do personagem exemplar), seja enquanto herdeiros de uma tradição histórica particular".

em minha casa, ou de vez em quando, em algum estúdio radiofônico". Solicitado a emitir sua opinião sobre o prazer de uma audição musical residir no risco da situação viva que fornece ao intérprete uma única chance, ele deixou bem claro o quanto isso o violentava:

> *Para mim isto é uma coisa cruel, feroz e idiota. É exatamente aquilo que incita os selvagens, como aqueles habitantes da América Latina que vão assistir corridas. O espectador de um estádio que assiste uma execução musical como se fosse uma exibição atlética não está em defesa dos riscos, mas experimenta uma espécie de gozo sádico ao ver aquilo que ocorre no palco. Ora, tudo isso não tem nada a ver com aquilo que realmente está em jogo, ou seja, com a tentativa do intérprete de realizar uma identificação potente, com a música que está executando. Não se trata de uma batalha, mas de uma história de amor. É claro que durante um concerto pode ocorrer também algo de excepcionalmente belo e, neste caso, me agradaria que no lugar de dois mil espectadores, tivessem vinte mil. Mas estes são momentos raros. Amo as gravações porque, se ocorre algo excepcionalmente belo, aquilo permanece e, no caso contrário, lhe é concedida uma outra oportunidade de alcançar o ideal.*
> (Gould, 1989)

Dois anos após fazer essa afirmação, Glenn Gould interrompeu suas exibições públicas para dedicar-se exclusivamente a gravações. Morreu precocemente, mergulhado no isolamento que pautou toda a sua vida e, ao que tudo indica, em um estado de insanidade mental.

A interpretação é um tipo particular de public-ação sujeita às vicissitudes do encontro psicanalítico, como instalação de clima transferencial, mobilização de resistências e assim por diante. Bion nos alerta para uma dimensão da interpretação categorizável na coluna 2 da grade, e que é evidenciada quando o analista sente resistência em fornecer uma dada interpretação em função da reação que ele teme vir do analisando. Nessa situação, podemos dizer que analista e analisando compartilham uma visão de senso comum determinado pela ameaça de emergência da verdade psíquica: a única diferença que merece ser assinalada é que a visão do analista é fruto de uma lente confeccionada a partir de K enquanto a visão do analisando lhe é propiciada por uma lente confeccionada a partir de –K.[6]

O valor da elaboração das falhas na relação amorosa

Dando continuidade ao escrito, passamos a lidar com os momentos de vida em que a parceria se defronta com sentimentos, paixões, ideias e razões relacionados a purezas e impurezas humanas.

Uma boa questão a se pensar é aquela que envolve fatos da vida e ideologias impregnadas por personalidades puras que convivem com personalidades impuras e aguardam, quando conflitos dessa ordem são intrapsíquicos, por soluções de tolerância, *at-one-ment* e reparação possível ou por movimentos de outra ordem e direção.

Meister Eckart (1260-1327), citado por Bion, formulava o seguinte pensamento: "Deus permita que vocês pequem e que disto

---

6 Cenário que prevalece em condições "ideais"; é claro que há instâncias em que o analista estará funcionando em –K e o analisando em K.

vocês possam se dar conta". Esse seria um modo de afastar estados de mente tomados por delírios de grandeza, purismos e furores de cura, seja no indivíduo, no casal ou nos grupos humanos?

Se o casal arrogar a função de patrocinadores e provedores perpétuos no sustento de suas criaturas, estará gerado um suposto básico de dependência e parasitismo. Grupos sectários e fanáticos poderão ser treinados à obediência cega face a líderes onipotentes e oniscientes, com a promessa de recompensas celestiais sem fim.

Os diferentes, os adversários, os estrangeiros poderão ser alvo de políticas de apriorismo paranoide, tomados como inimigos irredutíveis do *establishment* e tratados como rebeldes ou loucos: como pessoas infectadas e estigmatizadas, deverão ser perseguidas, humilhadas, presas, torturadas e barbarizadas.

Haverá possibilidades de compreensão para esses tropismos da mentalidade humana? Serão suficientes a compreensão e a busca de significados? As ações e razões políticas têm condições de avaliação lúcida no *setting* analítico?

Vejamos uma parte desse breve conjunto de ideias ligadas a essas perguntas com o uso de um modelo estético e literário, extraído da trajetória e dos movimentos descritos por Dante, gênio da poesia italiana, em *A divina comédia* (1988).

O escritor, exilado de Florença, sua pátria, levou cerca de treze anos para escrever sua obra-prima. Assume as funções de juiz, encarando os quatro novíssimos humanos: Morte, Juízo, Inferno e Paraíso, e a partir de sua visão de valores teológicos, filosóficos e políticos, passa a narrar o destino das almas nesse mundo do além.

Após invocar Beatriz, sua musa, Dante inicia sua viagem, ousando penetrar em um espaço de terror ou Inferno, onde há um aviso inicial: "*lasciate ogne speranza, voi ch'intrate*" (Canto III, 7). Ao final de cada canto na descida ao Inferno, acompanhado por seu guia Virgílio, Dante desfalece e é transportado nos braços de Virgílio, para acordar, recuperar os sentidos, contemplar as estrelas e ganhar forças para percorrer um novo círculo. E, assim, ambos completam sua incursão junto aos condenados.

Os movimentos da parceria no Purgatório podem ser comparados às oscilações entre as posições esquizoparanoide e depressiva, em uma áspera subida do monte, depois de ter sua testa marcada por sete "p" pela espada de um anjo, os quais representariam os sete pecados capitais e dos quais deverá se purificar. Na transição entre o Purgatório e o Paraíso, o poeta Virgílio se despede de Dante, pois, como "pagão", deverá permanecer no Limbo, seguindo o mesmo destino dado por Dante a outros de seus mestres admirados, como Sócrates, Platão, Hipócrates, Sêneca, Aristóteles.

A trajetória do Paraíso leva, através de céus visíveis, até o céu invisível, com a ascensão e a chegada ao vislumbre da graça divina, onde o Paraíso amplia a vida contemplativa filosófica, anunciando o encerramento com os seguintes versos e clamores:

> *O luce eterna che sola in te sidi,*
> *sola t'intendi, e da te intelletta*
> *e intendente te ami e arridi!*[7]
> (verso 124, Paraíso)

---

7 "Ó eterna Luz que repousas só em Ti; / A Ti só entendes e, por Ti entendida, / Respondes ao amor que te sorri!" (tradução livre).

A contenção emocional como garantia do pensar

Sendo (*being*) = sentindo (*feeling*) + pensando (*thinking*): segundo esta equação, o "sendo" equivale aproximadamente à "concórdia consigo mesmo", ou, na linguagem de Bion, ao *be at one with oneself*. Esse estado é um ato de amor-próprio com repercussões na relação objetal: quanto mais verdadeira for a relação com o *self*, mais verdadeira será a relação com o objeto.

A relação com o outro estará sempre impregnada de emoções consequentes a um trabalho de positividade ou de negatividade. A clínica psicanalítica nasce da naturalidade intrínseca à experiência emocional entre duas personalidades: parafraseando Shakespeare, podemos dizer que "a emoção é a matéria-prima da qual a psicanálise é confeccionada". O psicanalista pensa e fala a reboque da emoção, ele é "pensado" pela emoção apesar de ter a pretensão de achar que pensou, por ter "dominado a emoção". Não é possível dominar a emoção; o máximo que podemos fazer é modulá-la como forma de contenção. A rigor, aliás, nós é que somos contidos pela emoção, já que, se não pudermos nos abandonar a ela para explorarmos sua textura, sua topografia, seu ritmo, seu caráter pré-monitório, não poderemos usá-la como matéria-prima para o pensar. Consideremos, por exemplo, a "realização" de uma emoção sutil como o prazer secreto e culpado que alguém sente com o sofrimento alheio, designado na língua alemã pelo termo *schadenfreude*: só mergulhando nessa emoção é que seremos informados a respeito de seu significado.

A fala emanada do "sentindo" é pura. A assimetria da relação psicanalítica se constitui em função das diferenças no grau de pureza entre o "sentindo" do analisando e aquele do analista. As impurezas contratransferenciais do analista deverão ser fruto de sua alteridade em relação ao analisando, e não fruto de uma "eu-dade" que não conseguiu entregar-se ao outro. Não há assimetria entre a humanidade do analisando e aquela do analista: o que pode haver é sinergia ou des-sinergia. A humanidade da relação deverá estar a serviço do método psicanalítico, mas isso só ocorrerá se o método estiver incorporado ao analista com naturalidade e for exsudando ao longo dos encontros como uma substância pura.

O par psicanalítico precisa aprender com a experiência de transbordamento da emoção, seja ela positiva ou negativa; precisa ter fé (Bion, 1970) de que a emoção "solta" será contida pela "memória" do ato procriativo que a gerou. A precariedade e o desamparo humanos exigem uma modulação emocional, uma capacidade negativa (Forman, 1952) que tolere a ignorância, uma linguagem apofática[8] (Webb & Sells, 1997) que tente se aproximar do indizível com humildade e respeito.

Quando a relação está impregnada de fenômenos mais (+), a compreensão da experiência emocional demanda *mais* intimidade: a assimetria do par psicanalítico terá que se deslocar, então, para esse novo patamar, permitindo que analista e analisando usufruam a saudável "carícia da felicidade" de que nos fala Colette.[9]

Quando prevalece o trabalho do negativo, as forças de cooperação se desvanecem em função dos ataques ao vínculo analítico, podendo gerar não só um cenário de esterilidade, mas, também, no caso extremo, um enlouquecimento mútuo ou mesmo uma ameaça

---

8   A linguagem apofática (*apo* = abolindo ou afastando; *fasis* = falar) descrita por Plotino e utilizada por místicos como Meister Eckart e Ibn Arab, consiste na emergência de um significado em função da tensão surgida entre a enunciação de uma proposição e a formulação de outra que a corrige.
9   A escritora francesa descreveu assim suas vivências com emoções positivas: "Se você soubesse como embelezo tudo que amo e todo o prazer que extraio de amar! Se conseguisse entender a mistura de força e fraqueza com que as coisas que amo me enchem! É a isso que dou o nome de "carícia da felicidade".

de aniquilamento mútuo. Nessas circunstâncias, o vértice psicanalítico sofre uma espécie de desconstrução, deixando em cena somente os elementos de humanidade básica que sempre antecedem a construção desse vértice: só nos resta, então, mobilizar as emoções humanas positivas para encetar um laborioso trabalho de reconstrução do vínculo analítico, agora a partir de uma parceria humana que re-descobriu as "gramáticas da criação" (Steiner, 2003).

Modalidades de relacionamento com o casal parental: inspirativo ou conspirativo

As teorizações recentes sobre as dinâmicas edípicas, descrevendo-as como "ilusões" do sujeito em relação ao casal parental, parecem-nos um achado de rara felicidade, por aproximar, naturalmente, os vínculos da configuração edípica com o campo transferencial da clínica psicanalítica.

Uma relação parental amorosa constitui um polo de identificação poderoso ao conferir à criança a ilusão atraente de ser não o produto de uma parceria procriativa, mas, sim, a inspiradora de sua constituição. A criança reconhecer-se-ia assim como uma obra de arte "naturalística", fruto de um êxtase não somente sexual, mas principalmente poiético: é como se os pais não passassem de harpas eólicas – na belíssima expressão de Coleridge – tangidas por uma energia mântica oriunda da criança, essa musa inspiradora da procriação adulta. Nessa circunstância, os vínculos edípicos seriam essencialmente encenações lúdicas de envolvimentos amorosos maduros, ou seja, o oposto da dinâmica psicanalítica transferencial em que, como sugeriu Freud, o adulto encena compulsivamente os dramas da situação infantil.

Somente sentindo-se coautor de sua existência é que o sujeito humano se mune da confiança necessária para reconhecer o casal parental como modelo de identificação e não conspiratório, quer dizer, como uma associação constituída para prestigiá-lo, e não para prejudicá-lo.[10] A inveja do par criativo, quando prevalente, constitui, segundo Hanna Segal, o principal empecilho para a resolução do complexo de Édipo, podendo, inclusive, nos casos extremos, gerar uma investida assassina contra esse objeto persecutório.

Os ataques psicóticos aos vínculos comprometem a geração de pensamentos, pois, como nos lembra Grotstein (1981), a psique logo aprende a "lição edípica" de que os pensamentos não podem ser produzidos autoritariamente, mas só por meio do acasalamento genital implícito na configuração continente-contido (♀♂) descrita por Bion.

Ao considerarmos a relação amorosa, é preciso estarmos atentos às advertências de Winnicott e imaginarmos, analogamente, que a identificação com o bebê é fruto de uma "preocupação parental primária", e que, posteriormente, o acolhimento parental deverá ocorrer em níveis suficientemente bons para que a experiência do bebê com doses "pedagógicas" de frustração ajude-o na constituição de um *self* verdadeiro. Invocando o modelo "inspirativo", não podemos nos esquecer de que a fisiopatologia nos ensina que um excesso de oxigênio pode gerar uma parada respiratória,

---

10 Melanie Klein (1929) descreve a figura combinada parental como a fantasia mais antiga e primitiva da situação edipiana: "o ataque sobre o corpo da mãe, articulado psicologicamente para ser desferido no auge da fase sádica, implica também uma luta contra o pênis do pai albergado pela mãe. Esta situação-perigo adquire uma intensidade especial pelo fato de estar em jogo a união dos dois pais. Segundo o superego sádico primitivo, que já está configurado, estes pais mancomunados são assaltantes extremamente cruéis e temidos".

requerendo o ato homeostático de aumentar a taxa de gás carbônico do organismo para induzir a um aumento da resposta respiratória.

Esse acasalamento coloca o par em condições de suportar os inevitáveis destroços de mudanças catastróficas, qualificando-o então para semear o campo de mudanças criativas.

O fundamentalismo purista, portanto, é inimigo do desenvolvimento.

Como nos ensina com sabedoria um provérbio japonês: "não se criam peixes em águas livres de impurezas"...

Capacidade de reformular vínculo para preservar assimetria

> *Time present and time past*
> *Are both perhaps present in time future,*
> *And time future contained in time past.*[11]
> (Eliot, 1943)

Trataremos agora de um tema tão caro nos jogos de identificação, que é o da existência de compreensão fluida advinda da busca e do encontro de almas gêmeas, em que a unidade harmônica se recompõe. Podemos conjecturar modelos encontrados na biologia, com fortes ressonâncias mentais. O feto, imerso no líquido amniótico, realiza deslocamentos natatórios livres na cavidade uterina, e o útero materno movimenta-se de modo correspondente

---

11 "O tempo presente e o tempo passado / Estão ambos talvez presentes no tempo futuro, / E o tempo futuro contido no tempo passado" (tradução livre).

e elástico, contendo o concepto sem esmagá-lo nem deixar que seja ferido. Tal adaptação mútua pode encontrar continuidade nos momentos em que o bebê está no colo materno e tem sua mobilidade amparada pela mãe, de modo confortável para ambos.

Esses dois modelos despertam forte ressonância nos humanos e podem servir de anseios nostálgicos dessa união perdida. Um certo medo poderá nos acompanhar na caixa de ressonância de memórias afetivas, o que corresponde à perda real ou ilusória das fronteiras do si mesmo, com o temor pós-fusional do tipo: onde termina um e começa o outro? Quem é quem?

Os momentos de fusão governados por impulso de vida guardam duração limitada, como na experiência orgástica, seguida da "pequena morte" dos amantes satisfeitos, que, restaurados, podem repousar. A dinâmica fusional torna-se mortífera quando a avidez de prazeres sem fim passa a exaurir a parceria, mergulhando-a no tédio alternado com as vivências passionais do mundo regido por sexualidade traumática do "Além do princípio do prazer" (Freud, 1947a/1920).

Vejamos inicialmente e de modo breve a lenda sobre dois irmãos gêmeos: Epimeteu (que age e depois pensa) e Prometeu (que pensa antes de agir).

O destino de Prometeu, que teria resistido às tentações de Pandora, foi o de ensinar o uso do fogo que ele roubara dos céus para beneficiar os humanos; ele foi punido por Zeus, sendo acorrentado a uma rocha, sobre o Cáucaso, onde uma águia vinha a cada dia bicar e comer seu fígado, que era reconstituído totalmente a cada noite. Essa lenda inspirou Ésquilo a escrever uma tragédia (*Prometeu acorrentado*, de 458 a.C.) e o poeta Shelley a escrever um drama lírico em estilo elisabetano no *Prometeu libertado*, em 1820, símbolo da luta do homem frente ao poder absoluto.

A sequência mítica narra o envolvimento entre Epimeteu e Pandora, a primeira mulher mortal enviada por Zeus como uma punição pelo roubo do fogo. A vida amorosa dos dois amantes promove a abertura do vaso de Pandora, espalhando todos os males pelo mundo, ou, em uma versão posterior, deixando escapar todas as bênçãos e dissipando-as, restando a crença de que no fundo da caixinha permaneceria a esperança.

Samuel Beckett e Wilfred Ruprecht Bion encontraram-se para um atendimento psicanalítico nos anos de 1934 e 1935, quando o jovem Bion desenvolvia suas atividades na Clínica Tavistock de Londres. O livro *Beckett et le psychanalyste* (1992) de autoria do psicanalista francês Didier Anzieu trata das vicissitudes desse encontro, servindo também para uma construção atinente ao escritor Beckett, a traços de sua personalidade, bem como a um exame de seu processo criador tão particular.

O "não nascido, a incomunicabilidade e a solidão humana" constituem os ingredientes essenciais compartilhados por essa parceria analítica, nessa análise com duração de pouco mais de dois anos. Essa tríade emocional forma um cerne temático que ambos irão aprofundar, respectivamente, no mundo da literatura e do teatro (Beckett), e nas teorias de observação e prática clínica psicanalítica (Bion).

Ao término desse período de análise, Beckett escreveu um romance que faz alusão a seu analista como "um detetive que o ajuda na procura e redescoberta dos perdidos objetos de amor". Uma parte dessa experiência ligada à reação terapêutica negativa teria também servido como germe seminal para a concepção do texto

"O gêmeo imaginário" (1967), escrito por Bion em 1950, quando de sua passagem a membro associado na Sociedade Britânica de Psicanálise.

Cultivo de uma dinâmica de identificação plena e livre com o não self

O aforismo bioniano de que a unidade psíquica da condição humana é o par impõe-se, em nossa experiência, como uma evidência clínica. Consideremos, por exemplo, a queixa de um jovem rapaz em relação a seu pai: "eu detesto as raras ocasiões em que meu pai fica bêbado, sobretudo porque ele fica muito melhor do que ele realmente é!". Esse analisando, sensível e inteligente, tem se debatido dramaticamente com seus esforços para encontrar uma fórmula aceitável de convivência interna com um pai culto, sedutor e vitorioso. Ele está sempre oscilando entre incorporar a potência paterna ("eu poderia ter estudado direito e me tornado um advogado famoso como ele") ou expulsá-la para longe de forma a não se sentir humilhado com a comparação inevitavelmente desvantajosa para si ("em casa, não tem jeito, meu pai ocupa todos os espaços, a solução é ir embora").

Esse, no fundo, é um embate eterno que vem sendo constantemente assinalado e descrito por especulações de ordem teológica, antropológica e também, é claro, psicanalítica. Enquanto os pensadores judeus insistem na interdependência entre o homem e Deus descrita na Torá, a doutrina da transubstanciação do encarnado constitui o terceiro grande capítulo na sintaxe e conceitualização do Ocidente, após o período platônico-aristotélico da filosofia grega e do gnosticismo na antiguidade tardia, como assinalado oportunamente por Steiner (2003). Sabemos, de fato, que a encarnação e a eucaristia, situadas no cerne da doutrina cristã, apoiam-se nas oferendas de sangue e no canibalismo ritual no qual um deus, ou seu substituto, é devorado de forma sacramental; em sentido oposto, a encarnação do pai no filho e a transubstanciação do corpo do filho nos rituais de Corpus Christi constituem uma tentativa sutilmente estruturada de repensar a racionalidade em níveis mais elevados de tensão intelectual.

Engolir o pai em busca de uma comunhão nutritiva ou visando destruí-lo como rival indesejado, eis o dilema de todos os filhos, ou seja, *essa é a questão*. No caso de nosso jovem analisando, ele ainda se sentia assolado por uma questão adicional, a de detectar o pai-rival antes que este se invaginasse no interior de seu buraco narcísico ("outro dia expliquei a meu pai que a aula que eu iria dar tinha sido cancelada: ele olhou para mim e soltou uma citação erudita, vinda não sei de onde; eu levantei e fui embora. Ora! Vá pro inferno!"). Impossível não fazermos aqui a observação metapsicológica de que ele se sentira indignado com o pai que se embriagara com o próprio narcisismo, visando "ficar ainda melhor do que ele normalmente é": o resultado dessa operação esdrúxula é que ele, analisando, nem sequer podia se enxergar como um rival à altura do pai à medida que este permanecesse entretido em superar a si próprio.

Bion (1965) oferece uma contribuição importante para o psicanalista empenhado na árdua tarefa de ajudar seu analisando a evoluir do estado de "conhecendo os fenômenos" para aquele de "sendo aquilo que é real". Ele nos sugere que, por meio dos fenômenos, o analisando pode, no máximo, ser lembrado da "forma" (no sentido platônico); no entanto, por meio da "encarnação", é possível ao analisando estar unificado (*be at one*) com uma parte da Realidade Última, ou seja, com sua parte "encarnada".

A riqueza semântica da forma adverbial *be at one* (estar de acordo, estar reconciliado, estar em harmonia), expande-se com as funções transitiva e intransitiva da forma verbal *to atone* (colocar-se em concordância, apaziguar, expiar), e se completa com a forma composta *atonement* (que descreve a ação de fazer as pazes, de reparação de erro ou injúria, ou de busca de unanimidade).

Bion (1970) nos adverte também que o Ato de Fé responsável pela captação intuitiva da realidade psíquica só pode ocorrer se o analista estiver "sendo" (*being at one*) a realidade emocional de seu analisando: se este estiver em estado de alucinose, só resta acompanhá-lo neste estado. No nosso entender, o Ato de Fé (F) pertence à esfera do vínculo Amor (L), o qual, em última instância, permite que o *self* deixe de se ocupar de si para se identificar com o outro por meio de um estado de graça altruística, que o crítico de arte Bernard Berenson descreveu em uma frase prenhe de senso estético: "*a complete life may be one ending in so full identification with the nonself that there is no self to die*".[12]

Se o vínculo H (Ódio) estiver a serviço do não pensamento, surgem por exemplo Atos de Arrogância em relação ao outro, como em um episódio de nossa juventude em que um professor, sempre que transtornado pela incompetência ou desatenção de um aluno, repetia o bordão ameaçador "vou te fazer suar sangue".

O aprendizado, nessa circunstância, é concebido como um mero procedimento de inoculação no *eu* de um temor reativo, visando apaziguar um superego desqualificante, e, portanto, desqualificado.

Isso nos evoca o conhecido episódio de Cristo no jardim das oliveiras, onde o Pai, face ao pedido aflito do filho por proteção

---

12 "Uma vida completa pode ser aquela que termina em uma tão plena identificação com o não *self*, que mal existe *self* para morrer" (tradução livre).

("Pai! Afasta de mim este cálice"), mantem-se amorosamente em sua posição, deixando a ele a incumbência estimuladora de tolerar ser o Messias.

Assim, é possível aprender com o não *self*...

A emoção procriada pelo par requer otimismo de evolução

> *The rising world of waters dark and deep*
> *Won from the void and formless infinite.*[13]
> *(Milton,* Paradise, *1934/1667-1671)*

O valor da solidão e do silêncio como pausas de introspecção e a construção de um ateliê interno de cada pessoa, em que há o consentimento em dar abrigo aos afetos de amor, ódio e dor mental, poderá ser fonte de elaboração, decantação suave e maturação.

Lá pelos anos 1970, na cidade de São Paulo, ocorreu um episódio inusitado por ocasião de debates entre o auditório e o psicanalista Herbert Rosenfeld, que acabara de expor interessante conferência sobre o tema "narcisismo destrutivo". Rosenfeld estabeleceu uma representação complexa e heuristicamente valiosa, contendo um concentrado da atividade antianalítica do paciente, e denominou-a de *mad self* ou *self* louco, que comanda e desfere ataques aos vínculos intrapsíquicos, bem como à vida de investigação analítica, na trilha e na ampliação do que permita o exercício realizável do aforismo de Delfos "conhece-te a ti mesmo".

---

13 "O mundo que surge das águas escuras e profundas / Conquistado a partir do infinito vazio e informe" (tradução livre).

Uma pessoa do auditório enviou uma pergunta por escrito ao coordenador dos debates. A indagação se referia à possível correlação entre *mad self* e satã, dentro do modelo mítico religioso, visando aprofundar as funções do analista ao lidar com situações dessa natureza na prática clínica; e também solicitava do conferencista esclarecimentos na vida clínica prática quanto aos fatores que diferenciam a atividade de um psicanalista, a de um sacerdote exorcista de demônios e a de um xamã. O coordenador preferiu censurar essa pergunta e selecionar duas outras, encerrando a seguir os debates, de tal modo que a indagação proposta não chegou ao conhecimento do conferencista, a não ser em um outro tempo e contexto.

Estaria o coordenador apressado para encerrar os debates, por estarem chegando aos minutos finais da palestra? Supondo que o coordenador visasse censurar a pergunta, estaria ele interessado em conter turbulências emocionais? Quais? E de quem? Para quê?

Em conversa com Rosenfeld em supervisão clínica, abriu-se fértil diálogo a respeito dessa questão, e assim a pergunta felizmente não foi destruída, encontrando acolhimento e expansão reflexiva.

Hoje, poderíamos examinar o modelo do *mad self* proposto por Rosenfeld nas afinidades relacionadas às propostas de Bion quanto ao funcionamento das "partes psicóticas da personalidade" (*Diferenciação das personalidades psicótica e não psicótica*, de 1957). Mais remotamente, podemos encontrar as raízes do *"self* louco" nas sinalizações da tradição analítica, na prática clínica de Freud, quando ele explicita que ao analista cabe, depois de ter invocado os "espíritos" e estes se fazerem presentes à sessão, dispor-se a tratá-los, oferecendo a cooperação possível e necessária ao paciente. Uma boa descrição clínica a respeito foi-nos legada pelos estudos de Freud em seu texto "Uma neurose demoníaca do século XVII" (1974e/1922), em que considera as vicissitudes do trágico pintor

Christoph Haizmann a partir de um manuscrito que expõe a miraculosa redenção de um pacto com o demônio pelas graças da abençoada Virgem Maria, na capela de Mariazell.

A leitura de "Sobre a tendência universal à deterioração da vida amorosa" (Freud, 1974d/1912) permite o encontro de suportes conceituais e reflexivos para a realização de um dos fundamentos da guerra sexual, a hostilidade derivada da inveja narcisista na vida amorosa; como um paradoxo, "o homem odeia a mulher que ama, pois não é nem consegue ser essa mulher; a mulher odeia o homem que ama, pois não é nem consegue ser esse homem". Supomos que estamos sinalizando alguns riscos na proliferação de entretenimentos que visam produzir estados de "alucinose", mentiras e reatividades defensivas.

A seguir, aludiremos à complexidade que nos aguarda na prática clínica; pois o império dos vínculos negativos restringirá o social-ismo, ampliando narcis-ismo dos impulsos de morte, que irá aprisionar o *self*, projetando-o na esquizoidia.

Ameaças de recorrência de novos colapsos mentais originam-se de material de recalque malignamente comprimido, que fica encravado, qual bomba atômica de alto poder energético de fusão e fissão, que, encravada nas profundezas do inconsciente, vai requerer alto consumo para continuar desconhecida. Se não for desarmada a tempo, poderá vir a ser detonada pelos acasos da vida com o surgimento de novos desastres, não só mentais.

Convidamos agora o leitor a nos acompanhar quanto aos cuidados envolvendo o resgate de estilhaços do mundo interno dispersos em espaço e tempo no mundo da realidade externa. As atividades de resgate, visando restituição de partes da personalidade espalhadas no passado e na vida presente, bem como projetadas no tempo futuro, vai requerer o uso de sofisticados modelos de sondagens.

Se tivermos juízo, desejaremos que os resgates de esvaziamentos nos depositários sejam seletivos e dirigidos aos depositários marcados por alienação, frutos de nosso excessivo uso de identificação projetiva! Essas recuperações devem ser diferenciadas de nossas sementes espalhadas, junto com seus frutos. Quem sabe aí esteja um longo aprendizado quanto a respeitar escolhas e a autonomia de nossas melhores parcerias, abrindo mão de cobranças e reivindicações das ilusões de irmãos siameses, em nome de cegas fidelidades e apropriação por gratidão. As identificações introjetivas, quando livres, dão o suporte para desenvolvimento e identidade própria e mantêm tradições não coercitivas nem aprisionadoras; favorecem os movimentos regidos por amor à vida e consideração por verdade, na prevalência de vínculos +L[*Love*] e +K [*Knowledge*], que estimulam associações livres, criatividade e proficiência.

Preservação de espontaneidade com os temperos de moderação e talentos disponíveis, no momento de se estar à prova na vida real, são requisitos que, na inspiração, esperamos que nos façam companhia quanto ao uso do senso comum. Assim, poderemos participar da gestação e do nascimento do Mundo dos Valores, gerado no trânsito da ação do pensar entre o Mundo das Paixões que nos habitam e o Mundo das Ideias e da Razão, já conhecidos. Procuraremos contemplar e cultivar valores eternos, contendo nossa fragilidade, desamparo e precariedades.

Interessante metáfora é usada por Freud em *Interpretação dos sonhos* (1974c/1900) ao se referir ao destino da luta travada por Zeus e por seus aliados olímpicos contra os Titãs, que são destruídos, derrotados e mergulhados no caos, porém, mantêm os desejos de voltar ao poder, com faro aguçado por "sangue fresco", a fim de exercer a satisfação de voraz sede de revanchismo e vingança assassina. Essa metáfora pode ter ampla conexão com nossos aspectos civilizados em confronto com nossas camadas de violência primitiva, com fortes impulsos de canibalismo e de anarquismo. Freud sinaliza esse modelo conflitante e permanente em "Mal-estar na civilização" (1974b/1929); seguindo a mesma trilha, Bion (1991) lança uma mirada visando despertar maior atenção para esse tipo de conflagração, e nos propõe valiosa descrição romanceada ao longo dos capítulos 35 e 36 do volume I, "O sonho". A escrita é primorosa e nos desperta para uma vigília salutar, capaz de nos nutrir na direção de um combate a favor de um certo otimismo de evolução realista, contrastando com fachadas do otimismo de evasão maníaca.

O mesmo rigor de sondagens se aplica também a modelos extraídos de fenômenos no espaço astronômico. Vejamos dois singelos recortes clínicos desse tipo de sondagem a ser usada pelo analista.

O leitor estará lembrado do terror disseminado nos noticiários de jornais e televisões sobre a queda de fragmentos de um laboratório espacial – Skylab – nas cabeças de alegres praieiros em férias à beira-mar? Assemelhar-se-iam a pesadelos em estado de vigília.

As sondagens com instrumentos de radiotelescopia permitiram investigar "interferências" em escutas de radiofonia e seu rastreamento possibilitou a descoberta de galáxias desconhecidas.

Esses fenômenos podem servir de modelos para que se possa lidar com a escuta de vozes e mensagens que chegam ao paciente e que, nos momentos alucinatórios, parecem provir de fantasmas de outros mundos. Podem ser resíduos de aglomerados projetados a partir do mundo interno do analisando e que estão à procura de continente dotado de receptividade, sintonia e capacidade de pensá-los. Mostram-se como ondas e partículas de "pensamentos" voláteis, alimentando transferências de fantasmas. Lembraríamos que, por vezes, estão carregados de emoções violentas, quais mísseis radioativos, fragmentos provenientes de explodidas cenas primárias selvagens, violentas e violentadoras.

Lembraríamos aqui um dos últimos textos de Bion, *Domesticando pensamentos selvagens* (1997), que contém transcrições de duas gravações registradas em 1977. Ele reflete seu interesse em pensamentos "errantes" e "selvagens", e nos sinaliza a necessidade de existirem na sala de análise condições que propiciem um lugar para a manifestação de pensamentos selvagens, "onde os burros possam aparecer e escoicear seus fantasmas".

Referências

Alighieri, D. (1988). *A divina comédia*. São Paulo: Ed. 34.

Anzieu, D. (1992). *Beckett et le psychanalyste*. Paris: Mentha-Archimbaud.

Bion, W. R. (1957). *Differentiation of the psychotic from the nonpsychotic personalities*. pp. 43-64.

Bion, W. R. (1965). *Transformations*. Londres: W. Heinemann.

Bion, W. R. (1967). *Second thoughts*. Londres: Heinemann.

Bion, W. R. (1970). *Attention and interpretation*. Londres: Tavistock.

Bion, W. R. (1991). *A memoir of the future: the dream* (Vol. 1, pp. 162-170). Londres: Karnac.

Bion, W. R. (1992). *Cogitations*. Londres: Karnac.

Bion, W. R. (1997). *Taming wild thoughts*. Londres: Karnac.

Eliot, T. S. (1981). Four Quartets: "Burnt Norton". In *Collected Poems 1909-1962*. Londres: Faber and Faber. (Trabalho original publicado em 1943)

Forman, M. B. (Ed.) (1952). *The Letters of John Keats*. Londres: Oxford University Press.

Freud, S. (1974a). Beyond the pleasure principle. In S. Freud, *The Standard Edition of the Complete Psychological Works of Sigmund Freud* (Vol. 18). Londres: Hogarth Press. (Trabalho original publicado em 1920)

Freud, S. (1974b). Civilization and its discontents. In S. Freud, *The Standard Edition of the Complete Psychological Works of Sigmund Freud* (Vol. 21). Londres: Hogarth Press. (Trabalho original publicado em 1929)

Freud, S. (1974c). The interpretation of dreams. In S. Freud, *The Standard Edition of the Complete Psychological Works of Sigmund Freud* (Vol. 4). Londres: Hogarth Press. (Trabalho original publicado em 1900)

Freud, S. (1974d). On the universal tendency to debasement in the sphere of love In S. Freud, *The Standard Edition of the Complete Psychological Works of Sigmund Freud* (Vol. 11). Londres: Hogarth Press. (Trabalho original publicado em 1912)

Freud, S. (1974e). A seventeenth-century demonological neurosis. In S. Freud, *The Standard Edition of the Complete Psychological Works of Sigmund Freud* (Vol. 18). Londres: Hogarth Press. (Trabalho original publicado em 1922)

Gould, G. (1989). *No, non sono um eccentrico*. Torino: Torino.

Grimal, P. (1991). *Diccionario de mitologia griega y romana*. Buenos Aires: Paidós.

Grotstein, J. S. (1981). Who is the dreamer who dreams the dream and who is the dreamer who understands it? In J. S. Grotstein, *Do I dare disturb the universe?* Beverly Hills: Caesura Press.

Heisenberg, W. (1996). *A parte e o todo*. Rio de Janeiro: Contraponto.

Kristeva, J. (2002). *O gênio feminino: Hannah Arendt* (Tomo 1). Rio de Janeiro: Rocco.

Milton, J. (1934). *Paradise lost*. Cambridge: University Press. (Trabalho original publicado em 1667-1671).

Racamier, P. C. (2001). Paris: Petite B. Payot.

Rosenfeld, H. (1971). A clinical approach to the psychoanalytic theory of the life and death instincts: an investigation into the aggressive aspects of narcissism. *The International Journal of Psychoanalysis*, 52, 169-178.

Shakespeare, W. (1990). Romeo and Juliet. *Complete works*. New York, Avenel, New Jersey, Gramercy Books.

Steiner, G. (2003). *Gramáticas da criação*. São Paulo: Globo.

Webb, R. & Sells, A. (1997). Lacan and Bion: psychoanalysis and the mystical language of "unsaying". *Journal of Melanie Klein and Object Relations*, 15 (2), 243-64.

O mito de Édipo

Celso Antonio Vieira de Camargo

Primeiro momento: o modelo freudiano

Em "O ego e o id", Freud nos apresenta sua versão clássica e completa do complexo de Édipo, ao mesmo tempo que mostra o uso que pode ser feito de um mito para servir de modelo para situações emocionais. Ele escreve:

> *Em sua forma simplificada, o caso de uma criança do sexo masculino pode ser descrito do seguinte modo: em idade muito precoce, o menino desenvolve uma catexia objetal pela mãe, originalmente relacionada ao seio materno, e que é o protótipo de uma relação objetal do tipo anaclítico; o menino trata o pai identificando-se com este. Durante certo tempo, esses dois relacionamentos avançam lado a lado, até que os desejos sexuais do menino, em relação à mãe, se tornam mais intensos e o pai é percebido como um obstáculo a eles; disso se origina o complexo de Édipo. Sua identificação com o*

> *pai assume então uma coloração hostil e transforma-se num desejo de livrar-se dele, a fim de ocupar o seu lugar junto à mãe. Daí por diante, sua relação com o pai é ambivalente; parece como se a ambivalência, inerente à identificação desde o início, se houvesse tornado manifesta. Uma atitude ambivalente para com o pai e uma relação objetal de tipo unicamente afetuoso com a mãe, constituem o conteúdo do complexo de Édipo positivo simples num menino. (Freud, 1923/1976, p. 46)*

Nas meninas, esta evolução é diferente. Mas o que nos interessa aqui é a percepção de Freud relacionada com o caráter duplo do complexo, com seus aspectos positivos e negativos. Ou seja, o menino e a menina têm manifestações amorosas e hostis em relação a ambos os seus genitores.

Segundo momento: o modelo kleiniano

Em "O complexo de Édipo à luz das primeiras ansiedades", Melanie Klein introduz modificações nesse quadro geral. Para ela,

> *o complexo de Édipo começa no primeiro ano de vida e, em ambos os sexos, seu desenvolvimento se inicia de forma semelhante. A relação com o seio materno é um dos fatores essenciais que influem em todo o desenvolvimento emotivo e sexual. (1945/1970, p. 473)*

O ponto de partida para a descrição do complexo de Édipo é sua relação com o seio materno. Uma frase interessante de

Melanie Klein surge a essa altura: "parece que a procura de novas fontes de satisfação é inerente ao movimento progressivo da libido". Em outro artigo, ela fala no "ímpeto vanguardeiro da libido". "A satisfação sentida com o seio materno permite que a criança dirija seus desejos a novos objetos e, especialmente, ao pênis paterno." Contudo, esse novo desejo recebe um ímpeto especial pelas frustrações inevitáveis sofridas na relação com o seio. "Desde o começo, a frustração e a satisfação moldam a relação da criança ao seio bom, amado, e ao seio mau, odiado. Estas duas relações conflitantes com o seio da mãe são transportadas à relação ulterior com o pênis do pai." Novas frustrações com essa outra relação forçam a criança a estabelecer um movimento de vaivém entre os dois objetos, o que contribui para a instabilidade e a fluidez das relações emocionais e das organizações estruturais da personalidade. "Portanto, conforme a ocasião, cada objeto pode transformar-se em bom ou mau. Esta oscilação entre os diferentes aspectos das imagos primárias implica uma interação íntima entre os estágios iniciais do complexo de Édipo invertido e do positivo."

Terceiro momento: o modelo proposto por Bion

Em diversos de seus escritos, Bion se refere ao uso que os analistas podem fazer dos mitos, e em muitos deles aborda especificamente o mito de Édipo. Amplia, no entanto, o aspecto cognitivo que os mitos apresentam, introduzindo-os como ferramenta de pesquisa psicanalítica.

Em *Cogitações*, o assunto é desenvolvido e ampliado:

> *Tanto a história do Jardim do Éden como a história de Édipo contém um personagem cuja atitude, frente ao*

> *conhecimento, é hostil – ou talvez eu pudesse dizer, de "dupla face", uma vez que a Esfinge exige a resposta para uma questão, podendo portanto ser vista como promotora da procura dessa resposta. O Deus do Gênesis planta no jardim a árvore do conhecimento do bem e do mal. Os psicanalistas têm concentrado sua atenção sobre o par sexual, deixando de lado a discussão sobre a atitude perante o conhecimento. No entanto, poucas disciplinas penetraram tão longe quanto a psicanálise, na procura que o homem faz do conhecimento, ao iluminar essa fonte de dificuldades que é interna ao próprio homem. Isso aumenta a importância de se negligenciar o material que poderia estar compactado nos papéis atribuídos à Esfinge, a Deus e ao Diabo (também à Torre de Babel – pensamento verbal atacado). (Bion, 2000, p. 233)*

Uma emoção fundamental que parece interferir com a possibilidade de conhecimento é a inveja, já que ela interfere no relacionamento que o bebê estabelece com o seio materno, fonte primária de afeto, de gratificação e de conhecimento. A maneira como o bebê e o seio se relacionam nos dá uma ideia da possibilidade posterior de uma comunicação estimulante e vitalizada com a própria vida. Se esse vínculo é atacado,

> *seus efeitos manifestam-se claramente na destruição da identificação projetiva, das expressões ideogramáticas, do som (como a matriz daquela forma especial que, quando madura, reconhecemos como música) e da contraparte ideacional de todos os sentidos.*

Mas, além desses ataques, há um ataque às Posições [esquizoparanoide e depressiva], pois elas são um fator vital no diálogo entre desconhecido e conhecido. (Bion, 2000, p. 208)

Acrescentaria a isso que elas também são um fator vital na possibilidade de aprendizado.

Bion considera aqui a formação da capacidade simbólica e do desenvolvimento do "espaço mental" para elaboração de experiências emocionais.

Diante da frustração e da experiência que nós, psicanalistas, chamamos de "seio mau", o bebê pode: a) não tolerar a frustração, o medo e a ansiedade, e destruir a capacidade de contato com a experiência emocional e a fonte vitalizadora; o seio como experiência emocional criativa é destruído; as alucinações e as cisões proliferam; b) tolerar a vivência e transformá-la, seja esteticamente (poesia, mitos, romances, pinturas, música etc.), seja cientificamente. Drummond nos dá um exemplo poético: "Perdi o bonde e a esperança, volto pálido para casa. A rua é inútil e nenhum auto passaria sobre meu corpo. O tempo é ainda de fezes, maus poemas, alucinações e espera" (Andrade, 1976). São expressões que nos remetem a vivências de isolamento, ódio, depressão e morte, que podem, no entanto, ser transformadas poeticamente.

Se o seio não for destruído, ele poderá ficar como um lugar no espaço, onde exista uma fonte vitalizadora, e a esperança poderá trazer esse objeto de volta. Um lugar no espaço pode ser transformado matematicamente, e a mente pode tolerar o conceito de ponto, que pode ser psicanaliticamente concebido como a tolerância à frustração em uma situação irredutível, o lugar no qual o seio estava, na linguagem de Bion. Qual é a dimensão de um ponto como representação mental? Movimentos com o ponto podem mudá-lo para uma reta, um círculo, um triângulo. Estamos diante de "transformações matemáticas": como nossa mente pode passar de experiências emocionais para abstrações altamente sofisticadas como as que verificamos na matemática.

Bion trabalhou longamente, particularmente em *Transformações* (2004), com modelos para podermos nos aproximar dessa "encruzilhada psíquica": a intersecção dos elementos emocionais e cognitivos da vida mental. Em *Cogitações*:

> *proponho, com essa finalidade, examinarmos os elementos de Euclides. Isso me traz de volta ao ponto onde disse ser necessário pesquisarmos a interseção entre os processos análogos aos que vemos corriqueiramente nos sonhos e os processos que associamos comumente com a lógica matemática. (2000, p. 209)*

Ele parece ter escolhido a matemática por ela nos remeter a um tipo de funcionamento da mente humana. Se a pessoa observada está "realizando um cálculo matemático, ou está andando de um jeito peculiar, ou está realizando um ato invejoso, tudo isto para mim são funções da personalidade" (Bion, 1966, p. 12). Consequentemente, ele propõe uma aproximação entre a matemática, o mito de Édipo e a psicanálise.

Bion, em *Cogitações*, afirma:

> *Mas, de certa forma, pensar que as descobertas que Freud fez a respeito do Édipo elucidam o teorema de Euclides, seria como colocar o carro à frente dos bois; pois*

> *desejo propor a hipótese que o teorema de Euclides e a descoberta de Freud a respeito do complexo de Édipo, junto com o mito de Édipo e a versão dele por Sófocles, são indistinguíveis, enquanto tentativas de resolver conflitos e problemas; são, ao mesmo tempo, uma manifestação desses conflitos e problemas, e uma tentativa de solucioná-los. (p. 209)*

Seriam "tentativas de resolução de uma encruzilhada do desenvolvimento" (p. 209). A incapacidade de Édipo em elaborar seus impulsos agressivos e amorosos, inicialmente dirigidos aos seus genitores, é um dos elementos que o leva ao desastre descrito no Édipo Rei, de Sófocles.

Podemos, portanto, conjecturar que o que ele supõe estar em jogo aqui é muito mais que a resposta a um enigma: trata-se de algo muito mais amplo, que possivelmente diz respeito à capacidade simbólica da mente humana e suas possibilidades criadoras, seja por meio de uma representação matemática, seja por meio da atividade artística ou mesmo como o desenvolvimento de uma sabedoria no contato com a vida.

Referências

Andrade, C. D. (1976). A flor e a náusea. In C. D. Andrade, *Antologia poética*. Rio de Janeiro: José Olympio.

Bion, W. R. (1966). O aprender da experiência. In W. R. Bion, *Os elementos da psicanálise* (J. Salomão e P. D. Corrêa, Trads.). Rio de Janeiro: Zahar.

Bion, W. R. (2000). *Cogitações* (E. H. Sandler e P. C. Sandler, Trads., pp. 208-233). Rio de Janeiro: Imago.

Bion, W. R. (2004). *Transformações* (E. H. Sandler e P. C. Sandler, Trads.). Rio de Janeiro: Imago.

Freud, S. (1976). O ego e o id. In S. Freud, *Edição standard brasileira das obras psicológicas completas de Sigmund Freud* (J. Salomão, Trad., Vol. 19, pp. 13-83). Rio de Janeiro: Imago. (Trabalho original publicado em 1923)

Klein, M. (1970). *Contribuições à psicanálise* (M. Maillet, Trad., pp. 473-474). Mestre Jou: São Paulo. (Trabalho original publicado em 1945)

Mudança catastrófica ↔ mudança criativa: entre a genialidade e a loucura

Claudio Castelo Filho

Este trabalho se ocupará das relações que se estabelecem entre indivíduos criativos, sejam eles percebidos como gênios ou místicos (ou nem tanto), e os grupos nos quais se encontram inseridos. Todo o embasamento teórico e metodológico está assentado, fundamentalmente, no pensamento de Sigmund Freud, de Melanie Klein e, mais especificamente, nos aportes trazidos por Wilfred R. Bion. Valho-me da psicanálise para abordar alguns fenômenos de grupo.

Com a prática da psicanálise, a observação clínica permitiu a elaboração de teorias. As observações são feitas a partir da experiência com indivíduos singulares (nos consultórios psicanalíticos), mas permitem o desenvolvimento de teorias que se estendem ao funcionamento mental de todos os humanos, da mesma maneira que experimentos desenvolvidos em laboratório permitem aos físicos postular leis que abrangem o funcionamento do Universo. Na observação do indivíduo pode-se vislumbrar o grupo, e vice--versa. Em psicanálise, podemos observar os grupos internos do indivíduo. Suas relações com esses grupos internos se refletem em suas relações com o grupo externo. As ideias de *continente* e *contido* propostas por Bion (1977c/1962) evoluíram da observação das relações de alguém consigo mesmo e deste alguém com o grupo. A percepção e o conhecimento dos grupos internos em um indivíduo estão diretamente relacionados à sua movimentação nos grupos externos.

O principal conceito psicanalítico que norteia este artigo é o de identificação projetiva, como proposto por Melanie Klein (1946/1980) em "Notas sobre alguns mecanismos esquizoides". Expandindo esse conceito, está o decisivo desenvolvimento de continente (♀) e contido (♂), proposto por Bion (1962, 1963, 1965, 1970), e a oscilação entre as posições esquizoparanoide e depressiva (também conforme Klein, mas de acordo com a evolução deste pensamento alcançada por Bion em sua teoria sobre o pensar). As noções de *narcisismo* e *social-ismo* também são fundamentais

Bion, em "Attention and interpretation", propõe três tipos de vínculos que podem se estabelecer entre o "gênio/místico" e o grupo: o comensal, o simbiótico e o parasitário, cujas características levam respectivamente a crescimento, estagnação ou implosão e destruição para ambas as partes.

Vejamos as definições de Bion para esses vínculos:

> *Com "comensal" quero dizer uma relação na qual dois objetos compartilham um terceiro com benefícios para todos os três. Por 'simbiótico' entendo uma relação na qual um depende do outro com benefício mútuo. Por "parasitário" pretendo representar uma relação na qual um depende do outro para produzir um terceiro, que é destrutivo para todos os três. (1970/1977a, p. 95)*

Bion acrescenta: "o vínculo entre uma mente e outra que leva à destruição de ambas é a mentira"[1] (1977a/1970, p. 104).

Há nações que investem pesadamente em arte, cultura e ciência, e também em um alto grau de escolarização para que seus cidadãos "mais bem dotados" possam emergir e contribuir com o grupo. Sempre há, contudo, o temor de que o que venha a surgir possa abalar o *establishment* (ou o "conhecido", como ocorre com os problemas gerados com o desenvolvimento da genética) ou do surgimento de "gênios do mal". A evolução dependerá dos vínculos que se operem no grupo em cada momento determinado (parasitário, comensal ou simbiótico).

O investimento pesado que uma nação ou um agrupamento possa fazer na esperança de propiciar condições para que um gênio aflore não garante, contudo, que tal gênio possa surgir; depende do acaso apresentar um talento. O jornalista e professor J. Jota de Moraes, em seu curso "Chaves para compreender a música", oferecido pela Sociedade de Cultura Artística de São Paulo em 2002, citando Pierre Boulez, relatou o esforço feito na Inglaterra para o surgimento de um grande músico *inglês* durante dois séculos (para que se pudesse contrapor à existência de destacados talentos musicais na Itália, Áustria e Alemanha). Apesar de todos os esforços e de todas as condições criadas para a emergência de um tal indivíduo, isso não ocorreu. A natureza precisa colaborar; afinal, talentos não nascem em qualquer esquina. Esse esforço empreendido no sentido de propiciar o desabrochar de um gênio potencial não é, todavia, algo desprezível, muito pelo contrário. As universidades inglesas, como Cambridge, empenham-se em aproveitar as mentes brilhantes que possam surgir. Só o St. John's College de Cambridge, por exemplo, teve vários cientistas saídos de seus laboratórios laureados com prêmios Nobel.

---

1 Tradução livre.

A contrapartida da situação da Inglaterra que acabo de descrever parece ser a do Brasil. Arnaldo Niskier, da Academia Brasileira de Letras, comentou em palestra proferida na Sociedade Brasileira de Psicanálise, em junho de 2002, que, por falta de condições sociais, indivíduos superdotados, mas sem meios para desenvolver seus talentos (sem acesso a educação e cultura), acabam por desenvolvê-los no mundo do crime. Citou, como exemplo, o traficante Fernandinho Beira-Mar que, segundo ele, é um verdadeiro gênio, mas que sem outra opção na vida, acabou utilizando seus extraordinários recursos na criminalidade.

As posições esquizoparanoide e depressiva

Inicialmente, pensou-se que haveria uma evolução linear da posição esquizoparanoide para a depressiva. Melanie Klein (1980/1946), todavia, já usava o termo posição e não fase, de modo a caracterizar mais um estado de mente do que meramente uma etapa no desenvolvimento. Mesmo assim, durante algum tempo, essa ideia de passagem de PS[2] (posição esquizoparanoide) para D (posição depressiva) foi tomada, por alguns psicanalistas, quase como um critério de "cura". Melanie Klein alertava, no entanto, que estados de desintegração egoica poderiam ser experimentados em diferentes etapas da vida e sempre que situações difíceis se apresentassem. Bion vai ressaltar a necessidade de oscilação entre essas posições em um movimento pendular, como condição essencial para a saúde e o crescimento mental. A fixação em qualquer um dos lados significaria grave avaria mental. Daí a formulação PS ↔ D.

---

2 A partir da nomenclatura original em inglês *paranoid-schizoid (PS)* e *depressive (D)*.

Na verdade, o que significa isso? Significa que a cada integração depressiva, a cada *insight* que alcançamos, um novo mundo desconhecido se descortina com uma infinidade de elementos nunca antes verificados, entre os quais não se percebe qualquer relação. Havendo tolerância a essa vivência angustiante e persecutória que é estar diante do novo (pelo menos nunca visto) e desconhecido, pode haver, eventualmente, uma evolução para a percepção de elementos que integrem aquela dispersão. Isso ocorrendo, há uma precipitação dos elementos dispersos em uma configuração que os une, levando a uma nova vivência depressiva (pela conjunção dos elementos até então dispersos). Alcançado um *insight*, logo em seguida se dá uma nova vivência de dispersão, de fragmentação esquizoparanoide diante do novo campo desconhecido que se vislumbra a partir dessa conjunção que acaba de ser feita e assim por diante. Por exemplo: as imagens captadas pelo Telescópio Hubble possibilitam a percepção de situações até então nunca imaginadas. Ao mesmo tempo que revelam algo nunca visto, propõem novos problemas também nunca pensados. Como juntar os novos dados que foram obtidos? Há uma integração depressiva, uma satisfação de se perceber algo completamente novo e, ao mesmo tempo, instala-se uma angústia, de natureza persecutória, diante dos infinitos novos enigmas colocados por essas mesmas percepções. Tolerar o que acabo de descrever seria característico de uma mente capaz de se expandir. Se as vivências persecutórias diante do desconhecido forem intoleráveis para a personalidade, ela se recusará a aproximar-se do que seja novo e nunca visto, o que acarretará enrijecimento para a mente e, em última instância, senilidade. O estado de mente mais favorável ao indivíduo, tanto para fazer face às suas necessidades de vida quanto para ter acesso à qualidade de vida, seria aquele em que se pode deprimir sem se ficar perseguido (ou se perseguindo por estar deprimido), e em que se pode estar perseguido sem ficar deprimindo (ou ficar se deprimindo por estar perseguido). A esses estados de mente, correspondentes às posições de Melanie Klein, nos quais essas vivências podem ser "contidas" e toleradas, Bion (1977a/1970, p. 124) chamou de "paciência" e "segurança" para desvencilhá-los das conotações psicopatológicas dos termos esquizoparanoide e depressivo.

Uma ilustração de uma situação mental que tenderia à senilidade (inseparável do desejo de acomodação e conforto), na minha apreciação, pode ser verificada nas pessoas que moram em Nova Jersey, nos Estados Unidos, logo do outro lado do rio Hudson, de onde avistam o *skyline* de Manhattan, Nova York. Os habitantes de Nova Jersey[3] podem pegar uma balsa, pagando cinquenta centavos de dólar, para, em questão de vinte minutos, encontrarem-se em plena Manhattan – a capital do mundo, a "Roma" de nosso tempo. Contudo, parte da população nunca faz isso. Permanece em Nova Jersey sem jamais conhecer Nova York, situada bem ali ao lado. Suponho, nesse modelo, que a visita a Manhattan colocaria as pessoas diante da necessidade de reavaliar tudo o que pensavam existir. Nova Jersey, vista a partir de Manhattan, nunca mais seria a mesma. A percepção do mundo também se alteraria. Apenas o encontro do que há para ser visto na própria pequena ilha poderia revolucionar a cabeça[4] delas. O mundo não seria mais o mesmo, seria completamente novo e estranho (vivência esquizoparanoide).

---

3 As situações descritas aqui devem ser percebidas como *modelos*.
4 Não pretendo fazer com essa descrição uma avaliação moral em termos de superior e inferior. Não penso que uma pessoa do interior deva considerar superior a vida da metrópole, ou que os cidadãos da metrópole sejam melhores que os da província. O que procuro ressaltar é uma situação em que indivíduos recusam e temem o que desconhecem, procurando ignorá-lo ou tratando-o de forma preconceituosa. A situação aqui mencionada poderia ser invertida tendo como personagens habitantes da grande cidade que se recusam a entrar em contato com o diferente, como frequentemente ocorre com cidadãos de grandes centros do hemisfério norte que ignoram e não têm o menor interesse em saber o que ocorre nos países do hemisfério sul, quase sempre percebidos e tratados com o maior preconceito, em uma atitude de qualidade não diversa daquela que exponho no texto.

Em visita a uma amiga que morava na Central Park West, ao lado do Museu de História Natural, em Manhattan, conheci sua faxineira, brasileira como a proprietária do imóvel. Esta senhora, a faxineira, apesar de morar em Newark (cidade vizinha a Nova York, como Osasco está para São Paulo) há mais de vinte anos, vivia imersa na comunidade de brasileiros que lá se instalaram e, mesmo sendo uma pessoa de classe média (para o padrão americano), nunca se interessara por aprender inglês, ou por saber dos costumes da nação na qual habitava todo aquele tempo (seus filhos já eram universitários). Tampouco conhecia qualquer coisa de Manhattan. Sabia chegar aos locais em que trabalhava a partir da indicação da estação de metrô. Não tinha interesse em conhecer nada do que estivesse na superfície. Isso poderia ser entendido como angústia de se deparar com o diferente, com o novo e desconhecido, que poderia promover uma reviravolta em suas concepções de mundo e em seus valores. Não haveria tolerância às vivências persecutórias, às ansiedades próprias da posição esquizoparanoide, nem à depressão de vir a se perceber em um mundo tão diferente do que acreditava ser (em última instância, dar-se conta de que o seio odiado era aquele mesmo que amava e pelo qual ansiava).[5]

Em outro contexto, mas em similares condições mentais, uma pessoa diferenciada recebeu um convite, por questões de trabalho, para visitar uma empresa em Londres. Lá chegando, visitou a empresa e conheceu o equipamento necessário para o serviço que fazia. Logo em seguida, tomou o avião de volta para o Brasil sem ter demonstrado o menor interesse em conhecer essa importantíssima cidade – também capital do mundo –, sede do Reino Unido.

---

5   Espero que fique claro que não considero essa situação algo que tenha caráter depreciativo, pois uma pessoa só pode fazer aquilo que suporta. Pressionar um indivíduo a viver de uma maneira para a qual não se dispõe ou tolera seria equivalente a lançar mão de métodos e valores da Santa Inquisição.

O desejo de conforto, de não ser perturbado pelo desconhecido, costuma levar, em geral, a uma deterioração mental, a um apego ao *establishment* e a todo tipo de preconceito. Por outro lado, entrar em contato com o diferente e o não conhecido implica a mobilização de sentimentos e angústias que podem ser vividos como intoleráveis e desagregadores. A expansão e o crescimento mentais estão associados a experiências emocionais muito perturbadoras.

Penso que há inúmeras pessoas que optam, de modo genuíno, por uma vida religiosa e que fazem esse tipo de escolha de modo consciente e saudável. É uma opção de vida que também existe. O que procuro salientar, a seguir, é um tipo de postura em que se procura escapar de si mesmo, das responsabilidades por si e da lida com aquilo que os fatos nos impõem. Muita gente, especialmente em tempos mais antigos, entrou para conventos como meio de alcançar acesso a educação e cultura, a uma profissão ou mesmo a alguma condição de sobrevivência que não teriam de outro modo. Isso não constitui um escapismo, mas a maneira possível e criativa de lidar com os fatos que foram ou são inexoráveis.

As situações mais dramáticas de intolerância a experiências emocionais e o temor de que elas sejam disruptivas poderiam ser vistos na opção pela clausura fechada em certos grupos de religiosas. Um médico, que presta serviços a um convento, relatou-me a dificuldade que enfrenta para tratar as monjas enclausuradas. Na maioria das vezes, não pode ver suas pacientes e tem de orientá-las unicamente a partir das informações orais que recebe – o que, em se tratando de medicina, é um grande risco. O ingresso no convento pode ser entendido como uma tentativa de eliminar tudo o que haja de desconhecido e surpreendente na vida. Pelo enclausuramento, consequentemente com um grande estreitamento de horizontes, por um enorme empobrecimento das possíveis vivências que a vida oferece, pela renúncia ao próprio nome e à própria personalidade em nome da adoção de uma atitude padronizada de comportamento na qual as diferenças, surpresas e peculiaridades de cada uma precisam ser suprimidas, e pela adoção de um rígido cerimonial ritualístico, tenta-se constituir a ilusão de que um dia repete o outro, de que todos os dias são iguais e de que tudo está sob controle (controlando-se, também, por meio do ritual, a divindade). Com o pressuposto de cuidar de suas almas, parece-me, contudo, que essas pessoas fazem de tudo para se verem livres de suas próprias almas (das próprias personalidades) para ficarem com a ilusão de que não há desconhecido com que precisem se haver. Nesse contexto, toda curiosidade e investigação científica não têm espaço. A criatividade e a investigação científica só podem ocorrer em uma situação de tolerância às angústias persecutórias características da posição esquizoparanoide e às angústias depressivas toda vez que um novo *insight* revela um mundo diferente do que se concebe.

A babá de um dos meus irmãos, no fim dos anos 1960, resolveu entrar para um convento. Quando de sua ordenação, minha mãe foi visitá-la e indagou se ela estava contente com a escolha que fizera. A nova freira respondeu que estava muitíssimo satisfeita, pois *daquele dia em diante não precisaria mais pensar*.

Quanto à ilusão de que as coisas podem permanecer as mesmas uma vez submetidas a esse tipo de controle, vale a pena recordar o episódio vivido por diversas monjas enclausuradas quando da primeira visita do Papa João Paulo II ao Brasil, à cidade de São Paulo. A elas foi permitido sair da clausura para vê-lo em um evento no Ginásio do Ibirapuera. Quando saíram do convento, algumas dessas senhoras, que estavam isoladas do mundo havia mais de cinquenta anos, ficaram chocadas por não mais encontrarem a cidade que conheciam. Esta havia desaparecido e, em seu lugar, estava algo completamente novo e estranho, causando-lhes horror.

Outra consequência para uma pessoa que acaba optando por esse tipo de "proteção" contra a angústia de viver é a impossibilidade de abandonar tal escolha, caso se arrependam. Como seus equipamentos mentais não se desenvolvem, ou mesmo se atrofiam por falta de uso e por total incapacidade de improvisação (possível somente pela integridade/integração dos aspectos egoicos), tornam-se inaptas para a vida fora do abrigo da instituição religiosa (substituta das figuras parentais das pessoas que, de certa maneira, permanecem sem sair da infância).

Pode parecer, pelo modo como descrevi a maioria dessas situações, que minha postura é a de um moralista e que censuro quem assim procede, considerando que poderiam viver de outra maneira mais aceitável. *Não se trata disso*. Essas pessoas, *segundo o meu "modelo"*, não podem fazer diferente por não tolerarem o nível de angústia com que teriam de conviver se fossem forçadas a viver de modo diverso. Elas fazem o que podem e vivem de acordo com o que lhes é possível. O que menciono equivale aos modos neuróticos descritos por Freud em sua obra; na verdade, seus pacientes não suportavam entrar em contato com as experiências emocionais relativas a certas situações. Como Freud observou e fez a distinção, não tinha sentido recriminá-las por suas neuroses e fobias, chamá-las de degeneradas e muito menos forçá-las a se conduzirem de outro modo. Crises de intensa angústia (ou paralisia histérica) seriam desencadeadas.

Neurose e psicose são maneiras encontradas e conseguidas a duras penas que permitem a uma pessoa sobreviver. Transformam-se em arranjos problemáticos à medida que se tornam anacrônicos e insuficientes. A armadura era um valioso instrumento de sobrevivência na Idade Média. Nos dias atuais, contudo, caso um soldado vá à guerra equipado com uma, dificilmente sobreviverá. O próprio instrumento de sobrevivência pode tornar-se uma ameaça à vida. Além do mais, o ambiente dentro de uma armadura é, certamente, bastante inóspito. Todavia, por mais desconfortável que possa ser a vida dentro de uma armadura, por mais equivocado que possa ser esse método de defesa e organização nos dias atuais, uma pessoa que dele se vale não suportará abrir mão deste se não considerar que possa se valer de algum outro modo ou método mais eficaz e favorável. Forçar o abandono dos meios que dispõe para, bem ou mal, se organizar e sobreviver, pode levar a um desastre, ao desespero, a um colapso desagregador.

A resistência manifestada pelos pacientes a mudanças ou a renitência com que se agarram a modos muito complicados de viver está, a meu ver, intimamente ligada às situações que explicitei anteriormente. Ninguém vai querer (ou poder) abandonar algo se não sentir que conta com outro recurso que compense e dispense o precedente.

Parênteses clínicos

Tenho em mente uma situação clínica em que uma jovem mulher descreveu uma relação muito desfavorável com um companheiro de muitos anos. Ele foi descrito como despótico, irresponsável, sem senso de realidade, extremamente arrogante, funcionando como se fosse o dono do mundo. Malgrado todas as queixas e mazelas, ela não conseguia tolerar a ideia de separar-se desse homem. Considerava que isso a levaria a um desastre e que não teria recursos para sobreviver; seria uma mudança desastrosa. Em minha observação, contudo, ela era uma mulher bastante inteligente e capaz, mas não é assim que ela se via.

No decorrer de nosso trabalho, acabei verificando que a paciente estava "certa". Ao longo de uma conversa, ela narrou um sonho cheio de aparentes conotações sexuais e mais uma porção de outros elementos. Todavia, o que verifiquei ser o elemento mais significativo era uma enorme profusão de elementos díspares e desconexos. Uma verdadeira pulverização. Os elementos supostamente simbólicos ou sexuais eram apenas, a meu ver, tentativas de dar alguma unidade a toda aquela dispersão. Não eram elementos simbólicos, como poderiam ser considerados em uma abordagem psicanalítica "clássica". Percebi isso e disse à paciente que ela não sentia que tivesse efetivamente chegado a uma integração pessoal. Os elementos ainda estavam dispersos. Usei como modelo a situação de países europeus como a Alemanha e a Itália. Esses países, até uns 150 anos atrás, não haviam se constituído como unidades, não formavam uma identidade única. Eram uma porção de principados e ducados autônomos que muitas vezes guerreavam entre si. Entretanto, hoje em dia, constituem-se em nações nas quais, apesar de possuírem dialetos diversos e consideráveis diferenças de uma região para outra, seus povos se reconhecem como fazendo parte de uma unidade/identidade maior, nacional e integradora, como a Alemanha ou a Itália. Todos sentem que são alemães ou italianos, fazendo parte de algo que os integra. Por outro lado, há outras nações que só podem ser chamadas assim devido a uma organização forçada que vem de fora ou é imposta de cima para baixo por um ditador ou por uma metrópole, como foi o caso das colônias africanas ou do Oriente Médio. Quando a metrópole se retirou, essas nações organizadas artificialmente, na maioria das vezes, desagregaram-se, fragmentaram-se. Outras, como a Índia, conseguiram se manter, e seus diferentes povos reconheceram o que tinham em comum para se organizarem. A língua que os une é a da metrópole (inglês), mas houve a percepção dos elementos agregadores e comuns que levaram à constituição e ao reconhecimento de uma identidade nacional. Em outros lugares, como na Iugoslávia, com a morte do ditador (Tito), houve a desagregação e o desastre que conhecemos. Eu disse à paciente que ela temia muito abandonar o esquema em que vivia, pois acreditava que o que a mantinha minimamente agregada eram os recursos externos e a submissão a um modo de funcionar que lhe era "imposto" por outro. Se deixasse de submeter-se à "vontade alheia" e não mais procurasse corresponder às expectativas de funcionamento que julgava pesar sobre si, considerava que nada teria para substituir isso, pois não acreditava possuir uma organização própria, pessoal, suficientemente desenvolvida para poder prescindir daquela que lhe era "imposta".[6] De um certo modo, ela procurava uma figura autoritária e prepotente que a conduzisse, pois não sentia que possuía um eixo condutor próprio para orientar-se, tendo em vista a falta de unidade e dispersão em que se encontrava e vivia.

A paciente chorou e sentiu-se profundamente emocionada. Disse que se sentia muito compreendida, apesar de tudo aquilo ser uma grande novidade para ela mesma e que estava, naquele momento, dando sentido a muita coisa.

Na sessão seguinte, a paciente relatou que, apesar de lhe parecer uma situação triste, perceber-se sem ter conseguido organizar-se em um todo e considerar que não se sente íntegra (no sentido de inteireza, mas também de sinceridade consigo mesma), ela tinha vivido, pela primeira vez em sua vida, a experiência de que nela havia realmente alguém, de que nela existia algo, mesmo que desarrumado e constituído de modo precário. Sentia-se aliviada por finalmente sentir que, de fato, existia.

---

6 Certamente, não tenho como verificar a veracidade de seus relatos quanto ao seu marido. Não dá nem sequer para saber se ele, de fato, existe. Considere-se, no entanto, que suas descrições possam se aproximar dos fatos: não é o que há de mais relevante. O que procuro ressaltar é o uso que ela faz deles, quer correspondam ou não à realidade externa, para organizar seu mundo e funcionamento mentais.

Uma situação que acho problemática, por exemplo, pode ser percebida nas campanhas de amamentação que vemos na mídia. É verdade que o aleitamento proporciona uma série de vantagens para a mãe e para o bebê, desde que a mãe possa suportar a experiência emocional do aleitamento. Caso contrário, a experiência, do ponto de vista psíquico, pode resultar em algo desastroso. A mãe coagida moralmente a amamentar pode acabar se forçando a um comportamento que lhe é extremamente ansiógeno, colocando-se diante de vivências que para ela podem ser extremamente persecutórias. O resultado, penso, certamente será mais danoso para ela e para o bebê, que acabará por encontrar uma mente materna sem condições suficientes para ajudá-lo a lidar com suas angústias. Ao contrário, terá de lidar com uma mãe muito mais ansiosa por se ver forçada a se conduzir daquela maneira para não ser percebida como má. Nesses casos, pode ser muito mais propício a mãe amamentar com a mamadeira.

Considero que a situação de poder manter a mente curiosa e aberta é mais vantajosa e útil (do ponto de vista prático da vida) para quem pode tolerar as correspondentes vivências emocionais, assim como me parece mais vantajosa a situação da mãe que pode alimentar ao seio e da criança que pode usufruir dessa possibilidade. Todavia, isso não pode ser um critério de valor ou de obrigação moral. Da mesma forma, certamente, neurose ou psicose não são critérios de valor moral ou de superioridade e inferioridade. Ninguém, contudo, há de negar que é mais favorável (do ponto de vista prático, de qualidade de vida) para um indivíduo (ou uma comunidade) viver de modo não neurótico ou não psicótico.

Uma psicanálise que procure forçar o abandono de modos de funcionamento de um paciente ou que procure desmontar os equipamentos de que ele se vale por serem "anacrônicos", "psicóticos" e "neuróticos", sem levar em conta o desenvolvimento e a existência de outros modos de funcionar de que ele possa se valer, pode levar o paciente ao desespero ou ao abandono do trabalho. O paciente pode ficar *moralmente* constrangido a desfazer-se de seus recursos que, com grande esforço e penar, conseguiu organizar (por mais precários que possam parecer ao analista ou a terceiros), ao mesmo tempo que se sente extremamente desamparado por não encontrar outras possibilidades para funcionar. Pode acabar tornando-se uma imitação grosseira de modelos que lhe impõe o analista[7] ou fragmentar-se em um surto psicótico ao não ser aceito na condição de funcionamento que lhe é possível, sem saber a que recorrer. Um analista que funcione desse modo não estará fazendo algo muito diferente daquilo que realizou o presidente norte-americano ao querer, de modo violento, modernizar o Iraque, impondo ao povo daquele país aquilo que chama de democracia (do modo mais antidemocrático possível, tanto no Iraque quanto na América). Nesse contexto, o analista coloca-se como uma autoridade moral, uma criatura superior "iluminada".

Estados de mente "religiosos" também podem ocorrer (e frequentemente é o que acontece) em instituições supostamente científicas, em que o medo do novo e da des-ordem podem prevalecer, como desenvolverei de forma mais minuciosa adiante. O temor de que surja um membro que se destaque ou meramente apresente um pensamento divergente do pensamento do grupo é uma expressão do fenômeno religioso em curso. A tendência a homogeneizar o pensamento grupal, de modo a estabelecer um padrão de como os seus participantes devem se comportar e o que devem pensar (não estou considerando aqui um mínimo necessário de organização para que possa haver uma convivência civilizada) decorreria

---

7 O analisando, como ocorre em certos grupos religiosos e igrejas, passa a imitar a linguagem e os modos de seu analista, tornando-se membro de uma seita. Observa-se a estereotipia.

do estabelecimento de um enquadramento moral de conduta, do moralmente certo e do moralmente errado. A suposta "harmonia" grupal é, na realidade, uma ficção, pois os membros desse tipo de grupo geralmente passam a mentir, de modo a aparentar o que deles é esperado. Isso leva, também, a um empobrecimento do grupo, visto que aquilo que seria peculiar a cada um de seus membros, que poderia enriquecer os demais, desaparece ou fica enterrado em prol de um suposto ideal grupal.

Por outro lado, o grupo pode sentir que não dispõe de outro meio para manter-se coeso ou minimamente estruturado que não seja pelo uso da força ou da pressão moral. A estrutura, nesse caso, costuma ser um arremedo de articulação ou organização que permita, ao menos, a sobrevida e alguma funcionalidade ao grupo. As organizações "religiosas" podem ser absolutamente necessárias, na falta de outros recursos, para a continuação do grupo ou de indivíduos.

Rêverie, *o sonho, o mito, a arte, a teoria científica, a equação matemática*

Na minha experiência, o principal trabalho do analista estaria centrado na sua capacidade de acolher identificações projetivas e ajudar seus pacientes a elaborá-las. Poder tolerar ser o alvo de identificações projetivas, acolhendo os conteúdos projetados, é o que permite a um analista (ou a uma mãe) exercer a função que Bion, em 1977c/1962, chamou de *rêverie*, ou seja, a capacidade de digerir, sonhar as experiências emocionais sentidas como intoleráveis ou indigestas pela mente incipiente do bebê ou do analisando. Posso traçar um paralelo entre essa função psíquica e a função física do amamentar. Nesta, a mãe ingere alimentos sólidos impossíveis de serem absorvidos pelo bebê e os transforma em leite para que ele o possa assimilar. Com a experiência, o bebê que se desenvolve poderá expandir sua capacidade digestiva de modo a incluir alimentos que anteriormente não conseguia metabolizar (ou digerir). O mesmo ocorrerá com as experiências mentais se a mãe ou o analista tiverem essa condição mental desenvolvida. O analista, então, será capaz de intuir (pelo contato com suas próprias vivências) e sonhar as experiências em curso na sala. Sonhar significa poder reconhecer, na experiência que se desenrola, quais seriam os elementos que se apresentam constantemente unidos. A reunião constante desses elementos seria percebida por meio de uma imagem onírica, que sintetizaria, como em uma equação matemática (F. Bion, 1992, pp. 127-130), o "essencial", a alma daquele evento. Sendo reconhecidos, os elementos essenciais poderiam, então, ser nomeados (fazendo-se uma amarração com o nome dado para que os elementos não se dispersem) e, posteriormente, seria possível verificar qual sentido lhes atribuir. Escritores, artistas e cientistas, principalmente os de gênio, teriam a capacidade de transformar em linguagem universal aquilo que intuíram (a partir de suas experiências de vida, dos dados sensoriais disponíveis) e sonharam. Foram capazes de traduzir o que "vislumbraram" em expressão artística, literária ou em sistemas dedutivos científicos (o cálculo algébrico seria o modo mais abstrato de expressar o que foi intuído). O aspecto genial estaria na condição de apreender e sonhar algo que tenha características universais, revelando aos humanos aspectos da realidade e de si mesmos nunca percebidos antes que tais indivíduos formulassem suas transformações. Os mitos em geral também cumprem essa função.

Essa condição psíquica não se desenvolve com aprendizado intelectual. Não é algo que se possa conseguir com a leitura de toda a obra de Freud, Klein, Bion, Lacan ou outros autores de vulto. O máximo que se pode conseguir é saber sobre algo que de fato não se percebe. Seria equivalente a poder definir o que seria o amarelo em física, sem, todavia, ver e ter a experiência dessa cor. O conhecimento intelectual só terá utilidade se a experiência que lhe corresponde puder ser vivida.

Transformações em O e em K

Um pouco mais de esclarecimento sobre a teoria das transformações proposta por Bion é necessário para a melhor compreensão da ideia de O, das transformações em O, também chamadas de transformações em "ser", diferente do que seriam transformações em K (transformações em conhecimento).

Os gênios (ou místicos) teriam, pelo menos em algum campo de seus funcionamentos mentais, uma extraordinária capacidade para *rêverie*, pois seriam capazes de transformar experiências brutas, dados sensoriais, em percepções não sensoriais. Fazendo essa captação, isto é, digerindo os dados sensoriais e transformando-os em abstrações, são capazes de formular, expressar em linguagem, seja matemática (científica) ou artística, o que perceberam. Dessa maneira, revelam algo (ou vértices de observação) da realidade até então nunca percebido. A captação se dá por meio de uma experiência emocional que a *rêverie* (que não é um trabalho intelectual) é capaz de elaborar e transformar em elementos passíveis de serem sonhados. Vislumbrada a percepção na forma de sonho (seja em vigília ou durante o sono), na maioria das vezes por meio de imagens visuais, ela é, então, nomeada. A partir dessa nomeação pode ser feito um trabalho, aí sim, intelectual, de organização dessa percepção e de nomeação dela, por meio da formulação de equações matemáticas, de sistemas dedutivos científicos ou representações artísticas. Mitos, como o do Éden ou da torre de Babel, também têm essa mesma qualidade: constituem a transformação de experiências humanas em uma expressão que representa, de forma sintética, como uma equação matemática, os *insights* obtidos por meio da experiência (F. Bion, 1992, p. 228). A diferença entre os mitos (que são uma espécie de sonho de uma coletividade) e as equações matemáticas está na representação da experiência. Os mitos ainda guardam, na sua maneira de serem expressos, o *background* sensorial do qual foram abstraídos; já as formulações matemáticas perderam esse *background*, tendo se tornado completamente abstratas.

A transformação dos dados sensoriais em não sensoriais, como assinalei, não é uma operação intelectual e não depende da "vontade". Corresponde ao que Bion denominou de transformações em O. As transformações em O corresponderiam a uma experiência de contato direto com *evoluções* das "coisas em si". A organização desses *insights* em um sistema dedutivo científico, é, sim, uma operação intelectual, racional, a que Bion chamou de transformações em K (ou em conhecimento). O gênio tem acesso direto às evoluções de O; os demais humanos, apenas e quando muito, às transformações em K. Um exemplo disso é o nosso uso do computador. Eu não conheço os fundamentos do funcionamento desse aparelho. Sigo, dogmaticamente, as instruções que me são dadas. Com algum esforço, poderia aprender noções de física que me fornecessem um conhecimento intelectual a respeito desse funcionamento; todavia, isso não é o mesmo que poder vislumbrar conexões entre átomos e uma série de elementos "invisíveis" em extraordinários *insights* que certos gênios têm. Posso ler os livros do famoso astrofísico Stephen Hawkins, mas apenas tomar, de modo dogmático, o que ele escreve (ou dizer que é coisa de louco). Alguém como Hawkins ou Einstein é capaz de "ver", captar, a partir de dados sensoriais, o que não é alcançável sensorialmente e, então, formular para o resto dos seres humanos o que vislumbrou. São capazes de transformações em O e de formulações em conhecimento (transformações em K). O que acontece frequentemente, visto que as transformações em O envolvem intensas experiências emocionais que costumam ser percebidas como ameaças ou vírus perigosos, é que as transformações em K – isto é, o que já se tornou conhecido e estabelecido – são usadas para prevenir, impedir novas transformações em O (vividas como perturbadoras e desassossegadoras) por meio do que Freud chamou de racionalizações.

Todos nós dispomos, em algum nível, dessa condição de transformar dados concretos da experiência em *insights*, isto é, na função-α. Entretanto, a condição de certos indivíduos sob esse aspecto é extraordinária – refletindo aquilo que se costuma chamar de talento.[8] Pode haver, contudo, algo inusitado: pessoas com grande capacidade de abstração em um campo podem ser extremamente ingênuas em outros aspectos da vida.

Quando a condição de transformar dados concretos da experiência de vida (sejam percepções dos sentidos ou emoções) é muito prejudicada, ocorre a psicose. Na psicose, aquilo que se percebe não é reconhecido como percepção, mas, sim, vivido como coisa em si. O que se vê é igual ao que é. Em uma condição mais favorável, as percepções são reconhecidas como representações de coisas em si, mas não são confundidas com coisas em si.

A capacidade para entrar em contato direto com as evoluções de O, sem intermediários, diferencia os indivíduos. Os que seriam, de acordo com esse vértice, dotados dessa capacidade, encontram-se em uma situação em que o grupo anseia por suas existências (que surjam pessoas com essa capacitação) mas, ao mesmo tempo, os percebe como potenciais ameaças de mudança catastrófica.

---

8   O violinista Isaac Perlmann disse em um programa radiofônico que os indivíduos possuem talento, mas que o gênio possui o indivíduo.

Genialidade e loucura

Os indivíduos capazes de viver transformações em O, ou que consigam desenvolver um pouco essa condição pelo amadurecimento emocional, conseguiriam apreender as *evoluções* do que seria a realidade última de modo direto e sem intermediários, de forma análoga àquela sugerida pelos místicos, que seriam capazes de entrar em contato direto com manifestações da divindade, como Moisés ou Santa Teresa d'Ávila. São percepções acompanhadas de intensas experiências emocionais. Isso leva a crer que a capacidade de viver transformações em O está estreitamente associada à condição de tolerar a experiência emocional e poder com ela conviver. Quanto maior for essa condição, principalmente no sentido de tolerância a angústia, frustração e dor mental, maior será a possibilidade de entrar em contato com as evoluções de O.

A possibilidade de entrar em contato com as evoluções de O pressupõe, também, um talento natural. Para que alguém se torne um bom músico, não basta passar anos de sua vida estudando em um conservatório ou nas melhores escolas de música. Sem talento, a pessoa pode, quando muito, tornar-se um músico correto, ter uma boa técnica. O talento, todavia, não depende do esforço ou desejo: ele existe ou não. Uma pessoa talentosa teria, por sua vez, de tolerar as vivências emocionais com as quais sua sensibilidade entra em contato. Caso não tenha muita condição de suportar as emoções intensas mobilizadas por aquilo que seria capaz de ver, ouvir, enfim, perceber, por meio dessa sua sensibilidade inata, ela pode sofrer uma ruptura mental, na qual um estado de fragmentação pode ocorrer (como em uma esquizofrenia), coexistindo com sua genialidade e talento, e muitas vezes sendo confundidos com estes.

Pessoas muito intuitivas poderiam ser gênios em potencial. Todavia, o que diferenciaria um gênio real de outra pessoa que acaba se tornando um esquizofrênico seria a existência de uma personalidade/mente capaz de suportar as expansões associadas ao que podem intuir e perceber, sobretudo no desencadeamento de reações/turbulências emocionais intrínsecas às suas próprias per-cepções. Freud, Darwin, Klein, Bion, Einstein, Plank, Rembrandt, Picasso e outros tantos gênios foram capazes de perceber o que ninguém mais foi ao observar os fatos disponíveis. Viram de uma maneira única e discrepante dos seus contemporâneos (o que permitiu que seus contemporâneos, ou seus sucessores, em caso de grande rejeição de seus contemporâneos, também pudessem vir a enxergar a realidade de um modo nunca antes concebido). Essas captações peculiares da realidade (narcisistas), todavia, não excluíram a consideração da percepção do senso comum estabelecido e grupal (social-ista). Eles percebiam uma dimensão e a outra. Em esquizofrênicos comuns, a percepção única – narcísica –, que pode estar associada a uma grande sensibilidade de observação, não é acompanhada pela expansão da mente diante daquilo que é observado e nem tolera as vivências emocionais disruptivas inerentes a essas percepções. Suas mentes desagregam. Tampouco podem fazer um diálogo entre aquilo que percebem (narcisismo) e aquilo que é a percepção estabelecida (social-ista) de seus contemporâneos e suas próprias. Não há um diálogo entre o narcisismo e o social-ismo. Não conseguem desenvolver uma visão binocular. Há um abismo intransponível entre uma percepção e outra, e elas não interagem (o mesmo pode-se dizer da percepção do grupo – social-ista – o que não tolera ou considera aquela dita esquizofrênica – narcísica).

Essa, porém, seria uma perspectiva ideal. Todo aquele que possui uma grande capacidade de percepção intuitiva naturalmente entra em conflito consigo mesmo, porque acaba sendo solicitado por sua própria capacidade intuitiva a ter de lidar com violentas repercussões emocionais vindas de fora e de dentro, com o estranhamento de seus contemporâneos, com a imensa dificuldade de encontrar interlocutores que alcancem o que percebem, o que gera muito sofrimento, solidão, sentimento de exclusão e estranheza diante dos valores e crenças estabelecidos intra e extra psíquicos. Não é fácil manter um equilíbrio mental nessa condição. Às vezes, mesmo grandes gênios acabam desagregando por conta disso. Quando a desagregação mental prevalece, e há uma ruptura acentuada ou intransponível entre os aspectos narcísicos e socialistas, com a prevalência de um desses polos, o trabalho criativo do gênio tende a ficar muito prejudicado ou desaparece, como ocorreu com o grande bailarino Nijinsky.

Nem todo esquizofrênico é potencialmente gênio, pode ser apenas alguém com uma mente demasiado frágil e intolerante das frustrações e emoções que experimenta diante daquilo que a vida lhe apresenta. Mas há de se considerar que todo gênio precisa ser capaz de tolerar, para operar criativamente, a turbulência desencadeada por sua sensibilidade, que levaria a uma desagregação mental de pessoas que não tenham a robustez mental que lhes é requisitada por seus próprios talentos.

Ser louco não equivale a ser genial. O louco, por não suportar a intensidade de suas emoções, que não precisam ser extraordinárias (tampouco o que vislumbra precisa ser algo extraordinário), fragmenta sua mente e procura ejetá-la (como ocorre nas transformações projetivas e em alucinose). Esse modo de funcionar se torna crônico, seja pela impossibilidade de, no início ou ao longo de sua vida, poder contar com a ajuda do ambiente (outros humanos, geralmente a mãe e o pai), seja por questões incapacitantes como a extrema inveja constitucional (Bion, 1977d/1965,

p. 144). Assim, o indivíduo acaba por não desenvolver uma condição mental capaz de conter, de ser continente, para as experiências emocionais.

O gênio, ou místico, não precisa ser louco. Tendo talento, como Mozart, pode ter acesso a "revelações". Essas revelações, que na verdade seriam experiências depressivas, em que elementos até então dispersos seriam, por meio de um fato selecionado,[9] percebidos como estando constantemente unidos, ou em conjunção constante, são, portanto, carregadas de emoções intensas. Se a mente que está em contato com essas vivências emocionais desencadeadas por tais percepções for frágil, do ponto de vista da intolerância a conviver com as emoções e assimilar a intensidade delas, acabará por se romper, fragmentar-se-á, aí também, em um surto psicótico. Se a mente for capaz de conter a enxurrada de percepções e emoções que acompanham essas percepções, não haverá ruptura e, portanto, não haverá distúrbio de pensamento. Aquela mente que não se fragmenta poderá se valer de modo extremamente proveitoso daquilo que é capaz de intuir (pelo menos no interesse do próprio indivíduo capaz dessas intuições e, possivelmente, no do resto do grupo no qual estaria inserido também). Da mesma forma, se um grupo no qual surge um gênio for um grupo psiquicamente maduro, consistente, o impacto das novas ideias pode ser assimilado e aproveitado para o desenvolvimento de ambas as partes. Se o grupo for imaturo, frágil ou enrijecido (também por conta de sua debilidade), tenderá a desagregar, espatifando-se, ou a esmagar, sufocar o gênio e as ideias que este vinculou. Um modelo que me ocorre aqui é o da capacitação dos computadores. Com o desenvolvimento tecnológico, a quantidade de informações que

---

9 Fato selecionado é uma ideia que Bion tomou emprestada do matemático H. Poincaré (Bion, 1977c/1962, pp. 72-73).

podem ser transmitidas aumenta de modo galopante. O aparato de um computador precisa, dessa maneira, sofrer constantes *upgrades*; caso contrário, chegando a uma quantidade considerável de informações, ele "dá pau". É necessária uma constante expansão e flexibilidade da capacidade para que o desenvolvimento possa ocorrer.

Sintetizando, um gênio pode ou não ser também louco. Loucura e genialidade, todavia, não são sinônimos. A maioria dos loucos não tem nada de genial, mas pode, por conta da própria megalomania relacionada à loucura, se esforçar em fazer crer, a si e aos outros, que seus delírios são percepções extraordinárias. Por outro lado, uma pessoa genial pode sofrer uma ruptura mental em função de sua fragilidade emocional para tolerar a intensidade da experiência emocional que acompanha intuição e *insights* profundos. Isso, contudo, não ocorre sempre.

O que costuma diferenciar um simples esquizofrênico[10] de um verdadeiro gênio, conforme menciona Bion (1968) em uma conferência que pronunciou em Buenos Aires, é a extensão das repercussões que costumam ter as ideias de um gênio e aquelas de um esquizofrênico comum. As repercussões das ideias do primeiro costumam ser imensas, mesmo que não sejam imediatas. Acabam reverberando de forma muito ampla e têm extensão temporal. Repercutem através de gerações ou mesmo ao longo de séculos.[11] As ressonâncias de ideias esquizofrênicas atingem um pequeno grupo de pessoas, em geral seus familiares, e não costumam ter permanência. Quanto há de senso comum em uma

---

10 Vocábulo usado por Bion, e que considero privilegiar o sentido de mente dividida (fragmentada).
11 Para Hannah Arendt (2000), em seu artigo "A crise na cultura: sua importância social e política", o que define algo como "objeto de arte ou cultural" é a sua permanência relativa no tempo ou sua eventual imortalidade.

ideia genial é o que irá distingui-la de um delírio megalômano. O senso comum é obtido por meio de um fato selecionado que reconhece o que há de comum em diversos elementos até então percebidos sem conexão. O gênio aumenta o senso comum, mesmo que, à primeira vista, suas proposições aparentem não possuir qualquer senso para o resto de seu grupo, sendo até contra o senso comum *estabelecido* em seu grupo (F. Bion, 1992). Muitas coisas que são de senso comum nos dias atuais precisaram de grandes gênios para serem percebidas.

Isso diz respeito diretamente às questões relativas a contido e continente. Usando outro modelo: um circuito elétrico, por exemplo; se a carga a ser suportada for muito alta, há um curto-circuito, e o equipamento pode fundir. Se a pessoa em questão for extremamente sensível para a captação de evoluções em O, mas tiver uma débil condição para absorver as experiências emocionais que acompanham as percepções que vislumbrar, ela sofrerá uma desagregação, sua mente se "fundirá". Se o equipamento for capaz de aguentar uma imensa carga de emoções que acompanhe um *insight* profundo, poderá absorver a situação, promovendo desenvolvimento do indivíduo e quiçá do grupo que o rodeia. Se o indivíduo talentoso teme as decorrências do que é capaz de vislumbrar e de tudo aquilo que venha a perceber ser capaz de pôr em marcha, se teme a responsabilidade e as repercussões sociais decorrentes da publicação de seus *insights*, pode, consequentemente, por angústia ou por ligações com estados de mente religiosos (que interditam o conhecimento), esmagar essa capacidade e procurar de todas as formas evadir-se do que é capaz, solapando seu talento e obstruindo seu contato com as revelações a que poderia ter acesso e que poderia tornar disponíveis aos demais membros de seu grupo ou mesmo ao resto da humanidade. Darwin levou anos para ousar publicar sua teoria por temer as consequências. A mesma situação se manifestará em relação à capacidade que tenha ou não um grupo de conter a intensidade das reações emocionais que advenham do que lhe for revelado pelo gênio/místico.[12]

Referências

Arendt, H. (2000). A crise na cultura: sua importância social e política. In H. Arendt, *Entre o passado e o futuro*. São Paulo: Perspectiva.

Bion, W. R. (1958). On hallucination. *The International Journal of Psychoanalysis, 39*, 341-349.

Bion, W. R. (1961). *Experiences in groups*. Londres: Tavistock. (Trabalho original publicado em 1948-1951)

Bion, W. R. (1963). *Taming Wild Thoughts*. Londres: Karnac.

Bion, W. R. (1966). Catastrophic change. *Scientific Bulletin of the British Psychoanalytical Society, 5*, 13-24.

---

12 O cientista britânico Paul Davies teria dito, em artigo publicado no jornal *Folha de S. Paulo*, que a velocidade da luz, principal premissa de Einstein, poderia estar errada (Davies, 2002, p. A26). Suas considerações estariam baseadas em observações feitas por um grupo de cientistas que anunciaram que a "assinatura" da luz proveniente de um objeto muito antigo e distante apresentava uma característica muito incômoda: sugeria que a velocidade da luz, considerada uma constante, seria variável. De acordo com a minha leitura, essa intuição parecia estar incomodando muito ao próprio cientista, pois ele estava pondo em xeque uma teoria quase "dogma" e temia que, uma vez provada falsa a teoria da relatividade, nada haveria para se colocar em seu lugar, o que faria desmoronar toda a física estabelecida. A angústia parecia ser patente, tanto pela ameaça ao cânone quanto por um sentimento de que, uma vez desmoronada a teoria, a própria realidade também desmoronaria. Penso que vale a pena lembrar a observação de Bion em *Cogitations* (1992) de que diversas vezes se permaneceu utilizando uma teoria sabidamente falsa como instrumento enquanto não surgia outra melhor, o que é diferente de manter-se uma teoria inconsistente em função do temor ao desconhecido.

Bion, W. R. (1968). *Conferencia nº 2 del doctor Bion: sobre los objetos internos y externos: algunos modelos psicoanalíticos.* Separata do Centro de Estudos de Psicanálise "Luiz Vizzoni". Biblioteca da Sociedade Brasileira de Psicanálise de São Paulo.

Bion, W. R. (1974). *Bion's Brazilian Lectures. 1 – São Paulo 1973.* Rio de Janeiro: Imago.

Bion, W. R. (1975a). *Bion's Brazilian Lectures. 2 – Rio/São Paulo 1974.* Rio de Janeiro: Imago.

Bion, W. R. (1975b). *Conferências Brasileiras 1 – São Paulo, 1973.* Rio de Janeiro: Imago.

Bion, W. R. (1977a). Attention and interpretation. In W. R. Bion, *Seven servants.* Nova York: Jason Aronson. (Trabalho original publicado em 1970)

Bion, W. R. (1977b). Elements of psychoanalysis. In W. R. Bion, *Seven servants.* Nova York: Jason Aronson. (Trabalho original publicado em 1963)

Bion, W. R. (1977c). Learning from experience. In W. R. Bion, *Seven servants.* Nova York: Jason Aronson. (Trabalho original publicado em 1962)

Bion, W. R. (1977d). Transformations. In W. R. Bion, *Seven servants.* Nova York: Jason Aronson. (Trabalho original publicado em 1965)

Bion, W. R. (1977e). *Two Papers: the grid and caesura.* Rio de Janeiro. Imago.

Bion, W. R. (1987). Turbulência emocional. *Revista Brasileira de Psicanálise, 21* (1), 121-133. (Trabalho original publicado em 1977)

Bion, W. R. (1988). *Estudos psicanalíticos revisados (Second thoughts).* Rio de Janeiro: Imago. (Obra originalmente publicada em 1967)

Bion, W. R. (1992). *Cogitations.* Londres: Karnac.

Castelo Filho, C. (2000a). Os conceitos de Bion de transformações em alucinose/transformações em O. Considerações na experiência clínica e descrições no cinema e na literatura. *Psychê: Revista de Psicanálise, 4* (6), 17-31.

Castelo Filho, C. (2000b). Algumas considerações sobre intolerância à frustração e transformações em alucinose. *Revista de Psicanálise da Sociedade Psicanalítica de Porto Alegre/SPPA, 7* (2), 227-249.

Castelo Filho, C. (2001). Para além da transferência: uma reflexão sobre o uso da capacidade de alucinar. *Revista Brasileira de Psicanálise, 35* (4), 1039-1052.

Castelo Filho, C. (2002). Refletindo sobre o processo criativo: questões relativas ao narcisismo e ao social-ismo. Ruptura e transformação. *Ide, 35*.

Castelo Filho, C. (2004). *O processo criativo: transformação e ruptura.* São Paulo: Casa do Psicólogo.

Davies, P. (2002). Caderno de Ciências. *Folha de S. Paulo,* 8 de agosto.

Klein, M. (1980). *The writings of Melanie Klein.* Londres: The Hogarth Press. (Obra originalmente publicada em 1946)

Miller, A. I. (2000). *Insights of genius.* The MIT Press: Cambridge, Massachussets; Londres: England. (Trabalho original publicado em 1996)

Money-Kyrle, R. E. (1961). *Man's picture of the world.* Londres: Gerald Ducworth & Co.

Nebbiosi G. & Petrini, R. (1997). The concept of "common sense" in Bion's work. In W. R. Bion, *Between past and future.* Centro Torinese di Psicoanalisi.

Philips, F. J. (1997). *Psicanálise do desconhecido.* São Paulo: Editora 34.

Invariância, transformações e experiência emocional

Cecil José Rezze

O objetivo deste texto é considerar o entrelaçamento desses três conceitos e como eles podem ser apreendidos na clínica. Necessariamente, isso estimula um espectro mais amplo de ideias, teorias e realizações.

Escolhi iniciar este texto pela invariância, porque me parece que o conceito de transformações encontra diversas aplicações na clínica, enquanto o primeiro, amiúde, fica na obscuridade.

Porém, antes de prosseguir, creio que seria útil considerar o conceito de invariância e exemplificá-lo. Isso já ocorre com a pintura do campo de papoulas, no livro *Transformações* (Bion, 1965).

Tentarei achar um exemplo mais simples e usar algo do mundo concreto.

O vinho

A fermentação da uva produz o vinho, e sua destilação, o conhaque. Por meio de sua fermentação e posterior destilação, temos o malte que fornece o uísque; de certos cactos, obtemos a tequila; da batata, a vodka; da cana-de-açúcar, a caninha e o rum, e assim com outros produtos.

Essas bebidas são compostos constituídos de muitas substâncias que lhes dão cor, aroma, sabor, fragrância e textura que lhes são peculiares.

Portanto, fontes as mais variadas dão origem a esses produtos. Existe uma observação de que, se forem ingeridos sem moderação, causarão o embebedamento. Apesar de diferentes origens e métodos de produção, ou seja, apesar de diferentes *transformações*, existe uma *invariante* que é comum a todos: o embebedamento.

Se quisermos maior apuro em nossas investigações, teremos que indagar se existe uma substância comum a todas essas bebidas que causa o embebedamento. Isso já é conhecido: trata-se do álcool. Temos o conhecimento de que a transformação de um produto agrícola em um certo *produto final* (bebida) pode produzir o embebedamento (aspecto descritivo – uma invariante), o qual está ligado ao álcool (invariante – substância química).

Proponho que os leitores explorem esses mesmos elementos (transformações e invariância) nos elementos clínicos que forneço a seguir. Naturalmente, sendo esse um exercício, haverá um certo artificialismo que espero ser tolerado.

Algo de uma sessão

A porta está entreaberta. O cliente bate e indaga: "posso entrar?" Apresento-me e digo que sim. Ele entra e pergunta: "fecho a porta com a chave?" Digo que costumo fazê-lo. Ele coloca o paletó no cabide e se deita. Fica alguns instantes em silêncio, e depois diz:

— Estive fora segunda e terça-feira. A minha intenção era vir, mas é que está uma agitação no meu trabalho. Eu queria vir, mas as oportunidades estão surgindo em várias áreas e só eu posso dar atendimento e acompanhar, por enquanto não tem outra pessoa. O senhor... você... sabe como eu dou valor a este nosso trabalho, porque tem me ajudado muito. Mas, eu estou vendo que no momento atual fica difícil de eu vir. Até falei para minha mulher que eu talvez parasse uns tempos e que depois, quando isto passasse, eu retornaria. Ela disse: de jeito nenhum, você não vai deixar análise nenhuma, você vai quando der, troca de horários quando for possível, mas você não vai deixar a análise.

Ele está animado, e dá um tom peremptório à fala da mulher. Eu rio um pouco, e ele, muito, mas constrangido.

Comento de passagem que a mulher usou de autoridade (não me refiro à mulher, mas ao que foi dito, com a entonação que ele tinha dado). Ele atalha: "mas ela faz com carinho" (parece não tolerar uma possibilidade diferente).

Pareceu-me que se dirigia diretamente a mim, procurando esclarecer o porquê de sua ausência. Digo algo como "dá-me a impressão de que você está se havendo comigo quanto a nós trabalharmos juntos e até pensou em interromper o trabalho. Mas parece que as coisas ficam fora de você: é o trabalho, é a mulher que dão o tom das decisões das quais você fala. Parece que você dá a ela grande autoridade".

— Cecil, você sabe que dou grande valor a esse nosso trabalho. Estou aproveitando muito, você sabe que eu gosto. Olha, eu tenho ido a muitos médicos. Aquele problema da dor na perna, eles agora estão levantando a hipótese de que seja hérnia. Aí, vamos fazer os exames — ele dá ênfase a algo pesado e doloroso. — Aqui, eu venho porque gosto — essa parte parece contrastar com o desagrado de ir aos médicos. — Eu posso conversar com você e desabafar, como estou fazendo neste momento. Isso tem sido muito bom para mim — ele parece procurar me convencer desses fatos, utiliza um tom enfático. — Agora estão aparecendo situações novas no trabalho que estão me desorganizando naquilo que estava mais ou menos arrumado. Agora, é uma coisa para o favorável, não é ruim não! Estou tendo outras oportunidades. Agora só eu posso coordenar isso tudo e sou necessário.

Ele dá um tom bastante convincente àquilo que narra.

Como ele está bastante próximo, resolvi testar uma formulação para ver como ele a receberia.

— Você já pensou que pode ser o contrário? Você é que se sente agitado dentro de você e então toma o que aparece nessas situações intensas e variadas; você se lança nelas. Assim, fica vista no mundo uma situação que acolhe suas necessidades. Quando isso acontece, você tem a oportunidade de ser criativo, participante, atuante. Quando falta, você fica em dificuldades. Assim, eu, a análise ficamos no espaço que sobra, que é possível. Talvez aconteça assim com outras relações também.

Alguns elementos de invariância e transformações

Os analistas em geral não têm dificuldade em considerar a ideia de transformações em seu trabalho clínico e teórico; porém, o mesmo não parece ocorrer no caso da invariância. Refiro-me ao fato de que invariância e transformações fazem parte de um todo.

Proponho duas invariantes a serem consideradas. Primeira: as teorias que o analista usa e que já estão integradas nele a tal ponto que, habitualmente, a sua percepção nem se destaca no correr da experiência da análise. Segunda: a personalidade do psicanalista, suas características e idiossincrasias que fazem com que ele apreenda o que se passa de um ângulo peculiar.

Vejamos como podemos avançar nessas proposições, cingindo-nos aos elementos que foram destacados em uma experiência de análise.

Consideremos o primeiro parágrafo, o mais longo. O paciente faltou às duas sessões anteriores e está aparentemente tratando disso com o analista. Faz referência a algo muito importante, que seria a razão pela qual interrompeu a análise. Creio que vale a pena mencionar que tive uma sensação de que algo assim estaria em curso, mesmo antes de ele fazer a observação. Mas ele introduz uma narrativa dos eventos que se passaram com a mulher e aquilo ganha vida na sessão. Até rio um pouco, e ele o faz intensa e constrangidamente.

Proponho agora o exame utilizando os instrumentos citados (transformação e invariância).

Fica claro que uma experiência profunda sofreu transformação por meio da manifestação do cliente. Já nas primeiras falas, dá para conceber um modelo com o qual essa pessoa opera. O que é de seu mundo mental, espiritual, psíquico, se transforma de maneira que ele o vive em seres variados, que são de início as vicissitudes do trabalho, a mulher e depois o analista. Esse modelo é parecido com o modelo do vinho, em que o embebedar corresponde à invariante narrativa.

Na clínica, a invariante narrativa (perceber fora dele e acreditar que ali está a causa do que lhe acontece) dá ensejo a algo mais sofisticado que é a teoria da identificação projetiva (correspondente à invariante química: álcool). Se tomarmos as falas iniciais em que o que se passa é lançado longe da situação presente (para o trabalho, para a mulher), a intenção de interromper a análise e um travo de rivalidade em relação ao analista, poderíamos aumentar a sofisticação e supor a invariante hipérbole, no campo das teorias de observação.

Ao caminharmos na direção apontada, temos a invariância do processo que nos leva a conceituar que as transformações em curso são aquelas que podemos agrupar como transformações projetivas.

É possível que o leitor não privilegie os caminhos seguidos pelo autor do trabalho. Se tal acontecesse, os caminhos seriam outros. Então, temos uma invariante: autor do trabalho (cuja exploração é parcialmente possível por meio do próprio trabalho escrito).

Experiência emocional

Tomar o modelo do vinho e considerar somente a característica de que há um agente álcool seria de extrema pobreza, porque a cor, a fragrância, o odor e o sabor ligados a inúmeras substâncias é que tornam a experiência de tomá-lo como realmente interessante. Similarmente, no exemplo presente, tomar só a teoria das transformações sem considerar a experiência emocional e o *aprender* com ela seria uma experiência de penúria.

O cliente, desde o início do encontro, com as perguntas: "posso entrar?" e "fecho a porta com a chave?" estabelece uma maneira bastante ativa de pôr-se em contato com o analista. Isso prossegue em seus esclarecimentos sobre sua ausência, o que faz com que o analista tenha a impressão de que ele poderá dar fim à análise mesmo antes de o declarar. Ele enfatiza a importância de seu trabalho e da sua pessoa, e, da mesma forma, ressalta o valor da análise.

Essa situação é muito difícil de descrever, porque ele esclarece que o trabalho tem-lhe sido favorável, porém, a impressão que tenho é que ele outorga o valor. Parece que há um objetivo determinado: melhorar, diminuir o sofrimento, progredir. Tudo isso perpassa o trabalho, e não parece ser evidente pelas anotações que fiz anteriormente.

A continuidade da análise é atribuída à participação da mulher de uma maneira tão enfática que eu espontaneamente rio. Ele se surpreende de maneira aflitiva. Aqui nos encontramos com outra singularidade do cliente. Ele dá a impressão de que caminha decididamente em uma direção, porém, o imprevisto de uma fala ou fato parece desmontá-lo. Ele se recobra rapidamente e comenta que existe carinho por trás da ação da mulher. A impressão que tenho é que a surpresa desaparece e tudo volta aos trilhos.

Com o andar da sessão, pareceu-me oportuno fazer alguns comentários que pudessem aproximar algo diferente de sua vida mental. Daí a fala de como a mulher era a responsável por suas ações. A observação não visa esclarecer problemas domésticos ou pessoais, mas tentar apontar uma configuração sobre uma dimensão desconhecida dele mesmo. Isso é difícil de descrever, porque o cliente segue uma espécie de toada, em que ele vai encaixando os diversos elementos que podem torná-lo instável. Assim, se ele tropeça com um "senhor", logo em seguida vem um "você", ou, mais adiante, um "Cecil", o que parece restabelecer uma grande intimidade. Não vou me prolongar, mas creio que estão aqui ilustradas incertezas e dúvidas que permeiam meu trabalho. Creio que está acessível a experiência emocional que vivemos, mas até o momento tenho dúvidas quanto a ele ter possibilidade de aprender com ela.

No item anterior — "Alguns elementos de invariância e transformações" —, seguimos uma elaboração que permitia uma certa objetividade no desenvolvimento daqueles conceitos, privilegiando as transformações projetivas. Neste tópico, em que falarei de experiência emocional, bem como nos anteriores, temos elementos de natureza descritiva com alguma mescla de elementos conceituais. Parece que nossas necessidades nos levaram ao uso do que seria a linha C na grade (mitos, sonhos, pensamento onírico).

Assimilação

Experiência emocional é algo que ocorre, e é considerado na poesia, na prosa, na tragédia, no cinema, enfim, na vida. Usar a expressão experiência emocional em seu significado generalizado é algo óbvio na vida humana e, portanto, de pouca utilidade. O que faz valer o termo é o *aprender* com a experiência e, portanto, o uso da *função*-α. Isso é específico das conceituações de Bion.

Diversos autores não usam o conceito de aprender com a experiência emocional. Usam o conceito de experiência emocional, porém, excluem o que seriam as linhas A (elementos-β) e B (elementos-α) da grade, só considerando aquilo que tem qualidade psíquica, o que seria a linha três em diante (sonhos, mitos, pensamento onírico).

Tenho considerado experiência emocional qualquer coisa que inclua uma manifestação na relação e, portanto, em um campo mais abrangente.

Nos trabalhos sucessivos de Bion, temos o obscurecimento do conceito do *aprender* que, a meu ver, tem amplo desenvolvimento por meio de sua *assimilação*, dando origem a novas conceituações. Nesse sentido, chama a atenção, no título do livro *Transformações*, o seu complemento: "mudança do aprendizado ao crescimento".

Tentemos acompanhar a assimilação[1]

O primeiro passo ocorre quando surge o vínculo conhecimento, o qual tem estreita ligação com o *aprender* da experiência emocional. Isso se torna claro quando o vínculo conhecimento é estabelecido em parceria com aqueles de amor e ódio: emoções básicas do ser humano. Pode-se acompanhar as condições que são necessárias para seu desenvolvimento, e elas incluem o *rêverie*. Portanto, o conhecimento assim considerado é um vínculo emocional. Podemos usar o viés do *aprender* com a experiência emocional, no exame do exemplo clínico. Se considerarmos a função α, verificaremos que as formulações do cliente denotam grande complexidade, o que indica seu uso em relações familiares, sociais, de trabalho, psicanalíticas e assim por diante.

---

[1] J. C. Braga (2003) em comunicação verbal na palestra Preparation for Bion 2∞4, na Sociedade Brasileira de Psicanálise de São Paulo.

Mesmo supondo que ele não aprenda com a experiência emocional em curso na sessão, fica a consideração de que ele tem capacidade de desenvolver o vínculo conhecimento. Porém, dado o uso que ele faz ("posso entrar?", "fecho a porta com a chave?", "minha mulher disse", "no meu trabalho"), concluímos que ele opera pela expulsão de partes de si próprio. O conhecimento adquirido é usado para negar as angústias profundas que, de outra forma, emergiriam. Podemos considerar (menos) conhecimento como elemento predominante devido à reversão de conhecimento. Estamos levando em conta a coluna 2.

Se a sugestão de Bion para a construção de uma grade em – (menos) conhecimento for aceita, teremos a expansão da coluna 2. Particularmente, no exemplo clínico, não o examinaríamos situando-o nas linhas A (elementos β) e B (elementos α), porém, o faríamos a partir da linha C (mitos, sonhos etc.) para a parte inferior da grade. Possivelmente, haveria um balanço dinâmico entre K e -K, utilizando a coluna 2, produzindo elementos -K, conforme o tipo e montante de angústia.

Na formulação do cliente, há uma forte implicação de *causas* que passam a explicar o seu estar na vida. Essas teorias causais ("minha mulher falou," "meu trabalho") ajudam-no a manter vigente o seu sistema mental.

Ao examinar meu trabalho, estou mais inclinado a crer que esse cliente tende a não aprender com a experiência emocional na análise, dado que suas falas tentam manter inalterado o sistema que ele usa em vez de permitir mudanças.

Vórtice de novas ideias

Com o advento de transformações, os conceitos anteriores vão entrar no vórtice de novas ideias.

Bion cria o conceito de O, quando se inspira nas investigações que abrangem a coisa em si, a realidade última, a verdade última etc.

Na análise, O sofre transformações, tanto pelo analista como pelo analisando, por meio de T-α e posteriormente T-β. Na prática clínica, nos é dado acesso somente a esta última transformação.

Note-se a similaridade de formulação conceitual em relação à função α. Esta opera sobre as experiências sensoriais e emoções, quaisquer que elas sejam, e as transforma em elementos α que permitem o sonho, o pensar inconsciente de vigília, o lembrar, o esquecer etc. Tem-se a evolução dos elementos β para os elementos α e o crescimento para as linhas inferiores da grade. Com a ideia criativa da função α, Bion consegue uma forma sintética e original de passar da realidade sensorial à realidade psíquica, criando um instrumento que opera o salto de uma para a outra. O tem sentido mais abrangente. Inclui e expande os desenvolvimentos anteriores, criando um instrumento que permite *indagar o desconhecido do ser humano* e sua evolução para dimensões apreensíveis como os fenômenos. Não estou tentando incursões filosóficas possíveis, pois creio que esses conceitos só têm utilidade psicanalítica ao se realizarem por meio da prática clínica.

Transformações

O espectro clínico se amplia com as transformações: em movimento rígido, projetivas e em alucinose.

"A transformação em movimento rígido implica um modelo de movimentos de sentimentos e ideias de uma esfera de aplicabilidade à outra" (Bion, 1965, p. 34). Cabe aí o conceito psicanalítico de transferência, embora diversas formas de atuar do analista e do analisando obedeçam a esse conceito de transformações em movimento rígido sem que implique o conceito de transferência.[2]

Transformações projetivas serão aquelas que têm por base o mecanismo da identificação projetiva, embora isso também ocorra nas transformações em alucinose. As primeiras terão o uso da identificação projetiva naquilo que podemos considerar os primórdios do pensamento, condição das comunicações iniciais e primitivas da mente humana.

Nas transformações em alucinose, consideramos também a identificação projetiva, porém, no sentido evacuatório. Acrescem-se as invariantes em alucinose: "rivalidade, inveja, e roubo, junto com uma sensação de inocência" (Bion, 1965, p. 157).

As características clínicas nos três tipos se evidenciam em formas diversas, sendo que a experiência emocional é o instrumento para fazer a discriminação. Em nosso fragmento clínico, priorizamos as transformações projetivas. No entanto, a escolha depende de duas invariantes a que já nos referimos: a personalidade do analista e o referencial teórico.

---

2 Há outras possibilidades de transformação em movimento rígido além da transferência, como quando o analista dá o exemplo de uma fábula para explicitar um sentimento ou uma ideia. "Talvez pare por uns tempos." A vivência com o analista pode ser interpretada como uma relação que remete ao amor submisso e ao ódio frente à imago paterna. Aos ditos da mulher é dada grande importância e podemos conjecturar a formação das imagos parentais na imagem autoritária da mãe, que se liga à do pai, às quais deve se submeter. Creio que se configura uma situação triangular em que a proteção parental o inclui e exclui. Podemos considerar aí um fragmento do complexo de Édipo.

Possibilidades

Utilizando o mesmo material clínico, podemos refletir que outras opções teríamos se considerássemos outros referenciais de percepção e teoria.

A primeira possibilidade é considerarmos a teoria da transferência como uma modalidade de transformações em movimento rígido. Assim, tomemos os elementos "posso entrar", "fecho a porta com a chave", "senhor... você... Cecil", "porque tem me ajudado muito" como aspectos que remetem a uma autoridade a que ele se subjuga, mas também contra a qual se rebela:

O que foi dito anteriormente parece equivaler à formulação de Freud sobre transferência:

> *É obrigado (o cliente) a repetir o material reprimido como se fosse uma experiência contemporânea, em vez de, como o médico preferiria ver, recordá-lo como pertencente ao passado. Estas reproduções, que surgem com tal exatidão indesejada, sempre têm como tema alguma parte da vida sexual infantil, isto é, do complexo de Édipo e seus derivativos, que são invariavelmente atuados (acted out) na esfera da transferência, da relação do cliente com o médico. (1954/1920, p. 31)*

Considerando a teoria de transformações em movimento rígido, estaríamos trabalhando mitos, sonhos e pensamentos oníricos (linha C da grade) e, portanto, a área simbólica da associação livre de ideias do cliente e da atenção flutuante do analista (preconcepção, linha D). Este último poderia avançar para as linhas de concepção e conceito à medida que fosse evoluindo em seu *aprender* com a experiência emocional, e as interpretações seriam de acordo com esses elementos.

Fica claro, nesse viés, que estaríamos considerando que "sentimentos e ideias passam de uma área de aplicabilidade à outra", ou seja, verificaríamos como os conflitos inconscientes se manifestariam conscientemente.

As transformações projetivas podem ser consideradas por meio da invariante cujo modelo é "perceber fora dele e acreditar que ali está a causa do que lhe acontece".

Consideremos as transformações em alucinose. Podemos observar que o cliente tem personalidade conservada e que há possibilidade de desenvolver o conhecimento; vejamos o que isso desencadeia na experiência emocional da sessão.

O analista tenta adquirir conhecimento dos eventos da sessão por meio de uma impressão geral, e os elementos particulares podem ir povoando a impressão geral. Esta impacta desde o início pelo fato de que o cliente constrói um local e a personagem do analista. A colocação de seu trabalho, a possibilidade de não vir e a fala da mulher vão formando um ambiente independente, com seres que passam a habitar a sala. Assim, aquele que fora um senhor, depois você, se torna um Cecil de grande intimidade. Esses elementos, acrescentados das falas relacionadas a aproveitar e gostar de nosso trabalho, vão sendo outorgadas ao analista. Tudo isso constrói um clima emocional em que ele resvala pelas observações do analista em uma vivência fundida com este, criando um estado produzido por ele próprio. A experiência emocional revela um englobamento do analista que é posto à margem, mas que vai sendo construído à medida que ele produz sua presença. A experiência dá a medida da exclusão da situação que ali se desenrola; tudo é feito por ele mesmo, bastando a si próprio.

Ao que foi descrito, atribuiríamos o mecanismo da identificação projetiva, no sentido de uma evacuação. Dada a natureza da exclusão do analista, poderíamos pensar nas invariantes de rivalidade, inveja e de um sentimento de ingenuidade que permeiam as transformações em alucinose.

Feito o exame da experiência emocional e o *aprendermos* com ela, comento, do ponto de vista da transformação em alucinose, o que teria ocorrido com o analista.

As suas falas tentam uma comunicação com o analisando e, portanto, ele acredita que seja possível. Assim, consideraríamos que o analista está alucinando uma situação, que é induzida pelo cliente em projeções evacuatórias que não são discriminadas. Portanto, diante da profunda angústia gerada pela negação de sua existência, ele alucina a presença de um analisando que possa receber sua comunicação.

As alucinações do cliente e do analista podem ser úteis desde que um e outro possam ter uma fresta que permita discriminar a experiência, e que uma parte, capaz de não alucinar, seja posta em movimento. Na suposição de transformação em alucinose, as formulações feitas do modo como as fez o analista só põem "mais lenha na fogueira", porque permitem que prossiga um falso diálogo. Supomos que o analista opera em coluna 2, com consequente transformação em -K, em que o *aprender* com a experiência emocional não é possível.

Transformações em O

Conjecturamos as três transformações possíveis, descrevendo um conhecimento que seria haurido em cada uma delas, levando em conta o vértice utilizado.

Esse vértice é uma invariante, e será diferente conforme as transformações. Nas transformações de movimento rígido, considerada a transferência, a invariante é que "sentimentos e ideias passam de uma área de aplicabilidade à outra"; nas projetivas, consideramos a identificação projetiva destacando os primórdios de uma comunicação; naquelas em alucinose, consideramos as identificações projetivas de caráter evacuatório, junto com a rivalidade, a inveja e a ingenuidade.

Imaginemos um analista hipotético que esteja em três momentos diferentes, trabalhando com as três diferentes transformações e, portanto, conseguindo três tipos diferentes de conhecimento (K).

No exemplo clínico, considerando as reações do cliente, podemos dizer que ele resvala nas observações do analista, qualquer que seja a transformação considerada. O que determina esse fato? Possivelmente, a observação do analista contém elementos que trariam verdade e a possibilidade de entrar em contato com ela. O que se tenta evitar é que conhecimento possa tornar-se "*ser*" o paciente.

Nas transformações em movimento rígido, no caso particular da transferência, consideraríamos que há resistência às tentativas de interpretação do analista.

Nas transformações projetivas do exemplo clínico, teme-se tornar aquele que conhece a responsabilidade outorgada ao trabalho, à mulher e ao analista, passando a "ser" o que opera dessa forma. O que se teme é que as transformações em conhecimento possam evoluir para transformações em O. Daí o vínculo K tornar-se -K, com o uso da coluna 2, o que permite negar as ansiedades profundas.

Se considerarmos as transformações em alucinose na experiência emocional da sessão, teremos o não *aprender*. Os elementos α destarte conseguidos são utilizados como elementos A6, elementos β, propícios à evacuação. Teríamos uma forma mais vigorosa de atuação do analisando que nem permite o desenvolvimento do vínculo K no que se refere à experiência emocional da sessão.

Nos três tipos figurados de transformações, podemos concluir que o cliente não *aprende* com a experiência emocional, quando as transformações em conhecimento (K) têm a potencialidade de transformações em O. TK → TO.

Em nossas hipóteses, supomos que os três casos de transformações são capazes de tender à verdade.

Na prática clínica, tal não se dá. As invariantes de cada tipo de transformações são diferentes, o que resulta em uma escolha que exclui as demais. Portanto, há uma conexão íntima entre invariantes e verdade e, também, entre transformações em O e verdade. As transformações em O estão ligadas ao desenvolvimento e à maturidade de indivíduo, cliente e analista. A realização, se é que se pode aplicar o termo, de transformações em O é algo que pode ou não ser alcançado no correr da sessão e da vida. Muitos duvidam de que haja algo que equivalha a isso e que seja do alcance humano.

Epílogo

Em uma íntima conexão com essas ideias está o conceito de *aprender* com a experiência emocional. O *aprender* é base para que ocorram mudanças.

O interesse de uma sessão está no que se passa entre analista e analisando; as comunicações de ambos podem ser consideradas como argumento circular, aquele que estabelece complementaridade tem importância.

Creio que tenho uma forma de operar em minha prática analítica em que o *aprender* com a experiência emocional é a condição para que se apreendam as transformações em curso, tendo como pano de fundo a potencialidade de transformações em O.

Referências

Bion, W. R. (1962). *Learning from experience*. Londres: Heinemann.

Bion, W. R. (1963). *Elements of psychoanalysis*. Londres: Heinemann.

Bion, W. R. (1965). *Transformations: change from learning to growth*. Londres: Heinemann.

Freud, S. (1954). Beyond the pleasure principle. In S. Freud, *The Standard Edition of the Complete Psychological works of Sigmund Freud* (J. Strachey, Trad., Vol. 3). Londres: The Hogarth Press. (Trabalho original publicado em 1920)

Rezze, C. J. (2003). *The slit* [A fresta]. In P. C. Sandler & T. R. L. Haudenschild (Eds.), *Panorama*. São Paulo: Sociedade Brasileira de Psicanálise de São Paulo – Departamento de Publicações. (Trabalho original publicado em 1997)

Observação de "O cravo bem temperado" a "A arte da fuga"

Deocleciano Bendocchi Alves

> *Essa última obra é a suprema realização de uma longa e fecunda tradição, naquele tempo já abandonada. Bach morreu sem ter podido terminá-la. A última fuga se interrompe bruscamente no momento em que se espera o quarto tema. Segue-se um silêncio vertiginoso, como o fim do mundo. Essa série de variações contrapontísticas é de um tal esplendor, as linhas admiráveis se entrelaçam numa luz espiritual tão clara que se esquece o propósito didático e o timbre dos instrumentos cuja designação não nos é dada: essa água-forte irrepreensível não tem necessidades de cores.*
>
>

Histoire Universelle de la Musique,
Roland de Candé (1978)

Introdução

Nesta comunicação, tecerei algumas considerações que resultam da observação cuidadosa de analisandos com os quais trabalhei por muitos anos. Não pretendo apresentar nenhuma teoria, mas tão somente expor, com base nessas observações, meus pensamentos e reflexões sobre aspectos da mente humana que aparecem e podem ser vistos durante uma psicanálise. São estados de mente observáveis em todos os seres humanos, nos diversos momentos de suas vidas e nas diferentes etapas de sua evolução. Numa psicanálise, dinamicamente eles aparecem e desaparecem, sucedem-se sem distinguir-se e desenvolvem-se seja numa direção positiva ou negativa. Nesses estados de mente, algumas configurações podem ser identificadas e, dependendo de circunstâncias internas ou externas, cristalizam momentos diversos da vida ou momentos fugazes e transitórios de uma experiência vivida.

Com a descoberta da psicanálise, fruto da rigorosa e perspicaz observação que Freud fez do ser humano, tornaram-se acessíveis a todos nós os processos profundos da mente, a partir dos quais inicia-se todo um movimento de investigação do inconsciente. Melanie Klein e Bion acrescentaram observações valiosas que muito contribuíram para que aprofundássemos e ampliássemos nosso conhecimento sobre o oculto dessa dimensão humana. Frank Philips, com a sua obra *Play,* possibilita maior e nova abertura para que observemos essas expressões da individualidade em suas relações com o mundo, com os grupos e as múltiplas culturas às quais pertencem. Espero que essas notas possam ser úteis à pratica de uma psicanálise voltada para o surgimento de novas indagações e percepções intuitivas do mundo mental dos indivíduos.

Utilizo dois conjuntos da obra de Bach como título dessa contribuição, embora, com esse empréstimo, não tenha qualquer pretensão de que as considerações que ora faço possuam qualquer traço da genialidade que esse grande compositor dos séculos XVII e XVIII imprimiu às suas obras. Esse título inspira-me uma tal sutileza que imaginei que talvez pudesse traduzi-la no convite que ora faço à observação dos aspectos da individualidade aos quais me referi. E essa sutileza – parece-me – reside no crescente contínuo que intercala dois conjuntos de composições de Bach – *O cravo bem temperado* e a *A arte da fuga* – que revelam uma evolução iniciada com as primeiras composições e que chega a essas duas obras mencionadas anteriormente; contudo, a estrutura e concepção da primeira não é mais elementar, se comparada à segunda obra. O elo que liga uma parte à outra da obra de Bach é uma evolução e um aperfeiçoamento constantes, a tal ponto que, quando esse compositor morreu e deixou a última fuga inacabada, sua excepcionalidade pôde ser reconhecida, e o conjunto de seu trabalho transformou-se numa tradição musical. A obra de Bach foi fonte de estudo, de inspiração e de estímulo para a maioria dos compositores que o sucederam e seguiram com notáveis composições. De Mozart a Villa Lobos e aos contemporâneos, todos os grandes compositores se fundamentaram nas descobertas e inovações musicais de Bach. Esse é precisamente o vértice que pretendo sugerir com o título do presente trabalho: observar o ser humano como se manifesta em nossa contemporaneidade, mas considerando psicanaliticamente sua evolução desde tempos imemoriais, o que torna indispensável acolher e atualizar as dimensões reveladas pelos novos conhecimentos alcançados e integrar as observações feitas que levam em conta a interação do indivíduo com a natureza, com a comunidade e com a cultura. Todavia, é imprescindível que se conserve o firme propósito de revelar a realidade psíquica, que costura e tece todos esses aspectos, iluminando o desconhecido de cada homem.

Na tentativa de tornar imagéticas as ideias que passarei a expor, recorrerei ao artifício de sugerir uma jornada seguindo uma exposição de pintura, para aqueles que são mais sensíveis às imagens visuais, e uma audição musical, aos que preferem os estímulos auditivos.

Primeiro quadro

Aos amantes das pinturas, observemos as obras de Sandro Botticelli *O nascimento de Vênus*, no Museu Uffizi em Florença; ou o *Tríptico da Redenção*, de Rogier Van der Weyden, no Prado, em Madri, que contém no verso a pintura *Adão e Eva*. Sugiro ainda a obra *Pecado original*, de Hugo Van der Goes, que forma um díptico com a *Lamentação pelo Cristo morto*, nas quais as figuras de Adão e Eva são pintadas de uma forma pouco cativante, com gestos desajeitados, parecem dar ênfase aos aspectos de sua miserável carnalidade.

Convido os amantes da música a ouvirem a *A sagração da primavera*, de Stravinsky, ou a ópera de Ravel *L'enfant et les sortilèges*.

Espaço mítico

Imaginemos os indivíduos no momento em que viviam em pequenos agrupamentos, abrigando-se alguns em galhos de árvores, outros, já um pouco evoluídos, em toscos abrigos naturais a que chamamos de cavernas, e com atenção voltada exclusivamente para a terra e para os animais, pois sua sobrevivência dependia exclusivamente da caça, da pesca e dos frutos que encontravam. Vagavam errantes, buscavam sempre lugares e regiões que possuíssem o que necessitavam, ou seja, peixes, caça e frutos, e habitavam em florestas e montanhas. E, embora vivessem num íntimo contato com a natureza e sua existência fosse completamente diferente dessa que hoje desfrutamos, pensamos que suas perplexidades e indagações eram as mesmas que ainda estão presentes na mente do homem contemporâneo, quando podemos observar suas formulações.

Prosseguindo com essas conjecturas, podemos imaginar que esses indivíduos, com o intuito de obter explicações que lhes permitissem penetrar no mistério do desconhecido – condição que se apresentava em quase tudo que os cercava –, criavam fantásticas histórias e nelas acreditavam. Histórias em que realidade e fantasia se interpenetravam a ponto de os elementos da natureza transformarem-se em seres extraordinários, até mesmo deuses sobrenaturais.

Esses deuses apresentavam-se ora apaziguadores ora persecutórios, pois tais qualidades eram inerentes à mente dos seus criadores, cuja fértil imaginação, ainda não submetida à razão, projetava-as fora de si mesmo, ou seja, nesses entes fantásticos e fabulosos que criavam. Cercados de incertezas e de mistérios, os homens primitivos perscrutavam o desconhecido. Com o intuito de afugentar o medo de tudo que não conheciam, de suportar o sofrimento e dor que os reveses da vida e o temor de seu aniquilamento lhes causavam, criavam os rituais mágicos. Com tais procedimentos, acreditavam agradar às divindades que, apaziguadas, os ajudariam a escapar da ira que sua mente alucinatória projetava em outros seres que, sempre por alguma razão, os atemorizavam.

Um longo caminho foi percorrido desde o estágio do homem primitivo até o do homem civilizado. Em determinado momento do processo de evolução dos homens – em uma das etapas desse percurso –, surgem os mitos, cuja construção já revela um certo grau de desenvolvimento e constitui prova incontestável de que alguns indivíduos e povos se distinguiram. O "espaço mitológico", que foi efetivamente criado pelos homens em um determinado momento da civilização, atesta que alguns povos superaram esse estado de pobreza inicial, separando-se daquela massa original – amorfa, inculta, promíscua e selvagem – à qual pertenciam.

E, por concordar com a afirmação que Robert Graves (1955) faz na introdução de sua obra *The Greek Myths*, de que "a verdadeira ciência do mito inicia-se com a arqueologia, com a história e com a religião comparativa, e não no consultório de psicoterapeutas" (p. 11), abstenho-me de discorrer sobre mitologia, pois reconheço não ter competência para tanto. Limitar-me-ei, aqui, a partir de um vértice psicanalítico, a fazer conjecturas sobre seus possíveis usos.

Ao se fazer uma reflexão psicanalítica, parece-me quase impossível não refletir sobre o processo de evolução, na acepção darwiniana. E, no contexto dessa reflexão, importantes constatações impõem-se. Uma delas diz respeito ao surgimento do *homo sapiens* e se prende precisamente ao seguinte aspecto desse fato: quando o homem primitivo alcançou essa condição, possivelmente em sua mente rudimentar já se encontravam os elementos básicos do funcionamento mental que observamos presentes na mente do homem contemporâneo. Mesmo que se façam constatações a respeito da permanência desses elementos e da efetividade do processo de evolução, sobre suas razões e o modo como se deu, só podemos fazer conjecturas e suposições. Por exemplo, sobre a utilização, pelo homem primitivo, de instrumentos que lhe permitiram intervir nas forças da natureza. E tal suposição leva-nos à outra, a crer que essas primeiras intervenções foram o ponto de partida para o atual avanço tecnológico e científico, aos quais se devem, inclusive, as condições de conforto usufruídas, hoje, pela maioria dos povos.

No âmbito dessa reflexão que se tem interesse em aprofundar, cabem conjecturas sobre aspectos da vida dos homens, tanto daqueles que sedimentaram a tendência para a constituição do processo civilizatório – para a criação de princípios e regras de convivência entre os homens – como de outros que criaram novas perspectivas, seja ao obnubilar a eficácia desse processo, seja ao fornecer novos elementos à sua dinâmica. Em "O futuro de uma ilusão" e em "O mal-estar na civilização", Freud examina com grande interesse alguns desses aspectos e, com especial sutileza, aqueles que vão de encontro à tendência da evolução, à medida que oferecem resistência à efetividade do processo de organização dos agrupamentos humanos. As análises em que consistem esses trabalhos partem da hipótese que, no embrionário estágio do processo civilizatório – exatamente em sua fundação –, componentes psíquicos, que puderam até revestir-se da aparência do circunstancial ou do episódico, operaram na contramão da fecundidade desse processo. A presença de um certo "mal-estar" que persistiu e persiste nas mais diferentes fases do desenvolvimento da civilização e em todos os seus interstícios e instâncias comprova que, até hoje, esses componentes psíquicos continuam operando e exercendo sua eficácia, metamorfoseando-se ou assumindo as mais diversas nuanças e disfarces. A dinâmica e os efeitos desse mal-estar se assemelham àqueles inerentes e decorrentes de todo conflito emocional que, no interior dos indivíduos, manifestam-se numa resistência aos estímulos para o desenvolvimento.

Com a descoberta da psicanálise, Freud pôde de fato ampliar e aprofundar sua visão acerca do processo civilizatório. Descortinando a dimensão inconsciente, ele pôde alcançar a raiz dos males que ameaçam a manutenção dessa construção. Trata-se das forças profundas e desconhecidas da mente humana, que produzem, intensificam e perpetuam esse "mal-estar", original e originário, gerado no mais recôndito lugar da vida emocional de cada indivíduo.

Quando Freud descobriu a psicanálise, ele descobriu o homem. Hoje, quando fazemos psicanálise, descobrimos o homem particular que somos.

Todos os indivíduos revelam-se, expressam-se e realizam-se por meio de suas ações. De certa forma, agimos como atores, e nossa *performance* apresenta-se como fruto de um compromisso estabelecido entre as instâncias inconscientes descobertas por Freud e as necessidades de ordem política, econômica, social e cultural, colocadas pelo grupo ou pela esfera da sociedade em que vivemos e na qual nos inserimos como participantes. Esse compromisso faz parte do processo de evolução, em cujo início surgimos – emergindo de um caos inicial – e passamos, a partir daí, a nos revelar e apresentar a nós mesmos nossas múltiplas facetas e aspectos, tornando-nos, enfim, uma pessoa. A observação da vida e dos comportamentos humanos – a contemplação dos indivíduos em ação – faz com que consideremos a experiência cotidiana e os atos comuns praticados no dia a dia como elementos de uma encenação dramática. É a contemplação dessa encenação que nos leva a perceber que a experiência cotidiana e os atos que ela apresenta resultam de uma constante e contínua interação entre aquilo que se encontra na intimidade do indivíduo e a sua necessidade de atender aos imperativos de civilidade, ou seja, às demandas colocadas por outros indivíduos e grupos, em cujo âmbito a existência encontra plena manifestação ou realização. A consciência dessa interação e dos comportamentos que a manifestam, aliada a uma postura mental, constitui ferramenta e equipamento dos quais o indivíduo lança mão para participar da vida como membro de um grupo. Ao considerar as ideias de Bion (1991) sobre improvisação, devemos levar em conta o exame das alterações mentais que fogem aos padrões habituais; e ao considerarmos os comentários feito por Philips em sua obra *Play*, pensamos que as oscilações nos hábitos de comportamento, que se expressam na interação entre narcisismo e social-ismo, configuram as conhecidas patologias mentais. Entretanto, experienciando-se plenamente a improvisação em seu desenrolar natural e indispensável ao viver, produz-se em nós um estado que favorece a sanidade do indivíduo, tornando-o conscientemente sadio e integrado. A improvisação é, pois, uma realidade psíquica e, sendo assim, participa das qualidades do tangível e do intangível.

Bion (1991) comenta que se utiliza do mito como um exercício para o desenvolvimento de sua intuição psicanalítica, tecendo, em seguida, inúmeras considerações sobre o sentido que descortina nesse tipo de narrativa e as correlações que estabelece entre os elementos nele presentes, os sonhos e a função-α – que é uma condição mental que Bion descortinou em sua prática psicanalítica (p. 86). Sem dúvida, trata-se de um uso útil, e eu mesmo, em meu trabalho, tenho me aplicado a observar tais correlações. No entanto, apoiando minhas observações em suas considerações, pretendo fazer outro uso do mito, à medida que ele se revelou um instrumento adequado para observar e ampliar a apreensão de certas configurações mentais que, pelo fato de nelas encontrarem-se determinados elementos constantemente conjugados, desvelam a mente humana em seus aspectos individuais. Com essa utilização, não se torna necessário estabelecerem-se novas teorias, em virtude, principalmente, da propriedade que o mito possui de conter em si – e revelar – verdades universais, ancoradas no senso comum, uma vez que foram por ele igualmente desvendadas. Tal utilização permitiu, inclusive, que eu ampliasse minhas conjecturas acerca da compreensão que diversas civilizações tiveram do mito e o concebesse como expressão das possibilidades da improvisação na evolução da mente humana. Os mitos, frequentemente, apresentam-se impregnados dos elementos emocionais primitivos, alguns dos quais se relacionam com aspectos da mente religiosa, como magia e rituais.

Assentados nessa compreensão, ao analisar o mito de um povo primitivo, podemos tecer conjecturas sobre a vida nesse estádio inicial de desenvolvimento, em que a linguagem sequer havia sido inventada e, se assim fosse, encontrava-se em seus estágios primígenos. Nesse momento, possivelmente, a atividade mental era predominantemente alucinatória, e a comunicação, pré-verbal. O medo da dor e o ódio levavam os indivíduos a usarem a identificação projetiva como forma de se libertarem dessas emoções perturbadoras. Esse mecanismo se espelhava, e era sentido e vivido como incorporado nos objetos do mundo externo e nos outros indivíduos, tendo como resultado o aparecimento de produções irreais, com características extraordinárias, revestidas de onipotência, onisciência e onipresença. Mesmo sabendo-se muito pouco sobre o processo de organização da linguagem, imagina-se que, com o tempo, tornou-se necessário dar expressão às experiências emocionais vividas individualmente ou em grupo.

É claro o ponto de vista de ser meramente conjectural qualquer afirmação sobre as origens do pensamento humano sobre crenças e rituais, cultuados e praticados por povos num momento anterior ao do registro escrito sob a forma de caracteres. É claro, também, que consideramos pertinente o exame do desenvolvimento humano sob uma perspectiva evolutiva – ou seja, num horizonte de sentido em que as aquisições se somam ou se substituem, permanecendo aquelas que, por seu valor e qualidade universais, se tornaram úteis a um certo número de indivíduos. Se o sonho ainda é considerado por nós como possível forma de expressão de uma experiência desconhecida, para cujo relato o sonhador muitas vezes sequer tem palavras, é possível também se pensar o mito como uma experiência sonhada sob a forma narrativa – ou sob a forma do *mythos*, como concebem os gregos –, para expressar uma verdade universal. Corroboram com esse ponto de vista a sobrevivência e a conservação de mitos cujos *mythos* – ou enredos – expressam algum valor universal, constituindo-se verdadeiros monumentos vivos do processo civilizatório ou uma produção quase eterna no âmbito dessa construção que chamamos civilização. A narrativa mítica, ou o *mythos* de um mito, assim como a narrativa ou o relato de um sonho, não são mais do que expressões semânticas e, portanto, racionais, de experiências emocionais desconhecidas – com a diferença de que a primeira ocorre no âmbito de um povo e a segunda ocorre na esfera individual.

No contexto dessas conjecturas, há a suposição de que o surgimento e desenvolvimento da linguagem, ao longo do processo evolutivo na acepção darwiniana, podem ter sido análogos ao processo que se observa, no bebê, prosseguir e desenvolver-se durante todo o seu crescimento e vida adulta. Na criança, os balbucios são os primeiros indícios de expressão verbal e, progressivamente, organizam-se e constituem-se em um recurso incomensurável que o indivíduo tem à mão para se relacionar com o mundo para expressar emoções, sentimentos e pensamentos. A fala é uma expressão do desenvolvimento mental, pois existe uma íntima e nítida correlação entre o ato de pensar e a acuidade em expressá-lo. A linguagem – ou a fala – é um dos elementos dessa realidade psíquica que chamamos de improvisação.

Embora houvesse necessidade de se promover uma distinção entre os vários usos da fala, reconheço não ser esse o momento adequado para fazê-lo. Limitar-me-ei a observar que a fala se apresenta ou como um recurso vulnerável à manipulação, ou apta para a comunicação, ou para expressão de pensamentos de forma sistematizada.

Desde o início dos tempos, o ser humano necessitou de um interlocutor, principalmente quando se viu diante de fatos da vida cuja apreensão e compreensão se apresentavam inalcançáveis.

Como seus interlocutores, deusas e deuses, cujas manifestações se seguiram de procedimentos mágicos ou rituais e requereram, com vistas à consolidação de princípios e normas, organizações sob a forma de religião. É sabido que, concomitantemente a essa experiência, os mitos se desenvolveram em todas as civilizações e culturas. É sabido também que os mitos gregos se sobressaíram no mundo ocidental, especialmente pelo fato de seus elementos possuírem caráter universal que pôde ser encontrado em mitos criados por outros povos e civilizações, quer nas culturas antigas, quer entre os povos ditos selvagens, quer nas diferentes religiões. Guardadas as proporções do desenvolvimento atingido, não é surpreendente encontrarem-se os mesmos elementos em mitos de procedências diversas. E um desses elementos é a forma narrativa, a que os gregos chamam de *mythos*, e nós, modernos, de enredo ou relato.

A narrativa ou relato é a configuração final de elementos que estavam dispersos e que sem ela não teriam sentido. Representada pelas ações – e seus aspectos fragmentados – imitam ou reproduzem atributos, caracteres e circunstâncias da vida, reais ou fantásticos, conferindo significado ao mito. Essa forma narrativa, que expressa a comunicação a ser transmitida, resulta de uma improvisação constante e universal e, talvez por isso, expresse, segundo Hannah Arendt (1981), uma condição da experiência humana que só pode ser compreendida quando narrada para si mesmo e para os outros.

Os contadores de histórias tiveram importante papel no desenvolvimento dos povos, assim como na constituição da identidade do povo grego. Eles eram os *aedos*, poetas e adivinhos, os mestres da verdade na Grécia Arcaica e contavam, sob a forma de mito, a história e, ao contá-la, transmitiam, geração após geração, os grandes feitos dos ancestrais, daqueles que os haviam antecedido com a realização do mais significativo ato, que consistiu na fundação de um povo. Rememorando os ideais do passado ao trazer à lembrança as imemoráveis realizações, esses mestres da verdade inscreveram na memória desse povo – em seu solo – os elementos de sua identidade.

A função de poeta – o verdadeiro intérprete de Mnemosyne, a deusa da memória – era a de transmitir por mitos os ensinamentos básicos da improvisação humana no processo evolutivo.

Tudo que se reveste de um caráter imperecível na história da humanidade, abrangendo o sentido universal da verdade permanente da vida, manifesta-se nos mitos e nos poemas de um povo. Na Grécia, eles fizeram parte da educação e da cultura popular e, sobretudo, constituíram elementos indispensáveis para a formação do homem grego, de sua paideia.

Tomaremos, como exemplo, "O mito do paraíso".

Escolhi esse mito, pois, nas diferentes versões, em várias línguas e culturas, ele contêm um elemento comum, que é o aparecimento do homem e o surgimento, após a desobediência, da imperfeição, do trabalho, da dor e do sentimento de perda. Chamamos atenção, aqui, para o fato de esse mito ser um substituto, no âmbito da fé, da teoria darwiniana amplamente conhecida sobre evolução do animal humano.

> *No centro do Paraíso, há duas árvores, que se chamam "Árvore da vida" e "Árvore do conhecimento do bem e do mal".*
>
> *Deus cria o homem a sua imagem e semelhança. Deus proíbe Adão e Eva de comerem o fruto dessas árvores, após comunicar-lhes que eles detinham o domínio de todas as coisas existentes no Paraíso.*

> *Adão e Eva recebem a incumbência de se multiplicar e de povoar a Terra. Há uma serpente com grande poder de persuasão. Eva ouve a serpente, Adão segue a sugestão de Eva.*
>
> *Adão e Eva desobedecem e comem o fruto da Árvore do Conhecimento do Bem e do Mal.*
>
> *Percebem sua nudez e escondem-se.*
>
> *Deus pergunta-lhes como sabem que estão nus.*
>
> *Conhecendo a desobediência, julga-os e castiga-os.*
>
> *O castigo é a imposição da morte, do trabalho e do sofrimento da dor. Adão e Eva são expulsos do Paraíso.*
>
> *("Gênesis", The Holy Bible, King James Version)*

De acordo com Bion, o mito, de modo geral, consiste numa versão social de um fenômeno que, no âmbito individual, é reconhecido como sonho, resultante de uma experiência emocional submetida à operação da função-α. Segundo o "Gênesis", o homem foi criado por Deus, à sua imagem e semelhança, e deveria dominar e usar em seu proveito todos os outros seres criados, quais sejam, animais e plantas. Deus impôs uma restrição apenas: não comer o fruto da árvore que ele chamou de "Árvore do conhecimento do Bem e do Mal." O homem, ao comer o fruto proibido, transgride e percebe sua nudez e sua culpa sexual. Deus condena-o à mortalidade, ao trabalho, ao sofrimento da dor e o expulsa do Paraíso.

Sugerimos ser a palavra "conhecimento" aquela que confere sentido e coerência a esse relato bíblico, pois, Deus, embora crie o homem à sua imagem e semelhança e lhe conceda pleno domínio sobre as outras espécies e seres existentes – que haviam sido por Ele igualmente criados –, interdita-lhe o conhecimento, retirando-lhe a prerrogativa de questionar. A desobediência a essa imposição, que é fruto de uma curiosidade real, acarreta a perda de um estado de graça primordial em cujo seio as benesses da existência poderiam ser usufruídas sem qualquer esforço. A transgressão à ordem divina acarretou a perda desse *status quo*, que era o estado de plena ignorância. Em contrapartida, a conquista ou aquisição do senso de realidade é percebida como uma ameaça à ordem estabelecida, como uma ruptura do estado de coisas existente – do e*stablishement* – e como a iminência de uma desordem profunda. A punição justificada consiste efetivamente na manifestação da verdadeira e autêntica condição humana – ou seja, no aparecimento dos atributos inerentes ao humano, sua condição de mortalidade e a necessidade do trabalho como condição *sine qua non* para a aquisição dos alimentos necessários ao corpo e espírito. No contexto desta leitura, torna-se consistente a correspondência entre esse segundo elemento do castigo – o trabalho – e a elaboração psíquica. E o terceiro e último elemento da punição é o sofrimento da dor, por se referir nesse relato ao sofrimento da dor do parto, remetendo-se diretamente à vida; torna consistente a compreensão do sofrimento da dor necessário ao cultivo da terra, cujos frutos garantem a manutenção da vida. Os elementos presentes nesse mito dão conta, portanto, das condições e das necessidades dos indivíduos, cujo crescimento se fará pelo trabalho, precisamente pelo trabalho requerido pela elaboração das experiências emocionais relacionadas com o viver e com o sofrimento que é inerente, e necessário, ao desenvolvimento e à consciência da morte.

Parece-me importante agora pensar o fato de Deus, nesse mito, criar o homem e, ao mesmo tempo, interditar-lhe o conhecimento. Como já disse, tomo essa narrativa – como muitas outras – como a "expressão dramática" de uma verdade universal. E, nesse mito, a verdade diz respeito à aquisição do conhecimento, às mudanças – ou perdas – que essa aquisição acarreta e promove e às ameaças que se associam a essas mudanças. Não é sem motivo, pois, que sobre essa aquisição primordial caia a sombra do desamparo e da morte. Repito, mais uma vez, que o mito é uma "expressão dramática" que dá publicidade a verdades que dizem respeito à essencialidade da condição humana.

Alguns elementos de "O mito do Paraíso" encontram-se igualmente presentes no mito elaborado por Hesíodo (2001) em *Os trabalhos e os dias*, que conta a história de Prometeu e de Pandora e tece indagações sobre a dignidade do trabalho e a justiça. Esse mito grego possui semelhanças com a narrativa judaico-cristã a que acabamos de nos referir. Entre elas:

1. organiza-se igualmente de modo a mostrar uma indissociável coexistência entre trabalho e sofrimento;
2. estrutura-se sobre hipótese semelhante, qual seja, de que o aparecimento do trabalho e do sofrimento na face da Terra é coetâneo ao surgimento de todos os males do mundo;
3. que o aparecimento dessas condições decorre de uma oposição à ordem estabelecida. Prometeu, que já havia enganado Zeus anteriormente, é o personagem que inicia a narrativa mítica ao roubar uma centelha do fogo celeste. Com o propósito de puni-lo por essa ousadia – a de ultrapassar sua condição de mortal e de tentar alcançar os privilégios divinos – e, igualmente, toda a humanidade que poderia almejar semelhante condição, Zeus cria a primeira mulher, Pandora. Ela, movida por uma intensa curiosidade, abre uma urna que os deuses haviam oferecido a Epimeteu, por ocasião de suas núpcias, e que continha todos os males do mundo. Ao abri-la, Pandora liberta todos os demônios, doenças, velhice e outros males que ali se encontravam enclausurados.

Esses mitos apontam para o desenvolvimento e evolução da mente humana que, ao ultrapassar sua condição original, rudimentar e parasitária, adquire, pouco a pouco, valores que conduzem o animal primitivo a progredir e se organizar. Ao seguir o instinto de curiosidade que nela se presentifica, a mente alcança o estádio da ideação, ou seja, adquire a capacidade de abstração e de simbolização e, passo a passo, constrói recursos linguísticos capazes de expressar essas aptidões e habilidades sob a forma de pensamento. Alcançado esse estágio, manifesta-se o humano numa condição de maior desenvolvimento – um novo ser a habitar a face da Terra. Curiosamente, esse desenvolvimento repete-se em cada criança que nasce e que passa a vivenciar, uma após a outra, todas essas mudanças e possibilidades, oferecendo a nós a possibilidade de observar esse espetáculo, que é o processo de humanização de cada indivíduo. Talvez algumas ou inúmeras fases do desenvolvimento arcaico e suas aquisições já venham incorporadas na mente de um novo ser que, dessa forma, inicia sua evolução em um estágio mais avançado. Os poetas que criaram esses mitos, de modo consciente – ou não –, transmitiram a sabedoria resultante e acumulada das múltiplas improvisações que surgiram e se impuseram no decurso do crescimento humano. E a própria palavra, esse átomo de sentido, acumula em si mesma, pelo processo de sedimentação de sua própria polissemia, resíduos de significados dessas inúmeras e múltiplas improvisações.

Naquilo que concerne à experiência individual, os mitos escolhidos apontam para o conflito entre amor-próprio e auto-ódio, para a integração de amor e ódio, para o exercício da curiosidade criativa, da intuição e da agressividade. Em oposição, quando se instalam os estados de mente religiosos, tem lugar a desintegração de amor e ódio e, com a destruição do vínculo associativo, as correlações não se fazem, o pensamento é substituído pelo processo apologético-explicativo. O temor ao sofrimento e à frustração desencadeada pelo processo cruel de atacar a curiosidade reduz a indagação, a observação e a ação adequada e necessária à ampliação do conhecimento. Os estados de mente religiosos, clinicamente observáveis, dizem respeito a um vínculo empobrecido em questionamento e associações realmente livres, o que impossibilita a comunicação e a cooperação, uma vez que o Deus internalizado esmaga o indivíduo, tornando-o inexistente sob o peso do saber conhecido. Esse estado de mente será objeto de nossas conjecturas no próximo quadro.

Como sabemos, o indivíduo se manifesta pela ação, se apresenta e se realiza. A ação "dramática" humana não é senão o resultado de uma negociação entre o mundo interno pessoal, aliado às aquisições decorrentes do processo evolutivo da espécie e às possíveis manifestações desse mundo interno – do indivíduo – no meio em que se encontra inserido. A esse processo ou "negociação" chamo de improvisação, pois resulta da interação entre o eu e o *myself*. O estado de mente religioso impede a expressão adequada do indivíduo, do *myself*, pela impossibilidade de um contato psíquico genuíno. O Deus de cada um não permite a presença do indivíduo, que se deixa substituir por aquele Adão e Eva anteriores à desobediência, que são "in-existências humanas".

Como bem mostraram esses mitos, a dor resultante do processo de conhecimento se configura na interdição interna ao questionamento e à expressão da curiosidade. Veja-se hoje em dia a reação dos pais à curiosidade dos filhos, em que a interdição se manifesta cruelmente sob a forma de diferentes autoritarismos estabelecidos. São, sobretudo, uma expressão da oposição autoritária ao sofrimento da dor, manifestando-se, então, o predomínio do princípio do prazer. Uma experiência que ocorre na esfera sensorial para exemplificar essa condição é: quando uma criança, por exemplo, coloca o dedo na tomada ou num ferro de passar, que está quente, ela sofre a dor como resposta à sua curiosidade. A narrativa mitológica improvisa aspectos da mente humana, e é por essa sua habilidade que ainda hoje nos emociona, como emocionava seus primeiros ouvintes, pois ela tem acompanhado a evolução da humanidade.

Segundo quadro

Vejamos as pinturas de Pieter Bruegel que estão no Museu de História da Arte em Viena, como *A conversão de Saulo*, *A procissão ao calvário* ou *A torre de Babel*. E, também, o painel de Hieronymus Bosch *O último julgamento*, em Viena, na Gemaldegalerie der Akademie Der Bildenden Kunste.

Na música, um salmo em canto gregoriano do Mosteiro de Solesme.

Espaço religioso

Certa vez, ouvi um relato interessante de um contador de histórias cujo enredo narrava as insólitas agruras vividas por um mau observador. Tentarei reproduzi-lo da forma como ouvi, mas, como já não existe aquele mágico contexto entre aquele que contou e os que o ouviram, tentarei suprir essa falta imprimindo ao conto aquele tom que lhe favoreceu um aspecto saudoso e atemporal.

> *Era uma vez, um país pobre e distante onde vivia um velho homem. Ele morava no campo em um local muito afastado da cidade mais próxima. E esse velho homem realizava todos os dias, fizesse chuva ou fizesse sol, uma*

tarefa árdua e cansativa: saía de sua casa levando nas costas alguns potes vazios até um poço que longe dali existia; lá chegando, enchia-os, um por um, com a água límpida e pura que no fundo do poço resplandecia.

Em seguida, juntava-os com uma corda e, suspendendo-os com os ombros, voltava para casa, suportando aquele peso sem contar com nenhuma ajuda. Era uma tarefa árdua e sofrida, mas o velho homem não podia deixar de executá-la um único dia, estivesse com saúde ou doente, disposto ou cansado, pois era com essa água que sua esposa preparava os alimentos e fazia a higiene da casa e dos filhos. Extenuado pela rotina diária, o velho homem sonhava, noite e dia, em se ver livre da tarefa. Desejava ardentemente que chegasse o dia em que não fosse mais obrigado a repetir, passo após passo, esse fastidioso e enfadonho percurso de ida até o poço e de volta para sua casa. Rezava para que acontecesse um milagre, que os céus o salvassem dessa vida tediosa e cansativa que evava. Por um acaso feliz, desses que realmente só os céus providenciam, esse dia chegou, e ele, como sempre imaginara, se sentiu, enfim, liberto de tal sofrimento.

Seu irmão, que morava em uma cidade distante, o havia convidado a visitá-lo. O velho homem ficou muito surpreso com tal convite e, mais que surpreso, contente, pois lhe parecia que essa visita seria a oportunidade de se livrar do fastidioso e ingrato trabalho que tanto o extenuava. Sem refletir, largou tudo e, prontamente, partiu. Partiu sem lamentar deixar sozinhos a esposa e os filhos – sua família – abandonar a pequena casa que ele mesmo construíra e onde seus filhos nasceram e cresceram.

Na casa do irmão, foi muito bem recebido, e podemos até dizer que foi mimado. E ele só tinha do que se alegrar. Tudo o que via na cidade causava-lhe surpresa e encantamento: as ruas, as pessoas, a paisagem, tudo o alegrava! Mas a maravilha de todas as maravilhas que nela encontrou e que ofuscou todas as demais outras coisas que vira e ouvira foi um curioso objeto: uma simples torneira, de onde viu jorrar, límpida e transparente, a preciosa água, e apenas com um simples toque, como se fosse um milagre!

Esse desconhecido e maravilhoso instrumento ofuscou todos aqueles sobre os quais havia pousado o seu olhar. Entretanto, ao mesmo tempo que ele lhe causou deslumbramento, o envergonhou, pois o fez confrontar-se com sua ignorância. Mas antes tarde do que nunca – pensou. Esse pensamento fez com que ele voltasse imediatamente para a casa do irmão e, um tanto tímido, perguntasse o nome daquele objeto. Alguém de pronto lhe respondeu que se chamava torneira. Não cabendo em si de contentamento, pois, agora, sabia o nome daquele maravilhoso instrumento, muniu-se de coragem e formulou outra pergunta: "E onde posso encontrar uma?". A resposta veio de pronto e alvissareira: "numa venda ou mercearia". Alegre, despediu-se de todos, agradeceu a hospitalidade, pegou sua bagagem e, como um raio, partiu voando para a mercearia.

Chegando lá, prontamente pediu: "quero uma torneira!". Depois de atendido, nada mais pediu nem perguntou, pois de nada mais precisava. Agora, se tornara realmente um homem feliz! Voltou correndo para sua

> casa e, com grande estardalhaço, reuniu a família e os amigos e apresentou-lhes a grande novidade. Depois de mostrá-la a cada um dos presentes, exclamou: "estou livre para sempre do meu castigo! Teremos, a partir de agora, água fácil e abundante a toda hora!". Os parentes e convidados olharam-no incrédulos e duvidaram daquilo que ouviam. Mas ele se apressou a explicar a todos que era necessário apenas fixar a torneira numa parede. Um de seus filhos tentou em vão questioná-lo, mas ele só tinha olhos e ouvidos para o milagre que muito em breve iria acontecer e nem sequer escutou a objeção do filho. Com gestos grandiosos e solenes, como aqueles do sacerdote quando celebra um ritual, fixou a torneira na parede. E a execução desse serviço se fez acompanhar do pensamento de que, enfim, chegara o grande momento. Ao redor dele, os parentes, amigos e convidados – todos estavam muito atentos e silenciosos. Crédulos ou céticos, mas silenciosos, aguardavam o desconhecido. Nosso ingênuo velho homem tossiu, pigarreou, empertigou-se e, solenemente, abriu a torneira. Mas nada! A água não saía, não aparecia! Nada! Nem uma única e pequena gota! Apenas uma lágrima corria na face frustrada do velho homem!

Numa "comunicação prévia", tentei descrever aquilo que chamo de "estado de mente religioso" e, hoje, tentarei caracterizar, usando minhas observações, o que chamo de "espaço religioso". Não falarei sobre religiões e, sim, sobre o homem em um momento religioso.

A sobrevivência e a consciência de se estar vivo incluem-se entre as primeiras angústias do homem, pois, do reconhecimento desse estado, surge uma intrincada rede de necessidades básicas que ocupam os homens e introduzem, simultaneamente, a experiência de frustração, uma vez que nem todos os seus desejos são satisfeitos. A consciência dessas necessidades, que geram desejos, torna-se uma fonte permanente de frustrações: se estabelece um círculo constante de necessidades básicas que, uma vez atendidas, geram outras necessidades que, ao não serem atendidas, acarretam frustrações também frequentes. Outra fonte de angústia, igualmente presente, é o medo da morte, ou do aniquilamento, que também decorre da experiência e da consciência de se estar vivo, pois essa consciência encerra em si mesma, de modo aparentemente paradoxal, a consciência da mortalidade. Aliam-se, então, as frustrações reiteradas e o medo da morte que, juntos, desencadeiam uma procura compulsiva de segurança e de certezas que, capazes de neutralizar as incertezas, reafirmam as fantasias de imortalidade que tomam corpo e forma nas magias, nos rituais, no nascimento e no enaltecimento de deuses e na constituição das religiões. O medo da morte gera a procura de segurança no caos momentâneo da vivência persecutória do medo da finitude! Surge, então, a exigência de que exista no mundo – ou nele seja incrustada – uma estrutura que substitua a incerteza e que seja capaz de neutralizar a insegurança, à medida que oferece a cada indivíduo uma direção clara e segura em meio à seara de angústias acabrunhantes e avassaladoras, advindas de si mesmo, da natureza ou de outros indivíduos.

Com o relato que fiz anteriormente sobre o velho sertanejo, pretendi lançar um foco de luz em dois aspectos psíquicos, que são o aguilhão do desejo e a dor da frustração. O primeiro engendra, como bem ilustra o conto, uma observação falha que, por sua vez, dá lugar a uma crença cega e absurda que se desmorona num confronto com a realidade. Quando a realidade se impôs no conto e aparece a cada dia frente a crenças fantasiosas e desejos quiméricos, surge um sentimento de frustração pungente e um desespero solitário. Freud (1976b/1927), em uma nota de rodapé de seu trabalho "O futuro de uma ilusão", citando Tertuliano, afirma que "acredita-se naquilo que é absurdo".

O estado religioso parece caracterizar-se por algumas configurações observáveis em qualquer indivíduo, seja ele um religioso praticante ou não. Quando emerge um estado de mente religioso, observa-se o uso indiscriminado da identificação projetiva, manifestada, sobretudo, na substituição da autoridade pessoal, do livre-arbítrio e da responsabilidade pela imposição interna da "autoridade do grupo" a que se pertence, pelas crendices e pelas superstições generalizadas.

Observa-se também, muitas vezes, uma religiosidade pessoal que se apresenta numa organização *sui generis*, à medida que se estabelece, no mundo interno, uma oposição entre o *establishment*, como se sedimentou – como se fora revivescência do autoritarismo grupal ou parental introjetado – e o narcisismo individual. Os rituais se instalam e detêm o poder de isolar o indivíduo da realidade, conduzindo-o a idealizações baseadas em princípios e ideologias que devem ser inexoravelmente observados. Esses rituais também levam o indivíduo a exorcizar suas imperfeições, que não devem ser vividas, praticadas ou sequer lembradas. As ideias religiosas expandem-se em detrimento da liberdade do indivíduo ser ele mesmo, cuja consequência mais drástica é o comprometimento de sua relação com a realidade. Na vida prática, o exagero emocional e verbal, aliado à atuação dramática, que outra coisa não é senão uma manifestação exterior da identificação projetiva, ocupa o campo da observação. Por dar expressão a "verdades" professadas, a "dramatização" parece possuir ampla eficácia na manutenção da crença no misterioso e no mágico. Um psicanalista atento observará esses mesmos fatores durante a psicanálise de qualquer paciente.

Outro componente dos estados de mente religiosos é a alucinação. Além de manifestar a crença na ideia messiânica, ela possibilita a substituição da realidade por um sistema falso baseado em pressupostos que conferem predominância ao conhecido. Quando emergem e prevalecem esses estados de mente, as incertezas e as dúvidas inerentes ao viver tendem a se obscurecer e a dar lugar ao consolo embutido nos dogmas pessoais instituídos internamente e que atendem a um Deus pessoal que, embora enérgico, tirânico e cruel, é, com frequência, desconhecido. As fantasias de onipotência se estabelecem com facilidade, encobrem o desamparo e a incerteza. Em decorrência, o indivíduo tende a conclusões superficiais, impróprias e frequentemente falsas.

Esses estados de mente recorrem a uma linguagem apropriada para expressar doutrinas e verdades cujos fundamentos últimos se inscrevem em uma instância da razão apta a exercer tão somente a função cognitiva. Ao conferir racionalidade e objetividade aparentes àquilo que se manifesta, essa linguagem parece ir ao encontro da pretensão desses estados de imprimir ao mundo emocional a consistência do feito, acabado e construído – enfim, a pseudo-mesmidade do "em si". Aderidos a essa linguagem que aplica, com rigor, pressupostos causais e axiológicos a fenômenos que não se prestam a tais ocorrências ou atributos, esses estados de mente creem identificar, na vida como ela é, mecanismos próprios da razão que calcula e que conhece, mas que apenas conhece aspectos e camadas do real, passíveis de serem mensurados, delimitados e classificados. A vida em si mesmo, fragmentária e transitória em todo o seu decorrer, segue à revelia de todo e qualquer aprisionamento ou definição. Por meio desses instrumentos e mecanismos, esses estados de mente expulsam do seu âmbito as condições profícuas para um pensar que se apoie na realidade como se apresenta e que encerra em si sempre algo desconhecido. Em vez de dar lugar a indagações de ordem intuitiva – que possam aflorar à mente e levar a uma confrontação com o senso comum –, os estados de mente religiosos abrem espaço para a "institucionalização" da posição esquizoparanoide. Lançam mão, também, da rigidez própria às verdades axiológicas ou doutrinárias, inquestionáveis e impermeáveis à reflexão, à investigação e ao questionamento, já que são frutos ou resultados de poderosas e intensas clivagens entre amor e ódio, bem e mal, justo e injusto, certo e errado, santo e pecador. Essas clivagens tendem a separar ambos os polos de modo definitivo, como partes opostas, inconciliáveis e dicotômicas. Sobre essas clivagens são erigidos sistemas morais, princípios, ideologias, doutrinas e mandamentos, que se organizam, se expressam em afirmações e imperativos categóricos que florescem no âmbito do dever ser. E o corpo que preenche esse universo doutrinário se constitui da repetição mecânica de ordens, mandamentos e axiomas, de observações rígidas, áridas e desprovidas de qualquer densidade ou criatividade. A ansiedade paranoide é prevalente, porque os deuses pessoais são julgadores, exigentes e cruéis.

Nessa comunicação, quero acrescentar outros fatores constitutivos dos estados de mente religiosos: a crueldade, a reificação e o discurso apologético.

A crueldade, coloquialmente falando, é extensamente observada quando fixamos nossa atenção no comportamento humano. Expressa-se, algumas vezes, de forma rude e explícita e, outras vezes, de modo simulado, sutil e encoberto. Bion, em *A Memoir of the Future* (1991), também assinala que "a crueldade é uma forma precoce de amor" e oferece como exemplo "o bebê que morde o mamilo do seio e continua mordendo toda comida que ama".

Nossa atenção deve se dirigir a essa manifestação dissimulada, pois é assim que a crueldade se torna uma importante protagonista no cotidiano. Na forma grosseira, ou em seu estado bruto, ela aparece nas diferentes e atuais formas de guerra que têm lugar no mundo, como testemunham a guerra do Afeganistão, as que têm lugar no Oriente Próximo, o atentado feito contra o World Trade Center e aquele ocorrido há pouco contra os superpovoados trens suburbanos de Madri. Essa forma de violência aparece nas lutas travadas entre grupos religiosos, nos atentados políticos, nos sequestros e nos assaltos à mão armada que compõem o cenário do cotidiano das grandes cidades. A crueldade manifesta-se, também, nos fenômenos de migração de povos famintos que fogem de catástrofes regionais e que levam milhares de indivíduos a peregrinarem abandonados à própria sorte. É inegável que se assiste atualmente, em escala mundial, a grandes esforços humanitários. Todavia, não se pode negar que eles só ocorrem em situação emergencial e não na forma de medidas preventivas que possibilitem a melhoria das condições de vida das pessoas.

Uma leitura acurada da história mundial mostra que problemas dessa natureza, amplitude e envergadura acompanham o ser humano em todas as etapas da sua história. No entanto, pretendo ainda focalizar uma condição especial de crueldade – aquela infligida à capacidade de pensar de alguns homens. Nem sempre agindo às escondidas, esse tipo de crueldade se manifesta de uma infinidade de formas. Como aquela praticada pela Inquisição, que nenhum esforço fez para dissimular ou se manter escondida quando condenou, abertamente, não só Giordano Bruno como milhares de cristãos e judeus a serem queimados vivos em fogueiras e, também, Galileu, se não renegasse em público suas descobertas. Ações como esta levaram a crueldade a constituir, com plena exuberância, o cenário da Idade Média. Essas são manifestações exageradas de crueldade dirigida ao pensar. Mas esse aspecto psíquico se revela, talvez sem a mesma exuberância, na atitude de pais que não respondem às indagações curiosas dos filhos ou lhes oferecem respostas falsas, ambíguas ou autoritárias que inibem na criança a manifestação do instinto do conhecimento.

Devemos, sobretudo, focalizar a crueldade interna, aquela que o indivíduo volta contra si mesmo e que, só posteriormente, dirige-a ao mundo exterior. Ela resulta de uma permanente submissão a princípios autoritários superegoicos, expressos segundo a moralidade pessoal e das crenças religiosas estabelecidas pelo Deus erigido pela própria pessoa – e esses princípios possuem características suicidas ou assassinas. Essa crueldade desenvolve-se, também, como resultado do medo da imperfeição, situação que gera mais angústia e restrições. A função mais comprometida no exercício desse tipo de crueldade é a capacidade de pensar e, consequentemente, a de exercer e exercitar a indagação curiosa, o questionamento profícuo e a intuição criativa. Internamente, observa-se o medo e o ódio constantes, que são poderosos sentimentos e fontes de permanente sofrimento. As consequências que se verificam são uma contínua e excessiva atividade de promover clivagens e projeções, que faz com que o indivíduo se sinta cercado por objetos bizarros e perseguidores que o leva a se perceber como se não existisse ou como se nunca se fizesse presente. Observa-se, na prática, que o indivíduo que assim se sente não pode existir, pois seu autoritarismo interno opõe-se à sua real presença como ser vivo.

A reificação é a outra ocorrência observável na mente religiosa. O significado exato dessa palavra é tornar ou converter uma pessoa, uma abstração, uma ideia, uma emoção ou um sentimento em uma coisa, isto é, materializá-la. Ao observar essa manifestação, podemos constatar que, quando se experimenta e vivencia ideias, sentimentos e fantasias reificados, a capacidade de julgar se apresenta clivada, sem condições de distinguir a coisa reificada daquilo que, psiquicamente, é verdadeiro. A reificação consiste, pois, numa transformação em "alucinose". Ao vivenciar o estado de mente religioso, o indivíduo transforma projetivamente suas fantasias primitivas, suas ideias e seus sentimentos em materializações religiosas ou supersticiosas, entregando-se à lógica e à gramática dos processos psicóticos. Essas alucinações tornam-se, no presente, impeditivas de um contato maior com a realidade. Com o intuito de tornar mais clara essa percepção, evoco a lembrança de um homem instruído que, ao se vestir para sair de casa, escolhia, por exemplo, uma camisa, mas, logo depois de vesti-la, ocorria-lhe a ideia – que ele mesmo classificou de infantil – de que, se saísse com aquela roupa, alguma coisa ruim lhe aconteceria, passava por sua mente um sem número delas. Imediatamente, sentia-se muito angustiado, impossibilitado totalmente de sair de casa, praticamente paralisado, até que resolveu trocar de camisa. Tomada essa atitude, saiu. Do ponto de vista evolutivo, podemos ver o ser primitivo ou o pequeno bebê emergindo naquele homem adulto.

Com o intuito de possibilitar a subsistência de todo esse arranjo, o indivíduo desenvolve um processo essencialmente explicativo, cognitivo e racional. Em vez de observar a situação de modo a permitir que se desenvolva e evolua um processo intuitivo, ele se torna pleno de racionalizações, as quais tudo explicam, dão conta de tudo, porque tudo é sabido e conhecido. Esse processo explicativo cria uma espiral de argumentos, de cavilações e de falsas curiosidades, as quais dão lugar a um discurso pedagógico, apologético e artificial, porque é destituído de vida. E, mais ainda, o indivíduo se transforma em alguém capaz, por vezes, de grande poder de um tipo de argumentação que torna todo diálogo pedagógico e formal. Quando estão em análise, esses indivíduos aprendem a se psicanalisar, em vez de vivenciar a experiência psicanalítica.

Não penso que a observação do indivíduo no "espaço religioso" sugira qualquer juízo de valor, mas, sim, que seja enriquecedora à medida que nos permite detectar as diversas nuanças do percurso em que todos nós transitamos, dependendo das circunstâncias a que chamamos vida. No desenrolar da vida, sucedem-se fragmentos de experiências emocionais das mais diversas configurações. Também não confundo o estado de mente religioso com qualquer religião, pois tento descrever apenas um estado psíquico, observável nos indivíduos.

Na história do velho homem, podemos sentir compaixão, simpatia e até ternura. Mas, ao observarmos esse estado de mente destituído de emoção, podemos ver o desamparo, o desespero e a necessidade vivenciados pela pessoa que procura criar e se amparar em soluções mágicas. Percebemos a presença de um "objeto interno" tirânico, que, paradoxalmente, é sentido como libertador de frustrações e de dor, mas que realmente introduz mais frustração e sofrimento.

Terceiro quadro

Àqueles que admiram a pintura, lembrem-se da obra de Monet *Le déjeuner sur l'herbe;* uma versão está no Museu Pouchkine, em Moscou, e a outra está na Galeria Jeu de Paume, em Paris. Ou se lembrem do quadro de Renoir intitulado *La promenade*, que pertence à coleção do Museu Paul Getty.

Aos amantes da música, ouçam a *Nona Sinfonia*, de Beethoven, ou *Prelúdios II – Images I e II,* de Claude Debussy.

Espaço dramático

Henri Bérgson, em *A evolução criadora*, afirma que

> *O movimento evolutivo seria coisa simples e, rapidamente, poderíamos determinar-lhe a direção se a vida descrevesse uma trajetória única, como a de uma bala maciça disparada por um canhão. Mas lidamos aqui com um obus que, logo a seguir, se estilhaça em fragmentos, os quais, sendo eles próprios uma espécie de obus, explodem, por sua vez, em fragmentos destinados a explodir outra vez, e, assim, sucessivamente, durante muito tempo. Apenas percebemos o que está mais perto de nós, os movimentos dispersos de estilhaços pulverizados. É partindo destes que devemos regressar, gradualmente, até o movimento original. (2010/1907, p. 95)*

Como todos sabemos, existir é uma necessidade básica do homem e diz respeito tanto à sua sobrevivência e à manutenção de sua integridade corporal como à sua existência psíquica, responsável pelo seu pensar, pelo seu sentir e pelo seu agir. Mas sempre nos perguntamos sobre o modo como apreendemos o ato de existir na amplitude que acabamos de explicitar.

Responder a tal questão – se é possível – implica reconhecer que uma ambiguidade se faz presente no ponto de partida de nossas observações sobre o ato de existir, e ela decorre da percepção que temos de que todos os seres mudam constantemente. Essa percepção, que é sobremaneira significativa, se dá também em relação a nós mesmos, pois percebemos que estamos sempre em constante mudança e que nosso estado de mente muda a ponto de nos dar a impressão de que ele é um fluir incessante e que, igualmente, isso acontece com o nosso humor, com o modo e com a forma como percebemos e sentimos o mundo e as pessoas. Percebemos que mudam, também, nossos pensamentos, sentimentos e nossas observações. Da constatação dessa "permanente mudança", já encontramos ressonância no pensamento de Heráclito de Éfeso, que afirmava:

> *Para os que entrarem nos mesmos rios, outras e outras são as águas que por eles correm... Dispersam-se e... reúnem-se... juntas vêm e para longe fluem... aproximam-se e afastam-se. (Bornheim, 1993, p. 41)*

Percebemos também que, concomitantemente a essas mudanças que ocorrem em nosso interior, algo se mantém, algo permanece, alguma coisa persiste a ponto de constituir uma característica do indivíduo. A experiência psicanalítica nos permite afirmar que na diversidade de cada ser apreendemos o que chamamos de realidade psíquica, pois ela se encontra presente em todos os indivíduos e caracteriza, ao mesmo tempo, cada um. À semelhança das impressões digitais que, como observa o psicanalista Philips (2003) em *Play*, são universais porque todos os indivíduos as possuem, mas constituem características individuais dado que se apresentam de maneira específica em cada um. Outro aspecto da realidade psíquica é que ela se constitui em algo incognoscível – como a coisa-em-si kantiana – e permanente em cada indivíduo, e que se dá a conhecer nos aspectos que emergem e fluem, em cada pessoa, entre aquilo que de novo aparece e o que parece resultar do acúmulo das experiências vividas até então. Experiências que começaram na vida pré-natal e tiveram continuidade com as experiências do nascimento e foram – e vão – constituindo, uma após a outra, aquilo que podemos chamar de trajetória de uma vida, até o presente. No transcorrer dessa trajetória, a personalidade emerge, cresce, desenvolve-se e amadurece, a não ser que algum acidente distorça essa evolução.

Apreendemos, assim, que a evolução do indivíduo constantemente se expande à medida que novas experiências ocorram, pois sempre que uma acaba, outra se inicia e, a seguir, se desenvolve, expande-se e termina. Nossas vidas transitam entre acidentes – entre acontecimentos e fatos que desencadeiam novas experiências emocionais que, *pari passu*, dão lugar a novos fragmentos.

Sob a aparência de um contínuo, uma observação fina e acurada revela que nossas experiências emocionais são fragmentárias e correspondem aos acidentes da vida. Se a disciplina que leva a essa fina observação psicanalítica for estendida à própria vida, se revelará, para nós, que a continuidade é apenas aparente.

A continuidade aparente resulta apenas do constante uso de memórias, desejos e compreensão, que nos impede de estar em contato com o presente que vivenciamos, que é sempre um fragmento perceptível, e a experiência momentânea será transformada pela função-α, em imagens visuais que ficam estocadas ou armazenadas e à nossa disposição para uso. As características do que é vivo – a transitoriedade, fugacidade e a efemeridade – são experiências em si mesmas que se desfazem, apenas o aprendizado permanece e emerge no presente quando o viver o torna necessário para as improvisações, por meio das quais cada ser se manifesta e se realiza. Essas improvisações resultam de experiências interiores inerentes ao viver humano nos milênios que levaram a sua evolução e que, ao criar as condições para sua existência, manifestam-se nos hábitos de comportamento, tanto coletivos como individuais.

Como animais vivos que somos, não podemos deixar de considerar o movimento realizado em nós e ao nosso redor. Movimento que percebemos nos outros seres quando os olhamos. Percebemos nas plantas quando crescem, florescem e frutificam. Percebemos nos animais quando se locomovem, mudam de abrigo e regiões. Quando eles migram para se acasalar ou para buscar novos alimentos. E percebemos nos homens quando mudam de casa ou migram. Se considerarmos a história da evolução, observamos que movimentos ocorreram com as correntes migratórias, com as conquistas, por meio da guerra, de grandes extensões de território e com a descoberta de novos continentes.

Ao reparar na mãe com o seu bebê no colo, nos cuidados e atenção que ela lhe dispensa, vemos de perto um movimento maior, que é aquele que consiste na conservação da espécie. Se nos voltarmos para dentro de nós mesmos, percebemos o constante movimento psíquico em busca de novos conhecimentos, em cujo desenrolar novos estados de mente se impõem. O movimento que pretendo olhar – e também ressaltar – de modo mais minucioso e rigoroso é esse mais amplo, que abrange a própria evolução mental. Pretendo incluí-lo como outro elemento integrante do *Play* – no sentido dado por Philips –, ou seja, como uma realidade psíquica.

Há uma relação constante entre o impulso para o conhecimento e a improvisação. Desde o início da vida civilizada, a curiosidade esteve presente. Pode-se observar isto quando vemos a curiosidade do pequeno bebê, que tem urgência de crescer. Sempre houve uma curiosidade presente no animal humano que o impulsionou a descobrir os alimentos, construir ferramentas, descobrir outras regiões para morar, outras formas de expressão e diferentes modos de viver – e até a desenvolver uma linguagem. Essa curiosidade sofre as vicissitudes decorrentes da oposição que sempre se estabelece entre o impulso para o conhecimento e o impulso para inibir o amadurecimento. O desenvolvimento e a aquisição de novos hábitos de comportamento possibilitam improvisações e enriquecem as manifestações do existir.

Quando esses fatores se somam – e outros que foram descritos por Philips – aparece aquele espaço que chamo de "espaço dramático". É um espaço vital em que os fragmentos resultantes das experiências de vida e as improvisações se manifestam dando lugar a observação, intuição, elaboração e existência do indivíduo. Essas manifestações são condições que possibilitam a pessoa expandir o conhecimento sobre si mesma e sobre a vida. É, portanto, nesse "espaço dramático" que o indivíduo se revela, se realiza e existe. A grande intuição de Shakespeare se revela no conhecido solilóquio de Hamlet. Quando diz para si mesmo: "ser ou não ser" cria o espaço dramático da existência, com uma construção poética inigualável, de grande força e imensa riqueza imagética.

Podemos estender essa reflexão a uma sessão analítica, considerando que psicanálise é indissociável da vida. Na sessão, o par psicanalítico constrói uma improvisação, de modo que a experiência da investigação possa acontecer e, quando possível, se instalar uma situação criativa voltada para o desconhecido que é, desde Freud, o objetivo do trabalho psicanalítico. Nesse momento é essencial, para os dois indivíduos envolvidos, que a curiosidade opere verdadeiramente e não consista tão somente em mera nomeação. Pois se a curiosidade estiver presente no vínculo analítico, ela é vivida, experimentada, desenvolve um intercâmbio de associações livres e expande, assim, o espaço da comunicação, no qual se instala o transitório e se tornam acessíveis à observação fragmentos da vida mental. Novas improvisações se tornam possíveis e, em decorrência, expande-se o conhecimento da realidade psíquica e da vida. Para que isso aconteça, é essencial que seja mantida a disciplina que consiste na abstenção de memória, desejo e compreensão, para que a atenção se dirija tão somente para o conhecimento intrapsíquico do oculto ou do que ainda não aconteceu. Ao manter o vértice do desconhecido, o analista intervém no "espaço dramático" do analisando com a palavra eficaz e aponta para aquilo da experiência emocional que ainda é desconhecido de ambos.

Esse "espaço dramático" como uma função do ser premido a existir (*urge to exist*) – uma necessidade básica do homem que diz respeito tanto a sua sobrevivência quanto a sua existência como ser vivo – é, pois, indissociável da personalidade e, no ato de existir, cada um cria o seu espaço, nele encontrando expressão e realização.

A linguagem é um componente essencial dessa comunicação humana. Surge, expande-se, ou não, com a evolução individual e constitui um elemento vital operante no estabelecimento das improvisações. Ela é um veículo de acesso ao consciente e ao inconsciente. A linguagem surge como fator de maturidade.

Quando a personalidade não está no espaço dramático, observamos apenas personagens que se movem e transmutam uns nos outros. Como aqueles criados por Pirandello, desesperados e sempre "à procura de um autor" – deuses, instituições, religiões e outros substitutos –, o indivíduo não encontra seu espaço. O existir passa ser o *show off* que substitui o "espaço dramático".

Acrescento outro elemento chamado "precisão" em contraste com a equivocidade. A acuidade da observação no exercício da curiosidade, seguida de intuição, possibilita tanto a apreensão dos fenômenos psíquicos como sua comunicação, à medida que engendram a percepção daquilo que é transitoriamente verdadeiro. Essa elaboração reveste-se da qualidade da precisão, opera tanto na captação dos fenômenos como na linguagem, reconhece que lidamos sempre com a ambiguidade decorrente da imprecisão da linguagem disponível a cada momento para a revelação do oculto, ainda que se trate de uma experiência fugaz e fragmentada para o ser vivo. Essa precisão torna possível que a improvisação resultante dessa apreensão tenha as qualidades atribuíveis ao seio que nutre e, numa psicanálise, é intercambiável no vínculo analítico. Quando isso não acontece, transitamos entre equívocos e vivenciamos suas consequências

Nessa exposição, tentei acentuar a importância da observação da mente humana para que esta ocorra de uma forma mais próxima da vida, pois somos vivos, estamos neste planeta, sofremos a natureza e estamos agrupados a outros seres vivos. O espaço dramático é uma realidade psíquica, e nele somos.

Quarto quadro

Admiremos *Mona Lisa*, de Leonardo da Vinci, no Louvre em Paris, ou *Guernica*, de Picasso, no Museu do Prado, em Madri.

Na música, ouçamos *A arte da fuga,* de Bach, ou a *Pavane pour une infante défunte,* de Ravel.

O espaço psicanalítico

A psicanálise é uma improvisação, e o procedimento psicanalítico consiste num encontro de duas pessoas que, em condições específicas, são por elas favorecidas, de modo a permitir que o desconhecido possa emergir. O acontecer desse encontro e o seu desdobramento ancoram-se numa improvisação que, apesar de artificialmente criada, possibilita a manifestação genuína do que chamamos improvisação natural. Como efetivamente acontece, não se faz necessário explicar esse procedimento, pois é por todos conhecido, precisamente a partir das condições básicas estabelecidas por Freud.

Quando o analisando associa livremente, ele estabelece uma comunicação verbal com o analista, e por meio dela torna presente a experiência emocional em curso – com todas as características que Bion (1965) identificou em *Transformações*. A fala ou a expressão verbal é, por conseguinte, o elemento que estabelece tanto o contato entre os dois participantes da sessão psicanalítica como entre o analisando e o seu mundo interno, ou seja, entre o analisando e aquilo que de mais íntimo ele possui. Portanto, num encontro analítico, a fala, ou o expressar-se verbalmente, é o veículo que estabelece a comunicação intrínseca e imprescindível à negociação que se estabelece entre o mundo interno do paciente e o ambiente circunstancial no qual ele se insere, se manifesta e se realiza. O analista, ao se fazer presente e participante dessa experiência, igualmente improvisa, o que faz colocando-se num estado de disciplina passível de captar essa experiência e transformá-la numa apreensão a ser transmitida mediante a verbalização. Proceder assim requer que ele também estabeleça uma "negociação" entre o seu mundo interno e a adequação civilizada à situação psicanalítica. O desconhecido surge da confluência dessas duas improvisações, da artificial e da natural: artificial pelas condições não espontâneas do encontro, e natural porque é onde os indivíduos se manifestam e se realizam como eles são momentaneamente. Desse modo, as condições não espontâneas desse encontro (improvisação artificial) não prevalecem, ficam obscurecidas em face da improvisação natural que surge na sessão. Seu aspecto aparentemente paradoxal, que consiste na confluência dessas duas possibilidades de improvisação, se dilui para fazer emergir sua semelhança íntima com a negociação que, a todo momento, o indivíduo engendra no cotidiano com o intuito de ser.

O choque emocional do início do encontro psicanalítico é o estímulo a partir do qual evolui um espaço no qual as improvisações ocorrem. Quando observamos duas crianças pequenas brincando juntas, vemos que, nesse contexto, é a ação motora que predomina, dando-se por meio dela a improvisação. Entretanto, quando observamos o encontro de dois adultos, notamos que a improvisação se expressa na dimensão verbal. A improvisação também se revela em comportamentos observáveis, e sua comunicação se faz não só pela fala como por outras formas de expressão, entre as quais as produções artísticas. Em uma sessão psicanalítica, o processo de evolução natural, os hábitos de comportamento adequados e civilizados ou as distorções que decorrem das oscilações que tiveram lugar no processo de evolução interior da mente também revelam comportamentos psicóticos. Na situação analítica, as improvisações apresentam o indivíduo na forma natural ou distorcida. Ao analista, cabe a função de captar intuitivamente as improvisações e comunicá-las verbalmente ao analisando.

Outra improvisação psicanalítica consiste em mencionar que a obra de Bion *A Memoir of the Future* (1991) é um mito psicanalítico (ou mito sobre a psicanálise), pois transmite a essência e o vigor da psicanálise por um retrato narrativo da psique humana.

Conclusão

Quando ouvimos as *Bachianas* de Villa-Lobos, podemos visualizar as contribuições da genialidade de Bach presentes nessa música de um compositor contemporâneo. A genialidade de Freud está presente em toda contribuição psicanalítica de qualquer época. Melanie Klein e Bion contribuíram também genialmente para engrandecer nossos conhecimentos sobre a psique humana. Nessa pequena contribuição, tomo alguns temas de Freud, como a mente religiosa descrita nas obras "O futuro de uma ilusão" (1976b/1927), "O mal-estar na civilização" (1976c/1929) e em outras, ou as suas ideias sobre os sonhos e sua aguçada intuição sobre o mito de Édipo, usado por ele para fundamentar todo o seu trabalho investigatório da mente. Nesse contexto, formulo uma pergunta que é em si mesma uma afirmação: quando Freud escreveu "O ego e o id" (1976a/1923-1925), e estabeleceu essas instâncias e também o superego, não teria ele delimitado o espaço dramático onde se dão os embates da existência psíquica do indivíduo? Faz-se presente, também, nesta comunicação a contribuição kleiniana, precisamente nos trabalhos "Sobre a identificação" (1955) e "Notas sobre alguns mecanismos esquizoides" (1952). De Bion, retomo A torre de Babel e outras passagens das obras *Cogitations* (1971), *Transformations* (1965) e *A Memoir of the Future* (1991). Finalmente, de Frank Philips, lanço mão da contribuição que ofereceu em *A psicanálise do desconhecido* (1997) e *Play* (2003).

Assim, nada mais fiz senão tomar esses temas e aliá-los à minha experiência de trabalho, com o único intuito de ampliar o proveito que podemos deles tirar para obter uma visão da realidade psíquica condizente com todas as novas contribuições ao pensamento psicanalítico. O meu intuito foi focalizar nossa atenção na necessidade de dinamizar e ampliar a observação em psicanálise.

Os espaços referidos neste trabalho são espaços de observação, mas também espaços nos quais o indivíduo se relaciona consigo mesmo.

Referências

Arendt, H. (1981). *A condição humana* (R. Raposo, Trad.). Rio de Janeiro: Forense Universitária.

Bérgson, H. (2010). *A evolução criadora*. São Paulo: Unesp. (Trabalho original publicado em 1907)

Bion, W. R. (1965). *Transformations*. Londres: Heinemann.

Bion, W. R. (1970). *Attention and Interpretation*. Londres: Tavistock.

Bion, W. R. (1971). *Cogitations*. Londres: Karnac.

Bion, W. R. (1991). *A Memoir of the Future*. Londres: Karnac.

Bornheim, G. A. (1993). *Os filósofos pré-socráticos*. São Paulo: Cultrix.

Freud, S. (1976a). O ego e o id e outros trabalhos. In S. Freud, *Edição standard brasileira das obras psicológicas completas de Sigmund Freud* (Vol. 19, pp. 23-80). Rio de Janeiro: Imago. (Trabalho original publicado em 1923-1925)

Freud, S. (1976b). O futuro de uma ilusão. In S. Freud, *Edição standard brasileira das obras psicológicas completas de Sigmund Freud* (Vol. 21, pp. 13-71). Rio de Janeiro: Imago. (Trabalho original publicado em 1927)

Freud, S. (1976c). O mal-estar na civilização. In S. Freud, *Edição Standard Brasileira das obras psicológicas completas de Sigmund Freud* (Vol. 21, pp. 81-171). Rio de Janeiro: Imago. (Trabalho original publicado em 1929)

Hesíodo. (2001). *Os trabalhos e os dias*. São Paulo: Iluminuras. (Trabalho original publicado em 750 a 650 a.C.)

Klein, M. (1952). Notes on Some Schizoid Mechanisms. In M. Klein, *Developments in Psycho-Analysis*. Londres: Hogarth.

Klein, M. (1955). On Identification. In *Envy and Gratitude and Other Works*. Londres: Hogarth.

Philips, F. J. (1997). *A psicanálise do desconhecido*. São Paulo: Editora 34.

Philips, F. J. (2003). *Play*. São Paulo: Casa do Psicólogo.

Aplicando a grade aos movimentos de um grupo: uma possibilidade de pesquisa em psicanálise

Isaias Kirschbaum
Marisa Pelella Mélega

Este nosso trabalho resultou da aplicação da grade a um material transcrito de um encontro preparatório para o Bion 2∞4 São Paulo, que tinha como tema "Transformações criativas e mudanças catastróficas". Participaram desse grupo cerca de quarenta colegas que haviam se reunido uma hora antes para ouvir um "texto estímulo", elaborado por outros dois colegas psicanalistas. Esse estudo não se ocupa particularmente em avaliar a participação dos colegas, mas, sim, em apresentar aos colegas uma possibilidade de se fazer pesquisa em psicanálise por meio do instrumento tão precioso idealizado por Bion: a grade. A grade foi idealizada por Bion para acompanhar os movimentos de uma sessão analítica após seu término. Pode ser utilizada também para acompanhar movimentos de supervisões, seminários, grupos de estudo e outras situações interacionais.

Lembramos ainda que a grade não é uma teoria, e, sim, um conjunto de teorias dispostas de uma forma peculiar.

I. Introdução

O objetivo da grade é categorizar, em forma de registro, os enunciados ou formulações da área dos "pensamentos pensados". Seu uso possibilita ao psicanalista *o pensar sobre os pensamentos não pensados* durante a sessão, ao fazer emergir relações insuspeitadas.

A grade é constituída por um sistema de dois eixos cartesianos. O *eixo vertical*, constituído por categorias – A, B, C,... H –, é um eixo de crescimento e de complexização dos pensamentos. A categoria A corresponde aos "pensamentos" mais primitivos ou arcaicos, a ponto de às vezes poderem ser considerados como não pensamentos. O eixo vai subindo em níveis até chegar a H, em uma progressão denominada "cálculo algébrico". Portanto, no eixo vertical, os pensamentos são classificados de acordo com seu nível de complexidade e desenvolvimento. É um eixo evolutivo, crescente, que parte do mais simples (A) até o mais complexo (H).

O *eixo horizontal* serve para distinguir enunciados de acordo com a forma em que são utilizados na relação vincular. Um enunciado terá na grade uma inscrição no eixo vertical que caracteriza seu nível de complexidade (C1, ou D, ou G) e um número que evidencia sua utilização no vínculo (C2, D2 ou G2). O *eixo vertical* classifica o texto; o *eixo horizontal*, o contexto. Um mesmo texto pode estar classificado em diferentes lugares, segundo o contexto em que é utilizado. São utilizadas quatro flechas como código complementar, que representam as quatro direções possíveis para mover-se na grade. Indicam: evolução, avanço e crescimento na grade, ou retrocesso na mesma.

A grade foi idealizada por Bion para acompanhar os movimentos de uma sessão analítica. Pode ser utilizada em outras situações como supervisões ou, como neste caso, em uma conversa entre colegas, apesar de esta apresentação não se ocupar diretamente em avaliar a participação dos colegas, mas, sim, em apresentar aos colegas uma possibilidade de se fazer pesquisa em psicanálise por meio deste instrumento tão precioso idealizado por Bion, a grade. Qualquer colega pode melhorá-la ou construir uma com esta finalidade.

A grade não é uma teoria, mas, um conjunto de teorias dispostas de forma peculiar.

II.

Este trabalho resultou da aplicação da grade a um material transcrito de um encontro preparatório para o Bion 2∞4 São Paulo que tinha como tema *Transformações criativas e mudanças catastróficas*.

Participaram deste grupo cerca de quarenta colegas psicanalistas que haviam se reunido um hora antes para ouvir um "texto estímulo"[1] elaborado por dois colegas.

Vamos descrever o texto em *movimentos* a serem sucessivamente gradeados. P1 inicia a reunião falando sobre Encontro Bion 2∞4 São Paulo que será realizado de 15 a 18 de julho de 2004.

P2: Eu gostaria de saber como vai funcionar o Bion 2∞4. Como as pessoas dessa sociedade vão se apresentar? Vai ser uma síntese de grupo, dos trabalhos preliminares ou das contribuições pessoais?

---

1 Esse texto-estímulo encontra-se na biblioteca da Sociedade Brasileira de Psicanálise de São Paulo.

P1: O objetivo é nos reunirmos em pequenos grupos e discutir o que quisermos a partir do estímulo. À tarde as pessoas vão poder oferecer suas contribuições e, havendo inscritos, quinze ou vinte indivíduos discutirão o assunto. O intento é privilegiar trabalhos em grupo, como em Buenos Aires, depois reunir-se em uma plenária final. A temática de hoje, "da teoria à clínica e da clínica à teoria", tenta chegar a algumas ideias de Bion e Klein.

P3: Diferentemente dos congressos que têm plenárias, privilegiaremos trabalhos em grupos. Gostaria de saber como vão funcionar os coordenadores. O bom é que saiam não só do colegiado, mas de outras pessoas que se interessem e possam se apresentar.

Primeiro movimento

Delineiam-se algumas questões a respeito do Encontro Bion 2∞4 São Paulo, a respeito de seu modus operandi. Esse movimento caracteriza-se por falas sofisticadas em torno de uma tarefa delimitada (Encontro Bion 2∞4 São Paulo). É um grupo de trabalho mantendo a tarefa.

→ → →

G3, G4, G5

P2: O tema é "transformação e invariância". Transformações criativas. Transformação de símbolo em pensamento. Transformação destrutiva, perversa.

P4: No estímulo me interessou, no terceiro parágrafo, a frase: "o contato com um paciente psicótico e a experiência emocional que se apresenta diante disso: lágrimas sem profundidade, jocosidade sem cordialidade, pedaços de ódio, tudo isso e muitas outras emoções ou ideias fragmentárias aglomeradas entre si para apresentar uma fachada lábil". Como poderíamos pensar na técnica? Que tipo de postura, se é que se pode falar assim, o psicanalista poderia ter? Que recursos teríamos para atender a essa demanda?

P1: Decorrente de minha experiência, essa divisão mais ou menos didática que está nos textos: existem pacientes que têm uma personalidade psicótica, e outros pacientes que não têm personalidade psicótica, como se isso estivesse de um lado e de outro. A minha experiência é que gradualmente vamos nos acostumando a olhar o que está se passando com essas duas dimensões, que estão muito imbricadas. Existe sempre uma parte mais organizada, mais de pensamento, e essa outra que está sendo descrita como a que P2 falou. O que é fundamental é como cada um de nós escuta.

Segundo movimento

É um movimento ambíguo sugestivo, à primeira vista, de que o trabalho é outro, constituído por debate acerca de transformação e invariância (etc.). Parece que todos estão de acordo com a cisão (clivagem) e passam a conversar sobre o novo tema proposto (o estímulo apresentado no auditório). É um grupo em busca de um coordenador, com a expectativa de que seja delineado um tema. A questão é que, aparentemente, foi sugerido um tema, por meio da leitura do estímulo, e também foi proposta, antes dessa reunião, uma lista de temas de interesse dos participantes.

→→

C4 → C5

P5: Uma preocupação que eu tenho e que gostaria eventualmente de discutir é o conceito de verdade. Tenho a impressão de que há uma série de mal-entendidos até em reunião científica. Eu sinto que o conceito de verdade é visto como superegoico moral, que não tem nada a ver com o que Bion disse. Existe uma discussão sobre o que é verdade e o que é realidade. Não sei se é isso. Também não está suficientemente claro para mim o que é a verdade. Talvez chegar mais próximo desse tema seria como chegar a uma pré-condição para discutirmos o que é psicótico, o que é neurótico, o que é fragmento, o que é integração e tudo mais.

P6: Fiquei um pouco preocupado. Se o Bion 2∞4 vai ocorrer mais ou menos dessa maneira, podemos correr o risco de ficar teorizando. Sugestão: o colega que traz o assunto deveria dizer sobre o que gostaria realmente de conversar.

P3: Às vezes, pedacinhos de clínica surgem em conversas um pouco antes de começar a reunião propriamente dita. Uma noite, na internet, li sobre um chileno que vive nos Estados Unidos chamado Ramon Gazarain. Ele escreveu sobre fenômenos grupais no livro *Fugitivos do incesto*. Se a gente começar a ter uma certa convivência com o nosso – dos analistas – funcionamento perverso psicótico, isso não se esgota com a análise. Às vezes, sonhos podem ilustrar algumas coisas desse tipo. Freud diria que se trata da "volta do projetado". O analista não é só tela de projeção de alguma outra pessoa que não sou eu. Uma colega me recomendou o filme *Um enigma no divã*. O analista dorme durante a sessão e, quando acorda, a paciente está morta. Poderia ser um elemento clínico. Não vamos ficar presos ao texto. Nossa questão é clínica, conversar com o que é emergente.

P7: Transformação criativa, como P2 falou: transformação em movimento rígido, transformação projetiva e transformação em alucinose, como Bion falou.

Terceiro movimento

Parece iniciar-se um movimento decorrente da angústia do grupo, que se esforça para encontrar um ponto a partir do qual ele possa se reorganizar. Evasões e atuações caracterizam esse movimento.

F6, D6, C6.

P8: Me chamou atenção o que P5 falou sobre a questão da verdade. No fragmento clínico, o que foi que aproximou o paciente da verdade dele? No fragmento clínico houve algum conhecimento da verdade? E no filme, houve alguma verdade? O que se passa na relação para se chegar a algum conhecimento desse tipo?

P7: O que você pensa que tem como verdade em sua clínica? Penso que tem Alethea, a verdade dos gregos antigos. Tentar chegar à verdade. É um objetivo, e não é superegoico e moral.

P5: Não vou dizer o que é verdade porque não sei (risos). O analista diz: "neste momento, tenho a impressão de que o analisando..." O que é essa "impressão"? É a verdade dele, que ele vai testar com a verdade do paciente. Verdade a dois? A questão superegoica é uma caricatura. Às vezes se ouve: "é dona da verdade". O analista do filme, que dormia: ele o fazia porque estava com sono? Ou houve um fato da realidade que provocou o sono dele e a paciente morreu porque, por um fato verdadeiro, ela tinha uma obstrução coronariana? Não sei também se vale a pena discutir isso.

P2: Pirandello: "Assim é se lhe parece". No modelo de Bion, a verdade do vinho é que ele embebeda. Isso seria uma invariante? Qual é a relação entre invariante e verdade?

P3: E com quem você bebe vinho e com quem você quer se sentar ou com quem você jamais beberia?

P7: No texto, também temos dois tipos de invariância: um é aquele do analista com sua analisanda, e o outro é aquele dos elementos que o analista tomou como teorias psicanalíticas. É possível para o analista ser verdadeiro se ele estiver em choque com suas teorias?

P5: Qual é a verdade de todos nós aqui? O que estamos fazendo? Por que cada um de nós veio para cá? Por que quero encontrar os colegas? Para discutir Bion? Autopromoção? Vaidade? Conseguir um cargo no colegiado? Há mil verdades, e é claro que não usamos a verdade. Sabemos que existem verdades em comum que têm que ser descobertas.

P1: Dependendo de quem está comigo, posso usar qualquer uma dessas suas frases e fazê-la verdadeira. Ultimamente, a gente anda se perguntado o que a gente realmente faz como analista. Se você tem tempo, amor sobrando, tardes sobrando... Podemos distribuir cargos, organizar uma viagem. A minha impressão é que fica mais complicado quando começo a descobrir faltas... Está faltando alguma coisa. Tendo a olhar onde essas coisas não estão. Se esse cliente, em vez de falar do trabalho, da mulher, pudesse olhar mais para dentro dele e conversar com ele mesmo... Há um pressuposto do analista de que ele, o cliente, aproveitaria melhor a vida. É possível em nosso trabalho, em última instância, poder contar para ele que eu sou um e que ele é outro. Com o correr do tempo, fui desenvolvendo uma ideia, a de falar o que está faltando quando tenho um pouco de coragem. E o lugar mais propício a isso é a sala de análise. Uma vez eu disse para a minha mulher que o lugar em que sou mais honesto e mais verdadeiro é a sala de análise, com o analisando... Aí começou a briga (risos). É onde cada um de nós tem para oferecer para o outro e aguentar o que tem para oferecer. É como disse Freud, passamos meses convocando os demônios da transferência, e, quando esta chega, todo mundo corre. A experiência é a de estar ciente de quando a gente começa a conversar, de que elementos cada um se vale para não morrer, não dormir, não sair da sala, e na medida do possível, continuar ali. Conversar é uma das coisas mais difíceis do mundo.

Quarto movimento

Torna-se explícito o elemento utilizado pelo grupo com o intuito de se reorganizar: a verdade. Interessante que o mesmo aspecto (verdade) que inicia a desorganização do grupo parece iniciar, nesse momento, um movimento organizador; o mesmo texto em contexto (uso) diferente.

→ →

C4, C5, D4, E5.

P3: Conversei com P6 sobre endoesqueleto e exoesqueleto. No texto-estímulo, o paciente faz uma alusão à mulher, ao trabalho... A porta aberta; o paciente está voltado para fora. De repente, ele ouve um chamado para que volte para dentro, e então existe o risco de ficar no sintoma. Se a gente entende a linguagem do corpo, então esse é um momento precioso para se trabalhar essa emergência na sessão. E essa pode ser uma contribuição para não ficarmos prisioneiros de uma linguagem sofisticada. É uma linguagem de dor no corpo, que está aparecendo na sala. Então, a questão é se o analista vai conseguir entrar por aí, para ver, nessa comunicação que vai surgir, algo de extremamente complexo. Não é só uma questão psicossomática. Se você vai fazer um exercício, fora da sessão, focalizando esse trechinho (do texto-estímulo), podemos agilizar algo na área da observação. Um colega falou assim: "será que essa história que o Bion propõe na grade dos elementos da categoria da linha B... existe ou não existe? Eu era muito severo... Eu tentava ser hipocondríaco (risos). Se eu não for hipocondríaco, não vou poder tratar esses pacientes. E esse é o problema dos analistas".

P6: Klein se concentra na área de angústia máxima dessas pessoas.

P3: Toda somatização é uma comunicação compactada. Mas você precisa ter um instrumento que permita que você veja pedaços de realidade psíquica, e precisa trabalhar com essa pessoa que começa com uma linguagem de concretude física. Preciso de uma tela de linguagem da área corporal dentro de mim. Aí, quando vejo essas manifestações em outra pessoa, posso usar isso. Se eu não sou um analista hipocondríaco... Tem analista que quer tratar de psicose sem continuar a tratar da própria psicose. Isso não se esgota com o término de análise. Por isso é que a gente continua no ofício (risos). O paciente pensa que você está trabalhando a psicose dele, mas você está trabalhando, por meio dele, a restauração de questões suas também. Então, essa pode ser uma verdade de humildade do analista, se não ficar pomposo.

P7: Não parece também que o exoesqueleto do analista pode desfavorecer uma elaboração adequada, procurando a verdade?

P3: Isso se chama "analista burro" ou importante, que deveria estar em um museu. Por isso é que nós estamos aqui.

P4: Aqui do fundo... (risos)... estou tendo um delírio... P3 falou de nossa própria psicose... O estímulo visual dos colegas sentados na frente que estão olhando um para o outro é um estímulo para continuar a conversa. Aí eu me senti lá no fundo. A verdade, uma tentativa para se encontrar a verdade da pessoa como paciente e a do analista como analista são verdades parciais. Em uma visão de conjunto... Os pacientes chegam absolutamente diferentes a cada sessão, e a gente também... Gostaria de saber se estou desviando muito...

P1: No último encontro e neste também, cheguei antes e encontrei a sala com as cadeiras em filas e resolvi arrumar "mais democraticamente". Quando está tudo muito equilibrado, formamos um grupo, mas por que eu, que estava coordenando, não fui sentar aí no fundo? O que aconteceria se eu fosse me sentar aí? Mas na minha cabeça há um limite, em função de minha experiência, que não me permite sentar no fundo. Como analistas, precisamos nos perguntar sempre que espaço a gente permite para o outro e para nós. O espaço não é infinito. Se um cara vem falar de hérnia de disco, vou procurar saber do tratamento dele, do médico dele... Mas como a coisa aqui é mental e não tem a parte sensorial, é complicado saber do que estamos conversando e como o outro pode ajudar.

Quinto movimento

Parece que o grupo está organizado e em condições de fazer uma clivagem para se dedicar à discussão de um tema implícito na apresentação inicial. O tema evolui até um ponto, até um limite em que a experiência é tolerada pelo grupo e o espaço permite. A partir daí, nota-se o esgotamento, o fim deste movimento.

→ → →

C4, D4, D5, E5.

P3: Quando a gente era grã-fino, íamos ao hospital psiquiátrico tratar do pessoal que estava no lixo. Em análise, quanto mais amor você dispensa ao seu lixo, mais carinho você vai usar para tratar seu paciente com fração psicótica. A vantagem de você estar familiarizado com a psicose é que você evita que o paciente ocupe o pior lugar e você ocupe o melhor. A questão é quando convém voltar para a horizontal (voltar para a análise). A horizontal é sempre melhor para a coluna. De vez em quando, é preciso ter a humildade de voltar para a horizontal. Freud achava que esse prazo era de cinco anos. Hoje em dia não tem mais data. Talvez os amigos comecem a perceber alguma coisa, ou você mesmo, se tiver um pouco de juízo, quando é que convém voltar para a horizontal. Enquanto não precisar muito voltar para a horizontal, dá para se beneficiar sendo analista. Alguns pacientes vão te dar sinais de que você está vibrando de uma maneira bastante estranha. Alguns de seus amigos, se forem amigos, ou se você tiver uma mulher... ela vai dizer assim: "está na hora de você procurar alguém para ver como estão as suas costas 'analíticas'" (risos).

P7: Surgiram dois polos diferentes: P1 e P4. Isso possibilita uma conversa. Permite um acordo.

P5: P3 trouxe algo muito importante, que é a verdade do analista. Enquanto o analista não entrar em contato com sua verdade, seja ela qual for, a análise não acontecerá. Você pode fazer uma análise aparentemente verdadeira. Um paciente narcísico e um analista narcísico. Depois de quatro anos, entraram em contato com seu narcisismo. Mas também se observam fora, pessoas que têm maior ou menor narcisismo. Depois de anos, acabam sendo dois os pacientes narcísicos, o paciente e o analista. Continuo com dúvidas sobre se a verdade realmente emerge dos dois ou se a mentira também pode emergir dos dois. E acho muito delicado a gente mesmo perceber em nós e no paciente isso, e muitas vezes precisamos que outro nos mostre. Nem sempre o outro consegue nos mostrar.

P9: Essas questões me fizeram lembrar das personagens do livro *Um rio chamado tempo, uma casa chamada terra*, de um autor de Moçambique, Mia Couto. Um velho está morrendo, e seu neto vai visitá-lo lembrando que o avô dizia que ele transava as mulheres, mas nunca dormia com elas. "Nunca durmo com mulheres, mas em mulheres".

(Silêncio prolongado.)

P7: No momento me chocou... Mas não deixa de ser um homem previdente... As mulheres são muito fortes... Enfeitiçam... (risos).

P5: É o processo analítico. Você faz "análise com" ou "análise em"? Na "análise com", o outro entra em contato comigo; há o vínculo continente-conteúdo e há um desenvolvimento dos dois. Concordo com P3: a gente se beneficia tanto quanto o paciente. Na "análise em", fazemos observação como em ratinhos de laboratório; eu fico distante como a famosa "tela espelho", e corremos o risco de colonizar o paciente.

P3: Uma vez, quase consegui adormecer a minha analista. Ela conseguiu sair de um certo torpor e me disse assim: "O senhor tem um poder igual ao da mosca tsé-tsé". Na hora, não entendi, e pensei que ela estivesse fazendo graça sobre a África. Daí, passou o tempo, e em uma reunião como a de hoje, fala: "há duas pessoas que podem ler esse texto-estímulo: você ou o colega X. Tirem par ou ímpar". Eu falei: "não tiro par ou ímpar. Prefiro que ele leia" (risos).

P10: Quando P5 levantou a questão de por que viemos aqui, pensei na possibilidade de termos vindo para aprender a conversar. Tenho tido experiências que me dizem que nos cursos a gente vai aprendendo muito sobre os fenômenos que se observa em análise, só que eu vejo que é muito difícil conversar sobre determinados fenômenos. P3 trouxe a questão de que a gente se observa, observa o paciente e a gente se reconhece, e lembrei de uma experiência com d. Lygia Amaral. Ela me convidou para ver uma exposição de arte na Casa das Rosas, sobre Guimarães Rosa. Vi uma instalação, uma casa de pau a pique e era para a gente espiar lá dentro. Olhei pelas frestas e me assustei quando vi um olho de boi olhando para a gente. O que fazer quando sou espiada pelo paciente, por exemplo? O que eu diria para ele? Não posso dizer que estou muito assustada... (risos).

P3: Quando a gente é terrorista... Por natureza a gente tenta atemorizar o analista, seja homem, seja mulher. Uma vez eu estava lá com a Judite... Já que estamos fazendo uma memória do futuro... Era fim de análise. Comecei a contar umas histórias para ver até onde ela ia. E a função era exatamente inocular uma situação de pânico nela. Quando a pessoa tem continência, você vai fundo para ver até onde ela vai aguentar. Depois que ela ouviu, ela, que era uma contadora de casos como o Guimarães Rosa, falou: "em uma caverna havia um homem e uma mulher junto a uma fogueira, e o homem começou a falar para a mulher que estava vendo uns fantasmas nas costas dela e uns monstros e uns bichos muito bravos. Então ela falou assim para ele: 'é melhor você olhar para o que tem nas suas costas antes de ficar olhando para o que tenho nas minhas'" (explosão de risos).

P1: Uma ideia que está crescendo na minha cabeça é que para ser analista é preciso ser velhinho, ter passado por uma série de experiências na vida, feito análise, ter estudado, para depois poder contar essas histórias. É o que a gente faz até chegar aos sessenta anos. Vai criando o mito de que, se ficar bastante tempo em análise, só isso me leva a ser uma analista experiente e capaz. Ou, que se existem algumas coisas acontecendo na vida de cada um de nós, o analista pode nos ajudar a andar um pouco, a nos desenvolver um pouco, de alguma forma. Provavelmente, toda essa contribuição de Bion tem a ver com acreditar e ter fé de que, se você conversar com a pessoa, é possível mobilizar alguma coisa que permita alguma mudança. Uma boa parte para de crescer, ou diz ter chegado em um ponto em que deveria chegar. Devemos ter compaixão para conosco, para que o analista possa nos ajudar a andar um pouco. Tenho observado, na comissão de ensino, que agora está havendo uma onda para estimular a entrada de gente cada vez mais jovem na Sociedade.

P3: O analista acomodado… Com osteoartrose grave. Tem que fazer ginástica mental. Existe a questão da função mental que não pode ser esquecida. Você fala: "vou me retirar, vou me aposentar como analista. Não estou mais trabalhando…" Dona Lygia foi até o fim da vida, sempre andando, sempre trabalhando.

P5: Lembrei de um ditado: "o diabo não é diabo por ser diabo, mas porque ele é velho" (risos).

P1: Provavelmente a gente foi aprender a duras penas que é muito complicado conhecer o limite. O paciente vem com a absoluta certeza de que, nos encontrando, abrem-se os limites e ele cresce. Essa história de querer mudar não leva a mudar. Não é uma questão de ficar me concentrando cada vez mais… Existem elementos variados que são restritivos. Esse Encontro Bion 2∞4 foi pensado para propiciar alguma coisa parecida com essa, para que alguém consiga trocar experiências.

P3: Mudança catastrófica e criatividade. Se o analista se afasta da área catastrófica, menos contato criativo vai haver. Mais restrita vai ser a possibilidade de aprendizagem emocional. Recusar a compartilhar não é bom. Sondando, você se modifica pelo simples fato de tornar a situação cognoscível para ele e para você. Devemos nos aproximar das pessoas que têm inquietação mais direta e podem compartilhar a inquietação com você, pois os indivíduos tendem à mumificação... E ficam cheios de medalhas... É por isso que estou aqui.

Sexto movimento

É iniciado com uma proposta de discussão, de reanálise, para o analista; uma proposição altamente sofisticada.

→ →

F5, F6.

O assunto evolui para o terreno do foco analítico, mobilizando uma interessante discussão: "análise com" ou "análise em".

→ →

D4, D5, E5.

Prossegue com uma involução para o terreno teórico, sofisticado. Com paixão e compaixão.

← ←

F6, F4, e retoma uma direção evolutiva, com várias expansões do tema proposto, em um crescimento e enriquecimento do mesmo, até encerrar a primeira parte da reunião.

→→ →→

C4, C5, D4, D5, E4, E5.

São esses movimentos que lembram uma sinfonia e, com isso, o modelo musical. O que evolui ou regride são as relações vinculares.

III. Comentários

Partimos da concepção de que o funcionamento de um grupo se assemelha ao funcionamento de um par analítico. Neste, há uma assimetria por ser o psicanalista o responsável pela condução do processo, enquanto, no grupo, o coordenador é o responsável pelo andamento e pela modulação.

Verificamos a importância da função de coordenação para manter o foco do grupo em torno da tarefa proposta.

Acreditamos ter demonstrado, dessa forma, uma possibilidade de investigação por meio do instrumento: a grade.

Bion 2∞4
Aplicação da grade aos movimentos de um grupo. Uma possibilidade de pesquisa em psicanálise.

	1	2	3	4	5	6	
A							
B							
C							
D							
E							
F							
G							
H							

→ → →

1º Movimento: G3 G4 G5

→ →

2º Movimento: C4 C5

→ → →

3º Movimento: F6 D6 C6

Bion 2∞4
Aplicação da grade aos movimentos de um grupo. Uma possibilidade de pesquisa em psicanálise.

	1	2	3	4	5	6	
A							
B							
C							
D							
E							
F							
G							
H							

4º Movimento: C4 C5 D4 E5

5º Movimento: C4 D4 D5 E5

6º Movimento: F5 F6

Matematização da psicanálise?

José Lopes das Neves Neto

Esse tema me chamou a atenção porque, em várias ocasiões, ouvi comentários diversos sobre os conceitos de matemática que Bion utiliza em suas obras. Alguns desses comentários eram críticas por ter ele tentado "matematizar"[1] a psicanálise. Penso que o termo "matematizar" se refere a uma ideia muito difundida no meio científico de que uma área de conhecimento passa a ter condições de ser considerada científica quando é possível "matematizá-la", ou seja, que os conhecimentos dessa área possam ser submetidos aos procedimentos das técnicas utilizadas em matemática, quando então se estabelecem regras claras e consistentes para o desenvolvimento de uma demonstração e, com isso, a tentativa de provar que a afirmação é verdadeira.

---

1 Não existe na língua portuguesa o vocábulo "matematizar". O Dicionário Houaiss contém o substantivo "matematismo", cuja definição é 'doutrina segundo a qual a essência do mundo pode ser apreendida e revelada pela matemática; matematicismo'. O dicionário inglês Chambers contém o vocábulo *mathematize*, definido como um verbo intransitivo ou transitivo cujo significado é explicar, formular ou tratar (alguma coisa) em termos matemáticos. Daí surge o adjetivo *mathematized* ou *mathematised*.

As críticas referem-se ao fato de Bion tentar utilizar conceitos e técnicas matemáticas com o objetivo de atingir prematuramente um *status* científico e, portanto, não considerar o estágio de maturação da área de conhecimento em questão. A consequência da atitude prematura seria o surgimento de conceitos distorcidos, além da utilização de técnicas inadequadas para a investigação dessa área de conhecimento. Entre nós, tornou-se conhecida a opinião de Donald Meltzer,[2] que, ao participar em 1998 de seminários em São Paulo, defendeu exatamente esse ponto de vista, principalmente em seus comentários sobre o livro *Transformações*. Todavia, Parthenope Bion Talamo, em comunicação pessoal a Paulo Sandler,[3] nos informou que, em sua opinião, Bion não estava interessado na matemática em si – ele estava interessado principalmente na filosofia da matemática.

A noção que venho formando ao tomar contato com a obra de Bion, seja por meio de meu estudo, seja por meio de participação em grupos de discussão, indica uma outra direção. Não observo em sua obra uma tentativa de matematizar a psicanálise, mas, sim, o surgimento de indagações sobre a origem e o desenvolvimento do conhecimento na mente humana, seja ele conhecimento psicanalítico, matemático, filosófico, religioso ou estético, bem como sobre os fatores neuróticos ou psicóticos que impedem esse desenvolvimento.

O fato de como uma pessoa pode vir a desenvolver as condições para chegar a tomar contato com os pensamentos fundamentais à sua existência e, mais ainda, torná-los disponíveis para serem

---

2 Ver também suas considerações sobre o livro *Transformações* em *The kleinian development*, part III, The clinical significance of the work of Bion, capítulos IX-X.
3 Ver Sandler, *Revista Ide*, 35, p. 75.

usados segundo sua necessidade, é, a meu ver, um interesse central nessa obra.

No que diz respeito à prática da clínica psicanalítica, a máxima contida é que quanto mais acuradamente pudermos observar o fenômeno mental em curso, mais aptos estaremos a cooperar com o analisando no desenvolvimento de seus recursos para vir a pensar o que necessita para dar conta dos fatos que ocorrem em sua vida. Daí a insistência de Bion em *Transformações* (p. 60) de que não estava apresentando novas teorias, mas, antes, de meios mais eficazes de observação.

Os conceitos e modelos matemáticos utilizados por Bion são relativamente simples. Entretanto, para matematizar uma área de conhecimento, frequentemente, é necessário utilizar conceitos e técnicas sofisticadíssimas, fato que a área de psicanálise até agora não comportou e que não sabemos se algum dia comportará.

Então, quais aspectos de matemática estão, a meu ver, envolvidos na obra de Bion? Penso que Bion utilizou alguns conceitos e modelos matemáticos para dar conta da descrição de alguns fenômenos mentais que ele intuiu. Por meio desses conceitos e modelos, ele procurou estabelecer relações entre alguns dos achados da psicanálise e os da matemática. O uso de conceitos e modelos de outras áreas de conhecimento na psicanálise não se restringiu à matemática. Ele também utilizou modelos de áreas como filosofia, religião, estética etc.

Ao me interessar pela obra de Bion, tive a necessidade de rever e mesmo de estudar esses conceitos básicos que qualquer um de nós conheceu no período escolar (ginásio e científico), com exceção talvez do conceito de "cálculo diferencial", que faz parte do currículo do curso superior. Em *Transformações*, Bion o menciona quando trata do conflito entre Berkeley e Newton sobre "cálculo diferencial", ao exemplificar as resistências às "transformações de $O \to K$ e $K \to O$". Eu disse "estudar" porque, agora, diferentemente da época de formação escolar em que os estudos estavam mais voltados para uma aplicação imediata desses conceitos nos exercícios propostos, a necessidade é de "se dar conta" do porquê da utilização desses conceitos, tanto na matemática como em outras áreas científicas. Para tanto, notei a necessidade de procurar formar uma noção da história do desenvolvimento do pensamento matemático, pois penso que esses conceitos vêm ganhando significado ao longo de seu desenvolvimento histórico.

Inúmeras vezes, diante desses textos, me deparo com a seguinte indagação: mas do que é que esse autor está falando? Essa tem sido a porta de entrada para inúmeras pesquisas paralelas que tenho necessidade de fazer, no intuito de tentar desenvolver significados à indagação. O trabalho de busca dessas informações tem sido uma experiência interessante. Isso porque a busca necessita passar por um processo de elaboração, chegando a um certo nível de compreensão que estimula outras buscas, que requerem outras elaborações, que possibilitam um outro nível de compreensão, e assim forma um movimento em espiral, que me faz notar outros significados a cada vez que retorno ao assunto. Isso não elimina as dificuldades, mas tem sido um meio de lidar com elas. Os capítulos 6 a 9 de *Transformações* são um exemplo disso.

Muitos dos conceitos utilizados por Bion não nos oferecem maiores dificuldades, como é o caso do conceito de *funções e fatores* que ele apresenta em *O aprender com a experiência* (1962, p. 2, p. 18), pois estamos bem familiarizados com a ideia de "função de um órgão", "função da célula" etc.

Entretanto, não é o mesmo que acontece com o conceito de "transformações". Vejo a ideia de transformações presente em toda a obra de Bion, e não somente no livro *Transformações*. Um fato curioso a respeito desse livro é que, na primeira edição em inglês, ele continha o subtítulo "change from learning to growth" ("mudança do aprendizado para o crescimento"), que nas edições posteriores foi suprimido. Esse subtítulo é muito sugestivo de seu conteúdo, uma vez que uma das noções fundamentais que está contida nele e em toda a obra desse autor é a ideia de crescimento, ou, mais precisamente, a ideia de evolução: "evolução dos estados mentais".

O conceito de "transformações" surgiu na matemática, no século XIX, e foi desenvolvido inicialmente por Cayley (1821-1895) e Sylvester (1814-1897). O conceito surgiu da observação de um fenômeno algébrico, que, segundo os matemáticos, é relativamente simples. Trata-se das transformações das equações lineares em x para equações lineares em y. Na passagem da equação em x para a equação em y, eles notaram que os parâmetros dessas equações permaneciam constantes (por exemplo, na equação $ax^2 + bx + c = 0$, a, b e c são chamados de parâmetros, isto é, os valores atribuídos à variável x). Assim, os valores agregados às incógnitas permaneciam constantes. Daí surgiu a primeira definição de transformação: é um processo em que, após sofrer uma transformação, os parâmetros permanecem constantes. Uma outra variação dessa definição: é aquilo que em um sistema permanece constante após sofrer uma transformação.

Como disse anteriormente, os primeiros estudiosos da matemática que estabeleceram as primeiras regras gerais para essas transformações foram Cayley e Sylvester. Porém, antes deles, Lagrange (1736-1813), Gauss (1777-1855) e Boole (1815-1864) já haviam notado esse fato. Mas coube a Cayley e Sylvester notar o potencial de expansão contido aí. Segundo o matemático e historiador E. T. Bell (1986, p. 388), *transformações e invariância* são conceitos que germinaram em várias áreas do conhecimento científico. Na matemática, tais conceitos possibilitaram, ao final do século XIX, uma profunda organização e unificação de diversas geometrias (euclidianas e não euclidianas) e da álgebra por meio dos estudos de Felix Klein (1849-1925) e Marius Sophus Lie (1842-1899), ao introduzirem a teoria dos grupos de transformações. Outras áreas em que esse conceito teve aplicações importantes foram a física das partículas, a teoria da relatividade e a cristalografia.

Bion achava que seria interessante classificar as teorias psicanalíticas como pertencentes aos grupos de transformações, pois considerava que a "teoria das transformações" poderia explicar alguns fenômenos clínicos que ele encontrava em suas experiências clínicas, e dos quais as teorias existentes não davam conta. É o caso, por exemplo, do conceito de "transferência", como estabelecido por Freud (1920, v. 18, p. 18), que não dava conta do que ocorre quando nos defrontamos com estados mentais psicóticos. Outro fato contido no uso desses conceitos, embora não explicitados por Bion, deve-se à sua intuição de que se os estados mentais evoluem, e que isso se dá por meio de transformações. Tornou-se conhecida a sua metáfora sobre a *semente de carvalho*.

É necessário ter em mente que, sempre que utilizamos o conceito de transformação, está implícita a ideia de *invariância*. Bion cita dois exemplos: o modelo do reflexo das árvores nas águas de um lago, no qual compara a ação dos ventos sobre as árvores, que provoca distorções em seus reflexos na água, com as emoções que também provocam distorções no "campo" analítico; e o modelo do artista que procura representar uma paisagem na tela de um quadro. Existem outros exemplos na literatura específica (Bell, 1986, p. 390), e penso que é importante que cada um de nós procure "se dar conta" dos significados contidos neles, pois isso nos ajudará a formar uma noção de invariância, e assim poder--se-á notá-la na clínica psicanalítica. A definição do conceito seria então: *um sistema que se transforma noutro, os parâmetros permanecem constantes*. Quando os parâmetros não são constantes, para os matemáticos, significa que a transformação ocorrida não tem relação à situação inicial.

Para se chegar a notar as *invariâncias* existentes em uma transformação, é necessário que haja observação. Assim ocorreu inicialmente na matemática (a observação do fenômeno algébrico que descrevi) e esse é também o meio de notá-las na psicanálise. É no momento analítico que podemos vir a nos dar conta dos elementos que se conjugam, que formam um padrão que se repete e que favorece o surgimento de um "fato selecionado" que possibilita nomear a experiência em curso – daí visualizarmos as invariâncias presentes. Aqui se conjugam noções desenvolvidas por vários autores citados por Bion: David Hume (associação mental; elementos conjugados constantemente), Poincaré (fatos selecionados que harmonizam as relações entre os diversos dados), Braithwaite (desenvolvimento do sistema dedutivo científico) etc.

Além da utilização de modelos, Bion faz também analogias com os conceitos da matemática. Assim, ao explorar os elementos existentes nos estados mentais psicóticos, Bion faz uma analogia com a imagem visual, o círculo, no qual é possível observar que a maioria das pessoas poderia conter e viver a noção de "dentro e fora", enquanto, para algumas (o psicótico), a "membrana" divisória do "dentro e fora" ("a circunferência") não existiria.

Relaciona ainda a imagem do "círculo cortado por uma linha" com a tolerância ou a intolerância, observada nas pessoas, em conter a "não coisa", ou seja, o estado mental em que existe uma ausência de gratificação, em que está presente uma necessidade e sua insatisfação (ou ainda, na qual está presente um estado de frustração). Relaciona a tolerância com a imagem visual do (1) círculo cortado por uma linha em dois pontos – pontos reais e distintos, ou seja, a secante. Nessa condição, o estado mental conta com a inter-relação do sistema consciente-inconsciente e com os processos de simbolização suficientemente desenvolvidos que dão ao indivíduo condições para utilizar suas funções mentais mais sofisticadas na busca de alternativas à realização de suas necessidades. A imagem do (2) círculo tangenciado por uma linha que o toca em apenas um ponto – pontos reais e coincidentes –, clinicamente, é o estado mental no qual a distinção entre a "coisa" e a "não coisa" deixa de existir, percebido por meio do contato que é intenso e frágil; e a imagem da (3) linha que está fora do círculo, cujos dois pontos formam um complexo conjugado (como exemplo, temos os estados mentais em alucinose) relacionam-se com estados mentais menos desenvolvidos e, portanto, com menor grau de tolerância à ausência de satisfação.

Outra analogia usando o mesmo modelo extraído da matemática (o da linha que corta o círculo): quando Bion descreve os problemas que uma personalidade enfrenta ao ter que tomar decisões, os quais podem ser, resumidamente, de dois tipos: (1) impulsos que se traduzem imediatamente em ação ou (2) impulsos que comportam uma fase intermediária de reflexão e decisão e daí transformam-se em ação. O modelo que pode ilustrar essa situação é o de *luta pelo poder e captura de comando*. Essa luta, contida na narrativa da encruzilhada de Tebas, pode ser considerada ora desenvolvendo-se dentro da psique, ora fora dela, ora tangencialmente a ela. Daí a relação com o modelo do círculo cuja circunferência é intersectada por dois pontos reais e distintos, dois pontos reais e coincidentes ou dois pontos que são complexos e conjugados (Bion, 1962, p. 83 e pp. 96-103).

Muitas vezes, surgem na obra de Bion afirmações complexas e com nível elevado de abstração. É o que acontece quando Bion propõe a investigação da origem *intrapsíquica* da matemática. Do ponto de vista histórico, existem algumas teorias sobre a origem da matemática. Uma delas, e a mais citada, é que a matemática tem sua origem nas atividades práticas do ser humano ligadas à agrimensura, à arquitetura e ao comércio. A partir dessa teoria, surgiram as contribuições dos gregos, que a desenvolveram sob o ponto de vista teórico criando procedimentos de demonstrações e provas que possibilitaram o desenvolvimento de regras matemáticas gerais a partir de casos particulares. Essa metodologia de trabalho foi ganhando cada vez mais consistência, e passou a ser empregada em outros domínios do conhecimento prático, como a física e a astronomia, dando início à atividade "científica" nessas áreas (Ritchie, 1958).

Uma outra teoria afirma que a origem da matemática está na cultura, sobretudo na dança, uma vez que a dança é uma das expressões mais antigas e presentes em todas as manifestações culturais. A necessidade de marcar os passos e associá-los a um ritmo desenvolve as condições para o surgimento do pensamento matemático, mais precisamente a noção de duração e intervalo, e daí a noção de contar. Há ainda uma terceira teoria que procura estabelecer a origem da matemática nos rituais religiosos (Seidenberg, 1960, 1962).

Entretanto, como afirmei anteriormente, Bion procura examinar a origem da matemática do ponto de vista *intrapsíquico*. Sua ideia baseia-se na evolução genética apresentada no eixo vertical da grade, na qual temos inicialmente uma experiência emocional. Essa experiência emocional, contando com as preconcepções e suas respectivas realizações (fileira D em colunas 3, 4 e 5), darão lugar a um "espaço interno", e esse "espaço interno", suportando as condições iniciais de ausência de significados, poderá dar origem a conceitos (fileira F em coluna 4 e 5), daí surgindo os postulados da geometria euclidiana (ponto, linha, círculo etc.) (fileira G e H). Podemos dizer, então, que a *origem* da geometria euclidiana e do cálculo algébrico é a mesma da psicanálise, ou seja, originam-se todos nas experiências emocionais. Essa é uma afirmação que, à primeira vista, é muito abstrata, se constitui em uma hipótese de nível elevado em um sistema dedutivo científico. Quais seriam os passos intermediários? Quais as hipóteses de nível inferior, próximos da experiência clínica?

Essas indagações me fizeram pensar em um fato ocorrido alguns anos atrás, relacionado com a história da matemática. Há mais ou menos dez anos, surgiu uma notícia de que o "último teorema de Fermat" (Singh, 1997) teria sido finalmente demonstrado; haviam provado que era verdadeiro. Pierre Fermat (1601-1665) foi um estudioso da matemática que exerceu a profissão de magistrado na cidade de Castres, na região de Toulouse, no sul da França. Nessa época, havia uma recomendação da corte dos magistrados para que seus membros mantivessem uma atitude discreta perante os demais cidadãos de sua comunidade, evitando participações em eventos sociais. O objetivo era preservar as suas funções de magistrado. Fermat, que gostava muito de matemática, obedecia à risca essa recomendação, e usava todo seu tempo disponível no estudo da matemática. Em 1637, estudava um livro que tinha sido traduzido recentemente: chamava-se *Aritmética*, de Diophantus de Alexandria (ano 250).

Ao estudar o teorema de Pitágoras e todos os seus desdobramentos por esse livro, Fermat observou que, em sua forma geral $(x^n + y^n = z^n)$, essa equação era verdadeira desde que o expoente não fosse maior do que 2, então escreveu na margem da página em que estudava: "Descobri uma prova verdadeiramente extraordinária sobre este teorema, mas esta margem é muito pequena para contê-la". Fermat, que não considerava importante publicar e divulgar os seus achados, acabou não publicando esse teorema.

Depois de sua morte (1665), seu filho, organizando seus trabalhos não publicados e percebendo a importância do teorema, encaminhou-o à escola parisiense de matemática. Foi assim que esse trabalho não se perdeu – devido principalmente ao esforço de seu filho. O teorema que não foi demonstrado: surgiu assim "o enigma da matemática" que durou 350 anos. Foram criados vários concursos para estimular os matemáticos a tentar desenvolver as demonstrações do teorema. Surgiram várias correntes de pensamentos sobre ele, inclusive algumas que defendiam que esse teorema não tinha solução e que se tratava na realidade de um engano de Fermat.

Somente no final do século passado é que o matemático Andrew Wiles, após ter dedicado vários anos de sua vida ao estudo do teorema, chegou a provar que a afirmação de Fermat era verdadeira. Para isso ele se utilizou, entretanto, de técnicas que foram desenvolvidas muito tempo depois da afirmação de Fermat, técnicas desenvolvidas, sobretudo, nos séculos XXI e XX. Resta ainda, para resolver definitivamente o enigma, provar a afirmação de Fermat apenas por meio das técnicas conhecidas até o século XVI. Alguns matemáticos acreditam ser possível vir a prová-la.

Acho esse exemplo interessante, para ilustrar o que podemos encontrar em algumas afirmações de Bion. Necessitaremos, talvez, de muito tempo até que possamos "nos dar conta" de algumas de suas afirmações, e principalmente para chegarmos a desenvolver os elos intermediários, tornando assim essas afirmações, que são desafiadoras, compreensíveis.

Bion afirma que

> *o ponto[4] era originalmente um sentimento, uma emoção ou ainda uma outra experiência emocional que ocupa um "espaço", para depois tornar-se um "não sentimento" ou ainda um lugar ("espaço") em que o sentimento costumava estar, estabelece um "sistema dedutivo abstrato", que parte de hipóteses inferiores (dados empiricamente verificáveis por meio de experiência emocional), indo em direção a hipóteses superiores, com níveis crescentes de abstração. (p. 121)*

Assim a transformação geométrica euclidiana pode ser vista como uma representação "desintoxicada" (Bion, p. 125) da emoção que, inicialmente dolorosa, é tornada agora suportável. Essa afirmação, concisa e abstrata, contém em si, a meu ver, inúmeras elaborações desenvolvidas em outros textos desse autor.

Em *Cogitações* (1992, p. 208), ao desenvolver suas ideias sobre o "sistema dedutivo científico e sobre o cálculo através de Euclides", Bion se indaga, apoiado pelas ideias de Poincaré sobre o processo mental envolvido na criação em matemática, se a criação matemática não seria uma criação "externa" cuja contraparte "interna" é gerada pela tensão existente no intercâmbio das posições esquizoparanoide e depressiva [$Ps \leftrightarrow D$]. Aqui surge um elo, uma ponte, sobre a sua afirmação de que a origem da psicanálise e a origem da matemática seriam a mesma. As relações assim geradas produzem, no caso da matemática, as equações, as fórmulas, os cálculos, e,

---

4 O conceito de ponto relaciona-se ao assim chamado "ponto do geômetra", para distingui-lo da marca que se faz, por exemplo, em uma folha de papel. A marca no papel pode ser medida, mas o ponto do geômetra, que é apenas um conceito contido na mente do geômetra, não é de natureza sensorial e, portanto, não é mensurável.

no caso da psicanálise, a interpretação. Sob esse vértice, o trabalho criativo do matemático pode ser considerado um "resseguramento terapêutico" obtido por meio das funções mentais do matemático (de sua função-α) de fazer algo criativo e harmonizador (segundo Poincaré) "externamente" e se opondo à *depressão interna*.

Esse fato é um possível elo existente entre as proposições de Euclides e os fenômenos intrapsíquicos. Bion indaga se as proposições 5 e 47 poderiam também ser consideradas "externalizações" da situação Edipiana. Daí, penso, vinha o seu interesse em conhecer os nomes populares dessas figuras geométricas. Não só os nomes populares, mas também as histórias relacionadas a essas figuras, como é o caso da "ponte dos asnos" e o "teorema da noiva", que se referem respectivamente às proposições 1 e 5 do livro I de Euclides.[5]

Ritchie (1958), ao comentar os elementos de Euclides na perspectiva histórica do desenvolvimento do método científico, afirma:

> *Talvez valha a pena lembrar que a terminologia de Euclides, que agora nos parece muito técnica, consistia em seus dias, principalmente de palavras extraídas da linguagem comum, dando um significado especial para seus propósitos específicos. Assim, "triângulo isósceles", que atualmente necessita ser explicado aos alunos*

---

5   Os enunciados dessas proposições são: I.5 - "Nos triângulos isósceles (portanto os que contêm, no mínimo, dois lados iguais) os ângulos da base são iguais um ao outro, e, quando prolongam-se as linhas que partem do vértice em direção à base para além da base, os ângulos formados sob a base também serão iguais um ao outro"; I.47 - "Nos triângulos que contêm um ângulo reto, o quadrado do lado oposto ao ângulo reto é igual a soma dos quadrados F dos lados que contêm o ângulo reto. [$a^2 = b^2 + c^2$].

> *desde o começo, era para os contemporâneos de Euclides aproximadamente* three kneed thing with equal legs; *o que pode ser talvez um pouco metafórico, mas necessitando poucos comentários para explicitá-lo. A vantagem do uso desta linguagem é que não deixava dúvidas de que a geometria lidava com objetos ou coisas, talvez idealizadas, tomadas como representação e não em seu estado bruto.*

A tradução aproximada para o português de *three kneed thing with equals legs* poderia ser "um objeto triarticulado com pernas iguais". Procurando investigar mais sobre as relações contidas nesse nome, Bion encontrou no livro de autoria do filólogo Onians, *As origens do pensamento europeu* (1999), histórias relacionadas com a palavra *knee* (joelho) contida no nome popular do triângulo isósceles.

Onians, em seus estudos, verificou que a palavra "joelho" entre os gregos antigos, e não só entre os gregos, mas também entre outros povos indo-europeus antigos, como os semitas (assírios, fenícios etc.), estava relacionada com a genitália. Para os gregos antigos, a cabeça e os joelhos eram considerados sagrados porque continham um fluido vital e eram por isso considerados a sede da fonte da vida. A palavra "joelho" pertence, nas línguas indo-europeias, à mesma família das palavras "geração", "criação". A explicação dada pelos filólogos é que se trata de uma metáfora para o corpo humano que se relaciona com os *nós, junções* e *articulações* das plantas e vegetais em geral. Lembram ainda que as junções e articulações das plantas também podem ser designadas pelo nome de *gônadas* (gr. *gónos* – geração, procriação, semente genital, órgão de geração). Outras narrativas de Onians nos contam que os joelhos também estão relacionados com as posições adotadas pelas mulheres no momento do parto, que se colocavam de joelhos. Outra variação dessa história é que a mulher, no momento de dar a luz, colocava-se de joelhos sob os joelhos de seu esposo, e este tomava a criança em seus braços. Esse era o sinal de que o homem reconhecia a criança como seu filho, adotando-o, não importando se de fato era ou não o pai verdadeiro da criança. Daí derivou a ideia do "joelho" ser considerado como o lugar da paternidade, da vida e do poder de gerar.

Também é conhecida a história mítica em que Zeus gera uma criança a partir de sua própria coxa. O grande deus resolveu que jamais iria tomar uma mulher para gerar seus filhos, mas ele queria muito ter filhos. Um certo dia, triste por isso, se pôs a chorar. Nisso, um anjo apareceu e lhe disse que não chorasse, pois ele teria uma filha nascida de sua própria coxa. Algum tempo depois, sua coxa começou a inchar, e, certo dia, quando caçava, ele espetou um espinho em sua coxa e dela surgiu uma linda donzela – brotada de sua própria coxa. Os filólogos explicam essa história pela crença existente naquela época de que a semente da nova vida tinha sua sede na coxa.

Esses nomes populares e suas respectivas narrativas passaram por um longo período de desenvolvimento oral antes que pudessem ganhar algum registro escrito. Plutarco (Heath, 1956, p. 417) o historiador da antiga região da Beócia[6] que viveu entre os anos 46 e 120, registrou uma história popular sobre o triângulo de Pitágoras (proposição 47), cujo nome popular era "teorema da noiva". Diz ele: "em um triângulo retângulo, o lado perpendicular é três, a base é quatro e a hipotenusa, cujo quadrado (da hipotenusa) é igual à soma dos quadrados dos lados que contêm o lado reto, é 5".

---

6 *Boeotia*, situada na região central da Grécia, tinha nessa época, como sua cidade mais importante, *Thebes*.

E complementa: "deve-se vincular a perpendicular ao macho, a base à fêmea, a hipotenusa à descendência de ambos. Temos ainda que 3 é o primeiro número ímpar e é perfeito,[7] o 4 é o quadrado do primeiro número par, e 5 parcialmente assemelha-se ao pai e parcialmente à mãe, sendo a soma de ambos: 3 e 2".

Já as histórias relacionadas com a proposição I.5 (o triângulo isósceles) surgiram em épocas diversas. Uma delas, ("a ponte dos asnos"), baseia-se na forma da figura desenvolvida na demonstração. Essa forma sugere a imagem de um mata-burro, e para conseguir passar pelo mata-burro é necessário apenas ter habilidade prática (daí a relação com os asnos), não exigindo maior inteligência para fazê-lo. Uma outra história, com origem na Idade Média, relatada por Roger Bacon (1250), chama a proposição I.5 de *Elefuga*, cujo significado seria de que, nessa época, os alunos, não encontrando nenhuma utilidade prática para o estudo da geometria, só estudavam à força de castigo, e dificilmente estudavam mais do que três ou quatro proposições; quando chegavam na quinta, desistiam, fugiam! Chama a atenção que esses dois teoremas, ao longo da história, têm sido confundidos entre si. Os franceses, por exemplo, chegaram a denominar a proposição I.47 de *pons asinorum*.

Bion procurou relacionar essas duas proposições com os achados psicanalíticos. Assim, relacionou a "transição entre as posições esquizoparanoide e depressiva e o temor envolvido nessa transição" com a proposição sobre o triângulo isósceles (proposição I.5), cujo nome popular é *pons asinorum* e *Elefuga*; e relacionou

---

[7] Esta afirmação de Plutarco, de que 3 é o primeiro número ímpar *perfeito*, não corresponde à definição de número perfeito desenvolvida pela escola pitagórica. Para eles, o número perfeito é aquele cuja soma dos divisores é igual a ele mesmo, e o primeiro número perfeito é 6, pois seus divisores são 1, 2 e 3, cuja soma é igual a 6.

o complexo de Édipo com o triângulo de Pitágoras (proposição I.47). Para ele, essas duas proposições pertencem a eixos diferentes do conhecimento humano: "triângulo de Pitágoras – complexo de Édipo" relaciona-se com o *conteúdo* do conhecimento, enquanto a "transição entre as posições – *pons asinorum* (I.5)" relaciona-se com a *aquisição* de conhecimento. Considerando a grade, podemos dizer que o "conteúdo" relaciona-se com o eixo vertical (na gênese dos pensamentos), e a "aquisição", com o eixo horizontal (os usos do pensamento).

Em outra passagem de *Cogitations* (1992, p. 203), pude formar uma ideia do trabalho de Bion em sua tentativa de correlacionar o mito edípico e as teorias desenvolvidas na psicanálise com as figuras geométricas desenvolvidas por Euclides. Bion começa indagando qual seria o destino da "cena primária". Uma possibilidade, diz ele, é considerar que (1) a experiência sensorial seja real, como no caso descrito por Freud em "O homem dos lobos" (1918, pp. 7-122). Essa experiência corresponderia às hipóteses de nível inferior – fatos empiricamente observados. Essa cena pode (2) fornecer os elementos para se constituir um *ideograma*[8] – surge então uma forma. Dessa forma podem (3) surgir significados a partir dos quais se torna possível identificar os "elementos" descritos pela geometria euclidiana, como "ponto", "linha", "círculo". Constituem-se assim os conceitos disponíveis na mente do matemático. Essas abstrações, que contaram, em certo momento histórico, com a invenção das coordenadas cartesianas (Jourdain, 1956, p. 20) por René Descartes (1596-1650), juntam-se à álgebra e dão ensejo a

---

8 Definição dada pelo Dicionário Houaiss: "símbolo não fonético que representa um objeto ou uma ideia; (1) imagem (imagem convencional ou símbolo) que representa um objeto ou uma ideia, mas não uma palavra ou uma expressão que a designe; se imagem pictórica, simboliza não o objeto pintado, mas alguma coisa ou ideia que se considera seja sugerida ou emblematizada por esse objeto".

outras abstrações, em graus crescentes, chegando assim à "geometria algébrica". O sistema dedutivo científico tornou-se assim mais consolidado.

Em *Transformações*, as relações entre a teoria psicanalítica e a geometria euclidiana são essencialmente abstratas (pensando na grade, seriam afirmações que podem ser, sobretudo, colocadas nas fileiras G e H), enquanto na atividade clínica nos deparamos com narrativas, sonhos etc. (fileira C), ou seja, com os dados empiricamente verificáveis. Quando, em determinado momento, chegamos a "nos dar conta" do que está acontecendo, esse "se dar conta" contém, além dos elementos da experiência que está em curso, um corpo teórico já introjetado. Esses aspectos, contando com as preconcepções do analista (fileira D), possibilitam a captação do "fato selecionado". A abstração, que assim vai surgindo, se constitui na *interpretação*. A interpretação corresponde, no sistema dedutivo científico, à hipótese de nível mais elevado. O passo seguinte para o analista é desenvolver um meio adequado de transmitir ao analisando a interpretação captada, o que frequentemente se dá por meio de narrativas (fileira C). Aqui o processo analítico está mais perto da atividade artística.

Outra metáfora usada por Bion, referente aos conceitos matemáticos, é a metáfora da "seção dourada" (Bion, p. 102, p. 126), também conhecida por "proporção divina", "caminho dourado", "proporção dourada" ou ainda "proporção de Fibonacci". A "seção dourada" faz parte das teorias das proporções e começou a ser desenvolvida na época de Pitágoras (Heath, 1956, p. 137). Uma de suas definições é que, em um retângulo, falamos de seção dourada quando a relação entre o lado maior do retângulo em relação ao seu lado menor é de 1:1,6 (de 1 para 1.6 – na realidade, é um número que não tem uma divisão exata: 1,6180033..., que se tornou conhecido pela letra grega (φ) "phi"). Essa relação foi considerada muito harmoniosa do ponto de vista estético.

Como essa relação foi considerada harmônica, passou a ser muito utilizada na arquitetura (por exemplo, Vitruvius, o arquiteto romano do primeiro século a.C., a utilizava em seus projetos). Na arquitetura grega, o exemplo muito citado é o do Partenon. Na pintura também foi muito usada, sendo a "Santa ceia", de Leonardo da Vinci (1452-1519), um exemplo.

Outra possibilidade é procurar encontrar a "proporção divina" na natureza – descobrir as relações que corresponderiam a essa proporção. Assim, por exemplo, procurá-las na distribuição das sementes ou folhas das plantas, ou ainda em certos padrões de crescimento. Tornaram-se conhecidas as relações encontradas na concha do *nautilus pompilus*, cujas circunvoluções estão muito próximas de um constante exponencial que forma uma espiral logarítmica.

Bion usa a ideia da "divina proporção" para ilustrar duas principais possibilidades no trabalho psicanalítico: a primeira seria a de simples aplicação das teorias psicanalíticas conhecidas (o equivalente a aplicar a regra da proporção divina na arquitetura e na pintura); e a segunda, mais de acordo com o trabalho de análise, é chegar a descobrir essas relações (as conjunções constantes) que surgem na experiência emocional quando do encontro entre analisando e analista (o equivalente a descobrir as proporções divinas na natureza).

Para finalizar, quero chamar a atenção para o fato de que a ideia de "matematização precoce" da psicanálise não passou despercebida por Bion. No final do livro *Transformações* (p. 170), ele faz menção a essa possibilidade. Diz-se consciente de estar utilizando alguns conceitos de matemática elementares, chamando-os de matemática "dogsoniana". Entretanto, chama a atenção para alguns aspectos envolvidos no processo criativo existentes na própria matemática que, segundo ele, não têm sido suficientemente considerados (p. 150).

Para tanto, Bion volta a falar da experiência mística de Meister Eckhart. No processo de transformação da "divindade", que é incognoscível, informe e escura, para a condição cognoscível, surgem três elementos, ou seja, a Trindade. A característica intrínseca dessa transformação (da divindade infinita e incognoscível para a Trindade cognoscível) se matematiza. Surge um grupo de três elementos vinculados entre si. Esse padrão de transformação está presente em diversas áreas do conhecimento humano: científicas, estéticas, religiosas, psicanalíticas, indicando uma progressão que parte do infinito informe e incognoscível para uma formulação saturada e, portanto, finita, definida. A transformação mística relatada por Meister Eckhart está associada ao número três. Aqui, Bion, para expressar sua ideia, necessitou usar os recursos de uma outra área de conhecimento: o poético, apresentado por Milton (n.d.) no paraíso perdido. Penso que esse recurso utilizado por Bion chega a constituir um "padrão" presente em seus trabalhos: a necessidade de utilizar os recursos de várias áreas do conhecimento humano para expressar suas ideias sobre a evolução mental e suas vicissitudes, presentes no indivíduo.

Referências

Bell, E. T. (1986). *Men of Mathematics.*

Bion, W. R. (1962). *Learning from Experience.* Londres: Heinemann.

Bion, W. R. (1965). *Transformations.* Londres: Heinemann.

Bion, W. R. (1992). *Cogitations.* London: Karnac.

Freud, S. (1918). From the history of an infantile neurosis. Standard Edition. (Obra originalmente publicada em 1914)

Freud, S. (1920). *Beyond the pleasure principle.* Standard Edition.

Heath, T. (1956). *Euclid, the thirteen books of the elements.* New York: Dover.

Jourdain, P. E. B. (1956). The nature of mathematics. In James R. Newman (Ed.) *The world of mathematics.* (vol. 1, pp. 4-74). New York: Dover.

Meltzer, D. (1988). *The kleinian development: The clinical significance of the work of Bion* (vol. 3, Chapter IX, X). London: Karnac Books. (Obra originalmente publicada em 1978)

Milton, J. (n.d.). *Paradise Lost*, Book III. (Obra originalmente publicada em 1674)

Onians, R. B. (1999). *Les origines de la pensée européenne.* Éditons du Seuil.

Ritchie, A. D. (1958). *Studies in the history and methods of the sciences.* Edinburgh: University Press.

Sandler, P. C. (n.d.) In *Revista Ide*, 35, p. 75.

Seidenberg, A. (1960). The diffusion of counting practices. *University of California Publications in Mathematics*, 3(4), 215-300.

Seidenberg, A. (1961). The ritual origin of counting. *Archive for History of Exact Sciences*, 1(5), 488-527.

Singh, S. (1997). *Fermat's last theorem.* London: Fourth State.

Estruturas em cena no processo psicanalítico: o *setting* psicanalítico para a clínica hoje

Jaques Goldstajn

Introdução

Desde os inícios da psicanálise, são publicados artigos sobre a técnica psicanalítica, e, recentemente, autores como Meltzer (1971/1967), Ferro (1998) e Symington e Symington (1999) têm se dedicado a pensar sobre essas questões.

Esta parece ser uma oportunidade para repensarmos o *setting* psicanalítico nos dias de hoje. Convivemos com rápidas mudanças econômicas, políticas e sociais e, sobretudo, vivemos na era da informatização das notícias. Assim, a psicanálise, quando praticada em grandes cidades, se apresenta com características diferentes daquela praticada em centros urbanos menores; a dificuldade na mobilidade dos pacientes causadas pelo tráfego, a procura por horários que não fazem parte da faixa habitual de atendimento dos analistas e a escolha de analistas por bairros são alguns exemplos que distinguem o grande do pequeno centro urbano. Há ainda uma crescente indagação, tanto por parte de pacientes quanto por parte de alguns profissionais, sobre a validade da comunicação virtual (telefone, e-mails) na relação.

Em função do fenômeno dos convênios médicos que cada vez mais atuam no atendimento, os pacientes se utilizam desses serviços associando a busca do profissional às informações obtidas sobre eles. Aqui, podemos ressaltar mais uma interferência imposta por essas instituições: a feitura de relatórios dos pacientes, criando entraves éticos ao profissional e ao atendimento oferecido.

Sabe-se que a demanda por trabalho psicanalítico tem aumentado por parte de pacientes adictos químicos, psicossomáticos e *borderline*, o que influi nas condições de estabelecimento do *setting*; por isso, seria interessante que certas adaptações pudessem ser feitas, permitindo a esses pacientes, reconhecidamente com dificuldades na expressão simbólica, que se favoreçam e situem-se cada vez mais na análise, a exemplo das adaptações que ocorreram na técnica de trabalho com crianças (Sandler, 2002).

Estarei desenvolvendo neste artigo questões relacionadas às estruturas em cena e ao processo psicanalítico, apresentando vinhetas clínicas com a finalidade de desenvolver elementos técnicos e metodológicos que possam contribuir para repensar as questões do *setting*.

Por fim, faço algumas considerações nas conclusões do presente artigo, sempre enfatizando que se tratam de ideias que promovem o pensar sobre a teoria e a técnica psicanalíticas.

Estruturas em cena

Penso sobre as estruturas em cena como um movimento, da mesma forma que penso no processo psicanalítico. Nelas, importam a formação pessoal do analista e do analisando; em sentido amplo – se médico, psicólogo, engenheiro, comerciante, dona de casa, se no exercício de atividade artística, desportiva ou literária. Creio que importem ainda as influências genéticas das estruturas de cada um; se formam personalidades mais rígidas ou mais plásticas, assim como creio serem importantes as estruturas familiares e ambientais. Na formação estrita do analista, são fatores importantes as análises e supervisões, e, pela parte do analisando, se este é interessado na área do desenvolvimento mental ou não. Freud (1916-1917) falava em séries complementares quando se referia aos componentes atuantes na influência da formação das neuroses, e me utilizo dessas séries para me referir às condições da relação psicanalítica.

Fazem parte da cena em análise o analista e sua inserção no mundo psicanalítico e social, sua sala e mobiliário, horários e honorários, férias, intervalos entre sessões; pela parte do paciente, fazem parte a forma de procura pelo trabalho, as formalidades, os trajes, a iniciativa. Quando do momento da procura pela análise, possivelmente o paciente não poderá ater-se a esses aspectos nesse primeiro momento, pois provavelmente estará premido por sua condição de dor e sofrimento que configuram e determinam a escolha em permanecer ou não com determinado analista. Cabe ao analista, supostamente mais experiente nesse campo, ter uma notação tão precisa quanto possível desses movimentos iniciais.

Tenho tido a oportunidade de atender pacientes sem muitos desvios em suas personalidades. São pessoas para as quais a busca pela análise e pela instalação do *setting* não causa maiores dificuldades para ambos. Na instalação com pessoas que apresentam distúrbios, percebo em mim uma inquietação; e procuro então me adaptar ao que vou percebendo como dificultoso: por exemplo, se o paciente não quiser se acomodar no divã, não o forço; se os horários ficam, em um primeiro momento, complicados, procuro descomplicá-los; nas combinações de honorários, demonstro flexibilidade até um certo limite; anoto todos esses movimentos e vou trazendo-os para as condições mais próximas dos padrões aos quais estou acostumado a praticar em uma elaboração com pacientes adultos. Mais ainda, quando percebo uma diminuição na expressividade e representação simbólica, procuro ajustar a técnica – como ocorreu no desenvolvimento histórico psicanalítico da análise com crianças –, tentando com isso propiciar um espaço para a espontaneidade das associações, seja introduzindo modelos, histórias, seja tentando ampliar a possibilidade de surgimento das associações livres até com o uso de linguagem mais adaptada à compreensão, facilitando o trânsito comunicativo.

Recordo-me de várias experiências em que fui procurado para trabalho psicanalítico, assim como me recordo de seus resultados. Houve uma ocasião particularmente importante, na qual uma pessoa me aguardava na sala de espera sem ter previamente marcado entrevista. Inicialmente, anunciou-se e, após este primeiro contato, resolveu esperar; expressava olhares no trânsito de um paciente e outro enquanto na sala de espera, até que obteve uma oportunidade de ser atendido naquele mesmo dia. Passaram-se muitas horas até que o encontro fosse possível. Enquanto aguardava, o meu mal-estar decorrente dessa contínua espera provocou-me reações, ainda mais depois de eu não ter conseguido fazer que o cliente retornasse mais tarde, e de nada ter adiantando assegurar-lhe a possibilidade de uma futura consulta, tendo sido em vão qualquer tentativa de confortá-lo. Esse comportamento disse-me muito a respeito da pessoa que ali estava presente.

Noutra ocasião, enquanto atendia a um paciente, escutava ao toque ininterrupto do telefone, que me causava um mal-estar tamanho que resolvi solicitar uma interrupção na sessão para que pudesse atender ao chamado e averiguar do que se tratava – lembro-me, na ocasião, de estar preocupado com alguma possível má notícia de minha família. Quando atendi ao chamado, do outro lado, uma voz masculina, desesperada, insistente para que eu marcasse um horário com extrema urgência, alegava estar a um passo de cometer suicídio. Então, assim que me foi possível eu o recebi, e para minha surpresa, surgiu uma figura bem trajada, perfumada, falando tranquilamente, só mencionando o fato da urgência quando interpelado, ao que me respondeu ter sido uma tática para ser recebido o mais breve possível. Revelações assim permitem-nos entrar em contato com o mundo mental dessas pessoas, oferecendo uma ideia desses aspectos para seguir em suas análises.

Noutro episódio marcante, um paciente com quem já trabalhava há tempos resolveu chegar mais cedo e ficou aguardando sua hora durante todo o horário que antecedia ao seu, e, nessa situação, percebi-me ansioso, interferindo na sessão do paciente que estava chegando.

Situações de atrasos ou faltas colocam-me em compasso de espera, sem saber bem o destino daquela hora; essa expectativa aumenta quando o paciente do horário seguinte chega adiantado e, diante das portas abertas, que assim se encontram para receber o paciente que ainda não chegou, gera-me a dúvida – antecipar o horário?

Há ainda questões externas que necessitam de espaço na sessão de análise, e que podem ser confundidas com a transferência. Um dia muito marcante foi o do "onze de setembro", o dia do ataque terrorista às torres gêmeas em Nova York. Recebi a notícia em um intervalo e vi-me em estado de perplexidade e sofrimento a partir daquele instante. Esse meu estado se estendeu durante o dia todo, e permaneci assim diante das associações dos pacientes, que iam narrando as notícias do suceder desses fatos; as minhas atenções estavam voltadas para as notícias e para a sessão, e ambos, o paciente e eu, estávamos envolvidos em algo no qual a condição de prática da análise, naquele momento, seria duvidosa. Fatores externos influenciaram a minha condição mental – seria possível deixar de examinar essa situação trazida pelo paciente, o ataque terrorista, e examinar as implicações de sua vida mental, sem levar em conta a situação "real"? Poder-se-ia argumentar a possibilidade de haver uma "separação" ou "cisão" na mente do analista, diante dessas solicitações.

Lembro-me da Copa do Mundo sediada no Brasil, quando Ana veio para a sessão e não se referiu aos jogos e nem demonstrou preocupar-se em desmarcar ou remarcar os horários. Senti que não deveria contatá-la com essa finalidade, embora estivesse interessado nos jogos, pois também estava ligado às dificuldades da paciente. O que se passava entre nós, durante a sessão, seus silêncios, suas dores, dificuldades de expressão, os meus sentimentos de solidão e desamparo, como muitas vezes me via diante de Ana, era como se nada estivesse acontecendo pelas ruas de São Paulo. Essa situação permitiu-me conhecer mais ainda seu grau de solidão e desamparo, e hoje, quando me lembro das disputas de copas de futebol, volta-me essa experiência e permaneço na dúvida se realmente deveria ter desmarcado ou transferido o horário, à medida que, da forma como procedi, não ofereci dado algum de minha realidade à paciente. Lembro-me, em alguns momentos durante a sessão, de pensar nos jogos, conformando-me em parte por não me sentir confiante em exprimir meus pensamentos e sentimentos do que estava ocorrendo comigo naquele momento ali com ela, o que não percebo ser problema em fazê-lo com outros pacientes.

Nos tempos de inflação galopante, quando não sabíamos para onde estava seguindo a moeda brasileira, muitas sessões eram ocupadas para falar dos honorários e seus possíveis reajustes! São interferências que guardam uma plausibilidade que dificilmente se pode contrapor sem esbarrar em uma racionalidade.

Antonio, paciente que apresentava dificuldades acentuadas de personalidade, nos primeiros períodos de férias da análise, passava todos os dias no consultório, no seu horário, alegando qualquer motivo, solicitando à secretária permissão para entrar na sala de análise – provavelmente para sossegar seu íntimo durante a minha ausência.

O analista está inevitavelmente sujeito às consequências do contato com os analisandos, situações emergenciais e, por vezes, difíceis de serem controladas; um colega psicanalista com certo tom humorístico, certa vez, se referindo aos perigos da sala de análise, contou que, ao se despedir da esposa pela manhã, esta solicitou cuidados ao atravessar a rua, aliás, uma avenida das mais movimentadas de São Paulo. Parou, pensou e respondeu a ela que seria mais oportuno que tomasse cuidado enquanto estivesse no consultório, onde os perigos eram desconhecidos e imprevisíveis, do que quando nas ruas, em que havia certo grau de previsibilidade e controle.

Freud viveu em Viena, em uma época social e econômica bastante restritiva. Teria ele podido desenvolver a psicanálise na América do Norte? Acredito que o ambiente vivido por Freud na Europa criou condições para a fundação da psicanálise. Então, ele relutou em viajar para os Estados Unidos da América para proferir suas conferências na Clark University, em 1910.

Em suas "Conferências introdutórias sobre psicanálise" (Freud, 1916-1917), relatou um episódio na sala de análise, que aliás era parte de sua casa: "e então [o paciente] entra em uma sala de espera vazia e, principalmente, mobiliada com extrema modéstia e fica chocado. Ele tem de fazer o médico pagar pelo respeito supérfluo que tencionava oferecer-lhe: é assim que deixa de fechar a porta entre a sala de espera e a sala de conduta".

Alguns psicanalistas trabalham em casa, escolha que os sujeita à quebra de sua privacidade; é inevitável a propagação de odores particulares da cozinha, produtos de limpeza, sons e movimentação da família, o que muitas vezes acaba por determinar associações, sonhos, sentimentos de exclusão. Claro que, quando se trata de situações identificáveis, essas são passíveis de manejo.

O que seria realmente mais adequado para o trabalho psicanalítico: o consultório estar em um local comercial, edifício ou casa, ou em uma área residencial, sugerindo maior intimidade? A ligação da dupla parece ser um ponto sensível a esse nível, já que, em inúmeros relatos de colegas, e também na minha experiência, quando ocorrem mudanças geográficas do consultório, os rituais, os sons, acabam por determinar estranhezas, mas, no caminhar dos dias, elas tendem a desaparecer.

Situações, da parte do analista, quando do início de uma reanálise, no "dia seguinte" ao das supervisões dos casos ou seminários clínicos, são particularmente percebidos e apontados pelos pacientes: "o que está se passando com você?" ou "de onde você tirou tudo isso?" Lembro-me, há muitos anos, alguns meses após retomar a minha análise, que pacientes romperam o tratamento alegando vários motivos; mas, decididamente, compreendi ter havido uma "mudança de contrato" – fato bastante reconhecido em grupos de analistas. A decisão de coletar material para a realização de trabalhos científicos e supervisões e a necessidade de guardar na lembrança sequências de associações ou de tomar algumas notas também parece complicar o desenvolvimento da sessão – há um terceiro elemento na sala, o qual o paciente percebe e ao qual ele reage.

São vários os fatores que interferem na relação da dupla, mas é tarefa do analista tentar identificar quais os elementos "estímulos dos sonhos" manifestos e latentes. Certamente são circunstâncias que repercutem nas cenas em movimento.

O processo psicanalítico

Defino o processo psicanalítico como a sequência de instantes analíticos. Supõe a sucessão dentro do horário analítico, assim como a série de sessões analíticas. Está implícito o dinamismo de desenvolvimentos de instâncias psíquicas cujos padrões variam de acordo com a teoria psicanalítica em uso: tornar inconsciente o consciente, alcançar a posição depressiva ou o desenvolvimento da capacidade genética do pensamento na experiência emocional.

A experiência da dupla é determinante daquilo que conhecemos por desenvolvimento da transferência – a capacidade que o analisando vai tendo de expressar, na experiência de aspectos que estavam "deixados", mas que na presença do analista vão sendo novamente incluídos, dando-se a oportunidade de acompanhamento; o desenvolvimento na experiência emocional de aspectos transferenciais totais na presença do analista propiciam a integração de aspectos cindidos; são transformações do analisando e do analista, proporcionando um jogo dialético na experiência em trânsito e permitindo formulações dos movimentos.

No processo estão envolvidos o campo da psicanálise, as teorias empregadas, a técnica psicanalítica, o método psicanalítico e o objeto psicanalítico.

Entendo por campo psicanalítico a disciplina da psicanálise. Cada analista desenvolve um conjunto de ideias com suas teorias, e estas são a base de seus conhecimentos e desenvolvimentos. Entendo por técnica a maneira como se dá a observação no campo analítico por meio das teorias empregadas – associações livres (do analista e do paciente). Por método, entendo o conjunto de técnicas utilizadas pelo analista, a maneira como o analista dá andamento à sua técnica por meio de interpretações ou transformações. E, por fim, o objeto psicanalítico, o específico a ser observado, ou "o objeto criado pelo método psicanalítico no Homem em condições de análise". O método psicanalítico é o método interpretativo quando aplicado sincronicamente à transferência do homem em condição de análise (Alves, 2000).

Minha visão do desenvolvimento de processo psicanalítico começa a partir de minhas experiências pessoais (análise, supervisão, grupos de estudos) e da clínica. Nestas estão incluídas as minhas teorias psicanalíticas no campo de trabalho, a técnica das associações livres, o método das transformações e o objeto psicanalítico (extensão da sensorialidade, dos mitos e das paixões). Considero parte do processo o que ocorre dentro de uma sessão, assim como tudo o que envolve a vinda, a permanência e a separação da análise; séries de acontecimentos vão se dando a partir da experiência, cabendo notação, atenção e também surgimento de memórias justapostas aos fatores presentes desencadeantes, levando a mudanças de estado de humor, capacidade progressiva de simbolização dentro da experiência, relatos de sonhos, associações, devaneios que emergem dentro da sessão. Estou nomeando o "falar do inconsciente", a transferência, o uso das identificações projetivas, *actings*, o aprendendo com a experiência, as transformações etc.

Certamente, o viés cura tem papel importante, à medida que a psicanálise inicialmente derivou da medicina. Curar em psicanálise, no meu modo de ver, está mais ligado aos processos de amadurecimentos do que à redução dos sintomas, o que decorre da própria análise.

A criatividade na sessão analítica é algo fundamental, já que o vir a conhecer-se é uma atividade eminentemente criativa. Implica coragem, proficiência (Goldstajn, 1992).

A psicanálise já conta com mais de cem anos de existência. Desde os inícios, a preocupação era com a resolução dos sintomas, e, gradativamente, o interesse foi se voltando para o que se passava na sessão psicanalítica propriamente. Freud, em sua descrição do caso Dora, percebeu que algo havia se passado na intimidade dessa relação e não foi revelado enquanto permaneceu o vínculo. Ao que parece, isso o motivou a descrever esse algo posteriormente, desenvolvendo a teoria da transferência (*pos-fascio*). Dos sintomas aos sonhos, das associações livres à transferência, dos jogos dramatizados às situações totais na relação analítica, da aprendizagem ao crescimento, foram dados grandes saltos até que se chegasse ao que hoje podemos entender como invariantes do processo psicanalítico.

O trabalho psicanalítico tem como finalidade o trânsito comunicativo entre o analista e o analisando. A intervenção do analista é, sem dúvida, o instrumento que privilegia esse trânsito; é o contador do sonho sem diferenciação do sonhador: o sonhador que não distingue o sonho do não sonho está em um momento psicótico. Seria impossível o pensar sobre a análise sem que houvesse um interlocutor na análise. Como no estado de associação de ideias há rebaixamento de controles, o viver a sessão é ao mesmo tempo relatar como participante e ser ouvinte atento dos relatos – o paciente necessita desenvolver seu ouvido e seu pensamento analítico, ambos adquiridos por meio da experiência. Não um ouvido racional, mas um ouvido em que há proximidade dos sentimentos e o despertar de lembranças.

Há uma associação entre tempo-espaço mental e desenvolvimento mental, e importa visualizar os progressos em análise – revelar o inconsciente, o desenvolvimento da transferência, alcançar a posição depressiva, o desenvolvimento da capacidade de pensar (a grade). Há pacientes com os quais, nos inícios do trabalho, é necessário fazer intervenções constantes; com o desenvolvimento, as minhas falas naturalmente vão se espaçando, e lembro-me em especial de uma paciente de quem, em um período de sua análise, recebi críticas. Entendi suas reclamações como uma necessidade de continuar a me escutar; pareceu-me querer manter-se em um grau de desenvolvimento anterior (regressão), como se ainda necessitasse viver o espaço-tempo interno antigo, fato que minha intuição me dizia não ser verdadeiro; eu percebia já haver condições de progredir.

Os pacientes colaboram a seu modo. Silvia, uma adolescente, em certa ocasião foi interrompida ao falar, e pôs-se a escutar passiva; por meio dessa passividade, demonstrou sua contrariedade. Seguindo suas respostas associativas: "adoro ouvir você contar histórias", "ai que bom que você fala", muito educada, transmitia sentir-se prejudicada por minhas antecipações. A análise prosseguiu, mas o que eu gostaria de ressaltar é que a "colaboração" de Silvia esclareceu haver um mal-entendido entre nós.

De acordo com Winnicott, cada relação corresponde a um "manejo" da experiência, que é específico da dupla. O andamento do processo é complexo, mesmo quando há indicações de que a relação vai bem (leitura dos sinais de José, por exemplo: paciente que se deita no divã, seu ritmo semanal é mantido, seus horários são cumpridos integralmente, suas falas são espontâneas, relata seus sonhos, os pagamentos de acordo). A meu ver, há pacientes que se amoldam mais facilmente ao processo, e necessitamos discriminar se há sofrimento nessa atitude ou se de fato há espontaneidade.

Assunto delicado são as análises institucionais, que têm merecido a atenção dos institutos de psicanálise; há pressão sobre os candidatos, e estes querem alcançar a sua qualificação. Essas análises, a meu ver, merecem condições especiais e fóruns de discussão específicos.

A clínica para a análise não institucional tem atendido, cada vez mais, pacientes com dificuldades na capacidade de expressividade e simbolização. Decididamente, as neuroses são cada vez menos encontradas na clínica, e em seu lugar encontramos aqueles que sofrem de doenças físicas causadas por dor mental, adictos às drogas, psicossomáticos ou somatopsicóticos, o que se aproxima do que denominamos de *borderline*. Em uma releitura dos casos de Freud, "O homem dos ratos" e "O homem dos lobos", bem poderíamos incluí-los nessas condições psíquicas.

Gostaria de apresentar fragmentos de material clínico para melhor ilustrar as variações de *setting* e a técnica e o método psicanalíticos.

Renato procurou-me de forma bastante peculiar: indicado por uma pessoa conhecida sua, ligou marcando uma entrevista para dali a pouco. Um pouco depois, porém, avisou-me que não poderia comparecer e que marcaria um horário em uma outra ocasião. Dali a um tempo, ligou desculpando-se, insistiu em conversar ao telefone sobre sua pessoa, desejando demonstrar reais condições para um trabalho. Interrompi-o e procurei marcar outra entrevista, no que ele consentiu. Novamente, avisou-me que não poderia comparecer. Passados alguns meses, ligou novamente para saber se eu poderia atendê-lo em uma questão focal – seu casamento estava se desfazendo e ele estava desesperado para tentar um reatamento.

Dessa vez ele compareceu, e percebi uma pessoa jovem, perto de 35 anos, advogado, pessoa muito hábil no falar, rápido em suas associações, demonstrando muita inteligência racional. Quis relatar seu histórico de vida e alguns episódios constrangedores de seu trabalho – sentia-se culpado por ter traído sua esposa com uma colega de trabalho. Precisei me esforçar para combinarmos outro horário e continuarmos a conversar, dada a sua prolixidade e humor acelerado (hipomaníaco).

Na entrevista seguinte houve uma alteração no contato, e como ele se apresentou mais contido, fomos nos encaminhando para combinarmos um contrato. Horários complicados, honorários ajustados mais próximos à sua disponibilidade (pagar um valor fixo por mês, independentemente do número de sessões, feriados e minhas férias), ele olhou para o divã e disse: "nem pensar". Na primeira sessão, dispôs uma cadeira próxima à cabeceira do divã e sua posição era tão próxima que mais parecia querer se sentar no meu colo. Contudo, não me importei com tudo isso e achei que seria possível atendê-lo, pois o encontro me transmitia um clima de proximidade, além de me permitir uma experiência.

Passados alguns anos, ele continua com a análise, e suas características iniciais, quanto ao *setting*, continuam permeando o nosso trabalho e, a meu ver, favorecendo o processo analítico.

Suzana veio para a entrevista indicada por uma colega. Apresentou-se de maneira a destacar suas formas femininas, trajando uma minissaia "sumaríssima", enfeitada com brincos e miçangas, falando doce e cantado; impressionou-me. Foi difícil concentrar-me diante de tal figura sentada à minha frente. Combinamos as condições de trabalho analítico e ela me informou que a família estaria disposta a desembolsar uma parte do valor, já que dizia ser dentista recém-formada e não poderia arcar com a manutenção da análise sozinha.

Em nossa primeira sessão, deitou-se e seu sofrimento saltava aos olhos. Seus trajes – blusa decotada, saia extremante curta – não combinavam com o padrão de comportamento que eu via diante de mim: queixava-se dos pais, das irmãs, do namorado, da vida, mais parecendo uma menina chorosa. Decorrido algum tempo, sentou-se, dizendo que não queira ficar deitada. Mais alguns minutos, novamente se deitou e disse que seria melhor, e em decúbito lateral procurou posições de relaxamento parecendo não se importar comigo ali na sala. Pensei comigo: "mas isso são modos?" E me vi em meio às minhas críticas quanto ao seu comportamento, e pensando qual seria a minha disponibilidade em levar adiante aquele trabalho, naquelas condições. Foi como um sinal: pude compreender melhor que minhas críticas de nada ajudariam a acolher as necessidades psíquicas de Suzana, e passei a desviar a atenção de seus aspectos físicos. Aos poucos, fui me sentindo mais descontraído, quando surgiu na minha mente um "sonho" em que eu estava com uma menina que exibia seus dotes para agradar os adultos – expressão física comunicando seu estado psíquico de desamparo.

Esforço diário, à medida que seu comportamento ia se modificando apenas lentamente, aumentando seus sentimentos de confiança e acolhimento. Foi quando ela me contou que se sentia desconfiada diante dos homens, de quem muitas vezes partiam abordagens "sexuais"; ela dizia não perceber ser o estímulo para tal.

Maria me procurou em condições de vida muito difíceis, e está há muitos anos em análise: tinha acabado de perder sua mãe e de se submeter a uma cirurgia radical – histerectomia total. Era uma mulher de cinquenta anos, médica, solteira e sem filhos. Já havia tentado outras análises, mas, de acordo com sua narrativa, não se dispunha a estar com os analistas pois tinha dificuldades em atender ao "ritual rígido", como o deitar-se no divã, aceitar horários e honorários. Então me perguntou se eu estaria disposto a tentar;

ouvindo a minha afirmativa, pareceu relaxar. Deitou-se no divã mais parecendo que ainda estava convalescente do que atendendo a uma eventual solicitação minha. Combinamos sessões de análise todos os dias, e ela aceitou os meus valores. Pouco se mexeu, falou com dificuldades nessa primeira entrevista e assim permanecemos durante um bom tempo.

Com o prosseguir da análise, fui observando determinados comportamentos, como o virar-se em decúbito lateral (o divã que utilizo é um sofá com travesseiro solto) e colocar o braço debaixo do travesseiro, mais parecendo estar em posição de dormir. Havia ocasiões em que, antes de iniciar a fala, revirava-se de um lado a outro, não se ajeitando, até que em um dado instante se aquietava. Ou em ocasiões em que não conseguia se aquietar, sentava-se. Os assuntos não me chamavam tanto a atenção quanto esses cerimoniais, que fomos chamando de "ansiedade de decúbito", para ir nomeando algo de muito doloroso, ainda incapaz expressar. Penso que me amoldei um pouco à forma de ser de Maria, pois eu não tinha experiência com pacientes adultos que necessitavam de tantas manobras para conversar, como ocorre com adolescentes.

Esse padrão se repete ainda hoje quando ela sente ansiedades inenarráveis e procura se sentir mais aconchegada. Apresento uma sessão bem recente:

Maria entra pela sala de análise e noto, por seu comportamento, que ela está agitada – põe a língua para fora (um tique quando está excitada), ri sem que eu note o motivo do riso, vai olhando pelos lados, espera eu me sentar e aí se deita. Fica em silêncio por alguns momentos, revira-se no divã até encontrar uma posição confortável e inicia uma fala, que eu reputo como uma descarga – diversos assuntos, emendados uns nos outros e que não fazem o menor sentido, por vezes, nem mesmo semântico. As ansiedades expressadas pelo corpo vão ganhando contraparte mental – tumulto. Fico atordoado com a enxurrada de nomes e situações citadas. Tentarei reproduzir um pouco do que foi dito, porém, dando alguma coerência:

Maria: Achei que não ia chegar na hora; aliás, ando me atrasando e estou achando que isso de você me dizer que quero interromper a análise pode ser verdade. Mas vim e estou muito preocupada com os meus ganhos, não posso ficar sem trabalhar e tenho que me arranjar com os meus plantões, além do que, devo voltar a trabalhar no Estado e não posso abrir mão de nada. Mas como vou fazer, eles não definem o que vou fazer e nessa sexta eu não venho. Não tem jeito de eu vir porque vou ter que experimentar o serviço na sexta e no domingo. Andei mudando meu plantão de domingo só para dar certo, mas eu não posso mudar o plantão porque lá eu ganho bem! O dr. A me telefonou e me deu esses horários, e é claro que vou pegar, e não sei como vai ficar para eu vir. Eu não posso deixar de vir, ainda não é o momento; ando muito calada não querendo brigar com os colegas, mas veja o que aconteceu lá no plantão (e narra uma série de procedimentos médicos que nós costumamos chamar de Plantão Médico, o programa de TV).

Jaques: Você espera que eu entenda o que acabou de falar, que eu pegue todos os pedacinhos e dê para você algum entendimento.

M.: É mesmo, tanta coisa né? Por isso não consigo fazer o meu regime. Fiquei em casa por mais de duas horas descascando verduras para mim e para a minha irmã, e quase que não chego. Claro que eu quero vir, mas fica essa coisa do carro que a minha irmã quer pegar, e ela me diz: "porque você vai ao Jaques". Fica uma pressão, mas daí eu digo que não, eu vou e pronto.

J.: Essa coisa de eu ter dito uma vez que poderia ser que você estivesse pensando em não vir mais, parece que pegou muito fundo.

Foi uma ideia que transitou entre nós dois naquele dia e naquele momento, e você está oprimida com isso. Se não serviu, jogamos fora; mas, para sua escuta, eu já falei e você já escutou!

M.: Você quer me mandar embora, não me aguenta mais aqui, eu que fico falando e brigando com todos; nem você e nem ninguém me quer.

J.: Da minha parte, eu não me lembro de ter te falado que eu quisesse que você fosse embora!

M.: Você não falou com essas palavras, mas mencionou e eu acho que é assim.

J.: Quanto a isso, o que podemos fazer: mesmo eu não tendo falado, você ouviu. E, agora mesmo, estamos conversando sobre o seu sentimento de ser rejeitada, e não me parece que eu a esteja rejeitando, e você está reagindo de forma como se tivesse nessa situação! Não poderia ser que você já tem esse sentimento independentemente de alguém estar ou não te rejeitando?

M.: É, pode ser! Quando eu fico nervosa, é assim que me sinto.

Nesse momento ela parece mais descontraída, está nitidamente sorridente e amistosa; satisfeita. Aviso que chegamos ao final da sessão, e ela reage dizendo que não gosta de ir embora – encerrar a sessão pode ser equiparado a ser mandada embora, concretamente.

Comentários sobre a sessão

A entrada de Maria pela sala sugere que estivesse alucinando. Sua fala incoercível expressa enorme dor mental, pensamentos não pensados, uma descarga, o terror de ser mandada embora. De qualquer forma, ela entra na sessão, cordata, com o seu cerimonial habitual, e fala como pode sobre as suas dores. O revirar-se no divã é a sua forma de comportar-se, e aprendemos que ela precisa se "ajeitar" antes de qualquer possibilidade de conversa.

A sua primeira fala mais parece uma tentativa de aplacar o seu terror. Mas há uma ambivalência quanto ao vir e ao não vir para a análise.

O analista, com sua fala, visa a fazer contato com a cliente, oferecendo uma função pensante da área emocional: "ela espera que eu a entenda emocionalmente", dar continência aos conteúdos e verbalizá-los.

Aparentemente, Maria concorda, mas continua com as associações que demonstram sua ambivalência, agora personalizando (equação simbólica ou simbolização) na figura da irmã.

Menciono o ponto que me pareceu ser a fonte da dor para que falássemos sobre ele: "deixar de vir".

A resposta de Maria é a repetição do sentimento de ser abandonada, muito embora ela mesma queira, em um aspecto dissociado, deixar a análise.

Algum contato é mantido, já que surge uma conversa mais próxima para Maria, e ao final da sessão ela demonstra não querer ir embora: "ser mandada embora", concretamente (alucinose), e não gostar de se separar da sessão (elaboração).

O "ser mandada embora", o ser abandonada, é uma inscrição muito antiga em sua mente. Podemos imaginar que essas suas relações se repetiram em inúmeras ocasiões, e que ela foi incapaz de formar um pensamento estável nesse sentido, o que na atualidade poderia conduzi-la a uma elaboração mais profunda de que talvez esteja querendo deixar a análise, movimento natural na vida das pessoas, após tantos anos.

Dado o caráter avassalador de seu comportamento, elaboro hipóteses sobre os inícios de sua vida emocional: o que ela vive parece ser decorrência de uma fantasia inconsciente ou, então, uma alucinação baseada em relações de objetos internos que a abandonam; há uma simetria *onipotência-desamparo (trauma)*, talvez uma alucinação (elementos β) em uma personalidade que mais manipula equações simbólicas e dificulta a simbolização (des--α-betização). Há uma falha da concepção edípica, à medida que ela busca formar uma experiência com o analista conjugando a expectativa (preconcepção) e a realização de uma experiência com um pai-homem, uma mulher-esposa, e a própria relação conjugal: uma forma de constituir-se e de encontrar seu elo perdido.

Nos inícios de sua vida mental, devem ter ocorrido dificuldades em suas relações, a tal ponto que estas não se modificaram no decorrer de diversas experiências mais favoráveis, como a análise, parecendo não terem pareado a preconcepção (expectativa do seio, pênis, casal) a uma realização do seio, necessário para uma vida de elaboração emocional, afinal, ela não se casou, não teve filhos, suas buscas por trabalho não obtiveram um bom termo até então.

Claro que Maria tem condições para alcançar uma vida intelectual; tornou-se médica, é independente financeiramente. Mas não se poderia falar o mesmo quanto aos aspectos emocionais. Sempre ameaçada por fantasmas ou por fantasias de ser abandonada, e, na sua maioria, em decorrência de litígios com autoridades – querendo impor sua presença como defesa contra ser abandonada.

Mas, dado o caráter parcialmente impenetrável dessas associações, podemos conceituar o que chamamos de alucinose: ela alucina como forma de se evadir de olhar uma realidade, da ameaça que sente quando me encontra; porém, mantém uma área de discriminação entre o seu viver interno e aquilo que está sendo dito pelo analista; afinal, ela guarda, em alguns momentos, uma distinção "não foi assim que você falou".

Na contraparte do espectro de abandono, sua permanência na análise parece favorecer a formação de uma "prótese" para atender seus anseios de viver uma boa relação com um homem, ser mulher e, assim, viver uma experiência emocional mais integrada como casal – par analítico criativo.

Trata-se de uma análise de longa duração: estamos juntos há onze anos. A questão técnica com essa paciente gira em torno da paciência em assistir seus movimentos e aguardar o melhor momento para falar e ser ouvido. Muitas vezes me percebi sem vontade de estar com ela, suas falas causavam-me sonolência. Com o progredir das sessões, fui aprendendo a melhor forma de estar, ora me retraindo, ora me impondo, e sendo aceito.

Conclusões

Por meio de pesquisa na literatura psicanalítica (Goldstajn, 2003) é possível concluir ter havido mudança no perfil dos pacientes que procuram a clínica psicanalítica hoje, prevalecendo nessa procura os chamados pacientes *borderline*, psicossomáticos e adictos, despertando questões sobre a possibilidade da manutenção do *setting*, tal qual conhecido por nós desde os tempos de Freud, Klein e outros, permitindo repensar essas condições para a clínica hoje.

A globalização tem mudado as características das pessoas em uma velocidade sem precedentes, e, nós, analistas, precisamos nos adaptar às comunicações rápidas, o que requer recursos para que valorizemos nossas escolhas. Nós nos vemos diante de aparentes opções, quantidades de informação muitas vezes sem qualidades, e assim somos pressionados a praticar elaborações mais adequadas a fim de exercitarmos nossas capacidades de tolerar frustrações; é o que penso se passar com muitos pacientes que, ao procurarem por análise, demonstram utilizarem recursos primitivos – as áreas psicóticas da personalidade, insuficientes para dar continência e duvidosos quanto a capacidade criativa.

Caberia, no momento, pensar como o fazíamos na época de mudanças técnicas ocorridas nas psicanálises de crianças, de mudanças no processo psicanalítico ao trabalharmos com pacientes *borderline*; nossos conhecimentos e experiências podem permitir--nos mudar características do atendimento de alguns pacientes e assim promover continências. Há pacientes que se comportam de modo "normal", não necessitando de mudanças no *setting*, mas tenho sido procurado por pessoas com dificuldades cada vez maiores em verbalizar seus sentimentos, prejudicados em sua capacidade de usar simbolizações, metáforas, o que não tem impedido o trabalho em análise, mas exigido algumas adaptações.

Como conduzir as análises em pacientes que apresentam dificuldades de se manter em um *setting* tradicional (Symington, 2002)? As variações técnicas já são reconhecidas quando da análise de crianças e adolescentes. Precisamos estar de acordo quanto ao emprego de variações nos pacientes chamados adultos. Alterar a frequência das sessões, o uso do divã, apresentar formulações que privilegiem o melhor entendimento para personalidades que prevalentemente operem em áreas primitivas; essas variações nos procedimentos seriam impedimentos de alcançarmos bons resultados no processo, no método e na visualização do objeto psicanalítico?

Sou da opinião de que o analista experiente pode se conduzir, com suas técnicas, de modo a produzir um modo a cada relação analítica, sem deixar de pensar no todo a ser alcançado e privilegiando um estudo metodológico de seu trabalho.

Maria, em análise há muitos anos, apresenta padrões primitivos em momentos de ansiedades, e o fato de esses padrões se repetirem não impede que haja progressos em sua análise.

Renato continua a se sentar "no meu colo" durante as sessões; vem se mantendo de forma viva e interessada, e cada vez mais procuro aproximar minhas formulações do método psicanalítico, frequentemente como ponto central de nosso trabalho. Suas respostas têm sido de maior tolerância, e isso tem ampliado sua capacidade de elaborar suas ansiedades. Temos percebido que ele tem se ligado aos acontecimentos familiares e pensado em se conduzir amorosamente em relação à sua mulher e à sua filha, modificando gradualmente suas relações de objeto "internas".

Suzana vive na "adolescência", embora tenha trinta anos, e até um certo ponto tem permitido que minhas intervenções sejam mais espontâneas, sem o risco de rupturas imediatas. Aos poucos, percebo-a modificando uma série de atitudes, como chegar no horário, trajar-se mais harmonicamente com sua idade, permitir-se certos momentos de reflexão, continuar sua conversa comigo menos ansiosa em contar fatos e deixar-se levar por associações de ideias. Tenho deixado de pensar que esse vínculo está prestes a se romper, como me pareceu em várias ocasiões.

A partir das experiências que temos em nossos consultórios, podemos propor variações técnicas que podem significar avanços

O que quer dizer sonhar? Conter (aceitar, absorver), converter energia, desintoxicar, transformar, mediar e traduzir a ansiedade inominável – suprir uma experiência ontológica imediata do eterno, infinito presente em uma sequência narrativa atada ao tempo (sonho, fantasia ou narrativa objetiva). As intervenções do analista em última análise constituem um reasseguramento para o analisando que transcende sua precisão cognitiva. Se o analista for capaz de expressar a verdade que está por trás da intervenção, então a um nível isso pode significar que o analisando está com medo da verdade e que, consequentemente, é seguro para ele absorvê-la e ser transformado por ela (verdade). Essa ideia sugere que um dos fatores potentes no tratamento analítico é o esteio da capacidade de sonhar e de fantasiar do analisando pelas intervenções do analista como um sonhador auxiliar.

Hipóteses imaginativas sobre um instinto de verdade

Minha primeira hipótese, seguindo Bion (1962b), é que sonhar e fantasiar se sobrepõem e são contínuos um ao outro.

Minha segunda hipótese é que o sonhar/fantasiar não são mediadores de impulsos tanto quanto eles mediam experiências emocionais emergentes do impacto do indivíduo com O e, portanto, constituem um pensamento inconsciente e, em última análise, uma posse pessoal da experiência.

Minha terceira hipótese é, novamente seguindo Bion (1965, 1970, p. 26; 1992, p. 99), que existe um "instinto de verdade" que tem hegemonia sobre os impulsos libidinais e destrutivos no inconsciente.

Minha quarta hipótese é que a psicopatologia constitui uma afirmação do sonhar/fantasiar defeituosos, inadequados que são equivalentes ao processo afeto-defeituoso de O como consequência.

Minha quinta hipótese é que interpretações validadas não desabonam a ficção do sonhar/fantasiar, mas consertam sua função defeituosa.

Minha sexta hipótese é que, com o sonhar/fantasiar adequados, alcançamos *conhecimento* sobre nós mesmos como uma transição em direção a um estágio adiante de sabedoria transcendente que não requer mais o conhecimento que era, em retrospectiva, apenas um escudo transitório e agora obsoleto. Portanto, normalmente, há um ciclo de retorno que começa com o sonhar de O, o qual resulta em fantasias *pessoais,* sonhos e memória, que são depois abstraídos em conhecimento *objetivo* sobre o *self,* e depois, em transformações em O, as quais representam um retorno à experiência O em um nível mais maduro sem a necessidade de imagens ou símbolos como escudos.

A aquisição da sabedoria e serenidade está na transformação em O – além de no conhecimento, e conhecimento é a falsidade de O (da verdade) – pelo fato de ela ter sido filtrada por meio da distorção do sonhar/fantasiar para que seja inicialmente humanamente tolerada. Todas essas transformações ocorrem por causa do sonhar. Portanto, "o analista", de acordo com Bion (1970, p. 30) "precisa abandonar a memória e o desejo" para se livrar do mesmo conhecimento que ele obteve há tempos por meio do sonhar/fantasiar, os quais produziram imagens e símbolos como um efeito posterior do contato direto com o objeto. *Em última análise, o propósito do sonhar/fantasiar é devolver cosmicamente a Verdade Absoluta impessoal sobre a realidade suprema de um encontro com um objeto tolerável, pessoal e significativo, reproduzindo aquela experiência em imagens, símbolos ou construções que o homem pode tolerar mentalmente e manipular.*

Sonhar e fantasiar são permutáveis

Freud (1966a/1897) afirmou que fantasias eram "ficções protetoras" (p. 248) e, mais tarde, que:

> *fantasias são fachadas físicas construídas para barrar o caminho às... lembranças. Fantasias ao mesmo tempo servem para refinar as lembranças, para sublimá-las. Elas são construídas a partir de coisas que são ouvidas e das quais fazemos uso subsequentemente... Elas são relacionadas a coisas ouvidas, assim como sonhos são relacionados a coisas vistas. (Freud, 1966b/1897, p. 248)*

Portanto, ao fazer a distinção entre sonhos e fantasias, Freud usa apenas o critério de sua origem sensorial. Consequentemente, eu as considero permutáveis.

"Função-α" (Bion, 1962a, p. 115) ou "trabalho de sonho-α" (1992, p. 62) é básico para cada um deles. Como antecipação de um outro tema, entretanto, Freud também parece se referir ao fato de que fantasias são "ficções protetoras" ou "fachadas físicas" que defendem contra a memória inconsciente, a qual sustenta a linha de pensamento de Bion, que sugere que o fantasiar/sonhar defende contra as implacáveis oscilações de O em evolução.

Minha segunda hipótese, também seguindo Bion (1962b, pp. 6-8), é que sonhar (fantasiar) constitui o pensar inconsciente que funciona não só para mediar os impulsos, mas também as experiências emocionais inconscientes que emanam de O. O é o termo de Bion (1965, p. 17) para um inefável domínio além da realidade simbólica que ele designa como verdade absoluta, realidade suprema, númena, coisas em si, elementos-β, formas ideais, infinito, caos e cabeças de deus (uma "deidade" que pode abarcar o infinito e o caos do precedente).² O é causa primeira dentro da psique; é uma realidade cósmica, ontológica, que está evoluindo sempre e intersectando a fronteira emocional do indivíduo, assim como os contatos individuais o fazem com o O dos objetos. Essa intercessão ocorre em relacionamentos humanos íntimos como "turbulência emocional" (Bion, 1965, p. 68). A inabilidade de tolerar O é traduzida em "medo inominável" (Bion, 1992, pp. 45-46). Freud (1966b/1897) já havia afirmado que fantasias defendiam contra os impulsos: "Fantasias tinham o propósito de acobertar a atividade autoerótica dos primeiros anos da infância, para enfeitá-la e elevá-la a um plano mais alto. E agora, por detrás das fantasias, a ampla gama da vida sexual de uma criança tornou-se clara" (p. 18).

Bion (1962b, p. 47) emprestou os impulsos de Freud, adicionou o impulso epistemofílico e traduziu-os em ligações comunicativas entre *self* e objetos: "L" (amor), "H" (ódio), e "K" (conhecimento),³ os quais mediariam, junto com o trabalho de sonho-α, o contato do indivíduo com o O impessoal em evolução por meio da transformação da experiência em significado subjetivo pessoal.

Só podemos conhecer um objeto por meio do modo como nos *sentimos* acerca dele, isto é, (H) ódio ou (L) amor. Isaacs explicou a teoria de fantasias de Klein. Ela afirmou que fantasias constituíam as representações mentais dos instintos. Em uma contribuição mais recente, Cílio esclareceu as diferenças entre a compreensão de Freud e Klein sobre as fantasias. Ele afirma:

---

2 *Godhead* (cabeça de deus) é uma construção e uma metáfora que encontra um paralelo com "o demônio de Laplace", "uma inteligência que em um certo instante conheceu todas as forças que agem na natureza e a posição de todas as partículas, e que era capaz de submeter todos estes dados a uma análise matemática" (Shermer, 2003, p. 56). *Godhead* deveria ser substituída por "capuz de deus".
3 Só nos é possível conhecer um objeto por meio do que sentimos por ele.

> *Na ótica de Freud, apesar de haver fantasias no sistema inconsciente, a unidade básica do sistema inconsciente não é fantasia mas o desejo instintivo inconsciente. Formação de sonho e formação de fantasia são processos paralelos; pode-se falar de "trabalho de fantasia" comparável ao "trabalho de sonho"; ambos envolvem transformação do conteúdo inconsciente primário, e sonhos são uma transformação dele. (Cílio, 2001)*

Para Freud, o motor principal, por assim dizer, é o desejo inconsciente; sonhos e fantasias são ambos derivativos disfarçados dele. Para Klein, o motor principal é a fantasia inconsciente (p. 362).

Klein desenvolveu sua ideia de fantasia gradativamente a partir de 1919, enfatizando particularmente o efeito prejudicial da inibição da fantasia no desenvolvimento da criança... Essencialmente, penso que Klein viu a fantasia inconsciente como sinônimo do pensamento e do sentimento inconscientes, e que ela pode ter usado o termo *fantasia* em vez de *pensamento* porque os pensamentos de seus pacientes crianças eram mais imaginativos e menos racionais do que o pensamento adulto comum geralmente deve ser (p. 364).

No ver de Spillius (2001), parecia que Klein dava um papel mais central às fantasias inconscientes, acreditando que elas constituíam *o pensar inconsciente,* o qual antecipava as concepções epistemológicas de Bion. Mais adiante, ela acreditou que todas as comunicações fundamentais e relacionamentos dentro do *self* e com os outros eram conduzidos por meio de fantasias inconscientes.

O instinto de verdade e O

Minha terceira hipótese, também seguindo Bion (1962b, pp. 6-8; 1992, pp. 99, 299-300), é que sonhos (fantasias) não apenas intermediam impulsos, como Freud (Cílio (1966b/1897, p. 18) pensou; eles mediam experiências emocionais originadas do impacto com O, as quais podem conter os impulsos. Bion (1962b), como já foi mencionado, reestruturou os impulsos de Freud (1953b/1905) como "L" (amor), "H" (ódio) e "K" (conhecimento), que são ligações emocionais inseparáveis entre *self* e objetos (p. 43). Em última análise, a ligação "K" (conhecimento) se tornou o progenitor do que *eu* interpreto como o "instinto de verdade", um conceito ao qual Bion apenas aludiu em suas publicações, mas explicou a mim pessoalmente (Bion, 1965, p. 38; 1970, p. 7, p. 26; 1992, p. 114, p. 269, pp. 299-300; comunicação pessoal, 1976, 1977).[4]

O O de Bion encontra sua contrapartida no "registro do real" de Lacan, aquele domínio da realidade ontológica que é inefável e conhecível, isto é, além do alcance da realidade externa simbólica. O analista, de acordo com Bion, precisa perseguir O por meio do abandono da memória, do desejo, das preconcepções e da compreensão, que são todas instrumentalidades impulsionadas pelo sentido, e focalizar o desconhecido, resignado a nunca compreendê-lo ou entendê-lo, mas capaz de "torná-lo" (emocionalmente experienciá-lo sem conhecê-lo).

Quando Bion escreve sobre O em expansão (1970, pp. 27, 118), ele parece estar sugerindo que as evoluções de O constituem uma força vetor centripetal semelhante a um impulso que mira em direção ao sujeito recipiente para reconhecimento (se força na

---

4 Bion nunca publicou o termo "instinto de verdade", mas falou dele frequentemente quando estive em análise com ele.

percepção receptiva do sujeito). Estamos acostumados a pensar na verdade em termos de teste da realidade (Freud, 1953a/1900, pp. 566-567), que é uma função do ego. Enquanto ainda aderindo a essa ideia em um nível, Bion parece também estar sugerindo que a verdade absoluta, improvavelmente reconhecida de um modo corriqueiro, verdade testável pela realidade, jaz em um nível mais profundo do inconsciente e eclode na psique como um impulso. É minha impressão que O em evolução inclui todos os impulsos de Freud – e mais, isto é, "cabeça de deus", formas ideais ou eternas de Platão (preconcepções inerentes ou "memórias do futuro", númena de Kant (1958/1788) (coisas em si próprias) e categorias primárias e secundárias, "realidade bruta" de Peirce (1931, p. 38), "Ananke", (Necessidade) de Ricoeur (1970), *sets* infinitos, caos e enteléquia de Matte Blanco (1975, 1981, 1988) (noção vitalista de Aristóteles da atualização do potencial emergente inerente em todos os organismos). É importante perceber que, quando Bion se refere a O, ele não envolve teologia ou religião, exceto como metáfora.

O "instinto de verdade" compele inconscientemente o indivíduo a se tornar aberto às intercessões evolutivas de O^5 (verdade absoluta), a qual é expressada primeiramente como impressões não mentalizadas na psique conhecidas como "elementos-β" (*inchoate*, protoemoções não processadas das interações com objetos) que procuram transformação pela função-α do indivíduo para se tornarem elementos-α mentalizáveis, os últimos dos quais são adequados a memórias, sonhos, pensamentos futuros e reforço da barreira de contato que separa o inconsciente do consciente. Nesse esquema, um aspecto dos impulsos de Freud os transforma nas ligações emocionais "L" e "H" para que produzam uma percepção (K) de como nos sentimos sobre a "turbulência emocional"

---

5   O pode ser comparado à "matéria negra" cósmica. É invisível e incompreensível (inefável), mas ubíquo e onipotente, e interpenetra cada aspecto de nosso ser.

depois de um encontro com um objeto, turbulência causada pelas emoções que experienciamos. Essas ligações fundem afetos e impulsos e reorganizam-nos como modos emocionais pessoais de conhecer como alguém se sente subjetivamente a respeito de um objeto. Elas representam "conhecimento" – "amoroso e/ou odioso emocional" (Bion, 1965, p. 38; e em comunicação pessoal, 1977) –, então, acredito ter estendido um aspecto de "K" para incluir o "instinto de verdade" e ligado sua operação com as evoluções de O e suas intercessões com a fronteira emocional do indivíduo.

Por trás dessas suposições, está a crença de Bion (1965, p. 38) de que a psique requer verdade do mesmo modo que o soma requer comida. *Em minha opinião, esta, e a concepção dele de O, isto é, elementos mentais (-β) não processados, transcendem o conceito de Freud (1958/1911) de hegemonia do princípio de libido e o conceito de primazia de Klein (1950b/1933) do instinto de morte na vida mental inconsciente postulando a atividade de supra ordenação do "instinto de verdade".*

Bion, então, continuou dizendo que *aprende-se* (ganha-se) *com a experiência* quando se é capaz de tolerar a dúvida, a incerteza e/ou a severidade da experiência, quando se é capaz de processá-la dentro de seu significado pessoal (subjetivo e depois objetivo, ambos sendo processos do sonhar (Bion, 1962b). Esse processamento é originalmente feito em conjunto pela mãe e pela criança usando o *rêverie* da mãe e sua função-α como continente, e, mais tarde, pela criança sozinha, enquanto ela incorpora a experiência da função-α da mãe para ela própria. A "verdade (impessoal e infinita) absoluta" sobre a "realidade suprema" a respeito de um encontro de objeto, se inicialmente tolerado e aceitado, se torna transformada primeiro na "verdade pessoal" de alguém ("K", com a assistência de "L" e "H") sobre si próprio *vis-à-vis* como alguém responde ao impacto de O (posição esquizoparanoide), e segundo, na "verdade (realista) objetiva" (posição depressiva – sonhar mais alto). Bion (1965) também pensa na função continente como um modelo para uma barreira de contato que é uma estrutura seletivamente permeável, que separa tanto os sistemas Ucs como Cs, e também permite a alguns aspectos de cada domínio seletivamente entrar no outro. Esse é um modelo para o pensar reflexivo.

A verdade da questão é que eu não consigo encarar a verdade

Bion (1970, p. 98) distingue entre falsidade e mentiras; a primeira está relacionada a mecanismos de defesa bem conhecidos que operam para censurar, alterar ou disfarçar a verdade por tolerabilidade. Mentiras, por outro lado, claramente repudiam a verdade em favor do princípio dor-prazer, exclusivamente. Paradoxalmente, o mentiroso, assim como o psicótico, está mais perto da verdade do que está o neurótico, cujos mecanismos de defesa são tais que só permitem que eles parcialmente falsifiquem a verdade. O mentiroso e o psicótico parecem ter uma estimativa genuína de suas vulnerabilidades quanto à sua inabilidade de encarar a verdade, tanto quanto uma estimativa mais genuína das implicações mais amplas da verdade com a qual eles se sentem condenados a serem confrontados. O clamor de todos os pacientes psicóticos, de todas as desordens de caráter e de pacientes sofrendo de outras desordens mentais primitivas – se é que posso resumir minha opinião a respeito de suas crenças em uma afirmação coletiva – é: "a verdade da questão é que não posso encarar a verdade, porque eu conheço a verdade bem demais e não fui suficientemente protegido dela, e eu conheço as limitações de meus recursos internos (minha função-α) para lidar com ela – essa é a verdade". Essa "verdade" poderá explicar porque tantos pacientes psicóticos sobre os quais

Rosenfeld (1965) e Bion (1967) discutiram experienciaram reações terapêuticas negativas quando se depararam com a posição depressiva básica, isto é, o "momento da verdade".

Uma outra perspectiva de sua condição *vis-à-vis* à verdade é a aparente privação de sua "enteléquia",[6] suas esperanças para seu desenvolvimento futuro. É como se eles tivessem anteriormente feito um verdadeiro pacto com o diabo (seu instinto de morte)[7] para evitar promessa e progresso a fim de manter a ilusão de segurança, uma segurança "autorizada" por seu refúgio psíquico "protetor" (Steiner, 1993), o bastião da mentira. Assim, poderíamos levantar a hipótese de que todos os objetos internos constituem, de um modo ou outro, continentes defeituosos de O.

Vinheta de um caso breve

Faltava pouco para que eu saísse de férias de verão, e uma analisanda mulher expressou consternação a respeito de como seu marido desempregado a estava deixando na mão, jogando sobre ela a responsabilidade do sustento. Fui capaz de fazê-la enxergar que, por analogia, ela estava também percebendo a mim como um analista parceiro a ficar desempregado em breve, deixando-a sozinha

---

6 "Enteléquia" é um termo de Aristóteles usado subsequentemente por filósofos vitalistas, o qual designa a atualização do potencial inerente de alguém. A árvore, por exemplo, é a inteléquia da semente que a gerou. As limitações de espaço me impedem de desenvolver o tema da inteléquia (desenvolvimento) como ainda mais um aspecto de O em desenvolvimento implacavemente contínuo.

7 Vale notar que os kleinianos, incluindo Bion, nunca contemplaram os aspectos do instinto de morte. O próprio Bion, cujo O o transcende, parece nunca ter tomado consciência de que o instinto de morte pode ser uma defesa adaptativa para aqueles cujas funções-α lhes falharam; assim, eles se sentenciam ao uso do instinto de morte como sua única esperança.

com a carga de cuidar de si própria, assim como de sua família. Ela experienciou algum alívio, mas permaneceu perturbada, de algum modo. Naquele momento, intuí que ela havia esperado que eu desse a ela aquela interpretação e que se sentira aliviada por razões parcialmente falsas, pelo fato de que eu havia proferido isso tão frequentemente no passado; desse modo, isso havia se tornado clichê, e comecei a sentir que um conluio inconsciente entre nós poderia estar em processo. Refletindo comigo mesmo sobre o assunto um tempo depois, pensei no "divórcio" que ela acreditou que tivesse secretamente obtido de sua família de origem quando criança (por causa da vergonha de serem estrangeiros (eles eram imigrantes). Fui, então, capaz de interpretar para ela que ela se sentia amaldiçoada a ter que cuidar de si própria, assim como de seu marido e de mim, como uma punição por ter abandonado seus pais, e por isso ficou estagnada, porque se permitisse bons sentimentos em relação a eles (gratidão), ela não seria capaz de tolerar sua retaliação e meu ódio por ela. Ela sentiu alívio instantaneamente.

Enquanto eu escutava a analisanda durante a parte inicial da sessão, notei que eu estava começando a ficar ansioso e me desliguei dela. Mais tarde, comecei a me sentir um pouco envergonhado, sem saber porquê. O que acredito que aconteceu é o seguinte: ela tinha sido por muito tempo dominada pela fantasia masoquista de estar condenada a ser uma mártir, de ter que fazer a vontade de outras pessoas por causa da vergonha inconsciente (de sua família) e pela culpa que essa vergonha acarretava. A fantasia inconsciente era a de que ela não valia nada, a qual refletia sua identificação inconsciente com seus pais – que *eles* não valiam nada. Essa era a fantasia obstruída. Minha interpretação sobre seu medo de gratidão constituía uma fantasia corretiva, que era necessária para libertar a fantasia emperrada – para que, com gratidão a eles, ela pudesse emergir de uma visão negativa polarizada para uma ambivalência tolerável em direção ao amor. Uma das mais profundas questões era seu senso duradouro de empobrecimento de bons objetos e, consequentemente, uma falta de continência interna ("sonhadores"). A minha ausência durante as férias foi experienciada, em um nível, como uma crença de que eu não retornaria – como retaliação ao seu "divórcio." Então, mais uma vez, não haveria ninguém para contê-la e ajudá-la a "sonhar" a sua angústia.

Supraordenando a narrativa anterior, entretanto, é minha impressão que o ato em si de contenção (conter) do ato mental inconsciente de "divórcio", primeiro *sentindo*-o (ansiedade e sendo cortado e depois vergonha) e depois *nomeando*-o, não apenas segurou a sua ansiedade. Ele constituiu um ato meu de "sonhar" a sua ansiedade. O meu "sonhar" junto com ela consistiu na minha capacidade de experienciar emoções dela dentro de mim que correspondiam a emoções correlatas nela, o que, junto com a minha compreensão cognitiva de suas associações verbais, me permitiram evoluir a partir de minha própria P-S (paciência) até D (segurança) para proferir a interpretação.

O sonho de um analisando psicótico[8]

O que narro a seguir é um sonho do início da infância de uma analisanda cronicamente psicótica que se tornou repetitivo na sessão analítica:

> *Eu estava em uma piscina de água negra. Tudo era escuro. Havia uma coisa atrás de mim, uma coisa tipo cobra. A coisa-cobra vinha sempre onde eu estava. Isso me*

---

[8] Sou grato a Ann Clothier por haver permitido que eu usasse o sonho de seu analisando.

> *aterrorizava. Eu tentava misturar as margens para sair da água, mas isso era inclinado demais e escorregadio. Eu costumava acordar sempre naquele ponto do sonho e gritar. Finalmente, minha mãe vinha e me tirava de meu berço. Assim é como eu me lembrava do sonho porque eu ficava acordando gritando. Depois de um longo tempo, descobri que se eu tirasse alguma areia molhada do fundo da piscina, se cavasse, então eu poderia colocá-la nas margens escorregadias e fazer degraus. Finalmente, conseguia escapar.*

Note-se que a analisanda tinha sido adotada ao nascer.

Minha impressão de supervisão do sonho é a seguinte: a piscina de água negra representa um medo de mergulhar em uma depressão profunda por causa de seu medo de um puxão regressivo em direção à dependência abjeta (desprezível) na transferência. A "coisa-cobra" pode ser a representação de um objeto interno persecutório, cujos componentes podem ter sido o umbigo, e, portanto, o seu medo de uma regressão massiva ao ventre ou o pênis paterno e, portanto, seu medo de sentimentos edípicos na transferência. O que é digno de nota é que esse sonho era reportado em sua análise em uma época em que ela estava fazendo grande progresso. Sua analista e eu entendemos isso, consequentemente, como um reconhecimento de progresso junto com um ataque feito por sua organização patológica para puxá-la de volta à desorganização regressiva, isto é, para combater seu desejo de progresso e verdade, e para substituir a mentira, isto é, a função-α ao reverso (Bion, 1962b, p. 25). Seu desejo de progresso e verdade permitiram a ela tornar-se corajosa e inovadora em sua fuga. Acredito que a analisanda superou a tendência à alucinação (expulsão das emoções; Bion, 1967d/1958) em favor da aceitação verdadeira dela via sonho.

Interpretação psicanalítica como reparadora de sonho/fantasia defeituosa

Minha quarta hipótese pode ser apresentada como a seguinte questão: uma interpretação válida alivia o efeito da fantasia inconsciente operante, favorecendo o teste de realidade, ou ela libera uma fantasia perturbada ou obstruída – e, portanto, clinicamente fraca – de sua obstrução para que ela possa, então, prosseguir em seu caminho e reentrar o córrego mítico do ciclo da fantasia do inconsciente, isto é, a função-α (trabalho de sonho-α)?

No exemplo do primeiro caso, inconscientemente e antes de mais nada, entrei em conluio com a necessidade da analisanda de preservar um ritual de reasseguramento da falsidade. Eu então apresentei uma interpretação de uma fantasia inconsciente operante (o "divórcio" da infância), que se tornou mutante porque ela se dirigia à situação traumática que não havia sido curada pelo fantasiar/sonhar adequado. Minha interpretação ajudou a reparar o processo de sonhar/fantasiar para que nas sessões analíticas subsequentes o tema da alegria com a união de família transparecesse.

Por trás da questão que acabou de ser colocada, está ainda uma outra, a quinta hipótese: a psicopatologia não poderia ser devida ao fantasiar/sonhar de O inadequado ou defeituoso, isto é, à função-α inadequada ou defeituosa – como Bion sugere em sua teoria radical do sonhar – porque isso interfere no processar do afeto na origem (Grotstein, 2003)? Se a resposta for sim, então o efeito das interpretações validadas podem ser em parte assistir, corrigir, reforçar, suprir ou libertar o sonho ou fantasia perturbados existentes. Por trás dessa linha de pensamento está a hipótese de Bion (1962b, p. 98) de que todas as experiências (externas e internas) precisam primeiro ser sonhadas (fantasiadas) para depois serem mentalmente processadas.

Para dar um passo à frente, se as premissas anteriores estiverem corretas, então a psicopatologia pode ser, se não totalmente, então em parte, devida à "função-α" defeituosa ou ao "trabalho de sonho-α"[9] (Bion, 1962a, 1962b), isto é, o sonhar ou fantasiar inadequado ou defeituoso, o qual interfere no processamento de afeto na origem – em conjunção com a história de cuidados pobres (continência, sintonia de afeto) nos períodos pré-linguaguem e infância. A função-α combina ambos os processos primário e secundário de Freud (1958/1911). Essas premissas derivam da noção de Bion (1967, p. 41), da noção de "binocularidade" bimodal cooperativa (estereoscopia) que ele acredita existir entre os sistemas *Ucs* e *Cs*, os quais ele considera estar em diálogo colaborativo, em oposição, mas não em conflito um com outro, estabelecendo uma barreira de contato que os separa e serve de mediador, barreira de contato que está intacta, e cuja integridade depende fundamentalmente da operação da função-α para suprir elementos-α para mantê-la e restaurá-la.

A espistemologia psicanalítica de Bion condensada

A partir dos pontos de vista desse modo expressos, o analista precisa abandonar a memória e o desejo, os derivativos da sensação, a fim de que não seja enganado por imagens ou símbolos do objeto que, apesar de *representarem* o objeto, *não são* o objeto

---

[9] Bion usou o termo "função-α" primeiro em sua "teoria do pensar" (1962a, p. 115), e passou a usá-la dali em diante, em trabalhos posteriores. Foi apenas com a publicação póstuma de seu caderno particular, *Cogitations* (1992) que o termo "trabalho de sonho-α" (p. 62) apareceu. Acredito que este último termo é mais apropriado do que "função-α", já que ele inclui a palavra "sonho" – tão central ao epistema de Bion.

(Bion, 1962). Em outras palavras, o analista precisa desconstruir as imagens e símbolos que sua função-α já criaram no "sonhar" (experienciando e pensando sobre o analisando em primeiro lugar). Apenas então pode o analista, com muita paciência, paciência para tolerar incerteza e dúvidas, ser qualificado para "tornar", isto é, sonhar o analisando acordado ou, mais precisamente, "tornar" (experienciar) a angústia do analisando, O (elementos-β), por meio da imersão e da absorção (Bion, 1962b, p. 26). Bion chama isso de *pensar* – e também de *sonhar*.

O analista, assim como a mãe para seu infante, absorve a dor do analisando por identificação parcial ou experimental ("tornar"),[10] e permite a ele tornar-se parte de dele ou dela. Em sua *rêverie*, ele então permite que seu próprio repertório de experiências pessoais conscientes e inconscientes seja convocado para que algumas delas possam se tornar simétricas ou combinadas com as projeções ainda insondadas do analisando (elementos-β, O).

Finalmente, o analista vê um padrão no material, experiência a qual Bion (1922, pp. 44, 252) chamou de "fato selecionado", isto é, o padrão se torna o fato selecionado que permite ao analista interpretá-lo (nomear criando uma conjunção constante de elementos). A função do analista como *continente* se mistura sem vestígio com as noções de Bion (1965, 1970) de *sonhar, pensar, função-α, cesura* e *barreira de contato*[11] entre sistemas *Ucs* e *Cs*. Bion (1962) discorre com mais detalhes a respeito da barreira de contato:

> *Pode ser esperado da barreira de contato se manifestar clinicamente... como algo que pareça com sonhos... [T]*

---

10 A *rêverie* do analista pode, penso eu, ser igualada à tentativa de identificação e à neurose de contratransferência com total identificação.
11 Elas são todas fractais umas com relação às outras.

> *a barreira de contato permite um relacionamento e preservação da crença nela como um evento na realidade sujeito a leis da natureza, sem ter aquela visão submersa pela emoção e fantasias que se originam endo-psiquicamente. Reciprocamente, ela preserva as emoções com origem endo-psíquica de serem sobrecarregadas pela visão realista. A barreira de contato é portanto responsável pela preservação da distinção entre consciente e inconsciente e por seu princípio. O inconsciente é portanto preservado. (pp. 26-27)*

A função-α (sonhar) intercepta os elementos-β (O) de experiência em estado natural não mentalizada e os transforma em elementos-α que são adequados para a memória e para o pensamento – mas também para reforçar a barreira de contato. Quanto mais forte é a barreira de contato, a qual é também coextensiva ao continente, mais o analisando pode aprender a partir de sua experiência, porque ele está mais capaz de pensar – porque ele está mais apto a distinguir (separar). Primeiro é preciso estar separado para poder se separar mentalmente. Pensar (sonhar), para Bion, ocorre depois que os pensamentos chegam como "pensamentos sem um pensador" (elementos-β, O) esperando um pensador (mente pensante) para pensá-los.[12] A função-α da mãe é o primeiro pensador/sonhador do infante. Quando o infante introjeta a função-α da mãe, ele então está apto a pensar/sonhar seus próprios pensamentos. A identificação projetiva dos elementos-β dentro do continente (primeiro, a mãe; depois, dentro do *self*) é a origem do pensar e sonhar.

---

12 Bion foi, talvez, a primeira pessoa na história da epistemologia a distinguir entre pensamentos primários e a necessidade de uma mente para desenvolver o pensar deles.

Assim, quanto melhor o continente, melhor o analisando poderá pensar. O que quer dizer pensar aqui? Pensar tem duas designações para Bion. A primeira forma de pensar, que é não cartesiana ("tornar"), consiste em sonhar (fantasiar, função-α), muito da qual envolve reforçar a barreira de contato seletivamente permeável. Quanto melhor a contenção pelo objeto ou pelo *self*, mais efetiva a seletividade da barreira de contato em sua capacidade para definir, refinar e guardar as fronteiras entre sistemas *Ucs* e *Cs* e permitir a entrada de pensamentos "selvagens" (inspirados) de *Ucs* para *Cs* e a entrada de pensamentos irrelevantes e perturbadores de *Cs* para *Ucs* A segunda forma de pensar, que emprega também a função-α em parte, é a cartesiana (diferenciação sujeito objeto), e é caracterizada pela abstração, reflexão, correlação, "publicação",[13] "visão binocular" e troca de perspectivas. A última constitui uma forma mais alta de sonhar.

Fantasia/sonho como complemento obrigatório ou acompanhamento para nosso senso de realidade

Bion (1962b) apresenta uma outra grande diferença em relação a Freud: a distinção deste último entre os processos primário e secundário (Freud, 1958/1911). Bion afirma:

> *A fraqueza desta teoria [de Freud] da consciência é manifestada na situação para a qual propus a teoria que a*

---

13 *Publication* (publicação) é o termo que Bion (1992, p. 197) utiliza para falar a respeito da habilidade da mente de ser receptiva a seus próprios "pensamentos selvagens".

função-α, ao proliferar elementos-α, está produzindo a barreira de contato, uma entidade que separa elementos para que aqueles de um lado são e formam o consciente e no outro lado são e formam o inconsciente. A teoria da consciência é fraca, não falsa, porque ao aperfeiçoá-la para afirmar que o consciente e inconsciente assim constantemente produzidos juntos, funcionam como se fossem binoculares portanto capazes de correlação e autoconsideração... Por estes motivos... acho a teoria dos processos primário e secundário insatisfatória.[14] (p. 54)

Aqui, Bion, que já havia desafiado Freud sobre a primazia da hipótese de realização de desejo à qual Freud (1953/1900) havia atribuído o motivo dos sonhos, agora o desafia mais uma vez em termos de autonomia da noção de realização de desejo do inconsciente e autonomia também dos processos primários. Bion acreditava que o inconsciente emite a verdade absoluta sobre a realidade suprema, O – face a face com o "instinto de verdade", e não com os impulsos de realização de desejo fundamentalmente. Sonhos mediam e facilitam a aceitação de verdade em transformações iniciadas pelo que Bion (1962b) chamou de "função-α" – "trabalho de sonho-α" (Bion, 1992). Assim, ele sustentou o aparato psíquico e a teoria do inconsciente em sua essência. Sua concepção de

---

14 Considerações com o espaço não me permitem uma integração aqui do trabalho de conceitos de simetria (cada um dos quais poderia ser análogo ao princípio de prazer por causa da ausência de negação) e assimetria de Matte Blanco (1975, 1988). Em poucas palavras, acredito que a função-α de Bion é idêntica à bi-lógica de Matte Blanco, a qual consiste tanto em simetria quanto em assimetria – mas sob o controle do princípio de simetria, enquanto lógica bivalente, a qual também contém tanto a simetria quanto a assimetria (mas também negação), está sob o domínio do princípio da assimetria.

complementaridade binocular e reciprocidade entre os sistemas *Ucs* e *Cs* se tornou uma revisão radical da visão de Freud de que elas estão em conflito antagônico. Bion os vê como parceiros binários-oponentes situados em vértices diferentes, cada um reagente a O e participando na mediação de O. Bion faria o mesmo com as posições depressivas e paranoide-esquizoide de Klein (1950a/1940, 1952/1946), isto é, ela as reinterpretaria como cooperativamente e complementarmente dialéticas ao confrontar e processar (transformar) O (P-S←D – em respeito a O).

A verdade absoluta, crua, teve que se tornar branda por meio da sujeição ao sonhar (fantasiar) de acordo com uma ordem criativa estética escondida (Ehrenzweig, 1967) para que dois senhores tivessem que ser acomodados:

a) o princípio de realidade em primeiro lugar; e
b) o princípio do prazer, em segundo.

Implícita nessa concepção está a noção da função binocular dos dois princípios nos quais o princípio da realidade é predominante e media a operação do princípio do prazer *a serviço do instinto de verdade*. Testemunhamos essa ideia nos sonhos.

Como mineiros peneirando a terra para encontrar ouro, nós, analistas, peneiramos sonhos pela verdade que está implícita neles graças ao aspecto do princípio de realidade da função-α, e cuidadosamente peneiramos seu conteúdo manifesto, repleto como o último se encontra em censura protetora e distorção, graças à operação do aspecto do princípio de prazer da função-α,[15] para uma aquiescência da verdade.

---

15 Uma extensão fascinante dessa linha de pensamento pode ser encontrada em *The hidden order of art* (A ordem escondida da arte, tradução livre) (1967).

O colapso da "visão binocular"

O protocolo descrito anteriormente se aplica à situação normal do *self* unitário – ou ao aspecto normal, ou neurótico da personalidade perturbada. Agora, tomaremos a situação da (personalidade) perturbada, clivada, aspecto dissociado da personalidade. Bion lidou de modos diversos com esse aspecto com o "O gêmeo imaginário" (1967c/1956) e "Diferenciação do psicótico das personalidades não psicóticas" (1957).

Explícita aqui e em outras descrições anteriores, como em *Second thoughts* (1967b, p. 92), está a afirmação de que uma "catástrofe infantil" tenha ocorrido em muitos casos, o que resultou em uma grande fenda na personalidade. Ao mesmo tempo que a personalidade é clivada, assim também acontece com a visão binocular. Como resultado, o princípio do prazer não mais funciona sob a hegemonia do princípio da realidade, e funciona quase que inteiramente segundo o princípio de evitar o desprazer a todo custo. Isso é o que Bion (1956, 1957, 1967b/1958, 1967a/1959, 1962a) denomina "pensamento psicótico", o qual é caracterizado, entre outras coisas, por evasão da realidade, intolerância à frustração, identificação projetiva excessiva (oposta à introjecção) para livrar a psique de pensamentos dolorosos e sentimentos e alucinose como um substituto do sonhar.

Hoje, acredito que podemos aplicar o que Bion atribuiu ao psicótico aos aspectos clivados das desordens mentais primitivas e à organização patológica ou refúgios psíquicos (Steiner, 1993).[16] Se

---

16 Com respeito ao "sonhar psicótico", acredito que o material de caso de Bion sobre o sujeito seria, talvez, explicado de forma mais clara por meio de uma formulação da hipótese de que o psicótico, em vez de ser capaz de sonhar, se torna "sonhado" por um objeto persecutório, como foi sugerido por Tausk em *On the origin of the "influencing machine" in schizophrenia* (1992/1919).

Bion estiver certo, então a distinção de Freud (1958/1911) entre os processos primário e secundário se aplicará apenas à psicopatologia quando uma dissociação tiver ocorrido, na qual o processo secundário perderá seu domínio sobre os processos primários e estes se tornarão patologicamente autônomos como um refúgio psíquico (Steiner, 1993) ou se transformarão em "função-α ao avesso" (-K) (Bion, 1962, p. 25). Nesses casos, uma personalidade patológica aparentemente separada evolui e funciona (segundo o princípio de dor-prazer apenas) para anular o princípio de realidade e sabotar o progresso. Bion (1962b, p. 25) escreveu sobre "função-α ao avesso", na qual a personalidade psicótica teria furtado a função-α da personalidade saudável por si própria e assim teria desenvolvido um "método em sua loucura".

Segundo Bion, uma outra maneira de formular essa ruptura na personalidade seria imputar o processo do sonhar ou fantasiar em si como defeituosos.

Notas prefaciais sobre os conceitos de Bion a respeito das transformações e da função-α

Bion parece dizer que a ocorrência de uma experiência emocional proclama que alguém está sendo confrontado por O, elementos-β, os quais têm que ser sonhados pela função-α para se tornarem elementos-α que iniciam a mentalização, a qual, em contrapartida, corresponde a transformações de O a "K" (conhecimento). Com psicóticos, podem ocorrer umas transformações projetivas (evacuativas), ou mesmo uma transformação em alucinose (uma tentativa "psicótica" para "sonhar" mas projetivamente, e não introjetivamente) (Bion, 1965). Colocado de outro modo, cada encontro com um objeto é carregado de "turbulência emocional", e O requer a operação da função-α para compensá-lo.

A função-α supre o sonhar de dia e de noite.[17] Estes sonhos/fantasias servem como um anteparo, ou como "camadas de ozônio", para proteger o indivíduo do impacto de O. Portanto, para Bion, os sonhos/fantasias constituem um complemento obrigatório para experiências de objetos percebidos de fora e/ou objetos emergentes (elementos-β, O) de dentro. Bion acredita que cada percepção, concepção ou experiência na realidade externa precisa ser "sonhada" para que se torne uma parte do inconsciente, e, correspondentemente, cada experiência inconsciente emergente precisa do mesmo modo ser sonhada, torne-se ela consciente ou não. Colocando isso de um outro modo, cada percepção, concepção ou experiência na realidade interna e/ou externa precisa primeiro ser sonhada. Mais adiante, o sonhar constituirá o pensamento inconsciente.

Bion (1962) afirma:

> *O "sonho" tem muitas das funções da censura e resistência. Estas funções não são o produto do inconsciente, mas instrumentos pelos quais o "sonho" cria e diferencia a consciência a partir da inconsciência... Esta discriminação deriva da operação do "sonho" a qual é a combinação em forma de narrativa dos pensamentos de sonho, aqueles pensamentos que em contrapartida, derivam das combinações dos elementos-α. Nesta teoria a*

---

17 Por causa de sua crença de que sonhar ocorre continuamente durante o dia e a noite, Bion (1965, 1970) não faz distinção entre sonhos e fantasias, sendo até mitos para este assunto.

habilidade de "sonhar" preserva a personalidade de um estado psicótico. (p. 16)

Implícita dentro dessa revisão radical do conceito de trabalho de sonho (Freud, 1953a/1900) está a noção de Bion (1962) de que o conceito de Freud (1958/1911) dos processos primário e secundário era inadequado para explicar os fenômenos clínicos, especialmente quanto ao fato de Freud tê-los colocado em uma posição mutuamente conflituosa. Bion os une – coloca-os no mesmo time, por assim dizer –, e sugere que eles façam um trabalho duplo sob sua rubrica de função-α. Esse "dever duplo" é o de estabelecer a base, ou alterar o formato para a recepção de todos os estímulos recebidos (do inconsciente ou do consciente) pelo "sonhar" (fantasiar) do objeto (pela função-α e categorias "L," "H" e "K") para estabelecer a fundação de uma fantasia *pessoal e* subjetiva sobre o evento (posição esquizoparanoide) anterior ao evento sendo processado como *objetivo* (posição depressiva). Daí o conceito de Bion (1963) sobre a simultaneidade das posições: "P-S←D". Colocado de uma outra maneira, a intercessão do evento, O, com o sujeito requer uma dupla transformação, uma transformação em "K" *pessoal* e outra em "K" *objetivo*. Cada transformação é necessária – e ambas são transformações *emocionais* de *relacionamentos*.

O continente e o conteúdo e sua coalescência com o sonhar e o fantasiar

Bion (1967a/1959, 1967c/1956, 1962a) começou a perceber que os pacientes psicóticos que ele analisava não tinham tido, na experiência da infância, mães que fossem competentes para cuidar deles, mães que pudessem "conter" os choros de desconforto de seus infantes, os quais Bion interpretou como identificações projetivas neles de seu medo de morrer (modo de Bion designar o instinto de morte). Ele então formulou, independente do "ambiente de cuidados" de Winnicott (1965/1960), o conceito de que, em um desenvolvimento normal, o infante experiencia emoções intoleráveis (na ocasião) e experiências que requerem que sua mãe, em um estado de *rêverie* (intensamente imersa na experiência de seu infante, excluindo o *self*) permita que sua função-α facilite para ela "sonhar seu infante". Este "sonhar" pode ser análogo ao "método de atuação" de Stanislavski (1927), na qual o ator, em vez de entender o papel que ele/ela tem para fazer, permite que seu repertório interior de experiências de vida combine simetricamente com o papel.

Virtualmente, o mesmo princípio se encaixa no caso da mãe como continente de seu infante e no caso do analista com seu analisando. Bion, então, manda que a mãe, assim como o analista, "abandonem a memória e o desejo" (assim como as preconcepções e a compreensão) para que o continente mãe-analista possa "laçar um raio de intensa escuridão no interior para que algo até então não enxergado no clarão da iluminação possa brilhar ainda mais na escuridão".[18]

Bion (1962a, 1962b) continua, e sugere que o infante normal projeta dentro de sua mãe como continente, a qual, em sua *rêverie*, de boa vontade, recebe, absorve e processa as projeções de seu infante. "Processar" quer dizer permitir que elas se acomodem dentro dela e permitir a seu mundo interno combinar simetricamente com o conteúdo (inconscientemente). A princípio, ela pode experimentar incerteza e ansiedade, até mesmo caos. Depois de algum tempo,

---

18 Esta é uma citação exata de Bion durante minha análise com ele em 1976. Ele traduziu para mim pessoalmente uma das cartas de Freud para Lou Andreas-Salomé.

sua paciência é recompensada com uma intuição de consciência repentina sobre a coerência em todos aqueles dados caóticos que ela experienciou. Bion chama esse momento de "fato selecionado", um termo emprestado do matemático Henri Poincaré (1963, p. 83). Pode-se também pensar nisso como um "atrativo estranho" na teoria do caos.

É preciso ser lembrado, entretanto, que o processo contenedor é equiparado por Bion ao sonho. A mãe como continente precisa *sonhar* o seu infante (assim como o conteúdo de seu infante, isto é, o "contido"). Essa função do sonho maternal inclui o seguinte:

a) uma função semelhante a uma função de diálise renal, na qual uma "desintoxicação" das projeções emocionais do infante ocorre;
b) uma ordenação e uma combinação com o inconsciente, e depois, com aspectos conscientes do próprio repertório de experiências da mãe;
c) uma repressão daqueles elementos os quais o infante não está preparado para "digerir" nessa época (questões de tempo e dosagem);
d) ação corretiva de um tipo ou outro que resultariam em fazer algo apropriado ou dar uma interpretação, em se tratando de um analista.

Bion é de opinião de que, com o passar do tempo, o infante normal introjeta o uso da função-α da mãe para si próprio e daí por diante começa a projetar internamente. *Bion considera essa operação como a fundação do pensar, a qual ele distingue de pensamentos propriamente ditos.* Os últimos são elementos-β, o conteúdo das identificações projetivas do infante, os quais Bion (1992, p. 325) também denomina "pensamentos sem um pensador" esperando por um pensador (um continente) para pensá-los.

Portanto, a capacidade do sonhar bem sucedido e/ou fantasiar depende diretamente da capacidade de autocontenção do indivíduo, a qual, em contrapartida, é dependente em grande parte do legado de ter sido contida com sucesso, isto é, sonhada pelos objetos guardiões. A fim de que essas ideias não apareçam recônditas demais, deixe-me abordá-las de um outro modo: *o infante olha a realidade através do periscópio legítimo dos olhos de sua mãe. Se a mãe (e o pai) pode conter sua própria experiência de O, então o infante também pode. Tolerar O é possível apenas pelo sonhar-conter.* O mesmo princípio se aplica à psicanálise.

A *barreira de contato e o sonhar*

Bion (1962, p. 17) acredita que uma das funções do sonhar é fornecer um suprimento contínuo de elementos-α à barreira de contato, a qual parece ser, em seus escritos, quase idêntica à barreira repressiva de Freud (1915a), mas diferindo de um modo significativo, como veremos logo a seguir. O propósito que está por trás da necessidade de manter a integridade e o funcionamento da barreira de contato é o de garantir sua operação como guardiã da porta que separa o sistema *Ucs* do sistema *Cs – e o reverso*. Menciono "o reverso" porque parece ter sido ideia de Freud que o sistema *Cs* precise de proteção das irrupções procedentes do sistema *Ucs*, mas não o reverso. Para Bion, ambos os sistemas constituem uma complementaridade oposicional binária, cooperativa (não necessariamente conflituosa), na qual ambas escaneiam O e informam entre si seus achados respectivos – uma triangulação de observação ++.

Acabamos de ver que Bion parece igualar sonhar/fantasiar com o conter e tornar. Nós também vemos uma cadeia de continuidade sem emendas entre elas e outras entidades, como:

a) a "cesura" entre o estado fetal e o nascimento;
b) "negação" (como um aspecto necessário da lógica de Aristóteles);
c) o "complexo de Édipo" (ambas as versões kleiniana *e* freudiana);[19]
d) a "moldura analítica" em si como uma tentação contínua do analisando para desafiar e como uma obrigação do analista para autorizar.

A barreira de contato pode ser análoga, até certo ponto, a uma membrana da célula, a qual precisa conter e definir a célula dentro do tecido de sua localização e, ao mesmo tempo, ser capaz de permitir a entrada de substâncias nutrientes e a saída de lixo para fora da célula. Em outras palavras, ela precisa funcionar como uma membrana seletivamente permeável.[20] Isso é precisamente o que acredito que Bion tenta transmitir. Sonhar, que é equivalente à função-α, que em contrapartida é equivalente a uma barreira de contato contínua, funciona para manter a integridade do limite entre os sistemas *Ucs* e *Cs*, enquanto, ao mesmo tempo, seletivamente permite que alguns elementos "qualificados" cruzem a fronteira de cada lado.

Bion (1965, p. 38) também diz que a função dos sistemas *Ucs* e *Cs* é revelar a verdade como uma versão misericordiosamente

---

19 A barreira, ou tabu na versão kleiniana, se refere à santificação do interior do corpo da mãe (objeto-parte). Na versão freudiana, a barreira ou tabu se referem ao objeto de incesto como objeto total.
20 Sugiro que a capacidade de seletividade da barreira de contato implica uma presença ou inteligência enigmática/secreta, númina e vitalista dentro da estrutura.

diluída e portanto falsificada da Verdade Absoluta, Realidade Suprema.

Freud (1915b), por outro lado, pensou o sistema *Ucs* como um "caldeirão fervente", e como hedônico. Bion afirma que o psicótico (ou porção psicótica da personalidade) procura se evadir da verdade e, portanto, usa o *splitting* e a identificação projetiva não só para livrar sua mente das emoções intoleráveis, mas também para se livrar da mente que poderia potencialmente sentir esses sentimentos. Eles seguem o princípio dor-prazer para a exclusão do princípio de realidade, de acordo com Bion.

A psicanálise como um reparador de sonhos

Tradicionalmente, quando a psicanálise interpreta as fantasias inconscientes dos analisandos, o ponto de vista predominante é o da realidade externa factual. Por meio da interpretação de fantasias ou sonhos, *eu* creio que estamos validando sua importância e sua verdade interior – em preparação para o processo bem-sucedido, aquele que permite aos mecanismos de posição depressiva conduzir transformações das fantasias em afirmações de realidade objetiva. Assim, uma interpretação sobre uma fantasia inconsciente completa verbalmente e, portanto, valida a fantasia, permitindo uma transformação da imagem sensual à abstração verbal. Em outras palavras, é preciso haver um *alinhamento* entre fantasia inconsciente e seu descendente consciente, o pensamento. Além disso, quando Shakespeare disse que "o sono apazigua nossas angústias", ele também poderia ter dito "sonhos e/ou fantasias apaziguam nossa angústias" – preparando-nos para uma digestão dos processos emocional e mental que irão, em última análise, culminar no pensamento abstrato.

"Papai, conte-me uma história": psicanálise como um "reparador de sonho"

Estamos agora na era de *Harry Potter* e *O senhor dos anéis*, e não precisamos imaginar o porquê de essas maravilhosamente engendradas fantasmagorias virem desfrutando popularidade e aclamação sem paralelos. Nós que somos pais sabemos bem do pedido eterno das crianças que imploram, "papai (ou mamãe), conte-me uma história" – histórias, lendas, contos de fada, fábulas, parábolas e mitos são todas versões diversas de sonhos ou fantasias. Todas elas são narrativas que produzem vertentes lineares do inconsciente hemisférico direito (hemisfério esquerdo com tendência ao caótico, não linear). Mais especificamente, se empregarmos minha versão do modelo binocular de Bion, conforme nos referimos anteriormente, poderemos chegar ao seguinte cenário: já mencionei a ideia de torquês ou lâminas de paquímetro dos sistemas *Ucs* e *Cs* e P-S←D que emocionalmente interceptam a verdade absoluta sobre a realidade suprema, isto é, elementos-β (por causa da operação do instinto de verdade). Se pudermos também conjecturar que os sistemas *Ucs* e P-S funcionam como uma barreira de fantasia inconsciente ou mito para reter e depois transformar miticamente os elementos-β de O, e o outro procura dar uma versão mais realista da verdade em cadeia (seguindo) a fantasmalização (mitificação) iniciante da verdade, nós então adquirimos um modelo para a importância de histórias para o bem-estar inconsciente e para o bem-estar do indivíduo. Histórias, fantasias ou sonhos são a primeira linha de defesa (*the light militia of the lower sky* – a milícia leve do céu mais baixo) contra ser sobrecarregado. Precisamos ser primeiro capazes de falsificar (alterar) ou atenuar a verdade para que possamos tolerá-la; em seguida, precisamos personalizá-la como nossa própria experiência subjetiva, a qual (re)criamos a partir de nosso próprio interior para salvaguardar nosso senso de ação (Grotstein, 2000). Então, graças à objetividade oferecida pela posição depressiva, podemos objetivar sua diversidade.

Deixe-me reafirmar o que acabei de explicar sob um outro ângulo. Tradicionalmente, quando a psicanálise interpreta as fantasias inconscientes dos analisandos, o ponto de vista predominante tem sido sempre aquele da realidade factual externa; por exemplo, "quando você estava na sala de espera e escutou-me ao telefone, você pensou que eu estava conversando com minha amante" (em fantasia)[21] – implicando que, de fato, eu não estava. Em outras palavras, fantasias têm sido entendidas como a causa primeira da patologia, e uma desilusão da fantasia constituiria a cura por uma restauração segura da realidade.

Acredito que é possível que essa premissa seja válida, mas que também há uma outra, se observarmos e compreendermos o papel das fantasias. Eu as concebo como a primeira linha de defesa contra a evolução dos elementos-β (protoexperiências não mentais que não foram processadas, O). Fantasias aprisionam seu impacto ao mitificá-las e convertê-las em narrativas pessoais que fluem em cascata no contínuo riacho mítico do inconsciente. Por meio da interpretação das fantasias, validamos sua importância e sua verdade interior na preparação para o processo bem-sucedido, que permite aos mecanismos da posição depressiva conduzir transformações das fantasias em afirmações da realidade objetiva.

Assim, uma interpretação de uma fantasia inconsciente (hemisfério esquerdo) verbalmente *completa* e, portanto, *valida* a fantasia por meio da permissão de uma transformação de uma imagem sensual em abstração verbal. Em outras palavras, é preciso

---

21 Aqui eu soletro a palavra *fantasy* com um "f" em vez de "ph" porque deste modo a palavra significa consciente, ou pré-consciente, não inconsciente.

haver um *alinhamento* entre fantasia inconsciente e seu descendente consciente, o pensamento – ou observação de um evento. Além disso, quando Shakespeare disse que "o sono apazigua nossas angústias", ele poderia ter dito também "sonhos e/ou fantasias apaziguam nossas angústias" – em preparação para um processamento emocional e uma digestão mental que culminarão, felizmente, em pensamento abstrato ou em informações escondidas pelo "serviço silencioso" do mundo interno.

O que eu disse anteriormente é provavelmente bem conhecido de infantes em termos de sua preocupação com contos de fada e fábulas; eles precisam que seus pais repitam as histórias muitas e muitas vezes. Sonhos, fábulas, lendas, mitos e/ou fantasias são a língua primária perdida das imagens que dominaram a vida pré-verbal dos infantes e da raça (Jaynes). Lavaram as lágrimas de tristeza e cuidado e preservaram a inocência do infante. Subsequentemente, submergiram e se renderam ao domínio absoluto das palavras, mas podem ainda ser localizados no mundo inferior de nosso ser como nosso "serviço silencioso", lambendo nossas feridas com imagens e estando à nossa disposição para todos os nossos ritos de passagem e nossos erros, conforme a circunstância.

Referências

Bion, W. R. (1956). Development of schizophrenic thought. *International Journal of Psychoanalysis, 37* (4), 344-346.

Bion, W. R. (1957). Differentiation of the psychotic from the nonpsychotic personalities. *International Journal of Psychoanalysis, 38*, 266-275.

Bion, W. R. (1962a). A theory of thinking. *International Journal of Psychoanalysis, 43*, 306-310.

Bion, W. R. (1962b). *Learning from experience*. Londres: Heinemann.

Bion, W. R. (1963). *Elements of psychoanalysis*. Londres: Heinemann.

Bion, W. R. (1965). *Transformations*. Londres: Heinemann.

Bion, W. R. (1967a). Attacks on linking. In *Second thoughts* (pp. 93-109). Londres: Heinemann. (Trabalho original publicado em 1959)

Bion, W. R. (1967b). On hallucination. In W. R. Bion, *Second thoughts: selected papers on psychoanalysis* (pp. 65-85). Londres: Heinemann. (Trabalho original publicado em 1958)

Bion, W. R. (1967c). The imaginary twin. In *Second thoughts* (pp. 3-22). Londres: Heinemann. (First presented as a lecture to the British Psychoanalytic Society in 1956)

Bion, W. R. (1967d). *Second thoughts*. Londres: Heinemann.

Bion, W. R. (1970). *Attention and interpretation*. Londres: Tavistock.

Bion, W. R. (1992). *Cogitations*. Londres: Karnac.

Ehrenzweig, A. (1967). *The hidden order of art*. Berkeley, Los Angeles & Londres: University of California Press.

Freud, S. (1953a). The interpretation of dreams. In S. Freud, *The Standard Edition of the Complete Psychological Works of Sigmund Freud* (Vol. 5, pp. 339-630). Londres: Hogarth Press. (Trabalho original publicado em 1900)

Freud, S. (1953b). Three essays on the theory of sexuality. In S. Freud, *The Standard Edition of the Complete Psychological Works of Sigmund Freud* (Vol. 7, pp. 125-245). Londres: Hogarth Press. (Trabalho original publicado em 1905)

Freud, S. (1957a). Repression. In S. Freud, *The Standard Edition of the Complete Psychological Works of Sigmund Freud* (Vol. 14, pp. 141-158). Londres: Hogarth Press. (Trabalho original publicado em 1915)

Freud, S. (1957b). The unconscious. In S. Freud, *The Standard Edition of the Complete Psychological Works of Sigmund Freud* (Vol. 14, pp. 159-215). Londres: Hogarth Press. (Trabalho original publicado em 1915)

Freud, S. (1957c). Instincts and their vicissitudes. In S. Freud, *The Standard Edition of the Complete Psychological Works of Sigmund Freud* (Vol. 14, pp. 109-140. Londres: Hogarth Press, (Trabalho original publicado em 1915)

Freud, S. (1958). Formulations of the two principles of mental functioning. In S. Freud, *The Standard Edition of the Complete Psychological Works of Sigmund Freud* (Vol. 12, pp. 213-226). Londres: Hogarth Press. (Trabalho original publicado em 1911)

Freud, S. (1966a). Draft L: [Notes 1]. Extracts from the Fliess papers. In S. Freud, *The Standard Edition of the Complete Psychological Works of Sigmund Freud* (Vol. 1, pp. 247-248). Londres: Hogarth Press. (Trabalho original publicado em 1897)

Freud, S. (1966b). Letter 61. Extracts from the Fliess papers. In S. Freud, *The Standard Edition of the Complete Psychological Works of Sigmund Freud* (Vol. 1, pp. 247-248). Londres: Hogarth Press. (Trabalho original publicado em 1897-1950)

Grotstein, J. S. (2003). We are such stuff as dreams are made on: annotations on dreams and dreaming in Bion's works. In C. Neri, M. Pines, e R. Friedman (Eds.), *Dreams in group psychotherapy: theory and technique*. London and Philadelphia: Jessica Kingsley.

Kant, I. (1958). *Critique of pure reason* (J. M. D. Meikeljohn, Trad.). Nova York: Modern Library. (Trabalho original publicado em 1788)

Klein, M. (1950a). The early development of conscience in the child. In *Contributions to psychoanalysis, 1921-1945* (pp. 267-277). Londres: Hogarth Press. (Trabalho original publicado em 1933).

Klein, M. (1950b). Mourning and its relation to manic-depressive states. In *Contributions to psychoanalysis, 1921-1945* (pp. 311-338). Londres: Hogarth Press. (Trabalho original publicado em 1940)

Klein, M. (1952). Notes on some schizoid mechanisms. In M. Klein, P. Heimann, S. Isaacs e J. Riviere (Eds.), *Developments of psychoanalysis* (pp. 292-320). Londres: Hogarth Press. (Trabalho original publicado em 1946)

Matte Blanco, I. (1975). *The unconscious as infinite sets*. Londres: Duckworth Press.

Peirce, C. S. (1931). *Collected papers, Vol. I-VIII*. C. Hartshore e P. Weiss (Eds.). Cambridge, MA: Harvard University Press.

Poincaré, H. (1963). *Science and method*. Nova York: Dover.

Ricoeur, P. (1970). *Freud and philosophy: an essay on interpretation* (D. Savage, Trad.). New Haven, CT: Yale University Press.

Rosenfeld, H. (1965). *Psychotic states.* Nova York: International Universities Press.

Shermer, M. (2003). The demon of determinism. *Science, 300*, 56. (Review of Daniel Dennett's *Freedom evolves*)

Spillius, E. B. (2001). Freud and Klein on the concept of phantasy. *International Journal of Psychoanalysis, 82*, 361-373.

Stanislavski, C. (1936). *An actor prepares.* Nova York: Routledge.

Steiner, J. (1993). *Psychic retreats: pathological organizations in psychotic, neurotic and borderline patients.* Londres: Routledge.

Tausk, V. (1992). On the origin of the "influencing machine" in schizophrenia. *J. Psychother. Pract. Res., 1*(2), 184-206. (Trabalho originalmente publicado em 1919)

Winnicott, D. W. (1965). The theory of the parent-infant relationship. In *The maturational processes and the facilitating environment: studies in the theory of emotional development* (pp. 37-55). Nova York: International Universities Press. (Trabalho original publicado em 1960)

De kleinianos a neobionianos

José Luiz F. Petrucci

> *We must also accept that each analyst is different and works differently with his patients, but this does not mean that we should deny our or our colleagues' shortcomings or achievements. Discrimination, a capacity for criticism, is one of the most important ego functions that we need in our work. Klauber (1972) had the courage to describe details of the analyst's pathology and how it interferes with his therapeutic role. His aim was to draw attention to the great difficulties in doing analytic work, although he was rather uncertain about them. I fully agree with him about how difficult it is to face up to the truth about ourselves and to maintain our concern with this problem. However, I think that more can be done about the problem than he envisaged by spelling out and making conscious the way an analyst can be anti-therapeutic.*
> Herbert Rosenfeld (1987)

Em um determinado momento, o evento já adiantado em sua organização, conversei informalmente com um colega da comissão organizadora quando, despretensiosamente, manifestei algumas preocupações que me vinham surgindo quanto a algumas formas de divulgação das ideias de Bion, que me pareciam estar causando distorções que considerei importantes. Esse colega interessou-se por minhas colocações e, como eu já estava com a intenção firmada de participar do Encontro Bion 2∞4 São Paulo, ele me sugeriu que eu escrevesse minhas ideias para que ele as apresentasse à organização do evento. Retornou-me dizendo que a organização havia aceitado discuti-las, mas imaginei que funcionariam como um breve estímulo para discussão de um dos grupos. Para minha surpresa, recebo, menos de uma semana antes do início do evento, o programa das discussões das quais eu deveria participar para apresentar um trabalho. Apressei-me, nesse momento, a desenvolver meus pensamentos para transformá-los em um trabalho, que estaria, certamente, pela premência do tempo, bem aquém do que os colegas pretendiam ouvir. Pelo fato de não ter comparecido às últimas reuniões preparatórias, não estava a par do que era esperado de mim. Assim, desejava conseguir relatar naquele breve tempo algo que pudesse servir ao menos como um estímulo para um debate. Gostaria de ouvir dos colegas o muito que certamente eles tinham a dizer, o que sem dúvida poderia estimular-me a pensar mais sobre o assunto e refazer as questões sobre as quais eles pudessem ter melhores ideias.

Certamente não compareci a esta reunião com a intenção de formar opinião, mesmo porque, como bem diz o fato de ser este o primeiro encontro de Bion a que compareço, não me encontro entre aqueles, certamente a maioria dos que aqui vieram, que se têm dedicado ao estudo do autor. Portanto, terão muito mais coisas a me dizer neste momento do que eu a eles. Assim, quando me decido a apresentar algumas de minhas ideias aqui, o faço como indagações, para verificar até que ponto estou certo em algumas preocupações que me foram surgindo nos últimos tempos decorrentes da enorme expansão do estudo de Bion em nosso meio e das grandes curiosidades que seu nome vem estimulando entre os novos psicanalistas e entre candidatos a psicanalistas.

Devo salientar o fato de que estudo Bion desde minha formação psicanalítica, que se deu nos anos 1970, articulando sua obra com a de outros autores com a intenção de estudar e aplicar o tratamento psicanalítico possível em pacientes com predominância de funcionamento psicótico em suas personalidades. Dessa forma, conheci Bion como um inovador a partir de suas grandes preocupações com a desmistificação das psicoses, com a desidealização do ato médico, e, com isso, com a quebra de muitas posturas narcísicas dos psicanalistas. Certamente, foi Bion um dos introdutores da inclusão da pergunta "o que acontece com a mente do analista?", e não apenas com a do paciente, no processo de uma análise. E, sem dúvida, nos estimulou como poucos a procurar respostas a essa pergunta.

Assim, minhas indagações se tornam maiores em relação aos destinos da psicanálise, certamente derivadas de minha vocação médica. Embora concorde com Bion no que diz respeito ao modelo médico tradicional não servir para a psicanálise, uma de minhas preocupações é como essa ideia vem sendo usada. Não posso imaginar alguém que se preocupe com a saúde das pessoas – e Bion nunca abandonou essa preocupação – tenha condições de adotar uma postura capaz de suprir para um paciente, pelo menos temporariamente, suas necessidades de um continente, de não desqualificar suas informações, por mais impactantes que sejam para a realidade psíquica do analista, enfim, de se dispor a ser um metabolizador desse impacto, na maioria das vezes com sofrimento pela estimulação dos próprios (do analista) núcleos patológicos. Enfim, de ser parceiro a aliado da "função-α" de seu paciente, porque entendo que um psicanalista deva não apenas entender a dor de seu paciente, mas também *senti-la*. Não conheço nenhum psicanalista que, como Bion, nos tenha colocado com tamanha franqueza essa necessidade. Dessa forma, entendo seu legado não apenas como uma brilhante teoria, mas, e principalmente, como a entrega a seus seguidores de uma experiência pessoal, como quando ele diz que "nós psicanalistas não só passamos o dia sozinhos em nossos consultórios, mas na presença do inimigo". Claro, como psicanalistas e conhecedores de Bion sabemos bastante bem o significado que ele quis dar à palavra "inimigo".

Segue, então, a minha indagação a respeito: como estaria sendo usada essa contestação de Bion ao modelo médico? Tenho motivos para pensar que nem sempre se tem dado a ela, sobretudo os "neófitos", o sentido que, de fato, Bion quis dar. Não são poucas as vezes que ouço essa afirmação de Bion tomada com um sentido predominantemente "político", ou até em nome de outros interesses que nada têm a ver com sua utilização para a psicanálise. Como poderia ser utilizada essa ideia, por exemplo, pelos "filósofos evangélicos" que seguem com suas pressões políticas para tomar o título de psicanalistas para si? Claro, nunca teremos como evitar esse tipo de coisas, mas, como adiante vou postular, preocupa-me que não as estimulemos, e, muito menos, que por nosso intermédio se criem tais coisas. Claro, refiro-me à forma, a meu ver um tanto irresponsável, de como as ideias de Bion têm sido divulgadas, algumas vezes. Uma questão que também me preocupa é que muitos colegas que chegam a reconhecer sua frontal discordância com os pontos de vista teóricos e técnicos de Melanie Klein são tidos como estudiosos de Bion e, em alguns casos, oferecem cursos sobre as ideias deste autor (isso me leva a uma outra indagação, à qual a seguir pretendo me referir, se não me considerar extenso demais neste relato: uma pretendida dissociação entre a obra de Bion e a base kleiniana, que vejo referirem em alguns momentos). Fico pensando se conceitos como "postura sem memória e sem desejo" ou "posição em busca de 'O'" poderão ser apreendidos – e sobretudo usados na clínica – de uma forma adequada pelos não iniciados; quero dizer, por aqueles que não tenham passado por um extenso e intenso processo de análise, que não tenham adquirido um adequado e correto conhecimento dos mecanismos de identificação projetiva para assimilarem e utilizarem no entendimento do paciente as manifestações contratransferenciais. Até onde entendo, esta será uma base indispensável para compreender os conceitos teórico-clínicos de Bion.

Assim, prossigo, e, em determinado momento, começo a me preocupar com o ensino "independente" das ideias de Bion, e me vejo pensando na criação de um "Bion silvestre". Claro, não se trata de um estudo "inocente", digamos assim, em um grande número de casos, em que pessoas pretendem apenas expandir sua cultura em relação a pensadores do porte de Bion. Não, o que eu percebo é que tais estudos são patrocinados por entidades que pretendem ser formadoras de psicanalistas, e que os estão introduzindo nesses referenciais terapêuticos. Ora, eu, e certamente todos os colegas, havíamos já testemunhado tantos absurdos cometidos em nome da psicanálise... Que base teórica têm as pessoas que assistem aos tais seminários de Bion para empregá-las na clínica? Minhas preocupações cresceram quando comecei a ouvir falar que havia uma corrente dita "bioniana" pregando a ideia de que Bion nada tinha a ver com Melanie Klein. A questão da coisa "silvestre" se acentuou em mim; eu que sabia de um episódio do qual o próprio Bion havia participado, em uma conferência proferida no Instituto de Psiquiatria da Universidade Federal do Rio de Janeiro, no qual perguntaram a ele se pensava na criação de uma "escola bioniana". Ele negou isso de forma absoluta, afirmando ser um kleiniano. Isso ocorreu em 1974 ou 1975, não lembro bem, mas isso aconteceu poucos anos antes de sua morte. Teria Bion mudado sua base de pensamento em tão pouco tempo? Ou estaria surgindo um grupo "neobioniano"? Claro, não me interessa defender uma "escola" kleiniana; sou daqueles que pensam que a criação dessas "escolas" prestou muito mais desserviços ao desenvolvimento da psicanálise do que o contrário. Mas eu teria que apagar da obra de Bion uma série de conceitos que ele usou – e soube desenvolver como poucos –, como o de identificação projetiva, o de relações de objeto, o das posições esquizoparanoide e depressiva, todos eles introduzidos por Melanie Klein. Como seria pensar em Bion sem eles? Algumas pessoas me diziam que Bion havia escrito *Uma memória do futuro*, e que, a partir daquele momento, a base do pensamento final dele estaria ali, dando-me a entender – e peço que me corrijam se meu entendimento não foi correto – de que naquela obra, *Uma memória do futuro*, estaria um Bion renovado, desvinculado de suas origens "kleinianas". Pouco posso dizer sobre isso: talvez contaminado pelos que criticavam a idealização dessa obra, não me interessei em lê-la. De qualquer forma, li, este sim, um trabalho de Parthenope Bion Talamo (1997) em que ela diz exatamente o contrário: que *Uma memória do futuro* é uma confirmação de toda a obra anterior de seu pai.

A partir disso tudo, passei a pensar no que ocorreu com a obra de Lacan, no perverso "lacanismo silvestre", que muitos, pejorativamente, chamam de "lacanagem". Surge então o grupo de ideias que podemos reunir em torno da expressão "tudo pode", porque era isso o "politicamente correto", ou o que valha. Estarão alguns "neobionianos" se encaminhando para isso? Não tenho nenhum argumento para afirmá-lo. Apenas acho que é o momento de pensar sobre isso.

De qualquer forma, tentativas, manifestas ou não, de dissociar *Uma memória do futuro* da base do pensamento de Bion, criando com isso um "neobionianismo", devem ter parecido preocupantes o bastante para que alguns importantes estudiosos dessa obra fossem levados a escrever trabalhos científicos para demonstrar a falsidade de tais tentativas. Mas de que tentaram – e parece que continuam tentando –, parece haver poucas dúvidas.

Pelo que sou levado a entender, e espero estar enganado, como já disse, em alguns locais, o pensamento de Wilfred Bion tem sido considerado como, todo ele, reformado em *Uma memória do futuro*. Ora, também pelo pouco que sei dela, parece ser uma obra bastante complexa, daquelas que podem permitir o desenvolvimento de todo o tipo de interpretações pessoais por parte do leitor – coisa que, de certa forma, o próprio Bion sempre estimulou que se fizesse, no melhor dos sentidos. No entanto, não posso imaginar que tal "criatividade" deva ser autorizada por iniciados para o uso clínico dos não iniciados. Sem temer ser ingênuo, creio tratar-se de um sério problema de "saúde pública". Aceitemos ou não esse fato como psicanalistas clínicos e, principalmente, reconhecidos como habilitados a ensinar psicanálise, estamos comprometidos com ela. Uma eventual ingenuidade estaria até justificada, porque imagino que a função prioritária da psicanálise é a de tratar pessoas, embora hoje, lamentavelmente, pareça que essa função se encontra em muitos casos obscurecida por discussões filosóficas ou, pior, pelo surgimento de uma nova "profissão", a de "psicanalista didata". De qualquer forma, sinto-me apoiado em escritos do próprio Bion quando me refiro à "saúde pública". Ele diz, no primeiro parágrafo de *A theory of thinking*:

> *Nesse trabalho, estou, em primeiro lugar, preocupado em apresentar um sistema teórico. Sua semelhança*

com uma teoria filosófica está ligada ao fato de que os filósofos também se preocupam com esse assunto; a diferença para uma teoria filosófica é que, como todas as teorias psicanalíticas, ela é feita para ser usada. Ela é planejada com a intenção de, na prática da psicanálise, poder ser restaurada nos termos dos dados empíricos verificados.[1] (1962).

Referências

Bion, W. R. (1962). A theory of thinking. *International Journal of Psychoanalysis, 43*, 306-310.

Rosenfeld, H. (1987). *Impasse and Interpretation*. Londres: Tavistock.

Talamo, P. B. (1997). The clinical relevance of *A memoir of the future*. *Journal of Melanie Klein and object relations, 15* (2).

---

1 Tradução livre.

Para um modelo sobre a dor mental: o negativo e a arte de transformar

Manuela Fleming

Introdução

O sofrimento psíquico é uma das questões fundamentais que inevitavelmente se colocam à reflexão psicanalítica. Ele está na base do pedido de ajuda; é em torno dele que se organiza o *pathos* mental, e ele está presente no decurso do tratamento psicanalítico. Apesar de seu lugar central, a questão tem sido pouco explorada e existe escassa e não específica literatura sobre o assunto.

Na minha opinião, os termos sofrimento psíquico e dor mental continuam vagos e exigem clarificação conceitual. Penso também que a questão de origem, natureza e mecanismos psíquicos envolvidos na tolerância *versus* intolerância à dor mental não estão esclarecidos. Torna-se, portanto, necessário desenvolver modelos de compreensão da dor mental e continuar a investigação de Freud, que no *Adendo C* se perguntou "em que circunstâncias a separação do objeto conduz à angústia, conduz ao luto e em que circunstâncias conduz somente à dor" (1964b/1926, p. 99).

Pretendo neste texto continuar essa investigação e responder às seguintes questões: o que torna a dor mental específica e diferente de outros tipos de sofrimento psíquico? A que eventos externos e internos se associa a dor mental? Em que condições intrapsíquicas e intersubjetivas se gera a intolerabilidade à dor mental, responsável pela supressão da emoção contida e pelo colapso da cadeia de transformação geradora de pensamento? Quais são os obstáculos psíquicos à tolerância? Como se criam as condições psíquicas para a passagem da intolerância à tolerância? Como se criam condições clínicas psicanalíticas para essa passagem? De que ferramentas conceituais e técnicas precisamos para trabalhar no contexto do processo psicanalítico?

Para as respostas a essas questões, contribuíram as primeiras descobertas de Freud, nomeadamente a articulação que ele estabeleceu entre, por um lado, a tolerância à frustração, a modificação e o pensamento, e, por outro lado, a intolerância à frustração, a fuga e a não simbolização. Muito importantes, também, são as contribuições de Klein sobre as ansiedades primordiais, as organizações mentais (PS e D) para lidar com elas, a descoberta da identificação projetiva, o papel da inveja. Igualmente importantíssimas são as contribuições de Bion: a teoria do pensamento, a teoria dos vínculos, a teoria das transformações convocadas para o campo da dor mental, no sentido de trazerem luz para o conjunto das interrogações que formulamos anteriormente.

Neste trabalho, começo por enquadrar a minha abordagem no quadro de algumas teorizações de Freud e de Bion. Em seguida, e com base em minha própria investigação clínica, apresento algumas propostas pessoais que dizem respeito à clarificação conceitual entre dor mental e sofrimento psíquico, a um modelo de compreensão da dor mental e às implicações clínicas desse modelo. Nesse contexto, proponho algumas orientações no plano da técnica.

Proponho este trabalho como uma contribuição a tomar como provisória no âmbito de uma psicanálise, cuja "peculiaridade é que o seu sistema dedutivo científico é uma série de hipóteses sobre hipóteses sobre hipóteses" (Bion, 1992, p. 59).

A dor mental no pensamento de Freud

Em um de seus primeiros escritos, Freud (1954/1895) afirma que a primeira dor do Homem, aquela que estaria, portanto, nos primórdios da existência humana, é a dor do desamparo: o desamparo que o bebê sente na experiência da cesura, da separação face ao seu genitor, na experiência de se ver perante a ausência radical do outro.

O desamparo aparece como uma condição que Freud designa como condição primeira da espécie humana, e falar de não amparo é falar de negativo, negativo a partir do qual se vai estruturar o psiquismo humano.

À condição de o aparelho psíquico primitivo não ter capacidade de elaborar a dor, Freud acrescenta uma segunda condição mental: maior ou menor capacidade de tolerar a frustração, de tolerar a não realização. Freud atribui à incapacidade de tolerar a frustração o fracasso da função simbólica, e o consequente fracasso do pensamento.

Em 1926, em um esforço de conceitualização mais específica e rigorosa, Freud define a dor mental como "a reação própria à perda do objeto". Mais do que fechar, a formulação abriu exponencialmente o campo teórico: de que depende a qualidade e a quantidade da reação? A natureza e a qualidade da reação estão na dependência de que fatores da personalidade e de que fatores da interação com o objeto?

Questões em aberto, ideias à procura de pensadores que as pensem... As contribuições de Bion são disso uma ilustração.

A dor mental no pensamento de Bion

Em uma das últimas obras de Bion, a dor mental tem honras de questão charneira e incontornável. Ele vê na dor mental, como Freud viu, uma condição constitutiva do psiquismo humano. "Considerarei a dor como um dos elementos da psicanálise" (Bion, 1963, p. 174), afirmando logo a seguir: "a dor não pode estar ausente da personalidade". A dor mental é apresentada aí como uma das funções da personalidade, inerente, portanto, ao funcionamento mental.

A problemática da tolerância *versus* intolerância à frustração, ou seja, à dor mental, já que para Bion esses dois conceitos são análogos, é retomada com grande força e passa a fazer parte do instrumental teórico de seu pensamento sobre a grande questão já colocada: como tornar suportável, mentalmente, de forma a poder ser elaborado e significado, o insuportável? Como evitar a fuga, a alienação, o enunciado falso ou a mentira como escape contra a dor? De que depende a maior ou menor tolerabilidade?

As suas hipóteses são claras: de uma disposição inata, mas também e basicamente de duas funções da personalidade, a função continente – que assegura a capacidade de conter no espaço mental as emoções dolorosas e não as libertar (quer pela via somática, quer pela via da identificação projetiva ou outras) – e a função-α – da qualidade e predominância do vínculo que une o sujeito ao objeto.

A qualidade das interações precoces do par bebê-objeto materno (ou substituto) assume nesse modelo, como vimos, uma relevância extraordinária para o que acabamos de formular. O modelo 0 0, que concebe inspirado no conceito de Identificação Projetiva, também.

O êxito da transformação da emoção dolorosa intolerável em uma emoção tolerável e pensável dependerá, portanto, das qualidades transformadoras do aparelho mental do sujeito, subsidiárias da qualidade de suas interações precoces, mas subsidiárias também do tipo de relações objetais do sujeito, nomeadamente dos vínculos emocionais que estabelece, das pontes que cria para tolerar o hiato que o separa radicalmente do outro: se sob o registro do amor (vínculo L), se sob o registro do ódio e de inveja (vínculo H), ou ainda se sob o registro do desejo de conhecer (vínculo K) ou não conhecer (vínculo -K), e aqui o registro é o da arrogância, da estupidez e da onipotência.

O predomínio do ódio e da inveja estimulam o ataque à função-α e destroem a possibilidade de um contato consciente do sujeito, como sujeito vivo, em sua relação com os sujeitos vivos, despojando o *continente* de sua função "desintoxicadora" da dor mental.

Quanto à diferença entre os conceitos de dor mental e de sofrimento psíquico, Bion (1970) entende que a dor mental é o que se instala quando o paciente não tem a capacidade de sofrer. O sofrimento aparece, portanto, associado a um nível de maior capacidade de contenção e de elaboração mental.

Para um modelo de compreensão teórica da dor mental: propostas pessoais

Distinção entre dor mental e sofrimento psíquico

Tendo por base esses dois modelos e minhas próprias investigação clínica e reflexão teórica (Amaral-Dias & Fleming, 1994, 1998; Fleming, 2003a, 2003b, 2003c), proponho algumas definições e um modelo de compreensão da dor mental inspirado nas teorias de Bion e na arte da fotografia, usada aqui como metáfora.

A questão prévia que se coloca, antes de qualquer abordagem, é a da clarificação e da delimitação dos conceitos de sofrimento psíquico e de dor mental. Esses dois termos são frequentemente usados na linguagem comum como sinônimos. Na minha opinião, há toda a vantagem em discriminá-los, procurar-lhes as fronteiras, já que eles, vistos no campo de observação da clínica, remetem a vivências de diferentes ordens.

Do meu ponto de vista, a dor mental é um fenômeno mental específico e deve ter um estatuto científico relevante no *corpus* psicanalítico.

Não tenho, como é obvio, uma resposta definitiva, mas a aproximação que faço, neste momento, à questão da diferença entre sofrimento psíquico e dor mental é a seguinte:

1. O sofrimento psíquico subjetiva ("eu sofro"), enquanto a dor mental des-subjetiva: não envolve diretamente nem o sujeito nem o outro (na dor, não há ninguém a acusar ou a designar...). Como disse o compositor Schumann, que sofria de uma psicose: "se me perguntarem o nome da minha dor eu não saberei dizê-lo. Creio que é dor ela mesma, e não saberei

designá-la melhor" (Schneider, 1989, p. 63). Em uma outra passagem, no seu *lied op. 35, nº 11*, o compositor pergunta-se: "quem te tornou tão doente?", mas essa pergunta fica sem resposta, sem verbo, tecendo-se em uma linguagem outra, mais próxima talvez do "coração" da dor, a linguagem musical.

2. O sofrimento, diz-se, encontra as palavras que lhe servem para dar expressão ao sentido; a dor mental não encontra sentido, não é comunicável: é da ordem do absurdo, do patético. Convocamos mais uma vez Schumann: "eu não passava de uma estátua... não sentia nem o frio, nem o calor" (Schneider, 1989, p. 57).

3. No sofrimento psíquico pode haver o prazer de comunicar enquanto a dor mental está para além do prazer e do desprazer.

4. O sofrimento pode ser elaborado, nomeadamente por meio do trabalho de luto, enquanto à dor mental não se segue o trabalho de elaboração da dor.

Defino a dor mental como um fenômeno limítrofe, na fronteira entre o soma e a *psique*, uma constelação de sensações indefinidas de *anseio, desamparo* e *aflição*, para as quais o sujeito não encontra palavras ou representações.

Em contraste com o sofrimento psíquico, a dor mental solicita um modelo de limite, de limiar, implicando a noção de *tolerância* (dentro do limiar)/*intolerância* (para além do limiar). A dor mental implica *perturbação tópica*, esbater de fronteiras entre o eu-psíquico e o eu-corporal, o que, de acordo com Anzieu "torna o estado de dor ainda mais doloroso" (1985, p. 203).

A dor mental e a metáfora da fotografia

Porque se trata de um fenômeno da ordem do não representado, é necessário não só levantar hipóteses como também recorrer à metáfora que nos ajude a conceber, a pensar a mente humana ou alguns aspectos de seu funcionamento.

A "minha" metáfora, a que melhor me serve, atualmente, para pensar a dor mental é a metáfora da fotografia clássica (não digital).

Quando fotografamos, em um primeiro momento, somos impressionados por algo que nos toca ao nível da percepção, da vista ou do coração, e talvez por isso Cartier-Bresson entendesse a fotografia como "a arte de colocar no mesmo eixo, a cabeça, a vista e o coração". O impacto pode ser estético (a beleza de um rosto...), emocional (um sorriso, um desespero, um grito, uma dor no olhar do outro) ou racional, pelo desejo de reter, fixar o instante que nos impressiona e que desejamos arquivar.

Guardamos as "imagens/impressões" na película, em negativo, o lugar onde a coisa deve estar. Submetido depois a um ato de transformação, por ação e reação de ingredientes químicos e condições físicas, o negativo transforma-se na coisa fotografada: ganha forma, espessura de coisa, transforma-se em signos a que atribuímos valor afetivo e significado. Olhamos a fotografia e voltamos a sentir, a ver mais e mais e a recriar símbolos, *histórias,* em cima das imagens e das emoções que elas despertam.

Poderíamos dizer que algo de semelhante ocorre quando somos violentamente (e inesperadamente) impressionados por um evento externo, ou um por um *fato psíquico,* ou por uma ideia nova, que nos toca o coração da alma e que nos deixa sem palavras. Imediatamente, nosso aparelho mental se empenha em transformar as impressões sensoriais em pictogramas, ou em signos, ou palavras, em outorgar significado à experiência, em criar novos conceitos, já que não podemos viver sem atribuir sentido, sem perceber o sentido das coisas que vivemos... (Precisamos de sentido tanto quanto precisamos respirar.) Mas nem sempre acontece assim. Nem sempre a mente é capaz de funcionar como um aparelho – um laboratório –, nem sempre dispõe dos ingredientes psíquicos capazes de transformar todas as imagens, sensações, todas as protoemoções e emoções que a atingem sob a égide da frustração, em símbolos inteligíveis, ou de transformar conceitos antigos em novos conceitos...

O colapso da função de transformação (α, de acordo com Bion) pode dever-se a condições intrapsíquicas (a qualidade ou a quantidade dos estímulos pode fazer transbordar o *topus* mental e paralisar a função de *contenção*) e/ou a condições intersujeitivas (qualidade dos vínculos predominantes).

Ficam as impressões sob a forma de "não coisas", negativos em latência ("uma negatividade ativa geradora de destrutividade" inapaziguável) que solicitam alívio (que a defesa não anestesiou), que solicitam transformação... (imagem, sentido, pensamento). Emerge a dor mental, difusa e indefinida... sem forma, sem cor (o preto do negativo?), sem voz. É nesse quadro que conceitualizo a dor mental: fenômeno associado à "realização negativa", não tolerada, à qual o sujeito não consegue vincular um nome, uma imagem, nem associar uma experiência...

Caso a experiência seja uma experiência de dor, ela parece não ter sido sujeita à atividade-α, não parece ter sido "digerida" mentalmente, por efeito do colapso da função *continente*. O que faz α? "α atenta para as impressões sensoriais. Mas para fazê-lo a impressão precisa tornar-se *durável*" (Bion, 1992, p. 77, grifo meu). Não sendo contida (ruptura dos dispositivos de proteção, ruptura das barreiras de para-excitação), torna-se um "produto" excretável (à procura de um continente outro?), não adequado para armazenagem em recordação, mas fixado.

A dor mental pode então ser concebida como uma espécie de "fotografia protomental em negativo": impressões sensoriais que não podendo ser toleradas (insuportáveis de ver...), transvasam do espaço mental para os confins corpo-mente.

O resultado será

> *uma destruição da imagem, um borrão ou o seu desaparecimento gradual, que cria um ferimento na mente, produzindo uma hemorragia da representação, uma dor sem qualquer imagem do ferimento, apenas um estado de vazio, ou um buraco.* (Green, 1998, p. 658)

Servindo-me agora das expressões usadas por meus analisandos, quando comunicam as suas vivências no quadro da relação psicanalítica, diria que se tratam de "fotografias" suprimidas ("apagadas", "partidas aos pedaços") mas fixadas ("sempre lá") em um tempo parado, danificando o aparelho de pensar os pensamentos, mas à espera (em expectativa) da costura, das conexões que foram rompidas ("os buracos", "as falhas", "os vazios", "os cortes que sangram") para poderem ser refeitas (no "aqui e agora" da realidade transferencial) como novas fotografias, com conteúdo, contexto emocional, texto (com personagens e narrativas...).

No caso de a experiência de dor ser aquela que subjaz à perda/separação do objeto, essa parece ser uma ausência *malcompreendida* (Freud, 1954b/1926), porque o objeto "não é mais"; é um não objeto suspensivo... perdido, mas sempre mantido, porque o objeto "não pode ser reencontrado pela via da representação" (Pontalis, 1999, p. 287).

Essa formulação abre-me para a interrogação mais do que para a certeza: onde colocar um objeto que, entre a ausência e a perda, *não é mais?* Onde situar o que não se sabe o que é, nem onde está? Como representar a "não coisa" que devia estar lá e não está? Como nomear a sensação que tem a ver com o outro, mas onde o outro não sabe/sente bem o que é?

Um modelo de compreensão da dor mental

O nosso aparelho mental, como Freud (1954/1895) inicialmente o conceitualizou, dispõe, à semelhança dos aparelhos biológicos, de limiares de tolerância à carga (quantidade e qualidade) de estímulos, de limiares de tolerância às frustrações, que, uma vez ultrapassados, podem paralisar os processos mentais: a transformação fica hipotecada. Utilizando a conceitualização de Bion, a transformação dos elementos-β em elementos-α fica inviabilizada sempre que não se verifique suficiente tolerância à dor mental.

A minha hipótese é a seguinte: o experienciado, mas não elaborado nem tolerado, pode ser de novo contido no *holding* psicanalítico, no espaço/tempo de uma relação durável com um outro disponível e fiável, porque não retalia, nem se deixa destruir pela destrutividade do paciente.

No espaço analítico de contenção, a dor mental aparece como um não dito à procura de ser dito, um indizível à procura de um interlocutor (a dor é intolerável se um objeto adequado não a contém) com quem se possam encenar/construir outras cenas/narrativas, em um teatro de "reprise" (realidade transferencial), em que o paciente se dá a si mesmo uma nova oportunidade de reencenar, em um trabalho de construção mútua que passa entre outros aspectos por um trabalho de semantização ou, como gosto de dizer, de β-*alfatização (β → α)*...

> *Às vezes, a dor não se sente, está ainda em um lugar longínquo e o paciente a nega e não tolera sequer que a palavra dor seja pronunciada, porque "o que é partilhável não é a dor, mas a defesa contra ela".* (Anzieu, 1985, p. 204)

É, frequentemente, o psicanalista que a intui, que a pressente, que vislumbra os vários negativos em que as impressões dolorosas estão impressas e aguardam uma revisitação...

Essa revisitação aos lugares da dor mental é normalmente um longo processo, feito a dois, no qual o analista – um "sujeito-suposto-saber" e suposto detentor de um poder simbólico – procura a par e ao passo do paciente, aumentar o seu grau de tolerância à frustração, refazer os elos entre emoções e representações, em um trabalho de reconstrução/construção dos mitos ou da narrativa pessoais, que permita restaurar a capacidade de sentir.

Como transformar as dores mentais em conteúdos representáveis e suscetíveis de serem ligados a afetos nomeados (sendo que sabemos que permanece sempre um *quantum* de irrepresentável) é a questão que procura respostas na progressiva construção de edifícios teóricos, que têm sido elaborados em torno da articulação de conceitos que considero basilares para a conceitualização da dor mental: *relação sujeito-objeto, intolerância à "realização negativa", fuga* versus *modificação, pensamento*, e que me parecem organizar um campo teórico.

Perante o fracasso da função continente, será necessário considerar a hipótese de o sujeito se dar ao seu próprio Eu um envelope real de sofrimento com a função de *pele-continente* (Anzieu, 1985), ou ainda a hipótese de a dor se instalar em um continente corpóreo, mais do que psíquico, que desempenha então a função de para-excitação (Rabenou, 1986).

Encontramos no modelo clínico de Bion uma riqueza notável: ele orienta o trabalho analítico para um trabalho centrado na relação 00, transferencial e contratransferencial, em que agora o analista é que se oferece com a sua função continente e a sua função-α para "digerir" mentalmente o não pensado do paciente, e devolvê-lo de forma tolerável e desintoxicada do excesso de dor, recriando condições cognitivas, emocionais e afetivas para o crescimento emocional do paciente à procura de si próprio.

Implicações técnicas: propostas pessoais

Tendo por base o que acabo de apresentar, proponho algumas implicações clínicas que dizem respeito mais diretamente à questão da dor mental:

1. O par paciente-analista "terá" idealmente de conseguir a transposição das dores mentais para o registo de novos mitos organizadores, mais do que procurar-lhes os significados ou verdades ocultas. Não se trata, portanto, voltando à metáfora da fotografia, de *revelar* "o que lá está no passado", mas mais de o recriar no cenário analítico presentificado, naquilo que chamo de a arte de transformar mítico-poética.

2. O analista, como continente das emoções dolorosas de seu paciente, "terá" idealmente de elevar, ao seu maior nível, o seu próprio limiar de tolerância à dor mental, de forma a ser

sentido pelo paciente como um *continente* fiável (e confiável) que não rompe, que aguenta suas investidas destrutivas e que oferece continuidade. A questão é considerada de tal modo importante que Bion afirma que o analista que não estiver apto a suportar a dor não poderá psicanalisar. Caso ceda à tentação de não psicanalisar e abandone a sua função, "a análise fica irremediavelmente comprometida. O paciente perde o analista e ganha um auxiliar de valor duvidoso" (Bion, 1967, p. 145).

3. O analista "terá" idealmente de abrir-se à deriva semiótica, sonhar o que o analisando não pode nem sequer sonhar, abrir-se ao *alpha-dream-work* e à dimensão musical da comunicação, desenvolvendo as suas "capacidades negativas" de tolerância à dúvida, à incerteza e à novidade no interior de um campo de contenção emocional. Dito de outra maneira: no nosso entender, o analista "não pode" deixar de fazer o seu trabalho, que, entre outros aspectos, passará a impedir a capacidade do paciente de paralisar o funcionamento mental (ou parte dele) e de vivenciar até uma "morte psíquica" e a vivificar a mente do paciente, mesmo sabendo que isso representa dor para o paciente.

Considerações finais

Um brutal paradoxo preside o encontro analista-analisando: o paciente sente não poder manter-se na situação em que está (*"sinto-me morto ou então preso num ciclo infernal de repetição"*, como me diz um paciente), mas mudar, sair da situação em que está, representa também uma ameaça para a sua integridade mental, porque ele teme uma violência, uma dor que ele intui como não sendo capaz de tolerar.

O intervalo de abertura à escuta e introjeção da palavra do analista pode revelar-se, em alguns casos de pacientes muito graves, extremamente estreito, dada a enorme intolerância à dor e a tudo aquilo que venha a criar dinâmica em um sistema mental paralisado ou adormecido.

A colocação do *vértex* de observação do analista será, em nossa opinião, no ângulo em que se cruzam as três arestas (na junção dos três planos de realidade): a da realidade externa, a da realidade interna e a da realidade transferencial/contratransferencial, em um ângulo de visão *triocular*.

Entre o prazer da deriva e a observação da cartografia, o processo psicanalítico desenrola-se:

> *O psicanalista procura que a viajem chegue a termo, chegue onde pode chegar, não fique parada num porto de abrigo, mas que o companheiro de viagem, mais seguro de si e mais conhecedor da cartografia, continue a viajem só.* (Malpique & Fleming, 2002, p. 68)

A capacidade de olhar para uma fotografia e poder emocionar-se, pode ser, por exemplo, um dos indicadores de um processo de crescimento emocional ao longo da análise. Um paciente (que sofrera a perda da mãe há muitos anos), a um mês do término de sua análise, disse-nos: "coloquei pela primeira vez uma fotografia da minha mãe na sala e fiquei a olhá-la, num choro contido... Antes, foi impossível fazê-lo... Só de pensar, sentia uma dor tão grande, que era impossível fazê-lo... Agora acho que já tolero e está-me a fazer muito bem: ser capaz de olhar para a fotografia e sentir-me bem; porque a perdi mas tenho-a como uma boa mãe dentro de mim".

Quando nos veio procurar, as "cartas" com que se orientava na vida eram outras: "trago sempre comigo o desejo de uma relação fusional com os outros, uma fusão que apague a separação, que apague a dor, que apague a morte..."

Para o fotógrafo Henri Cartier-Bresson, "fotografar é a arte de colocar no mesmo eixo a cabeça, a vista e o coração".

Na minha opinião, um dos desafios que se coloca ao psicanalista é colocar no mesmo eixo a sua cabeça (as teorias *assimiladas* de que dispõe e o seu aparelho de pensar), a sua vista (a sua sensibilidade e intuição para o não verbal) e o seu coração (tolerar e conter a turbulência emocional e afetiva – amor de transferência – que a experiência do encontro entre dois seres humanos sempre desencadeia).

Foi essa outra arte de escutar e de estar junto de alguém que abordei aqui: a arte de transformar a *dor sem nome* (o negativo) em um sofrimento capaz de ser tolerado e consequentemente visto, nomeado e sentido – "Um sofrimento por sofrer/Ou por sofrer completamente/Ou por sofrer como..." (Fernando Pessoa) –, sabendo que a viagem psicanalítica é feita de muito mais, em uma tensão permanente entre a deriva e a cartografia.

É na separação, na ausência, ou como disse, a partir do negativo, usando a minha metáfora sobre a arte de fotografar, que se organiza o pensamento e o prazer de viver... Conseguir pensar a separação, a ausência do outro, a perda, a morte... são os grandes e ancestrais desafios que se colocam ao Homem, "um Ser para a morte" (Heidegger), "condenado à liberdade" (Sartre). Mas é também no decurso de seu crescimento mental, na deriva errante pela "casa desabrigada do Mundo" (Sofia de Mello Breyner Andresen) que o Homem tem a arte de criar e construir, com dor e prazer, mais e mais novos mundos...

Referências

Amaral-Dias, C. & Fleming, M. (1994). La fonction contenante de l'analyste. *Revue Française de Psychanalyse, 58*, 1391-1477.

Amaral-Dias, C. & Fleming, M. (1998). *A psicanálise em tempo de mudança: contribuições teóricas a partir de Bion*. Porto: Afrontamento.

Anzieu, D. (1985). *Moi-peau*. Paris: Dunod.

Bion, W. (1963) *Elements of psychoanalysis*. Londres: Heinemann.

Bion, W. (1967). *Second thoughts*. Londres: Heinemann.

Bion, W. (1970). *Attention and interpretation*. Londres: Tavistock.

Bion, W. (1992). *Cogitations*. Londres: Karnac.

Fleming, M. (2003a). *Dor sem nome. Pensar o sofrimento*. Porto: Afrontamento.

Fleming, M. (2003b). Dor mental: para além do representável. *Revista Portuguesa de Psicanálise, 23*, 123-132.

Fleming, M. (2003c). A dor mental, Eros e o deserto emocional. *Revista Portuguesa de Psicanálise, 24*, 21-27.

Freud, S. (1954). *Project for a scientific psychology*. In *The origins of psychoanalysis*. Londres: Imago. (Trabalho original publicado em 1895)

Freud, S. (1964a). Formulations on two principles of mental functioning. In S. Freud, *The Standard Edition of the Complete Psychological Works of Sigmund Freud* (Vol. 12). Londres: Hogarth Press. (Trabalho original publicado em 1911)

Freud, S. (1964b). Inhibitions, symptoms and anxiety. In S. Freud, *The Standard Edition of the Complete Psychological Works of Sigmund Freud* (Vol. 20). Londres: Hogarth Press. (Trabalho original publicado em 1926)

Green, A. (1998). The primordial mind and the work of the negative. *The International Journal of Psychoanalysis, 79*, 649-665.

Malpique, C. & Fleming, M. (2002). Cartografias para un viaje. Cambio psíquico y dolor mental. *Anuario Ibérico de Psicoanalisis, 7*, 67-124.

Pinheiro, R. T., Amaral, K. C., Sousa, P. L. R., Horta, B. L., Silva, R. A. & Fleming, M. (2003). The relationship of cocaine dependence and parental psychopathology: a case/control study. *Canadian Journal of Psychoanalysis, 11*, 170-184.

Pinheiro, R. T., Sousa, P. L., Horta, B. L., Silva, R. A., Souza, R. M. e Fleming, M. (2001). Cocaine addicts and their families: an empirical study of the process of identification. *The International Journal of Psychoanalysis, 82*, 347-360.

Pontalis, J.-B. (1999). *Entre le rêve et la douleur.* Paris: Gallimard.

Rabenou, C. (1986). Mère de douleur. *Revue Française de Psychanalyse, 2*, 685-696.

Schneider, M. (1989). *La tombée du jour.* Paris: Seuil.

Olhar indagador: *why shaped stare*

Maria Stela de Godoy Moreira

O locus *da função-*α

No modelo de Bion, o *self*, com a ajuda de objetos internos primais ("o seio que pensa"), procura ligar as experiências emocionais por meio da função-α, que cria representações da experiência emocional possibilitando os pensamentos oníricos e, em consequência, os símbolos, como alicerce para os processos de pensamento racional. Essa misteriosa função-α tem a capacidade de vincular os "acréscimos de estímulos", dos quais o aparelho mental teria que "se livrar" por meio da ação, funções psicossomáticas ou alucinação. Nesse modelo de mente, afirmam Meltzer e Harris (1988), o *locus* da função-α é o objeto interno combinado em sua forma primordial de "seio-e-mamilo".

Meltzer e Harris (1988), em sua formulação do conflito estético como um problema interior-exterior, um conflito entre aquilo que podia ser percebido e aquilo que só podia ser interpretado, nos remetem à experiência estética que o bebê tem no primeiro aleitamento, como um ato de amor, que é aguardado com ansiedade virginal. É uma preconcepção inata que "casa" tão plenamente com a "realização" que cria uma concepção. Ao se consumar essa misteriosa conjunção, segue-se um processo de desenvolvimento. É necessário um espaço protegido no qual a criança possa ter os vários tipos de experiência de relações emocionais íntimas e eróticas das quais depende a evolução da personalidade. É um espaço sagrado, privado e secreto.[1]

Quais os meios de que uma pessoa lança mão para resguardar os limites de seu espaço privado-secreto? Ou quais motivos a levam a deixar esses limites desprotegidos, sujeitos à violação ou à curiosidade intrusiva? Qual é o preço da transgressão? Da interdição? E da violação?

Versão elemento-α do mito edípico

Melanie Klein (1928), em seus estudos sobre os estágios precoces do conflito edípico, assinala que, devido à inveja, à voracidade e ao sadismo, a criança não tolera a relação entre os pais e ataca de maneira destrutiva esse vínculo, passando a se sentir fragmentada em virtude da própria violência.

Em *Elementos de psicanálise*, Bion (1984a/1963) assinala um precursor da situação edípica, como algo que, no ego, faz parte de seu aparelho de contato com a realidade, enunciando a versão elemento-α, do mito edípico particular. Essa versão representa o meio, a maneira, a preconcepção, em virtude de a criança conseguir

---

1 Ao se referir ao "lugar" onde se dá o ato criativo da função simbólica, como a "câmara do pensamento virgem" (*chamber of maiden thoughts*), Meltzer e Harris (1988) fazem uma alusão à bela metáfora empregada por Keats em uma carta a seu amigo Reynolds.

estabelecer contato com os pais tal qual eles são no mundo da realidade. A união dessa preconcepção edípica elemento-α, com a realização dos pais da realidade, dá origem à concepção de "pais".

Neste texto, focalizarei a investigação para segmentos da situação edipiana fragmentada. No trabalho clínico que irei apresentar, Diego exemplifica essas dificuldades na elaboração do conflito edipiano e utiliza uma forma específica de ataque ao vínculo, com a dissolução do *common sense* (senso comum).

Bion (1963), no encontro analítico, ao se deparar com material edípico fragmentário, resquícios daquilo que parece material edipiano, verificou que interpretações referentes à condição de objeto destruído só têm êxito parcial. Precisou, então, reformular essa teoria, guardando, porém, o termo preconcepção edípica, mas agora com outro sentido.

Senso comum: why shaped stare

Bion (1962) denominou *common sense*, ou seja, a função de correlação da informação obtida por meio de um órgão dos sentidos (visual, auditivo etc.) com a informação fornecida por um outro para produzir o "senso comum". Tem o valor de facilitar a verificação de uma afirmação por mais de um órgão dos sentidos ou pelos sentidos de mais de uma pessoa. Se um paciente, no lugar da identificação projetiva realista, visando comunicação, utiliza continuamente o recurso da identificação projetiva, ao que parece ele priva a projeção da penumbra de significados que ela tem, dando origem a um tipo de pensamento "literal", concreto, sem nuances.

Quando o analista interpreta, deverá ser possível para analista e analisando perceberem que ele fala a respeito de algo audível, visível, palpável no momento do encontro psicanalítico. Como, porém, considerar "visíveis" as qualidades dos elementos, diante do fato de que certos analistas decantam sua capacidade de "ver" coisas, cuja simples existência outros negam? Esse desacordo, bastante comum entre analistas, acontece também entre analista e analisando, mesmo quando ambos compartilham uma experiência comum aos dois.

A comunicação por meio de uma representação pictórica pode ser a única modalidade de contato disponível para iluminar importantes áreas emocionais que envolvem experiências urgentes de dor mental e que não tiveram acesso ao pensamento. Ela representa um núcleo emocional, até então encapsulado, em uma dimensão a-histórica e puramente repetitiva.

Pensamento abstrato

A abstração, por outro lado, torna possível a correlação da afirmação abstrata com as realizações das quais ela não se origina. Essa característica da abstração, sentida como um progresso na transformação do "saber" particular em público salienta a importância da formação de símbolos, sua relação com o pensamento verbal e com os impulsos reparadores.[2]

---

[2] Segal (1957) assinala a "equação simbólica" como uma etapa concreta do pensamento, relegando a formação de símbolos propriamente ditos à posição depressiva kleiniana.

Pensamento ideográfico

Bion (1957) aponta para a importância dos danos causados na formação de símbolos, já na posição esquizoparanoide, pelo excesso do *splitting* destrutivo, estendendo a identificação projetiva e o processo de cisão aos elos de ligação no interior do próprio pensamento. São esses elos – que vinculam as impressões sensoriais à consciência – os que são atacados. Essa matriz primitiva de ideogramas sujeita aos ataques sádicos prejudica a matriz do pensamento. Consequentemente, a formação de símbolos fica prejudicada, levando o paciente a confundir objetos reais com ideias primitivas. Essa hipótese me parece bem fundada, e pretendo remeter a ela as minhas observações na primeira vinheta clínica referente à uma sessão de Diego, ilustrando o óbvio, o pensamento ideogramático com utilização da visão no lugar de palavras e audição, sugerindo uma ruptura fugaz no *common sense*. Uma pequena vinheta do início da análise ilustra essa situação do *óbvio*.

Diego, aos 21 anos, depois de dois anos de psicanálise com um colega, chega para consulta devido a um *breakdown*. Atendo-o quatro vezes por semana.

Início da análise

Desde a primeira sessão, Diego fala sem qualquer inibição, detendo-se em minúcias e detalhes de suas fantasias sexuais, que funcionam em uma zona delirante erótica, a qual ele exibe sem qualquer crítica ou censura. Operando ao nível de *splitting* e de identificação projetiva, ele utiliza potentes mecanismos obsessivos para evitar uma fragmentação do ego. Não suporta qualquer interpretação transferencial "convencional".

Seus rituais estão relacionados a ruídos: quando ouve sirenes de ambulâncias, sons de mudança de marcha nos carros e, especificamente, o som da voz da mãe. A agressão-intrusão da fala torna-se coisa a ser evitada a qualquer custo. Diego constrói rituais cada vez mais complexos, tentando controlar intrusões acústicas. Quando essa organização defensiva falha, surge a violência, impedindo-me de falar com ele. Qualquer palavra "atrapalha seus pensamentos" e "tudo" se torna um ataque perverso às situações interna e externa, inundando a sessão com fantasias sádicas, fragmentos de frases em que imperam a crueldade e a "pornografia", formando entre ele e eu como que uma tela sobre a qual ele projeta um filme – e minha única função, nesse ponto, é o de espectadora.

Apresentarei uma sessão dessa etapa inicial da análise e depois duas sessões mais atuais, dez anos depois.

Primeira vinheta clínica

Diego fala da bunda da namorada e conta uma aventura sexual na qual ele tenta um *coitus a tergo* com a empregada da casa de sua mãe. Nessa ocasião ele esqueceu de fechar a porta do quarto e foi surpreendido pelo irmão. Na cena descrita, a moça finge dormir, de costas, ele a levanta de maneira a ficar de joelhos com o traseiro empinado e a possui sexualmente. Conta dos "rituais obsessivos" que ele precisou praticar depois desse episódio: "fiquei pensando se uma letra tinha acento, se tinha crase, trema..."

Noto que o pensamento obsessivo na última fala não se liga ao significado, ao sentido ou ao conceito veiculados à palavra, mas à *imagem acústica*, sobre a qual os fonemas se colocam, evocando uma imagem pura e simples, elemento que pode ser resistente à representação simbólica. Assinalei o jogo de palavras derivado das palavras *homófonas*: acento e assento; *assento... bunda... trema... treme... crase... crazy* (Diego usa o inglês como segunda língua). Faço uma pausa e continuo, dizendo que ele, ao pensar em *bunda, treme* de medo de ficar *louco*. Ao que ele responde:

— Não... Por aí, não... Por exemplo: fico pensando em "vêm", se tem circunflexo, se é singular ou plural.

Bion (1992/1958, p. 67) nos alerta para o sentido concreto que os verbos que denotam sensações (ver, ouvir, sentir) têm para os psicóticos, pois algumas vezes isso nos possibilita detectar um processo alucinatório antes que este se denuncie por signos mais familiares. Penso que o ideograma forneceu um meio, certamente uma expressão lacônica de um conceito abstrato. Assim, apreciamos o olhar indagador (*why shaped stare*) do exemplo de Bion em *Evidence* (1976), como também a imagem das sobrancelhas arqueadas, forma de um "V invertido" (letra 'vê'), um registro visual, uma representação ideográfica captada na transferência. Respondo a Diego:

— Você se preocupa com os sinais que estão em cima das letras. Será que você está se referindo a alguma coisa que fica em cima de uma outra? Talvez uma forma humana, dobrada, "circunflexa" sobre a outra? – o *coito a tergo* mencionado no início da sessão. Continuo: — A referência a "vêm" poderia ser uma preocupação em ver e averiguar se há uma ou duas pessoas... Se é singular ou plural...

Uma conjetura que podemos fazer sobre esse paciente seria: o pensamento primitivo teria sido danificado, prejudicando a própria matriz do pensamento (Bion, 1957)? Ou podemos nos indagar sobre o aspecto cruel de dominação e sujeição das "figuras combinadas" (Klein, 1952)? Ou ambos?

Na primeira vinheta clínica, não poderíamos falar de interpretação. A analista, utilizando uma formulação, propiciou uma correlação criativa por meio da qual "duas formas simbólicas visuais do paciente e verbal da analista" potencializaram-se mutuamente produzindo um sentido. O sintoma referente aos "acentos" e os rituais obsessivos envolvendo o som da voz de sua mãe desapareceram.

No decorrer da análise surgiu a hipótese de que a visão ficou associada à figura do pai e a audição, à da mãe, mas não houve "casamento" dessas duas imagens, prejudicando assim a aquisição de uma consensualidade (*common sense*) e impedindo a introjeção do casal parental. Esse encontro na "câmara do pensamento virgem" não se deu, ou antes, foi perturbado por um olhar intrusivo (do irmão).

Diego utilizava mecanismos obsessivos com finalidade de "barrar" o pensamento, de "dividir", de "anestesiar" tudo quanto pudesse fazê-lo perceber dor. "Separava" cenas do cotidiano a partir de um sistema de "compartimentar" as várias situações; por exemplo, ele "abria" a situação de análise; ao sair, "fechava" esta situação e "abria" outra, para descer de elevador e pegar o carro, que logo depois era "fechada" novamente. A intensidade e a duração dos rituais diminuíram muito, ou talvez agora o fracasso na apreensão do belo, por meio da resposta emocional à sua percepção, tenha sido transformado. Ele "ouve" os passarinhos gorjeando, vê minhas flores e conta seus progressos afetivos e profissionais. Sinto a mudança.

A dissolução do "senso comum"

Um tipo de cisão, diferente do *splitting* kleiniano, o *desmantelamento*, foi descrito por Meltzer (1975) como um funcionamento primitivo de mecanismos obsessivos, derivado da fenomenologia observada no tratamento psicanalítico de crianças autistas. A dissolução do "senso comum" parece ser realizada por meio da atenção seletiva aos diversos objetos externos devido ao fato de essas crianças só permitirem a apreensão de *um* evento sensual imediato de cada vez, não fazendo a conexão entre os cinco sentidos. A tese apresentada por Meltzer (1973) é a que os objetos da excitação sexual sobre os quais a perversão se cristaliza são objetos desmontados, diferentes dos objetos parciais kleinianos. Afirma ele que, anterior ao "controle onipotente" e ao *splitting*, haveria um desmontar de objetos por meio de um método muito cuidadoso que torna possível a imediata reconstituição do objeto original quando isso é desejado. A dissolução do senso comum também foi observada por Bion (1959) em pacientes psicóticos, que não empregam a validação consensual (*common sense*) entre os seus próprios sentidos: se o ouvido ouve uma coisa e os olhos outra, a pessoa não tem "sentidos em comum", ou senso comum. Esse processo difere da divisão interna do *splitting* descrito por Melanie Klein, nos quais os impulsos sádicos cindem os objetos com certa violência e dano, só podendo ser reparados com dificuldade e dores na posição depressiva.

O que observei em meu paciente Diego foram os dois tipos de mecanismos: o desmantelamento e o *splitting* em épocas diferentes da análise.

Fragmento de duas sessões, dez anos depois

Há dois meses, mudei meu consultório da avenida Angélica para outro, em minha casa. Os pacientes chegam da rua por um portão que serve também a casa, passam por um caminho arborizado e entram no consultório.

Era o primeiro dia depois de um feriado. Toca a campainha. Abro a porta da frente da casa, olho e fecho a porta. Não fui até o portão da rua porque a funcionária incumbida dessa tarefa está chegando nesse mesmo instante. Diego entra e deita-se no divã. Começa:

— Sinto um nó no peito. Quando cheguei e você abriu a porta, com essa roupa muito colorida, parecia um quadro de Velázquez [Las niñas, 1656]. Talvez seja uma imagem muito sofisticada... – Ele ri. – Tem uma figura no fundo, abrindo uma porta, e na frente aparecem umas meninas e as "aias" da corte. Está cheio de gente: até uma anãzinha e um cachorro...

— Foi como um *flash*, uma olhadela muito rápida...

— Sua roupa de cores vivas contrastava com a da empregada que me abriu o portão da rua.

— Uma questão do "dentro e do fora". Você na rua, fora da casa... Junto com as "aias" e, depois, em segundos, uma figura de mulher aparece e desaparece novamente dentro da casa.

— Eu até andei um pouco mais devagar... [ele passou por um jardim externo] Porque sabia que você tinha que atravessar toda a casa para assim chegarmos juntos.

— Existe uma vontade de acertar o ritmo: o tempo e o espaço que percorremos, um por dentro, outro por fora, para chegarmos a um local comum, que é a sala de análise.

Ele fica em silêncio. Depois passa a descrever o quadro: à frente de um enorme cavalete o pintor pode ser visto trabalhando em um tipo de pintura envolvendo a pequena princesa. No fundo, há uma escada em que o escudeiro para e observa a cena. Todas as pessoas retratadas estão olhando "para fora" do quadro. Picasso fez quarenta ou cinquenta desenhos retomando a cena ou partes da cena desse quadro de Velásquez.

— Não interpreto o conteúdo – digo a ele –, mas investigo que função teria essa fala. O que é intrigante é por que Picasso ficou tão impressionado com esse quadro... O que será que foi tão marcante?

— O pintor está dentro do quadro e todas as pessoas da corte estão olhando para nós, fora da tela.

— O pintor também aparece no quadro: está dentro do quadro e, ao mesmo tempo, registrando a cena. O que Velásquez está pintando no quadro que está dentro do quadro? Uma cena dentro de outra cena? E onde estamos nós?

— No quadro tem também o rei e a rainha, refletidos em um espelho, mas na realidade eles estão fora do quadro.

Penso: a infanta Margarida, entre camareiras e aias, olha para o casal real que posa para o pintor. Velázquez coloca a infanta como centro da organização do espaço, mas o centro ordenador do quadro é o lugar do rei. Nós dois, meu analisando e eu, fomos postos na posição do rei e sua rainha que, não estando inclusos na pintura, refletem-se em um espelho existente no fundo. Quando ocupamos esse lugar, passamos a ser o centro mesmo dessa composição. Não é como composição que o quadro me interessa, mas, sim, como *ordenador de um olhar*: eu olho para os olhares, os olhares olham para mim. O quadro instala uma relação especular porque há uma reciprocidade.

— Parece que você está pintando um quadro ao conversar aqui comigo – digo. — Nessa pintura, o emprego sutil de gradação de cores dá uma noção de espaço, traduzindo uma atmosfera. Cria toda uma dimensionalidade com vários planos e usa a cor e a distância para expressar uma coisa muito importante para você... Focalizando a atenção no personagem do fundo, perto da escada, vendo-o mais brilhante, mais colorido, como a roupa que estou usando, é a maneira de *trazê-lo para o primeiro plano*. Assim, você me chama para mais perto. E depois, ao diminuir o *ritmo* de seu passo para chegar ao consultório, tenta me encontrar em uma outra cena... Forma comigo o casal real, *atualizado e com maior definição de foco*.

Diego entende bastante de focos e binóculos. Continuo:

— O refletido no espelho está visivelmente *mais distante. Assim, você ganha perspectiva na realização de espaço e tempo.* Estou me referindo à regulação das lentes do binóculo que aproxima as coisas e as afasta na distância (uma "visão binocular", em termos de Bion).

Diego permanece em silêncio, como que "pego em flagrante".

— Parece um *flash* que imobiliza a cena em um quadro para ser observada mais de perto, para ser melhor escrutinizada. – Faço uma correlação entre o aglomerado de pessoas retratadas no quadro, as empregadas que chegavam e eu "fora" do meu lugar, *espiando pela porta.* — Aparecem muitos personagens que criam uma atmosfera densa nesse local cheio de gente, muito diferente da "angélica".

Me refiro à avenida Angélica, localização do antigo consultório, em que o clima era mais "puro", não havendo vestígios de qualquer movimento que captasse seu interesse fora da sala. Parece que está havendo uma queixa sobre esse local, do novo consultório, muito povoado, sugerindo muitos afazeres fora de seu controle, como os retratados no quadro: aias, damas da corte, escudeiros, animais domésticos...

A metáfora pictórica relacionada à temporalidade (ritmo do andar) e à luminosidade (o colorido da roupa contrastando com o fundo escuro da porta aberta) corresponde à impressão de estarmos lidando com "abrir-fechar", "surgir-desaparecer", "claro-escuro", "interno-externo", "rapidez-lentidão", uma zona de contrastes e de meios-tons, indefinidamente promissores. Estamos lidando com *afetos de vitalidade* (Stern, 1985). Ao dar um nome a esse "aglomerado" de elementos aparentemente sem sentido, surge o que Bion (1962, 1967) denominou "fato selecionado", ou seja, a experiência emocional, aquele que o analista experimenta no processo de vinculação de conjunções constantes. A sensação de coerência dos elementos, que na realização parecem ligar o que, até então, permanecia sem conexão: uma *inversão do ver*, um V invertido. No momento citado, o que conta não é a natureza dos elementos que constantemente se conjugam, mas a *intensidade* deles.

Daniel Stern chama de "percepção amodal" essa capacidade inata do bebê de tomar a informação recebida em uma modalidade sensorial e traduzi-la para outra modalidade sensorial. Essas representações abstratas que o bebê experiencia não são visões, sons ou toques e objetos nomeáveis, mas, ao contrário, formas, intensidade e padrões temporais. São os afetos de vitalidade que podem ocorrer tanto na presença quanto na ausência dos afetos categóricos (alegria, tristeza, medo, raiva, surpresa). Por exemplo, a intensidade pode ser apreendida em *uma sobrecarga* de raiva, ou de alegria, uma *inundação* de luz percebida, uma *sequência acelerada* de pensamentos, uma imensurável *onda* de sentimento, um sorriso *explosivo*.

A dança e a música são exemplos, por excelência, da expressividade dos afetos de vitalidade. O coreógrafo, na maior parte das vezes, tenta expressar uma maneira de sentir, e não um conteúdo específico de sentimento. A maneira como é realizado o ato de um progenitor expressa um afeto de vitalidade. É muito provável que o bebê perceba ativação e excitação, mas apenas como um índice geral de níveis de excitação; ativações similares podem ser experienciadas como correspondentes e, dessa forma, criam certa organização. Excitação sexual ligada a padrões temporais, de movimento, ruído e forma.

O óbvio e o obtuso (sessão do dia seguinte)

Diego entrega meus honorários. Demora para iniciar a fala. Sinto-me inconfortável com esse silêncio, o que não é frequente. Ele comenta sobre um pernilongo que voa na sala, fala sobre os honorários e depois continua:

— Estou com dor no ombro direito, como aquele dia em que dei uns palpites bons no encontro com o presidente, no trabalho. Então, pensei: *deve ser alguma coisa boa também*.

Penso na ligação de "dor" com coisa boa, e indago:

— E aconteceu alguma coisa boa?

Um dos problemas desse paciente era a destrutividade em relação a todo e qualquer progresso.

— Meu chefe foi o único dos quatro que foi trabalhar. Ele estava muito amigável; me chamou para conversar e contou que telefonaram do Banco do Itaú, e o nosso presidente, sr. X., *disse exatamente o que tínhamos planejado*. Fiquei agradavelmente surpreso... Ou *a dor* pode ter a ver com o que conversamos na sessão de ontem [*sessão Velásquez*]? Fico triste de pensar que não gosto de ir à casa de minha mãe. O fato de ela andar de camiseta e calcinha pela casa inteira, eu não aguento... Fico bravo, mesmo. Meu irmão não liga. Talvez seja um problema meu, apenas. Eu erotizo muito, tudo.... Mas de um modo geral, está melhor com as outras mulheres... Mas quando é com minha mãe, ainda não consigo mudar... Isso me chateia. Fico vendo intenção onde não há...

— Tudo vira sexo. – Penso: estou como o sr. X, dizendo "exatamente" o que Diego tinha planejado que eu dissesse. Ele fala brevemente que a "dor pode ter a ver com o que conversamos", e depois muda bruscamente o tema que provoca dor para falar do já conhecido: a sexualização de "tudo".

Ele recomeça:

— Fui na casa de Y e as mulheres estavam de minissaia, supercurtas, mostrando as pernas longas... Quando trançam a perna dá para ver até as calcinhas.

— As "pernilongas" que te incomodam...

— (Ri, contido.) Sonhei com Y (a namorada). Estávamos transando *em todas as posições*... Eu estava louco, mas quando eu ia gozar, *ela disse que estava faltando a camisinha*... Não sei... Ou uma geleia para não engravidar... E que "era mais seiscentos reais".

Falou assim, como uma prostituta. Mas como eu estava muito louco, paguei e aí gozei... E aconteceu de verdade...

Sinto que é um convite para que eu interprete o "óbvio" da erotização, uma "ideia supervalorizada" (Steiner & Britton, 1994) ou o pagamento para a "prostituta" no início da sessão, mas não caio na cilada. Digo:

— Talvez você sinta a análise como possivelmente fértil... Mas parece que *só eu sou responsável pela produção ou não de vida*... E que sou a única que tem o controle da situação "quando você fica muito louco". – Esse paciente se comprazia com comportamentos autoeróticos, como passar flatos prolongando e amoldando-os nas paredes do ânus). — Você me conta também que fica "louco" ao ouvir as coisas faladas aqui e faz rituais tentando reprimir as emoções violentas que te assolam, porque está faltando uma "camisinha" ou uma "geleia" para *amenizar a explosão*, o trasbordamento, a dispersão...

Uma forma de degradação do objeto reside na degradação da emocionalidade, que passa do amor para a sensualidade, como bem aponta Meltzer (1973). Mas agora estou falando de intensidade de emoção e de possibilidade de contenção.

— É verdade... – Ele suspira. Depois de uma ligeira pausa, continua: — Picasso fez 44 telas baseadas nesse quadro... Não se trata de cópia; ele reproduziu pedaços do quadro de Velázquez. Quando vi o Picasso, comecei a valorizar o Velázquez. Eu já tinha visto [Las Niñas] no Museu do Prado, depois na exposição do Picasso em Nova York, depois no curso de arte e também em uma aula sobre estratégias de marketing.

Penso em "desmantelamento", pedaços, e na reconstrução distorcida, invertida, ampliada de Picasso. Respondo:

— Você está me contando que a "estratégia" que utiliza para modificar esses pensamentos "loucos" é a de dividir em pedaços... "Desmontar". Esse quadro parece uma descrição de seu mundo interno [Velázquez está dentro do quadro] com vários planos... Uns mais próximos, outros mais distantes, um monte de gente, aias, cachorro, anãs, emoções, prazer e dor [no ombro] tudo "aglomerado", misturado, e um casal refletido no espelho.

— Picasso reinventou o quadro de Velázquez...

— E você *reinventou esse quadro "em todas as posições"*, refletindo outros pontos de vista. Os sentidos se multiplicam [a pluralidade dos sentidos]. A imagem é destruída e, no lugar do amontoado, do fragmentado, nascem outras imagens, obras de arte. Você pode construir uma imagem pictórica, criativa, estética de uma questão que antes só produzia muita dor. Mudou a qualidade da emoção. Da dor surgiu a *beleza* para compartilharmos juntos, em uma nova perspectiva, com a devida distância.

O *self* adulto toma forma por meio da identificação introjetiva com os pais internos sob o aspecto de objeto combinado, capaz de fecundar. Os pensamentos proliferam, os símbolos se tornam autônomos e cada vez mais poéticos e estéticos.

Diego fica em um silêncio cheio de emoção.

— Eu sei bem os limites das coisas proibidas... – ele diz, referindo-se à erotização do olhar no contato com a mãe-analista de "pernas longas", que o incomoda. — Mas contar é doído... – E, em um tom provocativo, acrescenta: — Não posso falar isso para o "presidente", não é?

— Mas aqui você pode usar um tipo de humor irônico para descrever o que está acontecendo nesse nosso encontro, quando para

"sentir" a dor, *você não precisa desmontar a imagem* [em 44 pedaços].
O presidente é o que limita e "controla" as coisas não faladas.

Aqui me pareceu que ele fez uma referência jocosa à minha pessoa que preside e participa do encontro do casal real na situação psicanalítica, "abrindo" ou "fechando" a câmara do pensamento virgem.

Ao desmanchar a trama, que perpetua um conluio perverso com a função de evadir a investigação, passei de expectadora de uma excitação *voyeurística* de Diego Velázquez, em uma relação narcísica de quem olha e é olhado, para entrar em contato com sua parte Picasso, que recria a cena "primitiva" plena de emoção estética, 44 vezes. Aqui, brinco com as palavras "quatro" e "quarto" da "cena primitiva".

Poder-se-ia imaginar que a "proibição" ao voyeurismo intrusivo para dentro do véu da privacidade e mistério da câmara nupcial dos pais seria como o "*númeno* em relação ao *fenômeno*, como o *sol*, que não pode ser olhado de modo direto, em relação às *sombras* na parede da caverna, que podem ser olhadas de modo direto" (Meltzer & Harris, 1988). A emoção estética permite este olhar.

Considerações finais

Meltzer e Harris (1988, p. 299), no artigo "Clinical application of Bion's concept 'reversal of alpha-function'", esquematiza o que Bion (1962) designou como reversão da função-α, referindo-se a três unidades da experiência emocional que ficam disponíveis para evacuação:

1. dados sensoriais "crus": os elementos-β. Os elementos perceptuais já organizados como uma *gestalten* dos objetos tanto internos quanto externos. Esses elementos, discriminados do bombardeio generalizado dos dados sensoriais, por meio da atenção seletiva, guardam ainda uma aura de significância incipiente. Poderíamos imaginar que tais estímulos, minimamente organizados, poderiam ser curto-circuitados e serem evacuados diretamente dentro da inervação dos órgãos, nos transtornos de cunho psicossomáticos.

2. Os vários estágios na condensação do mito discursivo. Nesta segunda categoria, temos as construções míticas fragmentadas, trechos de histórias a respeito de experiências emocionais que não podem ser curto-circuitadas de modo direto, pelo fato de conterem uma estrutura narrativa. Esta seria a categoria da "tela-β" característica da posição esquizoparanoide, e serviria para designar o discurso compulsivo de colorido sexual-pornográfico de meu paciente Diego, ao iniciar a análise.

3. Na terceira categoria de fenômenos: evacuação dos símbolos fragmentados que foram formados, atacados, desmembrados e canibalizados. Nesta categoria, poderíamos incluir todo o âmbito de fenômenos alucinatórios: alucinações "normais", no sentido de incidentais; ou patológicas, no sentido de uma postura defensiva organizada, incluindo as transformações em alucinose e objetos bizarros. Esse tipo de fragmentação da preconcepção edípica foi ilustrada no trabalho "A tessitura do sonho" (Godoy Moreira, 1996).

Quando assinalo, no subitem "Versão elemento-α do mito edípico" deste texto, distingo:

- a fragmentação da preconcepção edípica; e

- frações da situação edipiana fragmentada, com dissolução do *common sense*, salientando os mecanismos de "desmantelamento" que ocorrem prevalentemente em crianças autísticas e em pacientes neuróticos obsessivos cujo funcionamento mental oscila na posição autística-contígua, como definida por Ogden (1989), esquizoparanoide e depressiva.

Referências

Bion, W. R. (1957). Differentiation of the psychotic from the non-psychotic personalities. In *Second thoghts* (pp. 43-64). Londres: Heinemann.

Bion, W. R. (1959). Attacks on linking. *The International Journal of Psychoanalysis, 40*, 308-315.

Bion, W. R. (1962). *Learning from experience*. Londres: Heinemann.

Bion, W. R. (1967). *Second thoughts*. Londres: Heinemann.

Bion, W. R. (1976). *Evidence, clinical seminars and four papers*. Oxford: Fleetwood.

Bion, W. R. (1984). *Elements of psychoanalysis*. Londres: Karnac. (Obra originalmente publicada em 1963).

Bion, W. R. (1992). *Cogitations* (Francesca Bion, ed.). Londres: Karnac. (Trabalho original publicado em 1958-1972).

Bion, W. R. (1996). A tessitura do sonho. *Revista de Psicanálise, III*(3), Porto Alegre.

Bion, W. R. (1997). *Taming wild thoughts* (Francesca Bion, ed.). Londres: Karnac.

Godoy Moreira, M. S. (1992). *Riso e humor no processo psicanalítico*. Tese de doutorado, Universidade de São Paulo (USP), São Paulo, SP, Brasil.

Godoy Moreira, M. S. (1996). A tessitura do sonho. *Revista de Psicanálise da SPPA, 3*(3), p. 398.

Klein, M. (1928). Early stages of the oedipus conflict. *The International Journal of Psychoanalysis*, 9.

Klein, M. (1946). Notes on some schizoid mechanisms. *W. M. K.*, 3, 1-24.

Mello, J. B. S. (1994). Corpo fantasia e representação. Apresentado em *Encontro Bienal, 2*, Sociedade Brasileira de Psicanálise de São Paulo: Corpo Mente, uma fronteira móvel.

Meltzer, D. (1973). As origens do objeto fetichista das perversões sexuais. In *Estados sexuais da mente*. Rio de Janeiro: Imago, 1979.

Meltzer, D. et al. (1975). *Explorations in autism*. Perthshire: Clunie Press.

Meltzer, D. & Harris, W. M. (1988). On aesthetic reciprocity. In *The apprehension of beauty* (pp. 42-58). Perthshire: Clunie Press.

Meltzer, D. & Harris, W. M. (1994). Como modelo para relacionar psicossomática, hiperatividade e alucinose. In *A apreensão do belo* (anexo 2, p. 297). Rio de Janeiro: Imago.

Ogden, T. H. (1989). On the concept of an autistic-contiguous position. *The International Journal of Psychoanalysis, 70*, 127-140.

Riesenberg, M. R. (1988). Interpretations: the past in the present. In E. B. Spillius (Ed.). *Melanie Klein today: mainly practice: developments in theory and practice 2*, 73-89. Londres: Routledge. (Trabalho original publicado 1986).

Segal, H. (1957). Notes on symbol-formation. *The Internatonal Journal of Psychoanalysis, 38*, 391-7.

Steiner, J. & Britton, R. (1994). Interpretation: selected fact or overvalued idea? *International Journal of Psychoanalysis, 5/6*, 1069-1078.

Stern, D. (1992). *O mundo interpessoal do bebê* (Maria Adriana Veríssimo Veronese, Trad.). Porto Alegre: Artes Médicas.

O vazio mental: entre o misticismo e o terror hipotalâmico

Mario Giampà
Luca Caldironi

> *O mundo, enquanto pensável, é infinitamente pensável.*
> *O conhecimento, como conjunto*
> *de números reais, não tem fim.*
> Ignacio Matte Blanco (1983)

Bion: Mas é premente aqui discutir com instrumentos inadequados, os fenômenos mentais. Tenho um juízo a favor de crer que exista uma "coisa" qual a mente ou o espírito.

Roland: É isto que entende quando diz ser um psicanalista?

Bion: Este termo é sem significado, mas útil para dar um nome a uma conjunção em expansão que compreende porque eu e certos indivíduos enfrentamos, fechados em um consultório durante as minhas horas de trabalho.

(Bion, 1989)

Milton: O infinito sem forma – o vazio.

(Bion, 1996)

Bion dava por certa a presença na personalidade de fatores combinados entre si, de modo a determinar entidades estáveis que definia com o termo "funções da personalidade". Entre esses fatores, há os mitos de Éden e de Babel. Os mitos têm a ver com o saber, a culpabilidade e a ligação com K que, para se manifestar, necessita da presença das emoções e, em particular, de amor e ódio. Dessas emoções, subjacentes aos mitos, nasce a religião, como a entende Bion, e com ela nasce o misticismo "religioso", e todas as atividades do córtex cerebral. Da emoção mais primitiva nasce o medo ("produzido" pela *amígdala* e pela substância reticular). Do sonho e com o sonho nasce o pensamento, e com ele, a dor mental. Consideramos que a psicose tem a ver com os mitos, os sonhos e os pensamentos oníricos da vigília; consideramos que a religião tem a ver com o controle inadequado do medo hipotalâmico, do terror sem nome. Consideramos ainda que Bion propunha uma psicanálise científica e laica inspirada nos filósofos hindus de cultura védica e budista, nas pesquisas do Noumeno, da "verdade verdadeira" (Paramartha). Bion propunha uma linguagem psicanalítica, a linguagem da efetividade.

> *Bion: Como psicanalista, parto do princípio de que existe uma realidade que se aproxima dos termos "pensamento", "mente", "personalidade". Suspeito – e isso não é senão uma intuição (hunch) ou suspeita – que a mente e a personalidade têm uma contrapartida física, expressa por Alexander, em "Espaço, Tempo e Deidade", como uma relação de toda psicose com sua "neurose". Nesse contexto, assumo que toda psique tem uma contrapartida física no sistema nervoso central. ... As coisas que eu estou dizendo e nossos componentes físicos e sensoriais são manipuláveis por uma teoria organizada.*

> *Pensamentos associados a um pensador também são passíveis de organização teórica. Mente, personalidade, relação, "crença", não. Não podem nem mesmo ser razoavelmente definidas. Uma "definição razoável" envolve "confinamento" a uma "conjunção constante". (Bion, 1989, pp. 197-198)*
>
> *O único pensamento verdadeiro é o que nunca encontrou um indivíduo que o "contenha".*
>
> *(Bion, 1970, cap. 12)*

O infinito sem forma – o vazio. Não é talvez como nós definimos *o vazio*, "o conhecer, como o conjunto dos números reais", que "não tem fim", como afirma Matte Blanco? Bion escrevia, em 1975, sobre discutir, *com instrumentos inadequados, os fenômenos mentais*.

E hoje, o que podemos dizer, o que podemos saber com certeza sobre os fenômenos mentais? Oliver Sacks (2003) escreve:

> *Mas em que medida nós – as nossas experiências, as nossas reações – somos plasmados e predeterminados pelo nosso cérebro? E, ao contrário, até que ponto somos nós a plasmá-lo? É a mente a guiar o cérebro, ou é o cérebro que guia a mente? Ou então: em que medida um guia o outro? Até que ponto somos os autores, os criadores, das nossas experiências?*

Sustenta Sacks que o cérebro é um órgão flexível e plástico, e que essa condição dura por toda a vida de um indivíduo. E o que dizer do cerebelo? Considerado um "órgão de controle crucial para a organização dos movimentos" (Llinàs, 1975) e hoje, graças ao emprego de instrumentos de imagens cerebrais, começamos a supor que ele tenha um papel na memória imediata, na atenção, no controle dos impulsos, nas emoções, nas funções cognitivas superiores, na capacidade de projeção em direção ao futuro e, talvez, até em patologias como a esquizofrenia e o autismo (Bower & Parsons, 2003).

Bion nos solicitou que fôssemos além do "perturbante", além da "turbulência emocional" quando encontramos o outro na sala de análise e nos dispomos a ter pouca memória e poucos desejos.

O que tentaremos demonstrar é que Bion não era um personagem excêntrico, e que seu pensamento *de que os místicos estão presentes em qualquer religião, ciência, tempo ou lugar* (Bion, 1991, p. 121) nos coloca diante de uma reflexão: existe uma atividade da mente característica de certos indivíduos que Bion define como "místicos" ou "gênios" que talvez possam atingir a "realidade última"? Os psicanalistas podem atingir a "realidade última"? Para Bion (*Cogitations*, 1996) não podem, pois a psicanálise é *somente uma forma de comunicação verbal, e existem limites ao que se pode fazer com ela*. Afirma o filósofo Salvatore Natoli (2004) que "a complexidade do mundo aumentou de tal forma que nenhum sistema tem mais capacidade de contê-la e está inevitavelmente destinado a falir. Ou a forçar e empobrecer o real, o que é ainda pior". Para Natoli (2004), o "Leitmotiv da filosofia ocidental é dissolver as aparências, atingir a verdade. Daí o nexo e, ao mesmo tempo, a peripécia que une – quase em um único destino – linguagem – verdade – realidade".

De nosso ponto de vista, Bion nos propõe não "empobrecermos o real". "A relação", "o acreditar", "a aparência" "a verdade", "o real"!

Que real?

Emmanuel Lévinas (1990) escreveu que "o ser é exterioridade: o próprio exercício de seu ser consiste na exterioridade, e nenhum pensamento poderia obedecer mais ao ser se não deixando-se dominar por esta exterioridade". Lévinas propõe, para captar

> *o campo – necessariamente subjetivo – da verdade, de ir além da "visão", de partir de um ponto, separado da exterioridade tão radicalmente, que está todo em si mesmo, é eu. ... A verdade do ser não é uma imagem do ser, a ideia da sua natureza, mas estar situado em um campo subjetivo que deforma a visão, mas que, justamente, permite à exterioridade de se dizer, inteiramente comando e autoridade. Esta curvatura do espaço intersubjetivo inflete a distância em altura, não falseia o ser, mas, ao contrário, torna possível a sua verdade. (p. 299, grifo nosso)*

Aquilo que Lévinas propõe, esse exercício de concentrar-se sobre um ponto, é praticado há milhares de anos na Índia.

Como psicanalistas, ao abordar esse tema, temos que definir e limitar nosso vértice de reflexão: em primeiro lugar, "lembrar" da parte física de nossa "personalidade"; concordamos com André Green (2002), que afirma que fatores psicológicos e somáticos se mesclam dando vida à atividade psíquica, "quando falamos do psíquico e do somático, fazemos alusão a dois diferentes níveis de sua atividade" (p. 195 da edição italiana, *Idee per una psicoanalisi contemporanea*).

Estamos conscientes de que estamos abordando um tema escabroso, mas concordamos com Marks Solms e Oliver Turnbull (2002) de que a psicanálise é hoje caracterizada "por aguda rivalidade entre as várias correntes, as quais todavia não possuem os instrumentos adequados para estabelecer, entre os diversos pontos de vista conflitantes e nas mais variadas questões teóricas, quais sejam as concepções corretas".

E ainda com André Green (2002), esperamos que "longe de pretender encontrar o caminho que nos conduza à verdade, acabaremos por reconhecer, à maneira de Machado, que a verdade é o caminho".

Metaforicamente, nos encaminhamos, com os nossos trabalhos anteriores (Caldironi & Giampà, 2000; Giampà, 2003), em direção a esse *caminho* que nos leva a desenvolver e verificar um pensamento paralelo, e compartilhado com Mauro Ceruti (2004), quando este escreve que

> *os entrelaçamentos entre narrações míticas, espiritualidade, arquitetura dos lugares sagrados e cosmologia do mundo antigo colocam em discussão a redução das múltiplas formas de conhecimento a uma única forma de conhecimento, algorítmica, quantitativa, formalizada, desencarnada, que boa parte dos cientificismos da idade moderna têm considerado invariavelmente a meta final de um progresso linear e cumulativo do saber.*

Sempre com Ceruti (2004), compartilhamos o pensamento de que "as interações entre o conhecimento humano e seus ambientes não se interrompem jamais, nunca há destruição e reconstrução total do saber e dos conhecimentos".

Lorena Preta (2004) também levanta a hipótese de que "há um reservatório comum do qual extraem alimento todos os pensamentos e as formações mentais e sociais e que várias formas que se iniciam a partir dessa matriz originária, área transicional por excelência, são portadoras das próprias, originais valências e significados e produzem por sua vez ulteriores transformações".

Os místicos ou gênios ou cientistas ou poetas ou artistas... A quais "transformações ulteriores" poderiam levar o gênero humano?

Pensamos que Bion, com sua teoria da "psicanálise científica", nos dá uma chave de leitura dessa transformação "infinita" (no significado dado por Matte Blanco), aconselhando-nos a "conjeturar e ... não se imiscuir na sessão analítica" (Bion, 1991, p. 69): "Se o paciente alcança a palavra que lhe configura a conjunção constante experimenta-a como coisa que não está ali, e coisa que não está ali, tal a que está são indistinguíveis de alucinação" (p. 19). Essa "conjunção constante", esse "conjecturar", é o que a "mente grupal" elabora, olhando para além do "senso comum", utilizando uma visão que nos permite definir as "com-transformações" dos pensamentos das populações nômades da Ásia em suas migrações até as atuais populações da civilização industrial, com as várias declinações de "conjecturas" no Ocidente e no Oriente.

Da primitiva espiritualidade védica e depois hinduísta, iniciamos a reflexão sobre o "infinito sem forma, o vazio".

Para o pensamento hinduísta existe *sat*, "o sendo", o ser puro; *cit*, o pensamento ou consciência pura; *ananda*, a felicidade pura. É um tema difícil para os psicanalistas se pensarmos que Sigmund Freud, a propósito da mística, escrevia: "a mística é para mim qualquer coisa de precluso, como a música" (*Il disagio della civiltá*, p. 558, nota 1).

Mas ele não procurava, talvez, liberar seus pacientes do sofrimento corpóreo e/ou mental?

Não pedia que eles potencializassem o desejo de recordar, contrapondo-o ao desejo de esquecer? (Gay, 1999, p. 131).

É claro que Freud não falava abertamente sobre alcançar a felicidade, mas ele aspirava a a isso como todos os seres humanos. Depois da Primeira Guerra Mundial, ele disse que o "programa natural" não incluía a felicidade do homem.

"Conjecturas", transformações do pensamento: "conjunções" entre os pensamentos vienenses de Sigmund Freud e os pensamentos euroasiáticos de Wilfred Bion.

Da Índia do século VIII de nossa era de Shankara a Wilfred Bion, que propõe uma *transformação ulterior* de pensamento.

"O mestre Shankara" (Shankaracarya), aquele que defendeu a versão "não dualista", *a-dvaita*, do Vedanta, em que os termos *brahman* e *atman* coincidem.

Essa sua exortação, que citamos da *Upadesha-Pancakam*, não difere da preparação ao rito da sessão psicanalítica, assim como propõe Bion, "sem memória e sem desejo":

> *Sentai-vos quietamente em um lugar solitário,*
> *com o espírito firmemente concentrado no Altíssimo.*
> *Que seja contemplado o Ser em sua totalidade;*
> *O universo inteiro seja disso como aniquilado*
> *as ações anteriores sejam anuladas pela força da ascese,*
> *não intervenham nas ações ulteriores,*
> *deixem-se exaurir por si mesmas as que começaram a*
> *dar frutos;*
> *nos unamos ao Brahman supremo.*

Para Shankara, o Altíssimo, "O Ser em sua totalidade" tem a ver com sua concepção fundamental da unidade última de todas as coisas (*brahman*). O brahman não é outro senão a "verdade última" de Bion, o objetivo de sua "psicanálise científica": "Aquilo a partir do qual há o surgimento, [a conservação e a dissolução] deste universo" (*Brama-sutra I°, 1-2*).

Consideramos que o brahman, em seus três aspectos – o Ser puro (*sat*), o pensamento ou consciência pura (*cit*), a felicidade pura (*ananda*) –, ao mesmo tempo distintos e coordenados, tenha a ver com o "sem memória e sem desejo". A felicidade do brahman emerge de onde a atividade de conhecimento é suspensa; e, junto com ela, é suspensa a cisão sujeito-objeto. Da mesma forma, a consciência individual deixa de estar, ao menos por um instante, em tensão dialógica com o mundo, por exemplo, no amor realizado (ver Hulin, *Brhadaranyaka – Upanishad, IV°, 3, 21*). E ainda lemos no "diadema do discernimento" (*Vivekacudamani*, 20-27): "Quando se consegue separar os dois grupos de órgãos (sensoriais e ativos) dos objetos a eles correspondentes e a isolá-los nos seus respectivos centros, adquire-se um domínio absoluto sobre si mesmo. A suspensão das funções mentais atinge o grau supremo quando não se depende mais dos objetos externos".

Sobre isso, é interessante o que escreve Oliver Sacks (2004) a respeito do livro de John Hull:

> *Graças à nova intensidade da sua experiência (ou atenção) auditiva, junto com o aguçar-se dos outros sentidos, Hull chega a experimentar uma espécie de comunhão com a natureza, isto é, uma sensação ligada ao estar-no--mundo que vai além de qualquer coisa que ele conhecia*

quando ainda enxergava. ... Uma nova modalidade de ser humano.

Sacks compara a descrição dos estados mentais de Hull a uma linguagem que lembra San Giovanni della Croce quando escreve: "o fato de ser uma pessoa que vê com todo o corpo me coloca numa categoria muito precisa... uma das várias possíveis condições humanas".

Bion propõe experimentar várias "possíveis condições – mentais – humanas" em *Atenção e interpretação* (1991, p. 56):

O analista é tornado infinito pelo despojar-se de memória, desejo, compreensão. O estado emocional das transformações em O se assemelha ao terror que se representa pela formulação:

> *Quem por deserta estrada*
> *com pavor anda e medo;*
> *Olha uma vez e segue,*
> *Sem mais de novo olhar*
> *Já sabe o fero demo*
> *Empós a caminhar.*
> (Coleridge, S. T., "The Rime of the Ancient Mariner")

O "fero demo" representa indiferentemente a busca da verdade ou as defesas intensas contra ela, dependendo do vértice. [...] Improvável talvez se associe o pavor ao progresso analítico rumo a condições mais realistas. [...] Mais próximo chega o analista de alcançar abolir desejo, memória, compreensão mais passível é de deslizar em sonolência vizinha ao estupor. Não obstante diversas, difícil é definir-lhes a diferença.

E ainda, no capítulo 12 de *Atenção e interpretação* (1991), ele escreve: "o analista que na sessão apresenta uma memória ativa não se credencia assim a realizar 'observações' sobre fenômenos mentais desconhecidos porque estes não se apreendem pelos sentidos" (p. 118).

Na *Upadesasahasri*, (45-61, 86-93, 104-108) está escrito: "mas o desconhecido não pode ser projetado sobre o conhecido, nem o conhecido sobre o desconhecido".

Relativamente ao estado de "sono profundo" na *Brihadaranyaka Upanishad*, lemos: "nessa condição para ele todo desejo é superado, todo mal rejeitado, todo medo desaparecido ... Nessa condição todos os desejos foram realizados".

No sono profundo sem sonhos, cessa o conhecimento que requer uma distinção entre o sujeito e o objeto do conhecer, entre mundo exterior e mundo interior. O sujeito e o objeto coincidem, estão em uníssono, *at-one-ment*.

E, ainda, na mesma *Upanishad*: "mas para quem não tem desejos, está privado de desejos, livre de desejos, para quem apagou os seus e tem somente o desejo do Atman (estar em "O", Ato de Fé "F")... ele já é Brahman, se reúne com o Brahman" (trata-se de *jivanmukta*, aquele que alcançou "o absoluto em vida"). Esse não é necessariamente o místico, mas aquele que está em uma conjunção constante consigo mesmo na verdade.

O processo cognitivo não é, portanto, só algo de transcendente, mas também de imanente, que reside no mesmo corpo do homem. *Atman* designa a pessoa em sua inteireza, não só o nosso "eu" reflexivo, mas o fundamento ontológico e consciencial do humano incognoscível, que desconhece a palavra e o pensamento. Um estado científico da mente sem nenhuma memória e nenhum desejo.

Experimenta-se o absoluto somente mediante o absoluto, na sua autoevidência (meditando-o), que funda qualquer outro conhecer: nenhum trâmite sensorial e menos ainda nenhum processo cognitivo indireto que sobre ele se funde; ele é suficientemente puro para captar a face do mistério.

No Vedanta não dualístico (Advaita Vedanta), conhecimento e conhecido formam uma unidade perfeita. Essa forma de conhecimento na qual é excluída toda dualidade sujeito-objeto foi a nota dominante da cultura hindu há pelo menos três milênios e, de certa forma, ainda o é! Em nada disso há algo de esotérico, e, sim, a possibidade de estimular uma capacidade de conhecimento não dualístico, direto e transformador.

Observar com a própria atenção nua os estados de ânimo não é simples empatia ou continência, mas um ressoar junto em um campo emocional de interconexões emocionais, neuronais, afetivas.

O silêncio como aspecto gerador?

A experiência interna de não julgamento como estado mental próprio, também na meditação, é o estado mental que chamamos de "vazio mental".

Todos esses elementos são comuns aos estados meditativos e a certos aspectos da "psicanálise científica" de Bion.

A "psicanálise científica", livre das religiões das modas dominantes, na busca de uma expressão – vertigem de "realidade absoluta, resposta a uma busca da "verdade-última"! Vertigem é um substantivo mais descritivo do termo bioniano de "colapso psíquico", consideramos que vertigem ou "colapso psíquico" precede o contato com "O" o sem forma, o vazio.

Bion, ao propor a "psicanálise científica", quer levar a dupla analítica ao limite do pensável para experimentar a "natureza vazia e luminosa da mente" (Rimpoche).

Aprofundamos esse tema nos trabalhos *Dream like memory* (Caldironi & Giampà, 2000) e "Bion e o pensamento hindu" (Giampà, 2003).

A nosso ver, para Bion, em seu pensamento, o Oriente e o Ocidente constituem, por assim dizer, dois "polos de um campo magnético" que não podem existir um sem o outro. A abertura e a consideração não poupam dos riscos, em que a experiência do limite traça, como a fina lâmina de uma navalha, os contornos de conceitos como os de "identidade" (no Ocidente), "não substancialidade" ("não eu", no Oriente), levando a um conceito de eu cada vez mais móvel em seu ser si mesmo.

Em relação à experiência, consideremos a do "vazio"; não como conceito, mas como escuta interna em um estado meditativo. Filologicamente, "meditar" deriva de *meditari*, exercitar-se, tanto fisicamente quanto intelectualmente; iterativo de *mederi*, que tem como raiz (indo-europeia) *med*, em seu significado tanto de pensar, refletir, quanto de curar, medicar, cuidar.

Assim, meditar, em sua antiga acepção de "exercitar-se, pensar-refletir, cuidar de si mesmo" é decididamente diferente de oração, "orar" (rezar, suplicar-falar). Isso supõe uma atenção laica, "científica", ao próprio bem-estar.

Pode-se imaginar a meditação como um "continente", em que fluem os pensamentos-conteúdos (*vi-rupa*) que se deixam crescer e captar por meio dessa experiência. O "vazio" (*Sunyata*) que se experimenta está bem longe de ser o "nada". É por meio do "vazio" que os conteúdos se originam; todavia, o vazio só se manifesta por meio de um "pleno" que permita a sua pensabilidade.

Podemos, então, criar a hipótese de que as técnicas meditativas transformam o vazio em um reservatório de "alternância de conteúdos" a uma alta carga energética?

"Infinito", "vazio" e "sem forma".

A nosso ver, "sem memória e sem desejo" nos leva a nos "libertarmos" do apego e da aversão. Se permanecemos na consciência não dual, a emoção surge e espontaneamente se dissolve na vacuidade. "Os homens têm medo de esquecer a própria mente e temem cair no vazio sem que nada detenha a sua queda. Não sabem que o vazio não é realmente vazio, mas que é o reino do verdadeiro Dharma" (Huang Po, 1978).

Enquanto o vazio não pode nunca ser eliminado, a experiência que temos dele pode ser transformada.

Tolerar a parte desconhecida do eu sem cair no medo. Entrar no desconhecido, amparado na própria solidão exploradora.

Nesse sentido, terapia e meditação oferecem algo de análogo?

Des-orientar a mente é uma forma de podermos nos unificar com a nossa experiência?

A meditação (sem memória) torna-se um render-se ao presente, ao aqui e agora, à experiência emocional de ser *at-one-ment* consigo mesmo e *at-one-ment* com o outro.

Ao recuperar a capacidade de experienciar sentimentos dos quais o medo nos separa, o silêncio pode agir como aspecto generativo?

Havíamo-nos colocado essa interrogação, sem dúvida afirmativa, em relação aos textos védicos, que consideram que o primeiro passo nessa busca refere-se ao encontro com o silêncio, considerado em primeiro lugar como porta de acesso a uma re-interpretação da nossa identidade, da liberdade, da relação com os outros, do caminho do conhecimento. O silêncio nunca é somente uma porta, mas um evento revelação da proximidade de um outro. Portanto, aquilo que é realmente importante é reconhecer o silêncio. A partir desse reconhecimento, o sentir e o pensar são liberados para a re-compreensão de todo o horizonte dos significados habitualmente atribuídos às coisas. Nos ajuda, na "re-compreensão", aquilo que os textos védicos definem como "quarto estado", *Turiya*. Além dos três estados de vigília, sonho e sono sem sonhos, nos quais o Atman não se revela em sua natureza mais autêntica, há um estado no qual ele existe por si só. Esse estado é chamado de Turiya (literalmente, o quarto; todavia, não possui nenhum significado numérico). O Atman é um e sem segundo. Chama-se quarto em relação aos três estados de vigília, sonho e sono profundo, os quais pertencem à Maya e estão ausentes em Brahman. Turiya é a testemunha-consciência dos três estados. Está fora da espacialidade, mas, na sua ausência, o espaço não poderia nem existir nem ser concebido; está fora da temporalidade, mas, em sua ausência, o tempo não poderia nem existir nem ser concebido; está fora da causalidade, mas, em sua ausência, o universo vinculado da lei de causa e efeito não poderia existir. A realidade de Atman puro e sem atributos estende-se como um imutável substrato das percepções da proximidade no espaço, da sucessão do tempo e da interdependência no concatenamento das causalidades. Como a tela fixa e separada dá conexão e continuidade às distintas imagens cinematográficas, Turiya, sem atributos e modificações, à guisa de testemunha, dá conexão e continuidade às distintas experiências de nossa vida fenomênica.

Turiya é diferente do estado de sono profundo, que não sabe nada do eu e do não eu, do verdadeiro e do não verdadeiro: é sempre existente e onividente. O desconhecimento da dualidade é comum, tanto no sono profundo quanto no Turiya; mas, no sono profundo, a experiência relativa permanece encapsulada. Não há nenhum tipo de sono em Turiya. Quando a noção errônea de conhecimento associado à vigília, ao sonho e ao sono profundo desaparece, se realiza Turiya; estão, Turiya é livre da noção de sujeito e objeto empírico: invade todos os fenômenos do universo assim como o deserto invade a miragem, e a alma iluminada a entende sempre e em todas as coisas. Incompreensível ao mental e inexplicável à palavra, é definido no Vedanta por meio do conhecido método negativo do "neti, neti" ("não este, não este").

Mandukya Upanishad assim a descreve:

> *Turiya não é o que é consciente do mundo interior (subjetivo), nem o que é consciente do mundo exterior (objetivo), nem o que é consciente de ambos, nem o que é uma soma de consciência. É imperceptível (pelos órgãos dos sentidos), incompreensível (ao mental), inreferível (ao objeto), indedutível, inconcebível, indescritível. É essencialmente da natureza da consciência, constituinte do só Eu, e é a negação de todos os fenômenos. É paz, beatitude, é o Um sem o segundo. O conhecemos com o nome de Turiya, o Quarto. É o Atman, e necessita ser vivido para ser compreendido.*

A descrição anterior não deve ser entendida no sentido do Turiya ser um estado de aniquilamento. Shankaracharia, em louvor de Turiya, escreveu os seguintes hinos:

> *Inclino-me a Brahman, que sente (durante o estado de vigília) objetos grosseiros recobrindo o universo com os raios de Sua consciência semelhantes a cipós, envolvendo todas as entidades móveis e imóveis; que, além disso, sente, durante o estado de sonho, os objetos devidos ao desejo produzidos pelo mental; e que, ainda, no sono profundo, absorve cada coisa percebida e goza da beatitude, fazendo-nos experimentar, no curso de Maya, a mesma beatitude.*

Inclino-me ao supremo, imortal, não gerado Brahman, que busca a designação, em relação à Maya, de Turiya, o Quarto.

Possa aquele Turiya que, como alma do mundo, sente no estado de vigília objetos grosseiros, bons e maus; que, além disso, sente no estado de sonho outros e sutis objetos produzidos pelo Seu mental e iluminados pela Sua luz; e que, enfim, no sono sem sonhos, retrai para si cada objeto e permanece sem distinção – possa, aquele Turiya sem atributos, proteger-nos!

Escreve Bion (1991), no capítulo 12 de *Atenção e interpretação*:

> *Considero que analista algum se credencia a admitir estar fazendo o trabalho indispensável para dar a interpretação, a menos que percorra as duas fases – "paciência" e "segurança". ... A "paciência" é rechaçar toda tentativa de se apegar ao que sabe para conseguir alcançar o estado mental análogo à posição esquizoparanoide". (p. 135)*

Para Bion, a "paciência" é o antiesquizoparanoide.

Enquanto a "segurança, esse estado mental, é semelhante à posição depressiva definida por Melanie Klein, ela permite não "agitar-se atrás dos fatos e das razões" até que "se desenvolva" um esquema.

Conceitos como esses nos remetem às formas de conhecimento da cultura indiana, aos textos sábios dos Vedas, do Advaita Vedanta, à Bhagavad-Gita. É o yoga da Bhagavad-Gita aquele no qual não se busca uma anulação da mente, mas, como traduz Stefano Piano (1994) na leitura 6, versículos 18 e 19:

> *Quando a mente, completamente subjugada, permanece imóvel no Eu, então ele, liberto do brama de satisfazer todos os desejos, é chamado um verdadeiro adepto do yoga.*

Como a chama de uma lamparina, colocada protegida do vento, não vacila, se transmite que esta é a imagem do ioguim que subjugou a mente e tem a experiência da união com o EU.

Estágio da mente comum também a outras formas de meditação em que se recomenda a consciência de observar, momento a momento, a mutação das próprias emoções em um estado o mais neutro e imparcial possível.

Essa consciência não se refere à transformação de uma forma de narcisismo doentio e doloroso em um outro mais egossintônico, e, sim, à observação e à escuta sem medo dos próprios estados de ânimo.

Nos remetemos, talvez, a uma possibilidade de conhecimento "transcendente" no interior do qual a "numinosidade" e o "mistério" funcionam como motriz "K-ostante" para o acender das infinitas possibilidades da mente...

Kant, ao afirmar que não conheceremos jamais "a coisa em si", já introduzia o conceito de que o saber é algo de muito mais vasto do que a visão positivista faria pensar.

A "fascinação" pelo "mistério" não representa necessariamente um aspecto regressivo-narcisístico, mas pode exprimir o impulso, a energia propulsiva em direção ao conhecimento. Um conhecimento não entendido dentro de uma lógica aristotélica, mas como momento privilegiado no qual a intuição e um estado particular de co-incidência sujeito-objeto "acontecem". Nesse processo, a intuição não pode ser separada da experiência emocional e dos sentimentos. São esses, de fato, a origem do "aparelho para pensar os pensamentos", e, portanto, da própria "pensabilidade".

Pensar, unir, elaborar os "recalques primários", isto é, apresentações de coisas jamais investidas, são "sinais de percepções transcritas" e, portanto, não integradas no Es; nos lembra o que escreve Freud para Fliess em 1896: "onde falta nova transcrição, a excitação se verificará segundo as leis psicológicas válidas para o período psíquico anterior e através dos caminhos então disponíveis".

Encontramo-nos, assim, diante de um anacronismo: em uma província particular vigoram ainda os *fueros*; sobrevivem, então, ruínas do passado. Freud anota que um *fuero* era uma antiga lei espanhola, considerada válida em algumas províncias, que garantia os privilégios da região.

Não é talvez a "conjunção" de Bion a tríplice "transcrição" de Freud, partindo da primeira transcrição de percepção a sinais de percepções (S. Perce.) e depois da segunda transcrição traços de inconsciência às lembranças conceituais, e da terceira transcrição conectada às imagens verbais e correspondentes ao nosso eu oficial? O que não se transcreve é um *fuero*, é o que Bion propõe chamar de elemento-β!

Esse "conjecturar" e esse "unir" abriu a pesquisa psicanalítica a dimensões ontológicas e epistemológicas altamente inovadoras nas quais diferentes vértices, como espiritualidade, misticismo, lógica e matemática inscrevem-se em uma conceitualização do inconsciente como continente ilimitado de um infinito potencial criativo.

Acreditamos que essas reflexões sejam particularmente atuais, não como uma tentativa de enfraquecer a razão ou de correr o risco de nos perdermos em uma deriva autística originária, mas como uma possibilidade de fazer-nos surpreender pelo conhecimento.

Como afirma Grotstein (1997), Bion chega a definir a psicanálise como uma ciência emocional, numinosa e matemática.

Toda abordagem "mística" insiste no fato que a "realidade última" não pode jamais ser objeto de conhecimento objetivo; dela não pode haver um conhecimento intelectual, e nem ela pode ser descrita por palavras ou pelos sentidos. Assim recita Kena Upanishad:

> *Pelo comando de quem, pelo impulso de quem voa o pensamento? Pelas artes de quem a respiração inicialmente se move? Pelo querer de quem a palavra é pronunciada? Que deus domina a visão e a audição?*
>
> *Quando forem libertos [do pensamento] que a audição seja [uma propriedade] da orelha, o pensamento da mente, a palavra da voz ...*

> *O olho não alcança, não alcança a palavra e nem o pensamento. Não sabemos, não conhecemos de que forma possa ser ensinado. Isso é diferente do que é conhecido e também é além do que é desconhecido. ...*
>
> *Aquilo que não pode ser expresso com a palavra, aquilo por meio do qual a palavra é expressa, isto saiba que é o Brahman. ...*
>
> *Aquilo que não pode ser pensado com o pensamento, aquilo por meio do qual, dizem, o pensamento é pensado, isto saiba que é o Brahman. ...*
>
> *Eu não creio conhecê-lo bem e nem posso afirmar não conhecê-lo. Quem de nós sabe isso, o conhece. Não o conhece, ao contrário, aquele que diz "Não o conheço".*
>
> *Ele é conhecido por aquele que não o concebe com o pensamento; aquele que o concebe com o pensamento não o conhece. Aquilo que é desconhecido àqueles que usam o conhecimento distintivo é conhecido por aqueles que não o utilizam.*

Trata-se do Brahman sujeito do conhecimento, não perceptível por meio dos sentidos, mas, pelo contrário, vivificante dos sentidos e conhecedor in-cognoscível por meio da lógica. De fato, ele nasce de um estado de consciência não comum que podemos chamar de "místico" ou "meditativo".

A "capacidade negativa", conceito que Bion toma de Keats e que é a continuação da observação realizada por Freud, de "cegar-se artificialmente, para ver mais claro nos pontos mais obscuros", leva ao que Bion considerava como situação otimal para a análise:

"a suspensão da memória e desejo". Os seis servos honestos necessitam de um sétimo servo (*seven servants*) que suspenda o seu agir. Que dê a possibilidade de alcançar um estado mental "insaturado", "polissentido", *dreamlike*, que pode ser experimentado somente por segundos, ainda que falar de segundos, em relação a um estado atemporal, seja uma contradição.

Formula-se assim um conceito de "infinito" e "sem forma" que lembra a teorização de inconsciente proposta por Matte Blanco, o inconsciente como conjuntos infinitos. Aspecto em parte presente também em Bion, na trilogia *Memória do futuro* (1993, edição italiana):

> *Bion: Isso que estou dizendo, e os nossos componentes físicos e sensoriais, são manipuláveis mediante a teoria dos insiemi. Os pensamentos associados a um pensador são esses puramente reconduzíveis à teoria dos conjuntos... A mente, a personalidade, a relação, "o crer" não o são, não podem nem se razoavelmente definidos. A definição razoável "comporta" a "restrição" a uma "conjunção constante".*

A nota 14 do capítulo 38 (da edição italiana), relativa ao trecho citado anteriormente, assim comenta:

> *Teoria dos conjuntos; recentemente as teorias matemáticas neste campo estão sendo estudadas e elaboradas em um modo muito sugestivo e bem estruturado por Ignacio Matte Blanco. Essa aproximação sofisticada parece iluminar muitos dos eventos e episódios que me são familiares quando faço uso da psicanálise para explorar a*

> *personalidade. Tudo isso é particularmente iluminante no que diz respeito a pensamentos e às ideias que não foram jamais conscientes, vale dizer aos vestígios residuais de algo que parece ser um "pensar" primordial risalente e antes ainda do nascimento. Se esta suposição resulta ser correta, poderá estimular uma revisão do relacionamento entre os "estados mentais" quando se está desperto, conscientes e racionais, e os "estados mentais" quando se está adormecidos, em particular modo possam ser novamente examinados os fatos prestados conta de um ser plenamente consciente e vigil referm-se ao esse que diz ser um sonho e, por converso, a relação entre o "dormente" ou personalidade não ainda nata e os fatos (chamados desse modo pelos cientistas) que se fazem notar desde o feto, e possivelmente do embrião, no útero.*

A concepção do inconsciente que propõe Matte Blanco parece, portanto, particularmente útil na prática da psicanálise. De seu ponto de vista, o inconsciente consiste em conjuntos infinitos de classes, não distinguíveis nos indivíduos. O inconsciente é infinito no que se refere aos membros potenciais de cada uma das classes. Na nota de Bion, é possível notar a utilidade desse sistema no estudo da personalidade em psicanálise. De fato, podemos aplicar esse conceito de infinito aos afetos e aos "vestígios residuais de algo que pareça ser um pensar primordial".

Se, de um lado, o inconsciente como sistemas infinitos nos coloca em contato com a vertigem de possibilidades de nossa mente criativa, do outro, nos prospecta também o medo catastrófico ligado à liberação de protoafetos ainda não transformados.

Provavelmente, é esse o medo sentido na psicose e em todas aquelas situações nas quais há uma regressão "catastrófica".

Para dizê-lo com as palavras de Matte Blanco, na psicose e nos eventos traumáticos fortemente regressivos, há uma predominância de relações "simétricas" sobre as "assimétricas".

E, mais uma vez, nos auxilia o pensamento de Bion, que na nota 5 do capítulo 42 da trilogia *Memória do futuro* (1993, edição italiana), escreve:

> *Exercício da psicanálise; a experiência de discutir a psicanálise é suscetível de fazer surgir emoções potentes naqueles que discutem. Essas emoções devem vir nitidamente diferenciadas das emoções potentes liberadas no curso da prática da psicanálise. As emoções que se libertam no curso da prática da psicanálise são importantes porque vêm continuamente "negadas", sem que se dê claramente conta do fato que nas psicoses a negação há uma contraparte física. Isso que chamamos de medo hipotalâmico, o medo "terrificante", é em relação a um medo primordial e provavelmente prenatal. Normalmente requerem, com os métodos existentes, muitos anos de análise antes que o paciente possa admitir a profundidade do terror. Frequentemente o terror é tão intenso que as formulações verbais são de todo inadequadas a render a pleno tal intensidade. O terror vem então expresso em maneira assim moderada que o psicanalista pode deixar de observá-lo ou mesmo pode exagerar a observação de expressão de terror que não entram em realidade na categoria do medo hipotalâmico.*

> *O resultado é, de uma parte, a falha observação da seriedade da condição do paciente, da outra o reter e o declarar de haver atuado uma cura que na realidade reguarda a observação de um estado mental que não é psicótico.*

Se consideramos a "psicanálise científica" uma técnica do "pensar sem memória e sem desejo", além do "senso comum", além dos "assuntos de base", então o seu objetivo final é nos conduzir ao "vazio mental", ao *brahma satyam jagan mithya*, "o brahman é a realidade; o universo é ilusão".

O "vazio mental" existe, talvez, quando não temos mais ilusões?

Para Giovanna Carlo (2004), "vazio mental" é um estado de plena vigilância, mas sem conteúdo, pois estão excluídas as outras capacidades cognitivas (como afirma Arne Dietrich, estudioso dos estados alterados de consciência do ponto de vista das técnicas de neuroimagem, do departamento de neurociência da Universidade da Georgia). A meditação é um sofisticado equilíbrio entre o ápice da atenção e o máximo do relaxamento que se pode verificar também nas melhores condições do *setting* psicoterapêutico.

Pode haver uma "atividade" da mente que se destaca da sensorialidade e que podemos definir como misticismo "laico"?

Para Solms e Turnbull,

> *se fôssemos privados de todas as imagens sensoriais (isto é, se fôssemos excluídos do presente e das percepções adquiridas no passado), ainda seríamos conscientes. Estaríamos ainda cientes do nosso estado interno – do*

nosso Eu nuclear. Aristóteles afirmava que existem só cinco formas de "conhecer" o mundo, correspondentes aos clássicos cinco sentidos; todavia, o mundo contém muito mais do que não a mera realidade externa (p. 122, edição italiana).

Então, atravessando o "vazio mental", podemos chegar a outras formas de pensamento?

Elvio Fachinelli (1989) afirma que "o que é gerado no vazio, na rarefação extrema, é aquilo que se buscou".

De acordo com Francis Crick (1994, p. 17), criamos a hipótese de que a "mente" é "a resultante do comportamento de uma miríade de células nervosas e das moléculas nelas contidas".

Consideramos a religião um "encaixe" das emoções amor, ódio, raiva, vergonha, medo e sentimento de culpa diante do desconhecido à perda de contato com o grupo de pares, à solidão espaço-temporal.

Sobre religião, Freud (1990/1938) escreve: "é inerente a tudo o que tem a ver com a origem da religião, mesmo aquela hebraica, algo de grandioso, do qual nossas explicações anteriores não deram uma resposta. Deve contribuir um outro fator, pelo qual há pouco de analógico e nada de similar, algo de único, algo da mesma ordem de grandeza do que resultou, como justamente a religião".

Leonardo Ancona (2003), na coleção de seus ensaios "Psicanálise e sagrado", afirma que "a psicanálise levantou um canto do mistério psicológico que está implicado nisso, entretanto a descoberta da projeção individual e coletiva não funda a religião, mas é a prova da necessidade inextinguível de relacionamento com o numinoso que o homem traz consigo, pelo próprio fato de ser homem".

Ancona (1966) propõe considerar as "manifestações" próprias dos místicos não como aspectos da sublimação, mas como "uma dinâmica psíquica" que se produz pela "inserção de energias provenientes de uma fonte diferente de forças, como pode ser a do sagrado". Ele denomina esse "dinamismo psíquico" que é "alimentado através do alto" de "surlimação".

Na hipótese de Julian Jaynes (*A queda da mente bicameral e a origem da consciência*), o misticismo religioso é dominado pela parte do cérebro definida como "diretiva chamada deus", a ser diferenciada da parte do cérebro "sujeita chamada homem". "No início nenhuma das duas partes era consciente", escreve Jaynes (p. 111, edição italiana).

Acreditamos que a religião tenha a ver com partes arcaicas da mente, e o misticismo seja um dos seus produtos!

Estudando algumas alterações dos lobos temporais, Vylayanur Ramachandran propõe a existência de um "módulo de Deus", devido a conexões entre os centros sensoriais (visão e audição) e o sistema límbico (hipocampo, amígdala, septos pelúcidos, núcleos talâmicos anteriores, corpos mamilares e circunvoluções do cíngulo) (Steve Klimchak, 2004).

Michael Persinger, que utiliza para seus experimentos a estimulação magnética transcraniana (TMS), refere que a aplicação de específicas sequências de estimulações nos lobos temporais suscita em 80% dos sujeitos normais sensação de "não estar só" e da presença de "um outro", uma experiência à qual muitos atribuem um significado religioso (Steve Klimchak, 2004).

Acreditamos que o misticismo, "fator psicodinâmico não definido", esteja situado na categoria C da grade de Bion (pensamentos oníricos – sonhos – mitos), e tenha afinidade com os próprios mitos, que têm a ver com influências genéticas e ambientais.

Outro fator a considerar é o conceito do tempo psicológico e de seu relacionamento com o "vazio mental". Para o astrofísico John Wheeler, o tempo é "uma ideia inventada pelo homem e pode funcionar dentre uma área de aplicação limitada, devemos renunciar à ideia do tempo assim como é concebida atualmente, e esta será substituída por uma ideia mais profunda, mas não sei dizer como e quando acontecerá".

Que tem a ver o tempo psicológico?

Para Matte Blanco (1981), o inconsciente é um aspecto da mente estranho aos parâmetros do espaço-tempo. Para nós, o "vazio mental" tem ligação com fenômenos de infinito como a onipotência, a impotência e a onisciência. O "vazio mental" se aproxima do inconsciente como manifestação de emoções intensas arcaicas que têm conotações de infinito. Os fenômenos místicos acompanham emoções intensas e, portanto, acontecem fora do tempo psicológico.

A privação sensorial, seletiva ou total, ou a repetitividade, podem permitir a saída do tempo psicológico e, portanto, liberar infinitas memórias emocionais pessoais e/ou coletivas com a anulação da percepção do espaço circunstante.

O misticismo "laico" tem relação com um exercício no qual a memória e o desejo são, na medida do possível, diminuídos.

Acreditamos que o misticismo se relaciona ao medo da morte com um irrefreável aproximar-se ao pensamento da morte. Matthew Alper é da mesma opinião; segundo ele, a religiosidade teria evoluído como resposta à descoberta, por parte dos seres humanos, da própria mortalidade (Steve Klimchak, 2004).

Associamos os misticismos "laico" e "moderno" ao que Shankara define como o "quarto estado" da consciência, aquele que segue o sono profundo. É o estágio da memória do vazio da cena mental constatado naquele momento (Hulin, 1996).

Para Michel Hulin, comentarista de Shankara,

> *o quarto estado poderia se definir como um sono profundo lúcido, isto é, uma ausência de representação contra a qual, desta vez, a consciência não protesta mais surdamente, como ao contrário do sono profundo. O ingresso nesse estado pressupõe, de fato, que da consciência finita se despoje de toda intencionalidade, isto é, tenha abandonado a extroversão originária que a faz sempre procurar o seu bem – e temer o seu mal – fora de si mesma. ... Eis porque não possui somente a dignidade de um estado místico extraordinário, comparável ao samadhi do Yoga, mas se apresenta também como estado natural e fundamental da consciência, de certa forma subjacente aos outros três (vigília, sonho, sono profundo). Shankara faz vacilar o preconceito maior, que considera o estado de vigília ordinário como o horizonte e a norma de toda percepção exata, como também de cada procedimento intelectual seguro, o lugar onde a cena mental seria iluminada ao grau máximo possível e desejável. Para os que penetram no quarto estado é, ao contrário, a experiência vigilante inteira, com os saberes, os valores e as*

> *convenções sociais que a estruturam, aparecendo retrospectivamente um simples sonho "bem construído".*

Pensamos que o quarto estado seja o tornar-se "O", estar em "O". A *dreamlike memory* de Bion também se aproxima do "quarto estado" de Shankara. Outra semelhança do pensamento de Bion com o de Shankara: "rechaçar memória e desejo favorece que se utilizem aspectos da psique sem base de experiências sensíveis" (Bion, 1991, cap. 7, p. 92).

Que o "místico" não tenha para Bion relação com a religião fica evidente quando ele afirma que "gênio" e "messias" são termos "intercambiáveis ... O místico é tanto criativo quanto destrutivo".

Com Damásio (1999), consideramos que *a mente, embora preciosa e única, é uma entidade biológica, que deve ser descrita em termos biológicos.*

Portanto, devemos considerar o êxtase como um estado alterado da consciência?

Em nossa reflexão, partimos de um dado de fato. Além de Sacks, também António Damásio (1999) considera *a descrição atual dos fenômenos neurobiológicos fundamentalmente incompleta.*

O processo pelo qual novos eventos são fixados na memória a longo termo vai além da função específica do hipocampo e do córtex cerebral. Alguns processos devem acontecer em nível de neurônios e moléculas, a fim de que os circuitos neuronais sejam "incisos" pela impressão de um novo fato aprendido. A incisão depende do reforço ou do enfraquecimento das sinapses com produções de novas proteínas que dependem da ativação dos genes específicos nos próprios neurônios, com a tarefa de operar a consolidação da memória (Damásio, 1999). Ainda para Damásio (1999), o "sentimento de si" no ato de conhecer emerge como um tipo específico de sensação: *a sensação de que isso acontece em um organismo apreendido na interação com um objeto.*

Portanto, os estados alterados de consciência, e, em particular, o êxtase, acontecem quando o "sentimento de si" consegue "enfraquecer sensorialmente" o contato com o próprio organismo.

Consideramos que, diante do medo, seja este ligado a "perigos inatos" ou a "perigos aprendidos", e que possa existir uma resposta que não seja de "ataque e nem de "fuga", mas "mística".

Outro conceito que acreditamos ser útil à compreensão dos fenômenos místicos é o da "pré-adaptação", teoria do paleontólogo francês Jean Piveteau, que considera que o homem atual utiliza apenas 40% dos neurônios de seu cérebro, e que o restante não utilizado poderia ser o excedente necessário à pré-adaptação. No fundo, estamos na presença de uma teoria evolucionista, ainda que o suceder dos fenômenos permaneça desconhecido. Essa referência à interdisciplinaridade é uma exigência ética para o psicanalista que não se distrai no bem e no prazer, mas que opera pela busca do verdadeiro, que exige do indivíduo a renúncia, em parte, às ilusões e às construções dos sistemas (Sacco, 2003).

Para Gerald M. Edelman (1992),

> *na modalidade do pensamento puro, o indivíduo está assim imerso em um particular estado de concentração, inerente ao projeto de pensamento em curso, a ponto de resultar "abstraído", inconsciente do tempo, do espaço, de si e da própria experiência perceptiva. Pode-se dizer que, quando persegue estes níveis de abstração e de*

> *significado, "o pensamento não está em nenhum lugar";*
> *mas isso é apenas uma metáfora para exprimir o grau de*
> *afastamento do indivíduo da consciência de outras, pa-*
> *ralelas, atividades da mente. (p. 270 da edição italiana)*

Para concluir, estamos conscientes de que a essência de nossa época é dada pela multiplicidade e pela indeterminação (von Hofmannsthal); o nosso horizonte é constituído pelos modos de descrever tudo o que é descrito. O nosso universo consiste, por assim dizer, desses modos mais do que de um mundo ou de mundos (Goodman, 1988).

Para Ludwig Wittgenstein, experiência religiosa e valor ético e sentido da vida e valor estético eram definidos "das Mystische", e pertenciam à esfera do indizível, do inefável.

A experiência ética é a apreensão do mundo como um todo; por consequência, a atitude ética não pode concernir este ou aquele fato, esta ou aquela ação, e, sim, a realidade em sua totalidade (Gargani, 2003).

"Psicanálise científica" como ética na acepção wittgensteiniana? Talvez não seja um pensamento filosófico e ético o que aponta Bion no texto de Sigmund Freud, *O futuro de uma ilusão*?

"Em psicanálise assume-se que uma teoria seja falsa se não parece vir de encontro ao 'bem' da maioria da humanidade. E é uma ideia muito banal de bem" (Bion, 1979).

Escreve Bruno Callieri (2004): "o discurso do místico *anuncia* 'o essencial', sem jamais conseguir 'enunciá-lo'".

Notas

Advaita Vedanta: o Vedanta não dualista. Doutrina, ou "ponto de vista" (*darshana*), metafísica que transcende o dualismo (*dvaita*) e mesmo o monismo (*aikilya*). Doutrina do absoluto da realidade (*kaivalya*). São fundadores do Advaita Vedanta Gaudapada e Shankara, que o apresentaram em suas obras. Representa o conhecimento da realidade expresso pelos Upanishad. Como doutrina não dual, o Advaita Vedanta não se contrapõe aos outros darshana, mas os contém e transcende.

Participaram da discussão com os autores do trabalho:

Sônia Guimarães Wetzel, Felicidade Castelo, Maria Lúcia Ferrão de Sousa Campos, Odilon de Mello Franco Filho, Paulo André Machado Borges, Vera Silvia Vassilieff, Ana Maria Santana Ziskind, Maysa Dias Ayres, Rosário De Cardenas, Valéria Gimenes Loureiro, Felix Gimenes, Alessandra A. Baldocchi, Ursula Lizàrraga Dias, Elsa Susemihl, Francisco Claudio Montenegro de Castelo, Antonia Maria Minacapelli, Yoshiaki Ohki, Simona Ghedin, Ester Hadassa Sandler e Anne Lise Sandoval Silveira Scappaticci.

Referências

Ancona, L. (2003). *La mia vita e la psicoanalisi*. Roma: Edizioni Magi.

Bion, W. R. (1989). *Uma memória do futuro: o sonho*. São Paulo: Martins Fontes.

Bion, W. R. (1991). *Atenção e interpretação*. Rio de Janeiro: Imago.

Bion, W. R. (1993). *Memoria del futuro: il sogno*. Milano: Cortina.

Bion, W. R. (1996). *Uma memória do futuro: a aurora do esquecimento*. Rio de Janeiro: Imago.

Bion, W. R. (1996). *Cogitations*. Armando Editore: Roma.

Caldironi, L. & Giampà, M. (2000). *Dream – like memory*. Recuperado de http://www.psychomedia.it/neuro-amp/straord/b12-giampa.htm.

Callieri, B. (2004). *Considerazione di uno psichiatra sull'esperienza mistica*, texto dactilografado Carlo Giovanna, *Lo stato estatico come esigenza antropologica della mente*, in *Psicologia analitica e teorie della mente*, Atti del XII Convegno Nazionale del Centro Italiano Psicologia Analitica (CIPA). La biblioteca di Vivarium 2004: Milano.

Ceruti, M. (2004). *Tra scienza, mito e spiritualità: contaminazioni tra le esperienze umane*. In PSICHE, 1, il Saggiatore, Milano.

Crick, F. (1994) *The astonishing hypothesis*. Macmillan Publishing Company: New York.

Damásio A. R. (1999). Mente, coscienza e cervello. *Le Scienze*, 376.

Della Casa, C. (1986). A cura di, *Upanishad*. Boringhieri Editore: Torino.

Dietrich A. (citato da Carlo Giovanna). (2003). Functional neuroanatomy of altered states of consciousness: the transient hypofrontality hypothesis. *Consciousness and cognition*, 12, 231 – 256.

Edelman, G. M. (1992). *Bright air, brilliant fire: on the matter of the mind*. Basic Books. Edição Italiana: (1993). *Sulla materia della mente*. Milano: Adelphi.

Fachinelli, E. (1989). *La mente estática*. Milano: Adelphi.

Freud, S. (1990). In Freud, S. *Mosé, il suo popolo e la religione monoteísta*. Epistolari, *Lettere a Wilhelm Fliess 1887-1904*. Torino: Bollati Boringhieri. (Obra originalmente publicada em 1938).

Gargani, A. G. (2003). *Wittgenstein: dalla verità al senso della verità*. Pisa: Edizioni Plus.

Gay, P. (1999). *Freud: uma vida para o nosso tempo*. São Paulo: Companhia das Letras.

Giampà, M. & Fiorespino, F. *Between East and West: the absence of memory and desire and countertrasference*, Bion 1997: Torino. Recuperado de http://www.psychomedia.it/pm/indther/psan/giampafiore.htm.

Giampà, M. (ago. 2003). *Bion e o pensamento Indiano*, Conferência no anfiteatro da SBPSP.

Goodman, N. (1988). *Vedere e costruire il mondo*. Bari: Laterza Roma.

Green, A. (2002). *Idées directrices pour une psychanalyse contemporaine*. Paris: Presses Universitaires de France. (Edição italiana: [2004] *Idee per una psicoanalisi contemporanea*. Milano: Raffaello Cortina.

Grotstein, J. S. (1997). Bion's "transformation in O and the concept of the transcendent position" Bion-Torino, 1997 Hofmannsthal, citato da Gargani in *Wittgenstein – Dalla verità al senso della verità* Hulin Michel, <Sankara e il Vedanta>, Enciclopedia Multimediale Delle Scienze Filosofiche, Istituto della Enciclopedia Italiana, <Sankara e il Vedanta>, Enciclopedia Multimediale Delle Scienze Filosofiche, Istituto della Enciclopedia Italiana)

Grotstein, J. S. (2004). *Chi è il sognatore che sogna il sogno?* Roma: Magi.

Huang, P. (1978). *La dottrina Zen: a cura di J. Blofed*. Roma: Astrolabio.

Klimchak, S. (jul./ago. 2004) Fantasmi nella mente. In *Mente & Cervello*, 10, II.

Lévinas, E. (1971) *Totalità et infini*. Martinus Nijhoff, The Hague: 1971 (Edição italiana: [2004] *Totalità ed infinito*. Milano: Jaca Book).

Mancini, R. (2002). *Il silenzio via verso la vita*. Comunità di Bose: Qiqajon.

Matte Blanco, I. (1981). *L'inconscio come insieme infiniti*. Torino: Giulio Einaudi.

Natoli, S. (2004). *Parole della filosofia*. Milano: Feltrinelli.

Nikhilanda, S. (1968). *L'uomo alla ricerca dell'immortalità*. Roma: Astrolabio.

Piano, S. (1994). *A cura di, Bhagavad-Gita*. Milano: San Paolo.

Preta, L. (2004) *Editoriale* di PSICHE, 1. Milano: Il Saggiatore.

Sacco, F. (2003). *Dal gesto alla parola*. Conferenza Università di Palermo, dattiloscritto.

Sacks, O. (2004). *L'occhio della mente*. *Adelphiana: pubblicazione permanente*, 3, Milano.

Solms, M. & Turnbull, O. (2002) *The brain and the inner world*. (Edição italiana: (2004). *Il cervello e il mondo interno*. Milano: Raffaello Cortina.)

Afinal, o que é experiência emocional? (Ou uma pergunta que eu gostaria de ter feito a Bion)

Odilon de Mello Franco Filho

> *Experiência não é o que aconteceu com você.*
> *É o que você fez com o que aconteceu.*
> Aldous Huxley

Posição da noção de experiência emocional na obra de Bion

Para Bion, há uma condição que é crucial para o desenvolvimento humano: a ocorrência da experiência emocional. Esta funciona como *starter* para os processos que virão a constituir nossa vida mental e a capacidade de pensar os pensamentos.

A experiência emocional, para o autor, seria como um *big bang* situado na encruzilhada das preconcepções com sua possível "realização". O protótipo dessa situação seria constituído pelo momento em que a preconcepção de um seio "encontra" um seio que dá conta da mesma na realidade. Esse "encontro", porém, também comporta um "desencontro", de vez que o objeto da realidade nunca satisfaz totalmente o que a preconcepção espera. O objeto se transforma, então, em um "não seio". Essa frustração traz dor, e, se ela puder ser tolerada, essa situação se torna uma "experiência emocional". Assim, satisfação e frustração, prazer e dor, vêm a constituir, em sua duplicidade, os dois aspectos básicos desse protótipo de experiência emocional.

As experiências emocionais fazem parte de uma cadeia de transformações que estão ligadas ao desenvolvimento do pensar. Os conteúdos emocionais dessas experiências primordiais funcionam como modelos, como invariantes, que constituirão as estruturas subsequentes do que pode ser chamado "pensamento". O adjetivo "emocional" indica o campo basilar comum em que se interligam o pensamento e as emoções. As experiências emocionais teriam uma "função heurística" no contato com a realidade.

É justamente pela atuação de uma função psíquica (a função-α) sobre as impressões desses "encontros-desencontros" que vai se formando uma capacidade simbólica desenvolvida em processos oníricos e de linguagem. As experiências emocionais são condições que podem conduzir ao chamado "aprendizado da experiência". Poupo os colegas dos detalhes desses eventos mentais, por já serem matéria bem conhecida dos que têm familiaridade com a obra de Bion e de seus leitores.

A experiência emocional é vista também por Bion como o fulcro que alavanca todo o processo psicanalítico, o qual se constituiria no conjunto de transformações que essa experiência proporcionaria no eixo dos vínculos emocionais entre paciente e analista.

Como conceituar a experiência emocional?

É difícil encontrar nos escritos de Bion uma conceituação precisa dessa expressão tão usada por ele, embora haja descrições frequentes de sua dinâmica. Em sua obra, parece que a definição é subentendida a partir do modelo relacional que lhe serve de base. De certa maneira, os analistas familiarizados com essa expressão se identificam com esse subentendido e não se ocupam em defini-la com precisão.

Tentando um caminho próprio que pudesse satisfazer essa procura conceitual, decidi partir do ponto mais óbvio possível: o sentido sugerido pela acepção imediata das próprias palavras em pauta. Logo, "a experiência emocional seria a experiência que se dá no plano das emoções". A superficialidade e a redundância de meu achado não me acrescentaram nada. Pelo contrário, me levaram a outro impasse: o que é *emoção*?

Uma procura no "dicionário" psicanalítico

A literatura psicanalítica não me pareceu pródiga em tentar um conceito preciso a respeito do que seria *emoção*. De maneira geral, uma variedade de estados psicológicos são, quase aleatoriamente, assinalados como pertencentes ao domínio das emoções, afetos e sentimentos, sem que se especifique a diferença entre eles: são usados como expressão de praticamente a mesma coisa. E qual é essa coisa?

A noção básica referente a esses termos parece estar centrada na noção de *afeto*, como Freud (1964/1915) a empregava. Afeto: constitui a tradução subjetiva (qualitativa) da quantidade de energia das pulsões. Junto com as representações, os afetos formam os dois registros nos quais as pulsões se apresentam. No jargão psicanalítico, os três termos em pauta – afeto, emoção e sentimento – praticamente intercambiam seu valor semântico, tornando-se indistintos.

No conhecido *Vocabulário de psicanálise*, de Laplanche e Pontalis (1983/1967), os autores incluem os verbetes *afeto* e *sentimento*, mas não fazem referência a *emoção*. Para *afeto*, adotam a definição freudiana que citei anteriormente, e, no tocante a *sentimento*, se referem a um sistema de motivações inconscientes.

Bianchedi, em um trabalho sobre a experiência emocional, desenvolve suas ideias tomando "emoções" e "sentimentos" como sinônimos. Estes se manifestam subjetivamente por sensações/pressões registradas na consciência e que podem se expressar por gestos, reações físicas e/ou adquirir formulação verbal (1999, p. 188).

O estudo mais exaustivo que conheço sobre essas questões semânticas em psicanálise pertence a Sandler (1999); é um trabalho que versa sobre a diferenciação entre sensações, sentimentos, afetos e emoções. O autor tenta estabelecer a seguinte discriminação nessa babel conceitual:

Emoções básicas seriam expressões quase diretas dos instintos de vida, de morte e epistemofílicos. A aproximação verbal às emoções básicas seriam "amor", "ódio" e "conhecimento", grafadas sem o artigo "o".

A emergência das emoções para níveis conscientes seria feita por meio dos *afetos:* estes diferiram das emoções, que os precedem epistemológica e ontogeneticamente. Afetos seriam *condutores* intrapsíquicos das emoções e também "agências executivas individuais" delas. Os afetos, diferentemente das emoções, são pertinentes ao inconsciente e ao consciente. Dependem, para sua formação psíquica, do trabalho onírico e das fantasias inconscientes, que são os seus modos de expressão. Os afetos básicos poderiam ser nomeados levando-se em conta sua imanência individual (enquanto as emoções básicas seriam essências humanas transcendentais). Portanto, "o ódio" e "o amor" são afetos.

Sentimentos: o autor propõe que seriam informações que damos a nós mesmos a respeito de estímulos internos e externos, apreendidos por meio de sensações. Há sentimentos que provêm de fatos reais e sentimentos que provêm de atividade alucinatória. No primeiro caso, os sentimentos podem ajudar o contato com afetos e emoções reais.

Postas essas questões iniciais que circunscrevem o campo semântico de minha indagação, volto agora ao que mais especificamente me ocupa: o que seria uma *experiência emocional*?

Como os autores lidam com essa noção

Como já mencionei, apesar de haver referência frequente à noção de *experiência emocional* nos escritos psicanalíticos e, em particular, quando se cita Bion, os autores que a empregam dão seu significado como conhecido, e não se nota preocupação em especificá-lo. Não resultou esclarecedora a procura de uma definição que fiz em cerca de 39 textos que apresentavam em comum o fato de utilizarem a expressão *experiência emocional* em seu título (de uma lista bibliográfica fornecida pela biblioteca da Sociedade Brasileira de Psicanálise de São Paulo). Apenas um texto continha a preocupação do autor em definir mais precisamente a expressão. Trata-se de Dubisnky (2000), que assim se manifesta:

> *Definimos como experiência emocional a associação de emoções, de impressões sensoriais e de pensamentos, inclusive fantasias inconscientes, presentes na mente em determinado momento. Nessa definição, o conceito de experiência emocional de Bion foi ampliado para incluir os pensamentos (distintos do processo de pensar) e, em especial, a fantasia inconsciente. Essa ampliação do conceito corresponde à pressuposição de que emoções e impressões sensoriais estão engastadas numa matriz de pensamentos e fantasias, ainda que primitivos.*

O autor justifica a inclusão de "pensamentos" nessa cadeia associativa pelo fato de que, na presença de emoções e impressões sensoriais, os pensamentos podem precisar ser restaurados de forma a possibilitar o pensamento simbólico. No meu entender, aqui se trata de pensamentos a serem ressignificados.

Outra oportunidade de esclarecimento surgiu-me por meio de um texto ainda inédito (*The language of W. R. Bion*), que constitui um dicionário de conceitos de Bion, de autoria de Paulo Cesar Sandler, e que me foi oferecido à leitura pelo autor. Ele esclarece que Bion descreve a experiência emocional, mas não usa um conceito. Bion a remete a um modelo fundante: a "realização" de um seio que satisfaz a preconcepção que um bebê tem deste. É uma experiência específica que indica que a entidade "seio" não é mero produto da imaginação do bebê, mas existe de fato. Sandler salienta que a expressão experiência emocional indica a presença de algo que vai além da noção de emoção: denota a ligação dela com algo interno ou externo. O autor esclarece ainda que essa expressão é emprestada de Freud e Klein, que a usaram extensivamente para indicar o contato com o seio. Nessa acepção, ela está ligada à apreensão "experimental" da realidade. Alertando para o risco de se reificar essa noção, Sandler ressalta que, para Bion, "experiência emocional" é apenas um sistema notacional – sendo notação uma das funções do ego –, uma ajuda para se conseguir um *senso de realidade*.

Ainda na esteira dos dicionários e vocabulários, encontrei o seguinte: em *Vocabulário contemporâneo de psicanálise*, o autor propõe a seguinte definição de experiência emocional:

> *Expressão-chave na obra de Bion, que destaca enfaticamente a diferença que há, na situação analítica, entre o aprender **acerca** das coisas e o aprender emocional com a experiência das coisas. De forma análoga, na abertura do livro Aprendendo com a experiência (1962), esse autor afirma que: "este livro terá fracassado se a própria leitura não for uma experiência emocional".*
> *(Zimerman, 2001)*

Nessa definição, Zimerman põe em foco dois aspectos do conceito: primeiro, sua pertinência à situação analítica; segundo, em termos mais gerais, sua qualidade de poder constituir aprendizado.

Minha pesquisa direta nos textos de Bion

Essa pesquisa teve resultados algo ambíguos. Cito alguns trechos de obras do autor que me pareceram proporcionar duas visões divergentes da questão.

Em *Learning from experience* (1962), no início do capítulo 7, diz Bion: *"The sleeping man has an emotional experience, converts it into alpha-elements and so becomes capable of dreaming thoughts"*.

De outra forma, assim expressa a mesma noção no início do capítulo 8 da mesma obra: "*The man's alpha function whether in sleeping or walking transforms the sense-impressions related to an emotional experience, into alpha-elements*".

Desses dois trechos, pode-se inferir que a experiência emocional contém impressões sensoriais, mas não significados. Logo, o que Bion chama de experiência emocional é *anterior* à ação da função referida, ou seja, anterior à *criação de um significado*, o qual existirá *por efeito daquela função*.

Em resumo, *algo* precisa acontecer para que significado e representação fiquem disponíveis *a partir dessas experiências*.

Em contrapartida, uma leitura divergente e oposta dessa pode ser feita a partir do seguinte trecho, presente mais tarde em *Transformations*:

> *The infant's experience of the breast as the source of emotional experience (later represented by terms such as love, understanding, meaning) means that disturbances in relationship with the breast involve disturbance over a wide range of adult relationship.* (1965, p. 81)

Nesse ponto, fica-se com a impressão de que o que ele chama de experiência emocional é um momento que *já contém o significado* (amor, entendimento etc.).

Se minhas dúvidas são pertinentes, estamos diante de duas acepções diferentes para a noção de experiência emocional. Na primeira delas, esta ainda aguarda significado e representação; na segunda, ela já os abriga de alguma forma.

O contato com as teorias psicanalíticas mostra que, quando algumas delas possuem um elevado poder de mobilização heurística, seu campo de pertinência sofre ampliação, e seu sentido passa por transformações que nem sempre correspondem às ideias originais de seu autor. O que foi feito com os termos *transferência* e *contratransferência*, de autoria de Freud, atesta isso: eles foram transformados em "palavras-ônibus", que tudo abrigam e têm assim seu sentido diluído. Essa transformação polissêmica é muitas vezes transferida para a linguagem que os analistas empregam em sua comunicação coloquial com os colegas: qualquer situação que envolva emoções e qualquer episódio dentro de uma análise são chamados de "experiência emocional". Não penso que essa simplificação seja salutar para nossa disciplina.

Uma tentativa de esclarecer a questão

Quero agora expor como "realizo" atualmente o sentido que essa noção – experiência emocional – evoca em mim no contexto de meu contato com a obra de Bion, com os autores que se referem a ele e com minha própria experiência clínica. Os leitores logo sentirão que minha proposta visa a atribuir ao termo em questão uma faixa de significado menos abrangente do que aquela que circula em nossas trocas coloquiais e mesmo em alguns textos.

Levando em conta as duas fases do processo mental no qual o *pensar* é o elo final, considero que a primeira etapa, caracterizada por sensações e impulsos emocionais que demandam descarga, ainda carece de qualidade de *experiência*. Tomo a palavra *experiência* em uma acepção que aqui resumo a partir de dois dos dicionários da língua portuguesa mais conhecidos: o *Houaiss* e o *Aurélio*. *Experiência: forma de conhecimento ou sabedoria, abrangente ou específica, adquirida durante a vida, constituindo-se em aquisição acumulada* (e *transferível*, acrescentaria eu). Na falta de melhor termo, me ocorre chamar o conjunto de impulsos e impressões sensoriais da primeira etapa de "situação emocional", ou simplesmente de "situação", ou "acontecimento". Como "situação", ou "acontecimento", ainda careceria de sentido, ou seja, de qualidade psíquica. Fenomenologicamente, ambas as expressões comportam referência a *algo que mobiliza sensações e emoções*.

Em uma segunda etapa, se for possível ao indivíduo disponibilizar uma função-α para transformar (e não apenas para descarregar) essa "situação emocional" (ou "acontecimento"), ela se torna uma "experiência emocional", prestando-se assim como matriz cumulativa de significações. Aqui, já estamos no reino da qualidade psíquica, da representação.

É claro que o processo de significação não se esgota aí. O pensamento que já decorreu de uma experiência emocional, na presença de novas emoções e impressões sensoriais, pode participar de uma nova situação, na qual os significados já adquiridos sofrem transformações (ou re-significações), passando a integrar uma nova experiência emocional. Creio que o texto citado, de Dubinsky, aponta nessa direção. Estamos aqui no âmbito do eixo de transformações que Bion denominou de PS↔D.

Tentando ainda discriminar uma *situação* de uma *experiência emocional*, recorro ao conceito linguístico de "leitura". Leitura é a "competência que nos capacita a transformar *informações* em *conhecimento*". Assim, uma situação conteria apenas informações de cunho sensorial e/ou emocional. Dependendo do trabalho da função-α, as mesmas informações se transformarão em conhecimento. Isso ocorrendo, poderia ser dito que houve uma experiência emocional a partir daquela situação. Esse conhecimento, produzido a partir de uma matriz sensorial/emocional, pode ser transferível para outras situações e se prestar a novas experiências.[1]

Penso também que Bion (1970) nos chamava atenção para uma situação semelhante ao mencionar as condições psíquicas de certas pessoas que "sentem a dor mas não a sofrem e nem podem ser levadas a descobri-la".

Ilustração clínica

Selecionei alguns aspectos da relação analítica que estabeleci com um paciente adulto, do sexo masculino. Esses aspectos focalizam de maneira seletiva e esquemática algumas vicissitudes ligadas ao tema que abordo neste trabalho, não havendo preocupação em fornecer um quadro de situações propícias a uma "discussão de caso" mais ampla.

O material que apresento poderia ter como título "Flagrantes de experiências na construção de uma mente".

---

1 Essa distinção já tinha me ocorrido há alguns anos, e chegou a ser objeto de uma útil troca de ideias com a colega dra. Izelinda Garcia de Barros. Sugeriu ela que fosse tomado como modelo desse enfoque o que parece acontecer com crianças autistas: elas vivem com muita intensidade impulsos e sensações de várias ordens, mas não evolvem dessa "situação" por carência de transformação delas em uma "experiência" no sentido de conhecimento vivenciado e representável. Os gestos estereotipados dessas crianças, na sua repetição exaustiva, seriam o sinal desse fracasso na constituição de uma experiência geradora de qualidades psíquicas.

J. esteve em análise comigo por cerca de dez anos. Sua vida se caracterizava por acentuada turbulência no plano pessoal, familiar e profissional. Ele próprio se definia como uma pessoa angustiada que reagia agressivamente quando algo se interpunha às suas expectativas Alternava momentos em que se sentia a "pior das criaturas", rejeitado, excluído, difamado moralmente, com outros momentos em que se julgava superior às pessoas de seu meio social e de trabalho. Era casado, com filhos, mas se julgava "malcasado", embora, na realidade, o que não suportava era uma parceria conjugal. Sua condição de pai incluía preocupação com a saúde dos filhos, ou com suas necessidades básicas, mas não tinha muito claro o que era afeiçoar-se a eles.

"Materialmente"; "concretamente"; essas são as expressões mais adequadas para exprimir sua forma de relacionamento com a existência. Vivia as situações com muita intensidade, alternava expressões de amor e ódio, mas não sabia como qualificar o que vivia em termos de distinguir ciúme, inveja, dependência, carinho etc.

Conta que sempre foi aficionado por cinema. Sabia de cor o nome dos diretores e atores dos filmes que via, lembrava das histórias deles, mas não sabia dizer porque determinado filme o agradava ou desagradava. Na memória (ele tem excelente memória) arquivava dados, mas não sabia o que fazer com eles. Quando falava de suas conquistas amorosas, se referia às mulheres como "mulherada", e delas se lembrava como era o corpo, não se referindo a elas por sua personalidade a não ser quando elas o desagradavam. Conta que teve uma relação com uma delas por um ano sem nunca imaginar que o sentimento dela para com ele pudesse ser qualificado como algo parecido com afeto ou paixão. Sua incapacidade para perceber o tipo de sentimento que ela lhe devotava ficou evidente um dia, quando ela assim desabafou: "mas você não percebeu até hoje que sempre fui apaixonada por você?".

Na relação comigo, essas características se repetiam. Interessava-se por minhas interpretações como se fossem "ferramentas" para "sarar". Dizia, literalmente, que queria "agarrar" as sessões. Era comum me fazer perguntas em termos de "por quê?", querendo explicações para seus males como se isso bastasse para evitá-los.

Não pretendo, nesse relato, pormenorizar os caminhos e peripécias que nossa relação trilhou. De nada adiantavam apontamentos em relação ao seu Édipo, à sua identidade sexual, à rivalidade, à inveja. Faltavam-lhe condições para integrar sensações e sentimentos naquilo que eu chamaria de experiências emocionais. Estas podiam ser parcialmente constituídas e observadas nas sessões, mas ficavam reduzidas a sombras de fatos concretos, mencionados como agradáveis ou desagradáveis. Foram necessários vários anos para que esse panorama mudasse e ele percebesse que o essencial que havia ali era uma relação entre duas pessoas e que essa relação importava em algo mais do que relatar fatos e obter interpretações. Criaram-se vínculos afetivos, os quais, sendo discernidos por uma função-α em progressão, permitiam que ele chegasse a experiências emocionais de fato.

Nesse difícil caminho de construção de sentido para o que ele vivia, duas de suas falas foram significativas das mudanças que o levaram à possibilidade de *insight* sobre sua realidade interna. Em uma sessão, fez as seguintes observações sobre seu comportamento no passado: "quando eu acordava pela manhã, criava mentalmente o roteiro de tudo o que iria viver naquele dia. Eu parecia o piloto de um Boeing que, antes de decolar, checava todos os instrumentos que iriam orientar o voo preestabelecido. Era só o que eu via pela frente". Tudo era tomado concretamente e, na ocasião referida, ele não tinha noção de que essas atividades diárias pudessem conter estados afetivos. Depois, passou a haver uma certa reflexão a respeito. Diante dessa "confissão", achei melhor não me manifestar de imediato, e o paciente voltou a falar o que considero ter sido uma associação livre, decorrente do *insight* obtido. Acrescentou ele:

> *Eu me lembro de uma vez em que fui passear em um shopping center com um de meus filhos. Em um certo momento, o menino puxou-me pela mão e, muito excitado, chamou minha atenção para uma vitrine: "veja papai, naquela loja é que nós dois compramos aqueles carrinhos (miniaturas) quando eu era pequeno". Eu olhei na direção apontada e respondi, como que corrigindo a fala dele: "não é bem assim. Nem todos os carrinhos nós compramos aí". O entusiasmo do menino arrefeceu, e ele não falou mais nada. Somente agora pude perceber que pouco importava se era lá ou não o lugar em que tinham se dado todas as compras; eu não tinha sido capaz de compreender a alegria de meu filho.*

Esses dois fragmentos, mencionados em uma mesma sessão após alguns anos de análise, ilustram a dificuldade que o paciente tinha para desenvolver experiências emocionais e também algum progresso no sentido de, agora, transformar "situações" em algo que chamo "experiência". No primeiro fragmento, o paciente deixa claro que entre o seu viver e o funcionamento de uma máquina ou as páginas de uma agenda diária, não havia diferença significativa. Tudo se circunscrevia a meros registros em um espaço concreto que remetiam a sensações agradáveis ou não. No segundo fragmento, a "informação" dada pelo filho não podia obter uma inscrição que a remetesse à condição emocional que o filho desejava comunicar. O filho tinha vivido, naquele momento, a emoção da *reminiscência* de uma fase gratificante de sua vida, proporcionada pelo próprio pai, e era isso o que queria compartilhar de novo com este. Mas o paciente não pode acompanhá-lo nessa experiência; captou a comunicação do filho em um plano concreto, *factual*, em que só havia lugar para acontecimentos ordenados lógica e temporalmente.

Mas essas duas falas do paciente, no contexto em que foram emitidas, revelavam que, naquele momento, estava sendo possível a ele captar significados emocionais naqueles episódios, de forma que não eram mais um simples registro de fatos e sensações. Algo de seu passado, que não tinha sido articulado adequadamente, ou que se o foi, acabou atacado, negado, retornava como "experiência emocional". Mais ainda: ao articular tudo aquilo em experiência, ele podia reconhecer *então* quanto tinha sido desastrosa sua dificuldade de "transformar" situações. Em sua fala, eu podia reconhecer uma *dor* pelo vazio emocional em que viveu e pelos objetos e experiências que atacou. Alcançar esse sofrimento era o resultado vívido de nosso trabalho. Naquele momento, entre nós dois, dava-se uma *experiência emocional* que poderia se prestar para seu desenvolvimento.

Em um outro vértice de observação, considero que, paralelamente a essas significações alcançadas, o paciente estava apontando que muitas vezes me pôs na mesma posição em que ficava seu filho no passado: ele me deixava sozinho com meu empenho por interpretar seus sentimentos, enquanto ele pouco aproveitava ou se interessava por isso. Tal qual Narciso, preferia contemplar-se nos próprios discursos com os quais disfarçava sua carência de experiências.

Considerações finais

Os caminhos que aqui percorri na tentativa de compreensão do que sejam *experiências emocionais* na esteira das ideias de Bion não procuram originalidade e também não pretendem avançar além do que o autor nos propôs. Minha intenção é facilitar a comunicação entre nós analistas e preparar um terreno para que nossos diálogos não se transformem em desencontros, dada a polissemia que essa expressão em pauta acabou abrigando com o seu uso frequente e pouco refletido.

Percebo agora que, no decorrer do texto, recorri várias vezes a citações de dicionários e vocabulários. Isso não significa que proponho "dicionarizarmos" todas as nossas ideias psicanalíticas no sentido de chegarmos a um acordo absoluto sobre elas. Um empenho dessa natureza, além de não científico, resvalaria para o terreno de um dogmatismo propício a "ossificar" nossa disciplina. A atenção que dedico à precisão dos conceitos foge desse terrreno. Ela apenas reflete uma preocupação com a "babel psicanalítica" que ocorre em nosso campo, muitas vezes sem nos darmos conta dela. Apontá-la talvez já seja um exercício de discernimento e respeito à verdade.

Ao terminar, à maneira de um epílogo, retorno à epígrafe com que iniciei este texto, a qual, com sua concisão, encerra quase tudo o que eu queria dizer: "experiência não é o que aconteceu com você. É o que você fez com o que aconteceu".

Agradecimentos

Ao colega dr. Paulo Cesar Sandler, que não só colocou à minha disposição um texto ainda inédito de sua autoria, como muito contribuiu para este trabalho com críticas e sugestões valiosas.

À colega dra. Izelinda Garcia de Barros, pelas reflexões que constam em nota de rodapé.

Referências

Bianchedi, E. T. (1999). El psicoanalista apasionado, o aprendiendo de la experiencia emocional. In E. T. Bianchediet et al., *Bion conocido/desconocido*. Buenos Aires: Lugar Editorial. (Trabalho original publicado em 1998)

Bion, W. R. (1962). *Learning from Experience*. Londres: Heinemann.

Bion, W. R. (1965). *Transformations*. Londres: Heinemann.

Bion, W. R. (1970). *Attention and Interpretation*. Londres: Tavistock.

Dubinsky, A. (2000). A apreensão da experiência emocional. In M. Rustin et al. *Estados psicóticos em crianças* (pp. 13-33). Rio de Janeiro: Imago. (Obra originalmente publicada em 1997)

Freud, S. (1964). The unconscious. In S. Freud, *The Standard Edition of the Complete Psychological Works of Sigmund Freud* (Vol. 14). Londres: Hogarth Press. (Trabalho original publicado em 1915)

Laplanche, J. & Pontalis, J.-B. (1983). *Vocabulário de psicanálise*. São Paulo: Martins Fontes. (Trabalho original publicado em 1967)

Sandler, P. C. (1999). Sensações, sentimentos, afetos, emoções: uma proposta de classificação. (Texto apresentado em reunião científica da SSBSP em 29 maio 1999 sobre o tema *Analistas de São Paulo conversando sobre afeto*)

Sandler, P. C. (2010). *The Language of Bion: A Dictionary of Concepts*. Londres: Karnac.

Zimerman, D. E. (2001). *Vocabulário contemporâneo de psicanálise*. Porto Alegre: Artes Médicas.

Criatividade e expansão psíquica no limite do caos: a mente como um sistema adaptativo complexo

Raul Hartke

> *Na metodologia psicanalítica o critério não pode ser se um uso determinado está certo ou errado, significativo ou verificável, mas se promove ou não desenvolvimento.*
> Wilfred Bion (1962)

Nos últimos anos, os modelos e metáforas utilizados para pensar os problemas relativos a diferentes áreas de conhecimento, tradicionalmente baseados na física, sobretudo em imagens newtonianas, têm sido muitas vezes substituídos por outros advindos da biologia (Resnick, 2000). Conceitos como auto-organização e emergência são amplamente utilizados na economia, na antropologia, no urbanismo e na própria engenharia. Uma ideia geral subjacente é a de modelos descentralizados, nos quais a organização emergente não depende de qualquer liderança ou fator coordenador especial.

Pesquisadores vinculados ao Santa Fe Institute (Langton, 1995; Kauffman, 1995) propõem que os chamados *sistemas adaptativos complexos,* constituídos por um vasto número de elementos com enormes possibilidades de interação e influências mútuas, mas regidas por leis elementares simples, sob condições adequadas, tendem a se dirigir a uma forma de organização denominada *edge of chaos,* em virtude de uma dinâmica interna própria, natural, de dentro para fora. Esse é o ponto de máximo processamento de informações, de criatividade, aptidão e adaptabilidade, um compromisso altamente dinâmico, mas também delicado e frágil, entre estrutura e surpresa. Situa-se entre uma posição de ordem congelada, estagnada, regida por um atrator pontual e outro, no extremo oposto, de desordem ou, mais precisamente, de caos determinístico, relacionado aos chamados *atratores estranhos.* Em outros termos, haveria um contínuo entre a ordem de um lado e o caos do outro. Mas, em algum ponto desse contínuo, à beira do caos, ocorreria um rico comportamento do sistema, gerando permanentemente novas e imprevisíveis formas, com um balanço otimizado entre estabilidade e flexibilidade, capaz tanto de armazenar como de transmitir informações, que são os requisitos básicos necessários para processá-las. O estado estagnado armazena maximamente informações, evidenciando estrutura e padrões permanentes. Entretanto, por sua própria característica de cristalização dos elementos do sistema, não possibilita a transmissão de informações de um lado para o outro em seu interior. O estado caótico, por seu turno, como se fumaça fosse, irradia as informações de uma forma tão desordenada e dispersa que elas transformam-se imediatamente em meros ruídos, semelhantes ao chuvisco na tela de um televisor quando o canal está desativado. Além disso, nesse estado, tais informações não têm como ser armazenadas, memorizadas. Assim, a complexidade suspensa no limite do caos estaria, usando uma feliz expressão de Atlan (citado por Araújo, 1983), *entre o cristal e a fumaça.*

Dessa forma, contrariando a conhecida segunda lei da termodinâmica, tais sistemas tenderiam a uma auto-organização que não seria acidental, mas, sim, resultado de uma dinâmica interna, lembrando *a mão invisível* da economia proposta por Adam Smith (Lewin, 1993; Waldrop, 1992; G. Johnson, 1995; S. Johnson, 2001).

Minha proposição para debate consiste em considerar a mente (ela própria uma propriedade emergente do cérebro) também como um desses sistemas adaptativos complexos. Como tal, quando possibilitada por um *ambiente suficientemente satisfatório* (Winnicott, 1965), sua tendência intrínseca natural seria dirigir-se a todo momento para o limite do caos – ponto de sua máxima aptidão e criatividade – que, para efeito de discussão, denominarei *posição autopoiética central*, adaptando, para tanto, uma expressão criada por Maturana (1994). Nessa situação, o sistema mental teria uma organização suficientemente estável para preservar sua identidade, mas também a flexibilidade necessária para mudar e evoluir. Entretanto, pelo fato de possuirmos a capacidade de consciência, de perceber que percebemos, angustiamo-nos com a proximidade ou com manifestações do caos, por razões que não importam nesse momento. Além disso, limitações próprias à consciência como órgão sensorial para a percepção das qualidades psíquicas (Freud, 1988/1900; Bion, 1962) restringiriam sua possibilidade de apreensão do comportamento mental no limite do caos. Por isso, o ser humano detém aquela tendência espontânea em direção à posição autopoiética central, mantendo o sistema defensivamente mais ou menos fixado no que chamarei *posição de ordenamento linear* que, por outro lado, parece também imprescindível para a vida adaptativa cotidiana. Em outras palavras, o sistema transforma-se de não linear em linear, possivelmente regido por atratores periódicos, e, como linear, compreensível, por exemplo, em termos das hipóteses clássicas de causa e efeito. Penso que as teorias psicanalíticas de Freud aplicar-se-iam apenas a essa última posição, que, na verdade, já constitui, em si, uma defesa em relação à posição autopoiética central, própria do sistema adaptativo complexo psíquico original. As diferenciações topográficas entre sistemas inconsciente e consciente, ou entre o "isso", o "eu" e o "supereu", com as pulsões contidas no isso, aconteceriam apenas na posição de ordenamento linear, à qual estariam também relacionadas as formações caracterológicas, bem como o fenômeno da compulsão à repetição. As representações meta (Freud, 1988/1900), isto é, representações privilegiadas que orientam o curso dos pensamentos conscientes, pré-conscientes e inconscientes, surgiriam e se tornariam efetivas apenas nessa posição. A posição de ordenamento linear estaria situada entre a posição autopoiética e a de estagnação do sistema mental. Essa última poderia ser chamada *posição de ordenamento congelado* sendo, talvez, assintótica no ser humano. No outro extremo, teríamos a *desordem total*, equivalente, provavelmente, à psicose. Esses diferentes tipos de funcionamento psíquico podem coexistir com o predomínio de um ou outro em distintos momentos.

Assim como a mente constituiria uma propriedade emergente do cérebro, as mentes (ou os vários personagens internos das mentes) dos dois participantes do par analítico gerariam, também por uma dinâmica intrínseca, uma nova propriedade emergente relacionada, possivelmente, à noção de *campo analítico*, proposta pelo casal Baranger e Baranger (1969) baseada, evidentemente, em outros pressupostos teóricos e, portanto, com distintas implicações. Da mesma forma, várias mentes em interação ocasionam, como já tem sido observado por estudiosos, a emergência dos fenômenos grupais. Em todos esses níveis, a auto-organização seria espontânea, *gratuita* como por vezes dizem os pesquisadores do Santa Fe Institute, *neither by lead nor by seed*, segundo termos usados por Resnick (2000), no sentido de não depender nem de uma liderança nem de algum elemento preexistente diferente dos demais comportamentos do sistema. A meu ver, permaneceria entretanto sempre retida na posição de ordenamento linear, por angústias e limitações inerentes à consciência humana, bem como por necessidades adaptativas. A organização familiar e a edipiana seriam exemplos de ordenamentos lineares.

Goodwin (2001), um biólogo que utiliza a teoria da complexidade, sugere que o brincar das crianças estudado por Winnicott constitui um exemplo de funcionamento no limite do caos.

Gostaria de debater a validade e/ou utilidade ou não desta conjectura para a psicanálise e, caso exista alguma, quais suas possíveis implicações teóricas e técnicas. Penso, sobretudo, nas possíveis correlações (e confrontações) com a psicanálise proposta por Bion. Quais são, por exemplo, as semelhanças e, sobretudo, diferenças com a proposição bioniana quanto à oscilação PS ↔ D? Ademais, a concepção do grupo como uma propriedade emergente a partir de seus membros e constituindo um sistema adaptativo complexo, com suas propriedades características, alteraria as teorias de Bion sobre esse tema?

Ocorrem-me ainda outras questões a serem pensadas:

Existiriam correlações possíveis entre as posições anteriormente referidas e os conceitos de pulsões de vida e de morte de Freud, considerados por Laplanche e Pontalis (1982) mais como princípios gerais organizadores do funcionamento psíquico do que pulsões propriamente ditas?

O inconsciente surgido na posição de ordenamento linear necessitaria ser distinguida do não conscientizável da desordem caótica, bem como da não diferenciação tópica da posição autopoiética central que, como já foi referido, também não pode tornar-se consciente devido às limitações próprias do órgão *da consciência*.

Qual a relação entre a regra técnica da livre associação e da atenção livremente flutuante, bem como das correspondentes resistências a elas, com o movimento em direção à posição autopoiética central? As resistências ligadas às angústias próprias à posição de ordenamento linear, classicamente descritas, necessitariam ser diferenciadas daquelas mobilizadas pela angústia à aproximação da posição autopoiética central ou da desordem psíquica caótica.

Quais seriam os objetivos de uma interpretação psicanalítica quando consideramos a mente como um sistema adaptativo complexo detido, entretanto, defensiva, bem como por limitações da consciência, na posição de ordenamento linear? É preciso salientar que as possíveis compreensões e interpretações derivadas da concepção da mente como um sistema adaptativo complexo não substituem necessariamente aquelas embasadas nas concepções psicanalíticas clássicas, à medida que essas últimas são condizentes com o funcionamento psíquico na posição de ordenamento linear. Elas necessitam, entretanto, serem incluídas e compreendidas dentro de um contexto mais amplo. Nesse sentido, as proposições de Meltzer (1993, 1994) sobre *exploração* dos sonhos (diferente da *interpretação* destes) e sobre interpretações *inspiradas versus rotineiras*, bem como as de Ferro (1995) acerca das interpretações *não saturadas* são, parece-me, bastante condizentes com a concepção da mente como um sistema adaptativo complexo. Tudo isso sem mencionar as ideias de Bion (1970) a respeito do que é psicanalisar expostas em *Atenção e interpretação*, que considero compreensíveis e justificáveis dentro da proposta de uma posição mental autopoiética central. Consoante à reiterada afirmação desse último de que o campo precípuo ou mesmo único de investigação e intervenção do analista é a experiência compartilhada com seu analisando, julgo ser este o *locus* de observação dos fenômenos mentais complexos em apreço, com as transições momento a momento entre ordem, caos e limite do caos, tanto nas mentes individuais como, sobretudo, na relação em si. Cabe sobretudo ao analista possibilitar um *setting suficientemente satisfatório* para a emergência do funcionamento no limite do caos, com sua característica eflorescência de criatividade imprevisível.

Quais seriam os objetivos de uma psicanálise, destacando-se, quanto a isso, a relação entre crescimento ou expansão mental e a posição autopoiética central?

Alguns pesquisadores questionam a importância que é atribuída aos fenômenos ocorrendo no limite do caos ou mesmo a sua existência. Crutchfield (citado por G. Johnson, 1995), por exemplo, argumenta que os criadores e defensores dessa teoria usaram conceitos da teoria dos sistemas dinâmicos (sistemas contínuos) para explicar fenômenos observados inicialmente nos chamados *autômatos celulares*, formados por unidades separadas, discretas. Para ele, a complexidade no limite do caos estaria apenas no olho de quem a vê, isto é, seria tão somente uma projeção da mente humana. Tudo aquilo que extrapola a capacidade de apreensão, compressão e compreensão do observador e do modelo-mapa por ele empregado tende a ser considerado mera desordem, ruído desorganizado, e vice-versa um funcionamento na verdade complexo ou mesmo caótico pode parecer enganadoramente simples em virtude das limitações do modelo. Enfim, existem controvérsias a serem investigadas, mas *a nova teoria da complexidade* – como é por vezes denominada – tem sido aplicada, por exemplo, com grande rendimento heurístico, a questões biológicas, ecológicas, grupais, antropológicas, econômicas e urbanísticas. Não seria então oportuno cogitá-la como uma *metáfora* útil também para questões pertinentes à psicanálise? Para tanto, justificar-se-ia também uma discussão acerca a distinção proposta, por exemplo, por Verhulst (2004), do Instituto de Matemática da Universidade de Utrecht, entre *metáforas* e *modelos*. Os *modelos* da realidade empregados nas ciências naturais são geralmente objetos matemáticos que podem ser estudados por métodos matemáticos. De acordo com suas próprias palavras, "indicam uma representação esquemática da realidade conectando quantidades principais por leis que tomam a forma de equações matemáticas" (p. 3). A equação do movimento de Newton constitui um exemplo clássico de *modelo* nesse sentido restrito. Já as *metáforas* consistem, como já dizia Aristóteles, em "dar à coisa um nome que pertence a outra coisa", e isso se justifica à medida que é impossível descrever e teorizar sobre algo novo sem nos referimos a coisas já conhecidas. Um *modelo* não deixa de ser uma metáfora, mas contém, no dizer de Verhulst, algo mais que ela, constituído pelo componente quantitativo. Para ele, o uso de metáforas é essencial na formação de conceitos e no desenvolvimento de novas ideias em certos campos de conhecimento, e, nesse sentido, cita especificamente a aplicação das dinâmicas não lineares à psicanálise.

Uma metáfora, ainda segundo esse mesmo autor, é validada se seus usuários "concordam que introduz um padrão ou dinâmica que acrescente um novo elemento quanto à compreensão e explicação de processos e fenômenos no campo de aplicação" (p. 7). Tal conceito de *metáfora* proposto por Verhulst aproxima-se, na verdade, bastante, daquela de *modelo* aventado por Bion (1962).

Gostaria de debater essas conjecturas dentro de um clima que está contido nas seguintes palavras de Bion e que, a meu ver, evoca também um funcionamento criativo no limite do caos:

> *imaginemos que, quando um certo número de pessoas se junta, como aqui, ocorrem pensamentos ao léu, flutuando por aí, tentando encontrar uma mente para se alojar. Será que nós, enquanto indivíduos, poderíamos*

apanhar um destes pensamentos selvagens sem ser muito específicos sobre a que raça ou categoria eles pertencem, seja ele uma memória ou uma intuição, seja ele quão estranho ou selvagem possa ser, e dar-lhe um lar e só aí então permitir-lhe que se nos escape da boca – em outros termos fazê-lo nascer? Colocando em outros termos, será que podemos apanhar o gérmen de uma ideia e plantá-lo onde possa começar a se desenvolver até que a ideia esteja suficientemente madura para nascer? Não somos obrigados a expelir imediatamente o pensamento selvagem ou o gérmen de uma ideia, até que achamos que ela poderia ser viável caso fosse feita pública. Quando a fazemos pública, podemos dar uma olhada nela e decidir se a chamamos de memória, intuição, predição, afirmação profética, ou mesmo um gérmen doente...
(1980, pp. 181-182)

Referências

Araújo, J. (1983). O objecto apesar do sujeito. In E. Morin, *O problema epistemológico da complexidade*. Portugal: Europa-América.

Baranger, W. & Baranger, M. (1969). *Problemas del campo psicoanalítico*. Buenos Aires: Kargieman.

Bion, W. R. (1962). *Learning from experience*. Nova York: Jason Aronson.

Bion, W. R. (1970). *Attention and interpretation*. Nova York: Jason Aronson.

Bion, W. R. (1980). *Conversando com Bion: quatro discussões com W. R. Bion*. Rio de Janeiro: Imago.

Ferro, A. (1995). *A técnica na psicanálise infantil*. Rio de Janeiro: Imago.

Freud, S. (1988). *La interpretación de los sueños*. In S. Freud, *Sigmund Freud: obras completas* (Vol. 4). Buenos Aires: Amorrortu. (Trabalho original publicado em 1900)

Goodwin, B. (2001). *How the leopard changed its spots: the evolution of complexity*. Princeton: Princeton University.

Johnson, G. (1995). *Fogo na mente*. Rio de Janeiro: Campus.

Johnson, S. (2001). *Emergência: a dinâmica de rede em formigas, cérebros, cidades e softwares*. Rio de Janeiro: Jorge Zahar.

Kauffman, S. (1995). *At home in the universe: the search for the laws of self-organization and complexity*. Nova York: Oxford University.

Langton, C. (1995). *Artificial Life*. Cambridge: Mit Press.

Laplanche, J. & Pontalis, J.- B. (1982). *Vocabulário da psicanálise*. São Paulo: Martins Fontes.

Lewin, R. (1993). *Complexidade: a vida no limite do caos*. Rio de Janeiro: Rocco.

Maturana, H. R. & Varela, F. J. (1994). *De máquinas e seres vivos*. Porto Alegre: Artes Médicas.

Meltzer, D. (1993). *Vida Onírica*. Madrid: Tecnipublicaciones.

Meltzer, D. (1994). *Sincerity and other works*. Londres: Karnac.

Resnick, M. (2000). Learning about life. In C. G. Langton (Ed.), *Artificial life* (pp. 229-241). Cambridge: MIT Press.

Verhulst, F. (2004). *The validation of metaphors*. Recuperado de http://www.library.uu.nl/digiarchief/dip/dispute/2001-0702-131022/1078.pdf.

Waldrop. M. M. (1992). *The emerging science at the edge of order and chaos*. Nova York: Touchstone.

Winnicott, D. W. (1965). *Maturacional processes and the facilitating environments*. Londres: Hogarth.

Parte II

Estímulo I

Sexta-feira, 16 de julho de 2004, 9h

Teatro

Estímulo a ser lido: Clínica ↔ Teoria

Clínica

A porta está entreaberta. O analisando bate:

— Posso entrar?

O analista assente; o analisando entra e pergunta:

— Devo trancar com a chave?

— É meu costume fazê-lo – responde o analista.

O cliente coloca o paletó no cabide e se deita. Após um breve silêncio, ele diz:

— Estive fora, esta segunda e terça-feira. Tinha intenção de vir, mas está uma agitação no meu trabalho. Eu queria vir, mas as oportunidades estão surgindo em várias áreas... O senhor... você... sabe como valorizo nosso trabalho, porque tem me ajudado muito... falei para minha mulher de parar por uns tempos; quando isso passasse, retornaria. – E em um tom entre peremptório e animado, repete o que lhe disse a esposa: — Ela me disse: "de jeito nenhum. Você vai quando der, troca de horários quando for possível".

O analista ri um pouco e ele muito, mas constrangido. O analista comenta:

— Sua mulher usou de autoridade – procurando se referir ao tom empregado pelo paciente ao se referir à esposa.

O paciente atalha:

— Mas ela faz com carinho... – ele parece não tolerar uma outra possibilidade.

O analista tem a impressão de que o analisando se dirige diretamente a ele, procurando esclarecer sua ausência; assim, responde:

— Dá-me a impressão de que você está se havendo comigo quanto a nosso trabalho e até pensou em interrompê-lo. Mas, me parece que as coisas ficam fora de você. É o trabalho... a mulher que dão o tom das decisões das quais você fala. Parece-me que você dá a ela grande autoridade...

O analisando responde:

— Você sabe que eu dou grande valor ao nosso trabalho. Estou aproveitando muito; você sabe que eu gosto. Olha, tenho ido a muitos médicos. Aquele problema de dor na perna, agora estão levantando a hipótese de hérnia. Com os exames... – ele enfatiza algo pesado e doloroso – Aqui, eu venho porque gosto. Posso conversar com você e desabafar, como faço neste momento... – Ele parece interessado em convencer o analista desses fatos, é enfático... — Agora estão aparecendo situações novas no trabalho que estão me desorganizando naquilo que estava mais ou menos arrumado.

Agora, é uma coisa para o favorável, não é ruim não! Estou tendo outras oportunidades. Agora só eu posso coordenar isso tudo e sou necessário.

Percebendo a proximidade do analisando, o analista diz:

— Você já pensou que pode ser o contrário? Você é que se sente agitado e então utiliza situações intensas e variadas e se lança nelas... Aparece no mundo uma situação que acolhe as suas necessidades... Quando isso acontece, você tem a oportunidade de ser criativo, participante, atuante. Se falta, você fica em dificuldades. Talvez isso aconteça aqui conosco e quem sabe em outras relações também.

Teorias

Subjacente a esse modo de trabalhar está a ideia de que o conceito "emoções básicas do ser humano" foi expandido pelo conceito observacional "experiência emocional". Parece explicitar a natureza relacional das emoções, ao iluminar simultaneamente alguns processos de aprendizado emocional necessários para se apreender a realidade, como certos impedimentos a esse aprendizado.

O aprender com a experiência emocional implica funções mentais que primariamente "traduzem" estímulos (apreendidos pelo aparelho sensorial) e emoções em elementos úteis para lembrar, sonhar e pensar.

Se estados primitivos da mente permanecem *não* desenvolvidos, temos *impossibilidades* variadas de contato com a realidade, emocional e externa; sua persistência e grau mantêm a falha no aprender. Bion propicia uma ilustração clínica:

> *o contato com um paciente psicótico é uma **experiência emocional** que apresenta algumas características precisas, diferenciando-a da experiência de contato mais comum. O analista não se encontra com uma personalidade, mas com uma apressada improvisação de personalidade, ou, talvez, com a improvisação de um jeito. É uma improvisação de fragmentos; se a impressão predominante é de cordialidade, encontraremos, no entanto, fragmentos de hostilidade, facilmente discerníveis, incrustados no conglomerado que foi reunido na ocasião, para fazer as vezes de uma personalidade. Se a impressão predominante for de depressão, o mosaico de fragmentos revelará pedaços incongruentes de um sorriso, sem contexto outro que não o da contiguidade com os fragmentos vizinhos. Lágrimas sem profundidade, jocosidade sem cordialidade, pedaços de ódio – tudo isso e muitas outras emoções ou ideias fragmentarias aglomeradas entre si para apresentar uma fachada lábil. (Bion, 1992/1959, p. 87)*

O aprender com a experiência emocional se dá à medida que a função α tem êxito. A citação de Bion, que se segue, expande a anterior: "suponho que uma criança tem uma preconcepção de que existe um seio que satisfaz sua natureza incompleta, e de que a realização do seio fornece a *experiência emocional*" (Bion, 1962, p. 87). Enfatiza o aspecto relacional com a primeira realidade que conhecemos: o seio. Esta primeira experiência repercute durante toda a vida:

> *A experiência que a criança tem do seio, como fonte da experiência emocional (depois representada por termos tais como amor, entendimento, significado) implica que as perturbações no relacionamento com o seio perturbam uma ampla gama de relacionamentos adultos. (Bion, 1965, p. 95)*

Constitui uma necessidade humana e psicanalítica descobrirmos a verdade sobre nós mesmos; inicialmente, com a ajuda da mãe, depois do pai e parentes, ou pessoas significativas durante a infância, e, mais tarde, do psicanalista. Podemos aprender com a experiência emocional, que pressupõe a relação com o outro, e que se contrapõe a poder produzir o eu e o mundo de um modo independente de tudo e todos, estando aí o domínio e também a origem da alucinose.

Teorias propostas para a descrição clínica

A comunicação do cliente sobre a interrupção da análise já fora pressentida pelo analista; no correr da conversa, o analisando introduz e dá vida à descrição de fatos que se passaram entre ele e a mulher. O analista reage a esta "vida" rindo, sendo acompanhado pelo analisando na experiência emocional que se dá na sessão, e busca propiciar ao cliente ter contato com algo verdadeiro, próprio de si mesmo ("parece-me que você dá a ela grande autoridade... Você já pensou que pode ser o contrário? Você é que se sente agitado dentro de você... Talvez isso aconteça aqui conosco e quem sabe em outras relações também").

Podemos considerar um par que forma um todo: transformações e invariância. Essa foi uma extensão que Bion fez de sua tentativa de apreensão das experiências emocionais, tanto do analista como do paciente.

Na clínica, as teorias utilizadas pelo analista são uma invariante fundamental. Outra é a personalidade do analista, com suas características e idiossincrasias, fazendo que ele apreenda o que se passa de um ângulo peculiar e pessoal.

Uma experiência profunda sofre transformação e se apresenta por meio da manifestação do analisando (Bion a denomina produto final das transformações do analisando, simbolizado por Tpß).[1] Ao ver do analista, a comunicação do analisando revela um modelo com o qual ele opera: o que é de seu mundo mental, psíquico, se transforma de maneira que ele o vive em outros seres, que de início é o trabalho, a mulher e depois o analista. Esse modelo pode ser concebido como uma transformação do tipo projetivo; ou seja, esse paciente lança mão da fantasia onipotente de ser capaz de se livrar de algo que sente nele mesmo. Do que ele quer se livrar? Predominantemente, o material sugere que se trata de seu arbítrio pessoal. Frases como "posso entrar? Devo trancar a porta? Não vim porque... Minha mulher... de jeito nenhum!" indicam isso. Mesmo sentimentos são usados para o mesmo fim: "gosto de vir... o trabalho é produtivo". Nessa experiência, pode-se conjecturar que a invariante é: a fantasia de que suas decisões são tomadas por outrem.

As expressões destacadas anteriormente, o desejo de interromper a análise, bem como um travo de rivalidade, são elementos sugestivos do uso de hipérbole, pelo cliente. O analista coloca-se diante de um paradoxo quando toma apenas um elemento (transformação) para descrever o todo, o que lhe permite o exame

---

[1] **Tpß**, onde **T**= transformações; **p** = paciente; **Tß** = produto final de um ciclo de transformações.

detalhado de um exagero. O exagero se destina a tentar uma comunicação, e pode ser representado por hipérbole.

Na abordagem clínica, foi dada prioridade às transformações projetivas. Predisposições inatas do analista e o vértice que ele utiliza podem levar a conjecturar se as transformações em alucinose ou as de movimento rígido (tomando o caso particular da transferência) seriam mais adequadas? O conceito de transformações implica o de invariância. Quanto ao analista, nas três transformações citadas, a invariância depende das invariantes: "predisposições inatas do analista" e "vértice que ele utilizar"?

A verdade irrompeu no texto por diversas vezes. Vale a pena tratá-la com especificidade, inicialmente relacionando-a com invariância. Na conjectura anterior, na qual a invariante é "a fantasia de que suas decisões são tomadas por outrem", temos a tentativa de uma afirmação de verdade, mantendo o vértice de que "é verdade sob o viés do analista"? (Bion, 1965, p. 53).

Se quisermos investigar a verdade por meio das contribuições do analisando e do analista, o caminho poderá ser o exame dos vínculos K (conhecimento) e -K (-conhecimento), caminhando ou não para a coluna 2 da grade?

A verdade pode ser investigada levando em conta as transformações em conhecimento quando *tendem* a transformações em O; as primeiras como tendo apreendido algo do desconhecido, e as últimas relacionadas com "ser" ou "sendo"? Em uma representação sintética: O → K → O?

Nossas considerações privilegiam as transformações projetivas e, no contexto, indagamos se o cliente aprende ou não com a experiência emocional.

Podemos conjecturar que não? Porém, temos experiências como o rir do analista e do cliente que introduzem outras possibilidades ligadas ao *rêverie*. Em outras palavras, estamos levantando questões de finito e infinito, e se o trabalho realizado foi suficientemente insaturado para permitir crescimento.

Como síntese reflexiva, podemos perguntar se produzimos um estímulo suficientemente aberto à indagação.

Referências

Bion, W. R. (1962). *Learning from experience*. Londres: Heinemann.

Bion, W. R. (1965). *Transformations*. Londres: Heinemann.

Bion, W. R. (1992). 13 September 1959. In F. Bion (Ed.), *Cogitations*. Londres: Karnac. (Trabalho original publicado em 1959)

Estímulo II

Sábado, 17 de julho de 2004, 9h

Teatro

Estímulo a ser lido: Inquietações ↔ Serenidade

Os desenvolvimentos de Bion, a partir de Freud e Klein, despertaram inquietações no psicanalista praticante. Destacamos algumas:

I.

Conceber a relação analítica como um campo em que o *viver* e *aprender da experiência emocional* podem desenvolver o *pensar* e o *ser* propicia intervenções analíticas de uma natureza diversa daquelas que objetivam a interpretação do Inconsciente no marco da Transferência.

A comunicação das *transformações* do analista da *experiência emocional* em curso na sessão, tendo como pano de fundo o desconhecido e o desenvolvimento do pensamento, constitui trabalho analítico, sem necessariamente buscar enfocar os conteúdos inconscientes, a descrição das angústias e defesas ou as vicissitudes do mundo interno na sua relação com o externo.

> *A ideia de Transferência e Contratransferência foi extremamente produtiva e provocativa; instigou desenvolvimento. Mas, como toda ideia muito boa, como tudo*

que provoca ou instiga crescimento, desatualiza-se imediatamente... Seu sentimento de que sou seu pai ou mãe pode ser comparado com outras ideias que tenha; você pode reunir a ideia de que sou sua mãe ou pai, e a ideia de que sou um estranho, alguém que você não conhece. E então você pode decidir por si mesmo quem, ou o quê, você pensa mesmo que eu sou – isto é assunto seu. É deste modo que nasce uma ideia nova. A ideia que você havia tido anteriormente – ou seja, que mantemos uma consanguinidade, que sou um pai ou uma mãe – é transitória; é uma ideia temporária durante a jornada de sua vida. Sob tal ponto de vista, o termo técnico "transferência", pode ser visto como algo semelhante ao uso cotidiano. É uma ideia que você tem "bem à mão" – você a transfere para mim como uma medida provisória no seu percurso em direção aquilo que você realmente pensa ou sente. Simultaneamente, a nova ideia que tem é temporária, cedo ou tarde será descartada... Caso você possa observar estas várias ideias que tem ao longo desta experiência comigo, poderá capacitar-se a delinear uma espécie de mapa, mostrando os lugares da viagem que fez do ponto A ao Z. O lugar onde você está agora, assim que o viu, fica obsoleto. (Seminários italianos. Bion em Roma, julho de 1977)[1]

A teoria das transformações e a ênfase no novo da experiência analítica apontam para um espaço – tempo em psicanálise que tende ao infinito. A teoria da transferência se compatibiliza com o

---

[1] Vertido do original em inglês. Agradecemos à sra. Francesca Bion pelo envio e pela autorização para reproduzi-lo.

campo consciente-inconsciente, mas não cobre o campo finito-infinito agora proposto.

Na teoria das transformações, as transformações de movimento rígido, que se aproximam da noção de transferência, constituem *um dos* tipos de transformação considerados por Bion, ao lado das projetivas, em alucinose, em K e em O.

O eixo da transferência no campo do finito-infinito e no campo estendido das transformações pode ser reexaminado. Como transferência não é só conceito, mas uma ampla teoria, os elementos correlatos Édipo e repetição também demandam reconsideração.

II.

Tanto a história do Jardim do Éden como a história de Édipo contêm uma personagem cuja atitude frente ao conhecimento é hostil – ou talvez eu pudesse dizer, de "dupla face", uma vez que a Esfinge exige a resposta para uma questão podendo portanto ser vista como promotora da procura dessa resposta e o Deus do Gênesis planta no jardim a árvore do conhecimento do bem e do mal. Os psicanalistas têm concentrado sua atenção sobre o par sexual, deixando de lado a discussão sobre a atitude perante o conhecimento. No entanto, poucas disciplinas penetraram tão longe quanto a psicanálise na procura que o homem faz do conhecimento, ao iluminar essa fonte de dificuldades que é interna ao próprio homem. Isso aumenta a importância de se negligenciar o material que poderia estar compactado nos papéis atribuídos à

Esfinge, a Deus e ao Diabo (também à torre de Babel – pensamento verbal atacado). (Cogitações, p. 235)

Além da ênfase na hostilidade ao conhecimento, as formulações de Bion a partir do uso dos mitos, e, em particular, do mito de Édipo, sugerem uma expansão na qual sexualidade e pensamento não se separam. Expressão ideogramática disso é que a relação continente-contido, bem como a identificação projetiva, concebida como matriz do pensamento, é representada por [♂ ♀].

Bion destaca e privilegia no mito edípico não a questão sexual, mas, sim, as questões do conhecimento, ao propor as personagens do mito como representantes das categorias de usos do pensamento na grade. Centra seu interesse nas condições para o desenvolvimento ou impedimento do pensar; e o conhecer (K) é *vínculo*, proposto como central, ao lado de amor (L) e ódio (H).

Podemos igualar pensar a K (conhecer)? Vínculo a emoção? Sendo amor (L), ódio (H) e conhecer (K) os vínculos privilegiados, consideraríamos K (conhecer) uma emoção?

III.

De acordo com Heisenberg, surgiu uma situação na Física atômica: o cientista não pode se fiar na visão comumente aceita, de que o pesquisador tem acesso aos fatos, pois os fatos a serem observados são distorcidos pelo próprio ato da observação. Além do mais, as dimensões do campo no qual o pesquisador tem que observar a relação de um fenômeno com outro são ilimitadas; não se pode, entretanto, ignorar nenhum fenômeno "neste" campo, pois todos interagem entre si. (Transformações, p. 61)

No vértice da teoria das transformações, "a distorção intrínseca ao ato de observar" é incluída no campo analítico, dispondo o analista de sua própria mente como instrumento de trabalho; portanto, de sua pessoa em movimento, ativa, sujeita às vicissitudes das emoções, à mercê do dinamismo imposto pelo contato com o que é vivo.

Com isso Bion "ousou perturbar" a posição do analista que "alcança e interpreta os fatos" representados na mente do analisando para dar lugar a um analista que interage nas suas aproximações por meio de seus próprios movimentos internos. Usando um modelo, diríamos que o analista observa por meio de uma lente implantada, que é sua própria mente.

Introduz-se, assim, na prática clínica, a dimensão da "opinião" do analista e, dramaticamente, de *sua* pessoa "real" e de *sua personalidade*.

Sob essa ótica, o analista tenta desenvolver uma disciplina para trabalhar com *tansformações → K* (conhecer), o que implica oferecer ao analisando a sua "transformação" pessoal, particular e momentânea dos fenômenos em curso, um exame de possibilidades transitórias a serem ou não por ele consideradas.

As transformações em K (T→K) constituem o objetivo do psicanalista, mas as transformações em O (T→O), o tornar-se, o vir a ser, constituem a essência da psicanálise. O campo, portanto, é o do inefável... do inominável... do infinito...

P: Sendo a verdade âmbito do ser e de O, incognoscível, qual a sua relação com K, domínio do pensar e conhecer?

P: Se *Transformações* expande o campo de observação para além ou aquém da "transferência", qual a repercussão disso nas intervenções do analista?

P: Como se concebe sexualidade em uma teoria em que o pensar parece constituir o foco de interesse do psicanalista?

P: A teoria das transformações e seus desdobramentos implica em um novo paradigma para o psicanalista?

P: Não estaria Bion, em *Memória do futuro*, retomando o que foi tratado anteriormente em uma linguagem que, complementada pelo leitor, abriria para esse um novo campo de significados?

P: Não estamos, nós também, lidando com teorias transitórias que, uma vez alcançadas, já são superadas na direção daquilo que se pensa e experimenta realmente, ou seja, nosso *ser* psicanalítico?

A serenidade adquire algum sentido se considerarmos inerente ao trabalho analítico a consciência do desamparo e a solidão do analista no exercício de sua tarefa. Talvez em função disso o encontro entre psicanalistas desperte tanto o nosso interesse.

Uma experiência grupal organizada no momento Bion 35-25

Como todas as atividades do encontro, esta também havia sido limitada, em seu desenho, a vinte pessoas. Devido a uma falha de organização, tivemos que repensar a situação dado um afluxo inesperado de pessoas interessadas. Houve um tipo de incitamento, provavelmente involuntário, e o desejo desse grupo assumiu as proporções de um fenômeno de massa. Tendo sido o espírito do Encontro Bion 2∞4 São Paulo de total abertura, o coordenador geral pôde providenciar o espaço do teatro, na undécima hora, para abrigar os expositores e a audiência de algo em torno de duzentas pessoas que preferiram essa atividade. Duas consignas derivadas da obra de Bion nos ajudaram nesse momento tanto inesperado quanto difícil: tentar tornar proveitoso um mau negócio e agir sem tentativas de memória e entendimento do movimento grupal.

Coordenador – Hoje vamos tentar ter uma conversa com algumas pessoas de reconhecida experiência na obra do dr. Bion. O convite foi feito para conversarmos a respeito de dois marcos. Que, pensei, seriam práticos e fundamentais ao idealizar este encontro. Não se constitui exatamente na obra de Bion, mas no aproveitamento da obra por parte desses colegas.

O primeiro marco seria o ano da morte do dr. Bion, 1979, de seu desaparecimento físico. Só nos restaram seus livros e memórias, e as emoções daqueles que o conheceram.

O outro marco é o ano de 1969, momento em que, tendo saído da Inglaterra, ele começou a trabalhar nos Estados Unidos. Todos nós sabemos que, em parte, sua saída foi uma resposta ao que ele sentiu como uma tentativa da instituição de cooptá-lo como modo de lidar com alguns de seus hábitos e necessidades criativas.

A medida funcionou como uma ameaça – inconsciente – ao livre pensar. Bion exerceu a presidência da instituição em duas ocasiões – função para a qual não se sentia preparado, embora a tenha exercido com rara serenidade e com resultados integradores. Deixou alguns escritos que tornaram cientificamente proveitosa essa sua experiência pessoal, provavelmente eivada de situações dolorosas. Ou seja, ele escreveu sobre algumas das funções de instituições, do *establishment*. Entre elas, as relações do místico com o grupo. Tudo isso foi publicado em *Attention and interpretation*, *A memoir of the future* e gravações em fita publicadas em 1992 por sua esposa, em *Cogitations*.

Bem, esses são os dois marcos cronológicos. Convidei várias pessoas que conheceram o dr. Bion e que têm extensa experiência com o estudo e a aplicação clínica de sua obra para expressar suas visões considerando esses marcos históricos. A meu ver, eles foram convidativos de mudanças que poderiam ser sentidas como catastróficas por alguns integrantes do *establishment* psicanalítico.

Tenho que acrescentar que esse grupo aqui, dessa forma, muda a natureza da proposta original. Vamos dizer que... em função de um acidente administrativo por parte da coordenação do Encontro Bion 2∞4 São Paulo. Era para ser um grupo pequeno, e pré-formado. O engano administrativo incitou o desejo de um grande número de colegas presentes neste encontro a participar também. A situação momentânea e repentina, um verdadeiro movimento em massa – pois agora somos mais de uma centena de colegas reunidos –, obrigou-me à decisão de tentar, em uma aventura talvez bem no espírito das contribuições de Bion e de Freud antes dele: um salto no desconhecido. Nossas premissas são de liberdade e participação, e então estamos fazendo esse experimento agora para todos os colegas interessados poderem participar.

Decisão tomada, como dizem os ingleses, *in the spur of the moment*, restava promover modificações no modo imaginado para o grupo pequeno, em função do número de pessoas aqui presente.

Vamos tentar funcionar da seguinte maneira: cada colega vai ter cinco minutos para falar. Vou pedir para nos restringirmos a dizer: o que ficou da obra de Bion? Como o colega a usa? O que não ficou? O que funcionou e o que não funcionou? E vou pedir para nos restringirmos em termos de tempo; cada um terá cinco minutos para se expressar. Vamos ter que emular Bion, que era um autor extremamente sintético; ele escrevia e falava de modo a compactar muitas informações e aberturas.

Isso seria uma primeira rodada. Não sei se todos vão querer falar. Provavelmente, sim. Ninguém é obrigado a falar de início. Se for possível, faremos uma segunda rodada no sentido de um bate-papo. Pois alguém vai falar alguma coisa que outro talvez discorde ou concorde. Se nós aqui, no palco, formos práticos e objetivos, vamos dar tempo e espaço para vocês, que se dispuseram a vir, se manifestarem também. Vamos tentar fazer isso? Se colaborarmos uns com os outros, vamos dar tempo para todos e até para a plateia, depois. Se a plateia quiser se manifestar, obviamente. Vamos tentar usar nosso tempo aqui do mesmo modo que os analistas tentam usar o tempo da sessão: da melhor forma possível para tentar não desperdiçar tempo. E talvez tornemos proveitoso o mau negócio do problema administrativo: teremos psicanalistas sintéticos...

Na função de coordenador, vou ter que controlar o tempo de cada um.

Gostaria de acrescentar que temos a alegria de ter aqui colegas estrangeiros e brasileiros que tiveram muito contato com o dr. Bion, que foram analisandos dele. Alguns dispensam apresentações para alguns dos presentes, mas nem todos conhecem a todos. Vamos a elas.

Neste semicírculo, começando pelo lado esquerdo de vocês, o dr. James Grotstein, que é bem conhecido no Brasil e fora daqui também. Foi paciente do dr. Bion, um dos primeiros que ele teve ao chegar em Los Angeles. Escreveu vários livros, inclusive sobre a obra de Bion. Um deles, de 1981, *Do I dare disturb the universe*, contém, sob forma escrita, algo não muito distante, no intuito daquilo que temos aqui, hoje, ao vivo. Ele reuniu colegas experientes que conheceram dr. Bion e escreveram sobre sua obra.

Ao lado do dr. Grotstein, o dr. Deocleciano Bendocchi Alves, que é um profundo estudioso da obra de Bion. De um modo bem brasileiro, tem contribuído para formar analistas, aplicando na prática as contribuições de Bion.

Ao seu lado, a dra. Telma Delayr Bertussi da Silva, cujo trabalho essencial, além do aprofundado estudo, é similar ao do dr. Alves: a aplicação prática do trabalho de Bion.

O dr. Leopold Nosek se segue à ela. Faz parte de uma nova geração... Ele tem estudado a obra de Bion há tempos. Mas, dentro do grupo societário, talvez seja de um modo diverso do que é o usual. Eu diria que ele não é considerado um seguidor, no sentido de ter sido rotulado como bioniano pelo grupo circundante. O que, para mim, me parece bastante afortunado.

O dr. Isaias Kirschbaum é um dos clínicos mais experientes dentre os estudiosos da obra de Bion.

Ao seu lado, o dr. Jaques Goldstajn que, como o dr. Nosek, e como eu, faz parte de uma geração mais nova que se beneficiou de uma análise com pessoas que, tendo o conhecido pessoalmente, suponho, aplicam as contribuições do dr. Bion. O mesmo se aplica à d. Maria Olympia Ferreira França, sentada a seguir, que tem a vantagem de ter conhecido Bion pessoalmente e se submetido à sua supervisão de caso clínico.

Bem, acho que a dra. Elizabeth Tabak de Bianchedi é tão conhecida que dispensa apresentações. A seu lado, o dr. Antônio Carlos Eva, estudioso da obra de Bion que assistiu a seus seminários. Por inspiração do dr. Eva, formou-se durante dez anos um grupo conhecido como o "grupo de Bion", que se reunia semanalmente para estudar sua obra, em uma das primeiras organizações desse tipo.

Segue-se o dr. Antonio Sapienza, um dos clínicos mais experientes em nosso meio, e que tem a especial capacidade de apresentar a obra de Bion aos candidatos e colegas de um modo não apostólico, sem fanatismos, e que também goza da imagem de não ser considerado pelo grupo como "bioniano".

O dr. José Américo Junqueira de Mattos, como o dr. Grotstein e o dr. Gooch, teve a oportunidade de uma análise com o dr. Bion. Ele granjeou reconhecimento como estudioso, tradutor e professor dessa obra; e me parece capaz de expressar em termos quase poéticos as suas experiências com o dr. Bion. Não estou prometendo que ele faça isso hoje, mas apenas dizendo que ele fez isso justamente após a morte do dr. Bion, em um evento na SBPSP. Ele nos proporcionou uma situação emocionada e emocionante, memorável, naquele momento. Gostaria de acrescentar que, no Brasil, apenas duas outras pessoas, até o ponto que sei, gozaram dessa oportunidade rara: o dr. Luiz Alberto Py e Silva, que vive no Rio de Janeiro, e o sr. Frank Julian Philips, que foi analisando de Klein e de Bion e, posteriormente amigo pessoal deste, tendo contribuído mais do que qualquer outro para uma divulgação prática da obra de Bion.

E ao lado do dr. Junqueira de Mattos, o dr. Mayer Snitcovsky. Assim como o dr. Deocleciano, a dr. Telma, o dr. Sapienza e o dr. Cecil Rezze, ele pôde ter um contato pessoal com Wilfred Bion em seminários e supervisões. O dr. Snitcovski tem uma experiência além da clínica particular – ele trabalha há décadas com grupos institucionais da área da saúde, e dirige um departamento de medicina preventiva em uma universidade estatal.

O dr. Cecil Rezze é uma pessoa que se destaca de modo particular em nosso meio, como o dr. Deocleciano, a dr. Telma, o dr. Sapienza e o dr. Junqueira, no sentido de ter funcionado como um verdadeiro sustentáculo do aproveitamento da obra do dr. Bion, mantendo a chama viva de um modo prático, analisando candidatos, coordenando seminários e cursos de um modo que, supomos, usa as contribuições de Bion.

O professor Antonio Muniz de Rezende também pertence à nova geração de analistas que mencionei. Ele tem uma rara formação teológica que instrumentou seu percurso no estudo da obra de Bion e possibilitou que escrevesse muitos livros a respeito.

Penso que o dr. Marcelo de Bianchedi é tão conhecido de todos nós que dispensa apresentações.

O dr. João Carlos Braga, a seguir, também faz parte do que chamo de nova geração. Ele tem se notabilizado como um estudioso brasileiro que trabalha algo distante dos centros maiores de formação. Em Curitiba, tem sido o responsável por aplicação, divulgação e estudo da obra de Bion.

E, finalmente, apresento o dr. James Gooch que, como nossos outros colegas que vieram de longe, às suas próprias expensas, para enriquecer o encontro, teve também, como o dr. Grotstein e o dr. Junqueira de Mattos, a oportunidade de se analisar com Wilfred Bion. Aliás, sua esposa, a dra. Shirley Gooch, talentosa analista infantil que também enfrentou essa viagem, foi analisada pelo dr. Bion, e ela está ali, gostaria de ressaltar isso (aponta para a plateia, todos se voltam).

Vamos começar com o dr. Gooch:

Dr. James Gooch – Preciso de um microfone... Obrigado (ele solicita algumas explicações; o coordenador se levanta e se aproxima, dizendo-lhe novamente o modo de trabalhar). Eu diria que uma das coisas mais impressionantes na análise que tive com o dr. Bion foi ver o quanto ele era prático. Talvez nem todos tenham tido esse tipo de experiência. Estou falando da minha experiência e da experiência de minha esposa Shirley, que também se analisou com ele.

Bion era muito disciplinado e se expressava claramente, mesmo quando ele não falava nada... Até mesmo no silêncio. E, quando ele falava, o tom, o timbre e o raciocínio... Ele era claro... Ele sempre falava "de coração".

Ele tinha um cuidado extremo com a epistemologia prática, e cada sessão era baseada em associações livres. Era prático no modo como lidava durante a sessão com o que ia surgindo. Para ele, a questão de evidência, também de um modo claro, era fundamental.

Quando não havia uma evidência para o que ele dizia, ele lançava uma suposição. Ele dizia: "bom, essa é uma comichão, uma intuição que eu tenho a respeito do que está acontecendo".

Muito frequentemente, essa comichão, essa intuição, ia direto ao ponto.

Não consigo agora me lembrar do conteúdo de uma interpretação que ele deu, mas era uma em que não fui capaz de confirmar a correção daquilo que o dr. Bion havia dito. O dr. Bion, nessas ocasiões em que eu não confirmava a interpretação, dizia, bem, poderia ser alguma coisa que eu tivesse vivido com minha tia, a irmã de meu pai. E era!

Na primeira vez em que li Bion, fiquei absolutamente irritado. Achei a leitura muito frustrante. Comecei então a ler em grupo. Fui lendo um pouco mais… O tempo passou e me dei conta de como, na leitura, Bion e a própria leitura eram muito pessoais. Os escritos tinham um poder… Pareciam uma carta de Bion para cada um de nós, contando a sua experiência pessoal em análise, como ele era como analista, e escrever uma carta de volta para Bion.

Gostaria de falar algo sobre as conferências de Bion. Havia uma emoção tão forte, tão presente e tão densa que poder-se-ia dizer… Ele podia cortar cada emoção com uma faca. Porque a própria conferência era um acontecimento real.

Coordenador – Muito obrigado, dr. Gooch. Vamos ouvir agora o dr. João Carlos Braga.

Dr. João Carlos Braga – Quando o coordenador referiu-se a mim como de uma nova geração que se beneficiou com as contribuições de Bion, uma geração que não conheceu Bion pessoalmente, penso que ele apontou algo bastante apropriado. É exatamente o ângulo que eu escolhi para apresentar minhas reflexões.

Há muitas maneiras de olhar o efeito da obra de Bion em cada um de nós. Escolhi fazer um depoimento sobre a minha experiência pessoal com ela. Tenho-a tomado como algo a ser conquistado pessoalmente. Penso que Bion não nos deixou um conjunto de teorias que se possa aprender e utilizar, mas, sim, conhecimentos, parcelas da sabedoria do ser humano adquiridas com o método analítico, que demandam serem conquistadas por cada interessado, o que somente acontece por via da experiência. É isso que torna inevitável que seja um percurso pessoal.

Bion nos disponibilizou formas com as quais podemos pensar a própria experiência. Nesse sentido, durante muitos anos, a teoria do pensar foi, para mim, o referencial maior em minha prática clínica. No entanto, nos últimos cinco ou seis anos, a teoria das transformações passou a adquirir uma crescente importância para mim, criando-me uma necessidade, qual seja a de aproximar essas duas teorias. Usando o referencial teórico, é nesse ponto que percebo-me trabalhando presentemente: no desafio de integrar e aproximar a prática clínica dessas duas visões advindas de Bion.

Ainda em termos pessoais e da clínica, tenho estado às voltas com a ideia de que há uma mudança epistemológica que demanda uma forma diferente de olhar o que eu faço e de olhar o que eu penso sobre o campo analítico. A possibilidade é a de ver a psicanálise como uma ciência descritiva – e não uma ciência explicativa; a possibilidade é a de tomar contato com a experiência pelo ângulo da experiência emocional – e não da relação causa-efeito. Essas noções paradigmáticas têm sido para mim duas formas importantes de orientação de meu pensamento, pelas quais sinto-me um devedor das contribuições de Bion.

Uma terceira forma pela qual reconheço a importância do pensamento de Bion traz-me para termos ainda mais pessoais: a possibilidade de ter tido análises pessoais já influenciadas pelas ideias de Bion, que me ajudaram a perceber aspectos em mim mesmo que estão além da repressão, que estão além da identificação projetiva e que me entreabriram dimensões...

Coordenador – Dr. Braga, passamos um pouco dos cinco minutos combinados...

O membro seguinte da "roda" faz um meneio com a cabeça e avisa ao coordenador que cede dois de seus cinco minutos. O dr. Braga prossegue:

Dr. João Carlos Braga – Sim, vou finalizar. Entreabriram-me dimensões que me possibilitam buscar ser a pessoa que eu sou, e de estar atento para a presença da dimensão alucinatória em minha vida. São aquisições que não têm preço. São maneiras em que eu reconheço que a contribuição de Bion faz parte de minha vida – e não apenas parte de minha atividade profissional.

Coordenador – Passo a palavra para o dr. Marcelo Bianchedi... Como o senhor sugeriu, temos três minutos.

Dr. Marcelo de Bianchedi – Eu já estava preocupado de como dizer em cinco minutos, e agora estou muito mais preocupado! Estou entusiasmado com uma questão vincular... Nós vamos entrando aqui e vocês vão entrando aí... Como um concerto maravilhoso, eu espero. Como vimos aqui esse quarteto maravilhoso, ou um terceto. Um terceto de vozes. Doze vozes brasileiras, duas vozes norte-americanas e duas vozes argentinas. E formaremos o concerto que somos capazes de fazer na clave bionesa. É só.

Coordenador – Vamos ouvir agora o professor Antonio Muniz de Rezende.

Professor Antonio Muniz Rezende – A minha experiência com Bion foi, e continua sendo, principalmente uma experiência de mudança. Talvez fosse um pouco exagerado dizer que eu não me sinto hoje o mesmo que há 25 anos. E essa mudança é devida principalmente a uma convivência com Bion. Não tive a sorte de conviver pessoal e fisicamente com ele. Mas tenho estado em contato com sua obra há 25 anos. E eu insisto: 25 anos *(esconde bem a expressão, enfático)*... Porque a cada novo ano, eu tenho ministrado um novo curso sobre Bion. Digo curso porque um aspecto que não foi mencionado pelo Paulo é que eu sou um professor universitário. Eu me aposentei na Universidade de Campinas, mas só depois de cinquenta anos de magistério. E continuo ministrando esses cursos, alguns dos quais foram publicados. Eu gostaria de... Vou tentar resumir qual foi a mudança nos seguintes termos: primeiro, Paulo disse que sou formado em filosofia. Eu digo: a minha filosofia não é mais a mesma depois de Bion. Igualmente, a minha teologia não é mais a mesma depois de Bion. E eu acrescento: a minha psicanálise não é mais a mesma depois de Bion. Como compensar tudo isso? Talvez naquela frase em que ele diz: mais do que um continente, a psicanálise é uma sonda. E eu gosto de usar a metáfora da sonda espacial. A respeito da qual Bion nos diz que devemos ficar com os terminais abertos para captar os sinais de O ou da realidade última. Venham eles de onde vierem. E é um pouco isso que estou vivendo aqui, durante esse congresso. Tentei ouvir meus colegas para principalmente descobrir as diferenças e aprender com elas. Vou me permitir de maneira muito sincera dizer aqui que, entre os colegas presentes, aquele com o qual eu mais aprendi foi o Sapienza, por um lado, e o Junqueira por outro. Muito obrigado pela atenção.

Coordenador – Obrigado, professor Rezende. Vamos ouvir agora o dr. Cecil José Rezze.

Dr. Cecil José Rezze – Diferentemente dos colegas que falaram até agora, que têm uma certa precisão, sinto que tentei uma fala mais organizada, mas são tantas as lembranças e tantas influências que ocorreram na minha vida que, no momento, parece que me aproximo de uma enorme somatória, a qual ocorre neste momento, e de uma só vez. Então fica difícil comunicar. O que mais me impressionou é que quando comecei a estudar a obra de Bion – depois, fiz análise com Frank Philips,[1] que era um seu discípulo –, no início, me parecia que eu conversava com Bion. Com Freud, Klein, eu tinha que estudar muito. Com Bion eu não estudava, eu conversava. Essa vivência ocorreu nos inícios dos anos 1970.

Quanto aos números 25, 35 que o Paulo propõe... Em 25, ou seja, 1979, eu era presidente da sociedade aqui de São Paulo. Pensamos em convidar Wilfred Bion para mais um ciclo de conferências, mas ele faleceu. Então nós fizemos um primeiro colóquio: "Colóquio científico sobre a obra de Bion". E havia um clima parecido com esse aqui, um clima de entusiasmo, confraternização e profícuo trabalho psicanalítico. E pensando em 35, ou seja, na obra de Bion, com a qual muito me envolvi, destaco dois aspectos. O primeiro é que quando o Paulo mencionou sobre investigar o que deixou de ser usado, creio que muito pouco deixou de ser usado. Mas, que ainda muito está por se usar. Um segundo ângulo é que tenho a impressão de que os sucessivos trabalhos de Bion, suas renovadas contribuições, mudam muito sua obra. O que torna difícil acompanhá-la, como podemos perceber, por

---

[1] Frank Julian Philips (1906-2004). Considerado o mais efetivo introdutor das contribuições de Bion no Brasil, analisou-se com ele e com Melanie Klein. Não foi o pioneiro, função exercida por Alcyon Baer Bahia, Virginia Bicudo, Ligia Amaral, Laertes Ferrão e, em teoria de grupos, Bernardo Blay Neto. Mas, talvez pelo modo prático com que o fez, formando gerações de analistas e reanalisando os didatas de então, foi, certamente, um dos mais influentes.

exemplo, em *Seminários italianos*...[2] Acho que eles dão uma dimensão de mente muito diferente daquilo que conhecemos. Tudo isso está em franco progresso.

Coordenador – Gostaria de passar a palavra para o dr. José Américo Junqueira de Mattos.

Dr. José Américo Junqueira de Matos – Gostaria de salientar aqui um aspecto de minha experiência com Bion que me foi extremamente importante. No trabalho com ele, eu simplesmente esquecia que ele era Bion, que ele era aquele gênio extraordinário. Mas ele era. É isso o que eu quero salientar: uma pessoa tão generosa, uma pessoa tão boa, que eu me sentia absolutamente, completamente à vontade com ele. Isso é extraordinário. Eu, criado em fazenda no interior de Minas Gerais; ele, educado em Oxford; e nós pudemos fazer uma dupla que eu senti que evoluiu muito bem. Então eu tenho uma profunda gratidão pelo dr. Bion, por tudo o que ele me fez. Por tudo o que ele me proporcionou. E quando o Paulo diz que ele preferia desaparecer e ficar os livros, eu diria que o Paulo esqueceu de dizer uma coisa: no coração daqueles que ficaram e conviveram com ele, o coração permanece.[3] Eu gostaria de salientar, por outro lado, não só a extraordinária inteligência, mas a extraordinária intuição que eu achava que ele tinha. Na experiência comigo, às vezes ele fazia uma observação. Apesar de eu reconhecer a observação como muito correta, eu simplesmente não sabia de onde é que ele havia tirado aquilo. Era uma intuição tremenda. E outra coisa que me chamou a atenção: eu já havia lido aqui no Brasil todas as ideias dele daquela expansão do conceito de atenção flutuante, a questão de memória e desejo. Mas no trabalho

---

2   *Italian seminars*. Editado por Francesca Bion. Londres: Karnac Books, 2004.
3   A frase registrada na gravação, constante da transcrição na abertura dos trabalhos, foi: "só nos restaram seus livros; e memórias dos que o conheceram".

analítico, eu sentia isso na pele. E quando eu queria fazê-lo sair dessa posição mental, digamos assim, de sem memória e desejo... Por vezes me era muito angustiante suportar aquilo; ele continuava. Uma vez ele me fez uma interpretação que eu não entendi. Eu perguntei para ele: "dr. Bion, eu não entendi o que o senhor falou. O senhor poderia repetir?" Ele disse que não era uma questão de inglês. Ou de português. Mas ele perguntou "em vez de o senhor tentar me entender, porque o senhor não fala o que o senhor está sentindo sobre aquilo que eu disse?" Era uma posição muito interessante. Uma outra vez, perguntei o que ele estava querendo dizer com algo que ele acabara de dizer, que eu novamente não havia entendido. E ele me disse o seguinte: "o senhor não entende hoje, mas quem sabe no futuro o senhor vai vir a entender?"

Quero salientar que o que me beneficiou não foi o fato de ele ser um gênio, de ter uma grande inteligência. Mas, sim, o fato de ele ter me acolhido de tal forma que nós não tivemos nenhum problema quanto ao inglês, de comunicação. Uma outra coisa: meu pai era escritor e poeta. Ele nos dava poesia para decorar, como castigo. Então, eu, em vez de odiar os poetas, acabei gostando de poesia. Obviamente, na minha análise com o dr. Bion, vinham poesias. A primeira vez que isso ocorreu, eu tentei falar, traduzir a poesia, sem conseguir. E ele me disse: "por que em vez de tentar o senhor traduzir, porque o senhor não fala a poesia em português?" Agora, que eu saiba, de português ele só falava "bom dia". O português dele acabava no "bom dia". Era uma coisa extraordinária a intuição dele. Isso realmente eu admirei muito.

Coordenador – Bem, na ordem casual que se formou neste semicírculo, o próximo colega a falar é o dr. Mayer Snitcovsky.

Dr. Mayer Snitcovsky – Antes de tudo, quero agradecer aos organizadores. Em meio a tantas autoridades aqui, sinto que sou realmente um estudante da obra de Bion. No meio desse entusiasmo do Junqueira, que ele já havia mostrado desde seu trabalho na Sociedade Brasileira de Psicanálise de São Paulo, pouco depois da morte do dr. Bion, eu acho que poderia falar... Da internalização dos sentimentos. A possibilidade da comunicação apesar da diferença de línguas, de costumes e de passado. Não é fácil dizer como foi a minha experiência com Bion. Felizmente, eu estava em minha análise naquela ocasião, como uma pessoa que já estava realmente sofrendo a transformação daquilo que poderíamos denominar teorias kleinianas para alguma coisa diferente. As teorias kleinianas já estavam tendo uma espécie de ranço dentro de nossa sociedade. Isso para mim foi muito útil. Passei uma semana inteira sem conseguir dormir. Assistia às palestras dele à noite, ia para casa e não conseguia dormir. Foi uma experiência tão curiosa e tão intensa que me lembro daquilo que acontecia enquanto eu dormia. A segunda vez em que estive com Bion foi quando ele foi a Brasília. Baseado em minha experiência anterior, fiquei uma semana em Brasília. Devo ter assistido a umas cinquenta supervisões de Bion. Ou eu apresentava material ou assistia o material dos colegas. Tive a oportunidade de participar de grupos com colegas do Brasil inteiro. A terceira vez em que tive contato com Bion foi em um jantar. Um jantar muito curioso, pois precedia uma palestra. Bion se atrasou para esse jantar; o trânsito já não ajudava naquela época. Conversamos rapidamente durante o jantar. Fiz uma pergunta para ele – na época, já estava em Los Angeles –: como ele estava se sentindo lá? Falou-me da rudeza da cultura americana, conversamos alguns minutos. Fomos à palestra correndo: Bion era muito pontual. Correndo! Quando me dei conta, ele estava falando sobre aquilo que nós tínhamos conversado à mesa. Era a maneira dele de falar pelo coração. Não preparava as palavras. Deixava livre a associação, muitas vezes utilizando situações presentes. Captava as situações e transmitia. Só queria reforçar esse aspecto que o Junqueira levantou... Há muita coisa para falar. Se escolhi isso, é para mostrar a vocês que... Estou começando a estudar Bion. Obrigado.

Coordenador – Vamos ouvir agora o dr. Antonio Sapienza.

Dr. Antonio Sapienza – É difícil estar aqui. Estamos terminando esse encontro. Havia um sonho. Houve toda uma preparação, muito intensa, em que se envolveram pessoas bastante interessadas e que colaboraram para o êxito desse encontro. Existem pessoas que tiveram contato mais direto com o Bion. Vou me ater a contatos não tanto de ordem pessoal, que não me foi possível. Vou me referir particularmente a algumas impressões de leitura de dois grupos de textos já escritos no final de sua vida; os dois grupos de livros são autobiográficos. Um primeiro grupo reúne dois livros, *Prolongado novo fim de semana* e *Todos os meus pecados rememorados*. O segundo grupo vem a ser a trilogia *Uma memória do futuro*. Esses dois grupos de textos têm a qualidade de desencadear, não só em mim, mas em outros colegas com quem mantenho contato, fortes repercussões emocionais. Vou me ater apenas à seguinte ideia prevalente na vivência de contato com seus trabalhos, ou seja, sua capacidade de não saturar a direção da escrita e portanto a de não doutrinar nem transmitir ideologias. O que mais me ficou é fruto de persistente elaboração de busca de compreensão de suas experiências de vida como militar, como psiquiatra e, depois, como analista. Uma questão que se destaca para mim é a que veicula sua capacidade de ser fiel no amor. Uma das ideias que me ficaram muito marcadas é a de que "se você não for capaz de ser fiel a quem você ama, você não será capaz de odiar suficientemente a seus inimigos".

Coordenador – Seria minha vez, mas, preocupado com o tempo, passo a palavra ao dr. Antônio Carlos Eva.

Dr. Antônio Carlos Eva – Premido pela realidade do tempo, vou me restringir a contar um *flash* de um seminário clínico que tive com o Bion. Ao começar o seminário, alguém disse que iria contar uma situação. Essa pessoa trabalhava em um pronto-socorro psiquiátrico. Quando pediu para o cliente entrar, o cliente sacou um revólver e disse para esse colega que ele iria morrer. Como depois ele estava lá, no seminário, vivo, perguntou para Bion: "o que você faria com isso?" Bion disse uma coisa... Nunca mais esqueci: "eu diria para essa pessoa que se ela quisesse ver um psicanalista assustado, aquela seria a hora". Nunca mais me esqueci dessa coisa simples que ele disse. Obrigado.

Dra. Elizabeth Tabak de Bianchedi – Quero dizer uma coisa. Conheci o dr. Bion pessoalmente, no ano de 1968, em Buenos Aires. Ele fora dar seminários e supervisões. Ele já vivia nos Estados Unidos... Tinha 71 anos de idade. Isso foi há 35 anos. Eu tinha 35 anos. Eu já conhecia bastante bem a obra dele, porque havia vários anos vivíamos estudando suas ideias (com o dr. León Grinberg).[4]

Passei uma semana inteira o acompanhando, participando, passiva ou ativamente, de suas intervenções. Assim como tenho feito aqui em São Paulo, esta semana. Uma das coisas que mais recordo dele são seus modos. Para mim, um *lord* inglês. Ah, seu senso de modéstia... Falava de pé e sempre escutava todas as perguntas e todos os comentários. Sua preocupação manifesta, dita a Grinberg e a mim, era que suas ideias provinham de nossa

---

4 Dr. León Grinberg: pioneiro no estudo da obra de Bion na Argentina, tendo promovido traduções quase simultaneamente ao dr. Jayme Salomão e ao dr. Paulo Dias Correa, no Rio de Janeiro. Foi um dos analistas mais respeitados em todo o mundo, e escreveu, com o dr. Dario Sor e a dra. Elizabeth Tabak de Bianchedi, um livro introdutório à obra de Bion, que se tornou um verdadeiro clássico. Vertido para várias línguas em sucessivas edições, gozava da aprovação e do respeito de Wilfred Bion, segundo a esposa deste, Francesca.

instituição, a Asociación Psicoanalítica Argentina... Disse que as sugestões que o possibilitavam falar vinham do que acontecia nos pequenos grupos de discussão, e não da discussão de suas ideias. O que ocorria era o efeito que suas ideias exerciam nas pessoas.

Outro comentário: há pouco tempo recebi pessoalmente uma carta dos Estados Unidos, que eu guardo... É uma carta de agradecimento a mim; felicita-me por ter podido entender o que ele dizia, mesmo sem ter traduzido; eu praticamente já sabia o que ele ia dizer. Era seu sentido de preocupação com uma criancinha, seu filho, que tinha apenas 1 ano; eu disse: "espero que seu bebê não tenha um resultado traumático... Por tantas horas que a mãe ficou fora de casa...". Porque ela estava muito ocupada durante aquela semana. A introdução que Bion faz em nosso livro, que é a introdução de suas ideias, também é muito impactante pelo que ela tem de pessoal e de criativo.

Sobre a pergunta, o que permanece de suas contribuições, penso que o tempo dirá. O tempo está dizendo isso, já em parte. E todos estamos aqui, e não só aqui, mas em muitos outros lugares, aproveitando e desenvolvendo de maneira pessoal a sua contribuição. O que já é uma enorme contribuição. Muito obrigado.

Ela passa o microfone direto para a colega seguinte, d. Maria Olympia França. Esta solicita ao coordenador que faça a versão simultânea de uma parte de sua fala para o inglês, um escrito sob forma poética; o coordenador a escreve e o escrito é passado aos colegas de fala inglesa.

D. Maria Olympia Ferreira França (lendo) – Estou lembrando de Frank Philips, de Virgínia Bicudo. Em anotações de aula que tive em 1974 com o dr. Bion, encontro essas suas ideias. Toda conversa é um mistério. Os analistas parecem ter perdido sua capacidade para esse mistério. Amedrontados da vida real, não falam com outras pessoas. Mas fazem barulho, como se estivessem falando com outra pessoa. Em meu entendimento, Bion mostrou uma nova contextualização da psicanálise ao inseri-la e dimensioná-la dentro do espaço do mistério do desconhecido de O. Impôs-se, então, uma nova aproximação do fato psíquico. Em minha memória do que recebi dele, lerei agora um escrito meu. É uma maneira de sintetizar a minha emoção por toda... E se Bion está em uma ponta, vários dos meus professores que estão sentados aqui comigo, Cecil, Sapienza, Eva, Deocleciano, Telma, estão na outra. Eu agradeço a vocês. Bion era uma pessoa agradecida. Em memória do que recebi dele, lerei agora um escrito meu, que poderia chamar-se "transformações".

> *Mistérios suponho do corpo que é alma,*
> *e da alma que é corpo.*
> *Mistério do corpo. Mistério da alma.*
> *Mistério, útero fechado envolto na fantasia de ser, sem saída ou sem entrada, entranhado.*
> *Quando se entra, não se sabe a si mesmo.*
> *Se se nega e se recusa, estranhamente,*
> *é a alma que é fechada.*
> *O outro é um mistério de mim.*
> *O mim é um mistério no outro.*
> *O mistério somos nós.*
> *Nós profundos de nós.*
> *Eu e você. Agora, então, instante.*

Ela agradece particularmente ao coordenador e passa o microfone diretamente ao colega seguinte.[5]

---

5   D. Maria Olympia, ao corrigir sua fala para efeitos desta publicação, gentilmente solicitou que incluíssemos um agradecimento particular seu ao coordenador por ele ter feito, naquele momento, a versão em inglês de sua construção poética, para que pudesse ser compreendida pelos colegas que não entendiam a língua portuguesa.

Dr. Jaques Goldstajn – Sinto-me muito honrado e orgulhoso de estar sentado aqui com o meu analista, com meus supervisores, meus colegas desses últimos 25 anos de dedicação à obra de Bion. Nunca abandonei meu projeto psicanalítico, baseado em Freud e Melanie Klein. Nesse sentido, nesses últimos 25 anos, passei por uma fase de curiosidade e arrogância em relação à obra de Bion. Passei por um longo período de conhecimento, e atualmente eu me percebo estando em um período de independência e tentando firmar mais a minha personalidade, aquilo que penso a respeito de minhas experiências clínicas. Na obra de Bion, o mais marcante em mim é a inclusão do analista na relação. Para poder falar sobre essa herança que recebo, da minha maneira, eu queria citar um pequeno trecho do poema de Fernando Pessoa, um pouco modificado: o analista é um fingidor; finge tão completamente sentir a dor, a dor que deveras sente.

Dr. Isaias Kirschbaum – Sinto-me um pouco parecido com o colega que falou em primeiro lugar [dr. James Gooch]. Preparei um pequeno trabalhinho. Depois fui informado que teria no máximo dez minutos e o reduzi pela metade. E agora fui informado que teria ainda menos tempo! Corri e preparei três ou quatro minutos. A partir de um alerta de Frank Philips, escutei muitas vezes, e depois encontrei por escrito, que Bion sugere que nós façamos uma psicanálise tratada cientificamente – para que não haja interferência de hábitos e crenças.

Pensei em fazer uma pequena contribuição a partir da grande contribuição de Bion, o diálogo dele com as outras ciências. Em particular, pensei na contribuição dele quanto à mecânica quântica e seus criadores. Acho que algo que traz uma certa gratificação na leitura da obra de Bion é a forma, a capacidade, com que ele dialoga com as outras disciplinas. Possibilitando de certa forma que a psicanálise, então, fique inserida dentro de nossa cultura, que não fique isolada. Além disso, a própria psicanálise permite também que a psicanálise contribua com as outras ciências.

Dr. Leopold Nosek – Eu... Quando entrei no instituto, Bion estava vindo para São Paulo pela última vez. O que mais me marcou foi o privilégio de ter tido uma época de formação em que houve uma ruptura... Uma grande liberdade criativa, o ato posterior à estada de Bion. Paulo falou que não sou conhecido como um bioniano. Acho que isso também é uma lição que devo a Bion. Pois sempre me chamou muita atenção que ele propusesse, ao relatar uma experiência, que se buscasse novas palavras. Novos termos, novas expressões, que ficassem livres de significados anteriores. O que me obriga, a cada vez, inventar novas metáforas, novas linguagens. Penso que a contribuição principal [*de Bion*] no momento, que sinto em mim, é essa obrigação criativa. É sair da psicanálise do modo interpretativo, que supõe que um aparelho psíquico já esteja construído. E que, em vez de interpretadores de sonhos, passemos a ser construtores de sonhos. Isso também me obrigou a uma diferente leitura de Freud, a uma retomada dos textos básicos. Acho que cada geração que lê Freud volta a Freud de uma forma nova. A minha forma de voltar a Freud, sem dúvida, está batizada pela leitura de Bion. Fez-me pensar de volta em angústia... Não como sinal, não como representativa de uma fantasia. Mas de inundação de estímulos, que buscam uma representação, que buscam uma forma. Volto quase até o "projeto" de novo, é uma enorme fertilização. Tanto do ponto de vista teórico quanto do ponto de vista prático. Cada vez mais, na minha clínica, me defronto com necessidades partindo de patologias e situações... É como se o paciente tivesse o conforto de encontrar alguém que associa livremente, que permita a visão flutuante... É uma raridade... São momentos raros. Na maior parte do tempo, há falas em ação, fala de proteção. Então, isso me obriga a ser muito mais um construtor do que interpretador; é uma licença que tenho por ter crescido em um ambiente fertilizado pelas ideias de Bion.

Dra. Thelma Delayr Bertussi da Silva – Vou ler algumas palavras de Francesca Bion. Lerei alguns pensamentos. Se tivéssemos mais tempo, seria interessante que eu lesse todos, mas vou ler somente alguns textos... Então, ela diz:

> *Nós sabemos que a mulher conhece o homem. A poesia foi de primordial importância para ele a vida inteira, referia-se com frequência ao impacto inesquecível que determinados poetas causaram, durante os anos escolares e no restante da vida. Newton, Virgilio, Shakespeare, Keats, Shelley. Todas as coisas belas levaram às lágrimas... poesia, prosa, música, pintura, escultura ou paisagens, suas áreas... preferidas era... Uma carta escrita poucos dias depois de nós nos conhecermos dizia ele: Está uma noite maravilhosa de luar, com o vento cochichando suavemente nos pinheiros. Há um verso [de Kleper] que diz, por todo vasto mundo os pinheiros são as áreas do cochicho.*

Todos vocês conhecem. Esse verso ficou gravado na minha mente desde a primeira vez que eu o encontrei em Oxford.

Agora vou ler algumas palavras de Hanna Segal. Como todos sabem, ela foi uma psicanalista que teve muito contato com Bion, foram amigos e colegas... Ela falava a respeito das contribuições de Bion, que lhe disse ter-se deparado com o comentário de Kant sobre Hume havia pouco tempo. "Ele me despertou, me despertou dos meus cochilos dogmáticos". Que é um pouco daquilo que todos falaram aqui. Certamente, podemos dizer o mesmo de Bion.

Ele não nos permitia quaisquer cochilos dogmáticos e nem tampouco permitia cochilo. Certa vez, perguntei-lhe, em Los Angeles, o que ele pensava acerca de uma informação sua que havia me impressionado alguns anos antes: "a psicanálise visa produzir uma mudança no aparelho mental, que o torna capaz de aprender com a experiência". Seria uma frase de Bion. Ele sorriu e disse: "Sabe, é mais ou menos como agarrar um tigre e dizer: 'Que gatinho bonito'". Com essa única frase ele me fez ver que não se permitia ser levado a cochilar nem por sua própria ordem interior. Bem como me mostrou o seu crescente temor ao inconsciente.

Nesse momento, o dr. James Grotstein levanta-se e ruma em direção ao coordenador, entregando-lhe um bilhete.

Coordenador – Nós vamos ter que inverter a ordem a pedido do dr. James Grotstein, que está com uma questão de urgência. Peço permissão a vocês e ao dr. Deocleciano para fazer assim, pois seria a vez dele.

O dr. Deocleciano Alves gentilmente assente e passa o microfone para o dr. Grotstein. A plateia fica um tanto barulhenta frente aos eventos, as pessoas se entreolham e passam a estabelecer conversas paralelas.

Dr. James S. Grotstein – Obrigado! (*Ele agradece em português e prossegue em inglês, voltando-se para a plateia.*) Meu primeiro analista... Minha primeira análise com Bion foi extraordinária. Quando ele andava na sala, víamos duas pessoas em uma. Uma era majestosa, poderosa, tinha uma presença inconfundível, e a outra era simples...

O coordenador se atrapalha e traduz erroneamente, dizendo que o dr. Grotstein tivera duas análises anteriores à que tivera com o dr. Bion (o dr. Mayer Snitcovsky e alguns da audiência percebem o erro e o assinalam).

Coordenador – Obrigado... (ele se dirige à plateia). Desculpem-me, eu realmente me atrapalhei...

A tradução é corrigida. O dr. James Grotstein retoma o que dizia.

Dr. James S. Grotstein – Em uma delas, fiquei, pessoalmente, muito impressionado com duas interpretações que ele me deu. Uma era...

O ruído na plateia se intensifica.

Coordenador – Infelizmente não estou conseguindo ouvir bem o que o dr. Grotstein está falando, este zum-zum impede-me de ouvir... Acho que o microfone não funciona bem... É necessário colocar mais próximo... Será que alguém mais próximo ao dr. Grotstein poderia me ajudar?

Dr. James S. Grotstein (retomando mais uma vez) – Eu estava deprimindo, e Bion me disse: "finalmente você encontrou a pessoa mais importante que você poderia achar, que você esteve procurando, e você não está contente com ela..." *(o dr. Mayer Snitcovsky passa a se encarregar da tradução simultânea nesse momento).* Bion deu-me uma linda interpretação, e eu disse isso a ele. "Mas que linda interpretação!" Bion me disse então: "mas o problema é que a minha linda interpretação só foi possível graças às suas lindas associação livres..." Ele era tão habilidoso em me ouvir que eu lamentava, quando me analisava com ele, por até me esquecer de que ele estava lá. Ele não dava muita importância a si mesmo. Quando eu disse isso a ele, sobre me ouvir, Bion me respondeu: "o analista nunca deve ouvir o paciente e o paciente nunca deve ouvir o analista... O analista deve ouvir a si mesmo ouvindo o paciente... E o paciente deve simplesmente ouvir a si mesmo ouvindo o seu analista... O que eu digo não é importante... Mas a experiência que eu estou nomeando é muito importante..." Isso é a essência de Bion. Obrigado, vou ter que ir, tenho que me preparar para minha própria conferência que vai começar daqui a poucos minutos. Obrigado...

A plateia aplaude e o dr. Grotstein se levanta e sai rapidamente do recinto.

Dr. Deocleciano Bendocchi Alves – Espero não me comportar aqui como a fada da história da Bela Adormecida que, ao chegar, causou uma certa turbulência na festa.

Coordenador – Bem, você é o penúltimo, então tudo bem...

Dr. Deocleciano Bendocchi Alves – Quando conheci Bion, eu era um candidato, e esse encontro inesperado e impactante foi vivido como um choque. Vê-lo e ouvi-lo tornou-se turbulento, como na festa da Bela Adormecida: tudo o que eu conhecia de psicanálise, ou tinha aprendido, começou a ser questionado e logo abandonado, para que algo novo pudesse começar. A experiência foi uma revelação. Essa afirmação é despida de qualquer conotação religiosa. Muitos anos mais tarde, em uma conversa coloquial com Parthenope Bion, ela me disse que tinha ouvido testemunhos semelhantes de outras pessoas.

Não gostaria de falar de Bion, mas repensar as contribuições que ele nos deixou como estímulos para que continuássemos observando, investigando e, se possível, pudéssemos tornar viva a prática psicanalítica.

Retomo uma passagem de Bion, que me parece preciosa e inspiradora, sobre aquilo que penso estarmos fazendo aqui hoje: trata-se do epílogo de seu livro *Uma memória do futuro*. Ele diz, em algumas sentenças que selecionei:

> *Durante toda minha vida tenho sido aprisionado, frustrado, perseguido por senso comum, razão, memórias, desejos, e – o maior fantasma de todos – entender e ser entendido. Esta é uma tentativa de expressar minha rebelião, de dizer adeus a tudo isto.*

E mais a seguir:

> *Por mais que minha tentativa tenha tido sucesso, haveria sempre o risco de que este livro se torne aceitável, respeitável, honrado e não lido. Por que então escrevê-lo? Você pode perguntar. Para evitar que alguém que "sabe" preencha o espaço vazio – mas eu receio que estou sendo "racional", este grande macaco. Desejando a todos vocês uma Happy Lunacy and a Relativistic Fission. (Bion, 1991, p. 578)*

Relaciono essa citação de Bion com o mito de Prometeu e Pandora, como descrito na obra *Os trabalhos e os dias*, de Hesíodo (2001). Encolerizado com Prometeu e com os homens, Zeus engendra a vingança criando Pandora, a mulher, possuidora de muitos dons ofertados pelos deuses, e também um grande "mal aos homens que comem pão". Como presente de Zeus a Epimeteu, irmão de Prometeu, chega Pandora com o jarro. Tomada pela curiosidade, ela destampa o jarro e dele evolam-se os trabalhos difíceis, todos os males e doenças que afetam os seres humanos e lhes causam a morte. Restou apenas a expectação retida no fundo do vaso, pois Pandora prontamente recoloca a tampa.

Penso que uma verdade universal é transmitida a nós nesse mito grego. A expectação, simbolizando a contenção, qualidade expressiva da feminilidade. Diante dos eventos da vida, trabalhos e males, sempre resta essa reserva, contida no seio de cada ser humano; a expectação dos recursos pessoais, mesmo desconhecidos, para lidar com a vida. Pandora, como Eva, é a origem do mal, mas é também o continente da vida, da sabedoria inerente ao viver, herdeira da capacidade de gerar e esperar, contendo, pois, os meios para desenvolver-se, elaborar, sofrer e participar das dores, sofrimentos, dissabores, frustrações e, sobretudo, intuitivamente perscrutar o oculto, na expectação daquilo que ainda não aconteceu.

Prometeu, simbolizando o homem, exerce a função masculina – indivíduo em ação. Rouba o fogo e o oferece aos homens. É luz, é sábio, é o *Homo faber*, conjugando sabedoria e experiência.

Da conjunção da função masculina com a função feminina, expecta-se o criativo. Desdobra-se a vida nas possibilidades ilimitadas de transformação e improvisação. Penso que o "presente Pandora" pode representar a contribuição que a obra de Bion nos trouxe. Sorvendo e assimilando essas contribuições e elaborando as emoções decorrentes, podemos transformá-las de uma maneira criativa, segundo a possibilidade de cada um, criando assim, em nossa intimidade, o espaço "expectação". Seria a peregrinação do conhecido ao desconhecido. Seria reverter o culto e a reverência ao que está escrito em uma experiência viva, ousando questionar, questionar-se e ser questionado. Seria também abandonar a ilusão de continuidade e perpetuidade pela observação do transitório e do fragmentado em todas as experiências da vida.

Quando, no início, eu disse que não ia falar de Bion, isto é, de sua personalidade, disse isso porque para mim é mais importante focalizar sua obra. O que recordamos e experimentamos de nosso contato pessoal com ele está contido na intimidade de cada um como uma experiência inolvidável. "Apenas um arabesco, em torno do elemento essencial – inatingível" (Andrade, 1983).

Penso que essa é a contribuição que posso dar em um encontro como esse, esperando que cada um possa nos dizer o que, em um "espaço" de expectação, elaborou e realizou do que conhece e experimenta da obra de Bion.

Coordenador – Volto a pedir desculpas para vocês. Alguns devem ter percebido que recebi um pequeno bilhete do dr. Grotstein. Não posso revelar o conteúdo do bilhete, pois é pessoal, dele, e se ele julgasse adequado comunicar a todos, o teria feito. Não é nada de preocupante, mas ele precisava sair. Em todo caso, se não posso revelar coisas de outrem, que nem está aqui agora, pelo menos posso falar francamente sobre algo que se refere a mim: eu me desorganizei um pouco com o fato. Peço desculpas a todos vocês e agradeço ao dr. Snitcovski por ter me ajudado. Quero deixar claro que penso que eu me desorganizei, e não que o bilhete me desorganizou... Eu me desorganizei usando o bilhete.

Alguns no palco, especialmente o dr. Sapienza, o dr. Snitcovski, o dr. Braga, o dr. Goldstajn e o dr. Gooch, insistem que o coordenador emita a sua opinião (ele percebe que a plateia está em silêncio, aguardando).

Coordenador – Bem, então tenho algo a falar. O que ficou da obra de Bion? Penso que algo ficou muito firme para todo o movimento psicanalítico, algo que chamo de "desjargonificação". Eu vivi uma época em que se usava o jargão dentro da sala de análise. Acho que todos foram influenciados nesse aspecto, mesmo aqueles que não leem a obra de Bion.

Acho que é um fenômeno parecido com o que ocorreu com Freud: ele exerceu muita influência, muito além do número de praticantes de psicanálise de sua época e dos leitores de suas obras; Freud exerceu uma influência desproporcional a esses números. Eu acho que essa influência de Bion veio para ficar; será muito difícil que haja novamente o abuso de jargão dentro da sessão.

Penso que Bion – isso já foi falado aqui, hoje – resgatou a obra de Freud. Que havia sido enterrada pelo *establishment* psicanalítico. Como ele a resgatou? Bion alertou que "o erudito sabe que uma descrição é de Freud, de Klein, mas permanece cego para a coisa descrita".

Ele alertou ainda sobre a manipulação racional de símbolos e a aplicação *ad hoc* de teorias e seu inverso, a aplicação *a priori* de teorias. Ficar rastreando uma teoria é o *ad hoc*, tentar encaixar o que viu na clínica em teorias; o uso *a priori* é ir para a sessão ou ler um material clínico com uma teoria pré-formada. Bion escreveu que "a mente é um fardo muito pesado que a besta dos sentidos não consegue carregar". Parafraseando Bion, eu diria que a verdade é um fardo muito pesado que a besta do desejo não consegue carregar. Teorias pré-fabricadas, jargões concretos: seguros contra a mente?

Todos aqui discorreram sobre as coisas boas que parecem ter decorrido dos aproveitamentos da obra de Bion. Vou colocar agora duas questões relativas ao uso da obra de Bion. Acho que envolvem uma distorção da obra dele. Como a obra de Freud, que pode ser lida de tantas maneiras e que foi distorcida – vista como *roman à clef*, por exemplo.

Perigos e problemas, no meu ponto de vista, já estão surgindo. Um deles é haver eruditos na obra de Bion que fiquem cegos para o que ele apontou, para os instrumentos que ele nos deu. Bion escreveu em *Cogitations* que "a psicanálise é um instrumento, ela não te fala nada, é como a bengala do cego".

Outro problema que aconteceu na América do Norte, do Sul e em outros lugares, Bion mesmo comentou, foi a entronização. Depois de sua morte, ele não pode mais impedi-la. Eu acho que isso é uma das piores coisas que poderiam ter acontecido, e que ainda está acontecendo; há evidências em seus escritos explícitos a respeito de que essa é a coisa que ele menos queria. Bion não deixou discípulos e nem escolas, mas existe a entronização. Acho que é uma projeção do narcisismo de cada um, que "fica" colocado em um Deus maluco, que foi inventado.

Outro problema: penso que as pessoas leem a obra dele como um relativismo ou idealismo, que é o termo usado em filosofia sobre a pessoa acreditar que o mundo é feito por suas ideias. A obra dele está sendo lida nesse viés, que também é uma praga, talvez a praga da filosofia atual. Acho que muitos confundem a liberdade que sua obra proveu com a libertinagem idealista. Essas pessoas pegam o princípio da incerteza, que ele cita duas ou três vezes, um conceito da física muito sério, e o transformam em um princípio da ignorância, em nome de Bion. Penetrar no desconhecido não é ficar justificando ignorância. Penso que cabe a nós tomar cuidado com tudo isso dentro da sessão.

Temos ainda algum tempo. Quem gostaria de se manifestar, dentro dos cinco minutos?

Dr. Antônio Carlos Eva – Eu queria dois minutos para dizer o seguinte: esse encontro foi pensado intensa e extensamente para não ser uma doutrina de união, para não se afundar em Bion, mas para partir de Bion e conseguir alguma experiência viva para todos nós. Claro que do ângulo... Olhando como um dos coordenadores, é muito difícil perceber... Então é uma tarefa essencial de todos nós trocarmos uma experiência formalmente, hoje à uma hora da tarde... Mas sempre que possível, para encontrarmos uma maneira viva de manter o estudo de Bion, que no meu modo de ver é extremamente difícil. Precisamos estar sempre conscientes disso e procurar, a partir de Bion, não repeti-lo, mas criar uma coisa pessoal. É isso que eu queria pedir. Obrigado.

Coordenador – Alguém mais tem algo a falar? (Silêncio). Se não houver, então encerraremos agora. Ninguém? (Segue-se novo silêncio). Então, pode ser que tenhamos feito algo de errado por aqui...

(*Risos da plateia*)

Agradeço a todos vocês, pela paciência com esse experimento novo, feito na necessidade do momento.

(*Aplausos*)

Coordenador e tradutor: Paulo Cesar Sandler, com a ajuda de Mayer Snitcovsky. Transcrição do registro magnetofônico: Raya Angel Zonana, do departamento de publicações da SBPSP. Edição e notas: Paulo Cesar Sandler.

Referências

Andrade, C. D. (1983). Fragilidade. In C. D. Andrade, *A rosa do povo. Poesia e prosa*. Rio de Janeiro: Nova Aguilar.

Bion, W. R. (1991). The Dawn of Oblivion. In W. R. Bion, *A Memoir of the Future*. (pp. 429-478). Londres: Karnac.

Hesíodo. (2001). *Os trabalhos e os dias*. São Paulo: Iluminuras. (Trabalho original de 750 a.C. a 650 a.C.)

Concordâncias e divergências entre psicanálise e psicoterapia psicanalítica

Ryad Simon

Em 1970, ao completar setenta anos, o professor Durval Marcondes foi compulsoriamente aposentado pela Universidade de São Paulo. Em alguns poucos anos, talvez desde 1956, com um punhado de colegas,[1] ele procurou proporcionar uma formação em psicoterapia com inspiração psicanalítica em um curso de especialização em psicologia clínica, no departamento de psicologia do curso de filosofia da Faculdade de Filosofia, Ciências e Letras da Universidade de São Paulo. Em 1970 ocorreu também a reforma da Universidade de São Paulo e, com ela, a extinção do departamento de psicologia e sua substituição pelo Instituto de Psicologia. E, como consequência, o curso de especialização em psicologia clínica desvaneceu-se junto com Durval Marcondes. Nesses 25 anos decorridos desde então, abriguei a esperança de reimplantar essa formação na USP.

---

1 Lígia Amaral, Virgínia Bicudo, Judith Andreucci, Laertes Ferrão; mais tarde Armando Ferrari juntou-se ao grupo. Já eram, ou viriam a tornar-se, analistas didatas. Colaboravam ainda Lídia L. Rocha, Jenni G. Pereira e Tereza Chacon, a quem substituí em 1966.

Finalmente, encontrei condições internas e externas para concretizar esse projeto. No ano de 1995, submeti à aprovação da pró-reitoria da pós-graduação o curso de pós-graduação *lato sensu* intitulado "Especialização em Psicoterapia Psicanalítica", o qual, aprovado, iniciou-se sob minha coordenação a partir de 1996, com três anos de duração, contando com a colaboração de vinte colegas. Pretendemos não só aprimorar a formação profissional mas, também, a partir de nossos formandos, proporcionar um atendimento mais sistematizado e coerente à população de nosso e de outros estados, estendendo os benefícios da psicanálise a inúmeras pessoas.

As tarefas de coordenar e ministrar a disciplina "Teoria da técnica da Psicoterapia Psicanalítica" levou-me a novamente refletir sobre as concordâncias e divergências entre as abordagens da psicanálise e da psicoterapia psicanalítica.

Aproximação ao problema

A reflexão sobre as concordâncias e divergências entre as duas abordagens fez surgir o problema: como definir o âmbito da psicoterapia psicanalítica para diferenciá-la da abordagem da psicanálise? Quando, nos primórdios da psicanálise, Freud (1973c/1905) procurou diferenciá-la de outras formas de psicoterapia, ele usou a conhecida analogia de Leonardo da Vinci – comparando pintura (*opera per via di porre*) e escultura (*opera per via di levare*). A psicoterapia seguia o modelo da pintura: acrescentava à tela dos sintomas a tinta da repressão – à custa da sugestão –, e com isso conseguia a supressão ou atenuação dos sintomas. A psicanálise usava o trabalhoso método de esculpir a personalidade para dela retirar as resistências e, desse modo, promover uma nova integração, liberando o paciente dos sofrimentos neuróticos.

A diferenciação entre psicoterapias psicanalíticas e não psicanalíticas é relativamente simples. Mas, quando se trata de distinguir psicanálise de psicoterapia psicanalítica, a tarefa se complica. Quando, em 1953, a American Psychoanalytic Association (APA) se propôs a corajosamente enfrentar o problema realizando um simpósio sobre o assunto, surgiram amplas divergências entre os participantes. Na descrição de Leo Rangel (1954, p. 735), o comitê encarregado de discutir o assunto não só não chegou a nenhuma conclusão como verificou que uma "forte resistência a qualquer investigação desse problema existia entre os membros da American Psychoanalytic Association". Havia os que, demonstrando irritação, consideravam o problema mera questão de semântica.

Para Bibring (1954), as diversas abordagens psicoterápicas utilizam um conjunto de diversos princípios e procedimentos terapêuticos (sugestão, ab-reação, manipulação, clarificação e interpretação), diferenciando-se conforme a ênfase nos procedimentos utilizados. Outros, entre os quais se incluía Franz Alexander (1954), admitiam não haver nítida demarcação entre as duas abordagens, existindo um *continuum*. Para Rangel (1954), haveria uma clara divisão qualitativa entre psicanálise e psicoterapia psicanalítica, baseada na estimulação e posterior extinção da *neurose de transferência*. Penso que essa concepção esbarra no fato de que nem sempre ocorre neurose de transferência durante uma análise; e nas abordagens de psicoterapia psicanalítica (ou não psicanalítica) às vezes surge uma exuberante neurose ou mesmo psicose de transferência (Rosenfeld, 1965).

Freud concebia a psicanálise sob um tríplice aspecto: como teoria da personalidade, como forma de pesquisa da mente e como método de tratamento. Em vários escritos, referiu-se à psicanálise como modo de *pesquisa* e *tratamento* dos distúrbios psíquicos (Freud, 1972b/1913). Parece-me que nunca ficou muito clara para

Freud a contradição inerente a essa dupla concepção. Onde essa contradição se expressa de forma mais explícita é justamente em um de seus trabalhos sobre técnica: o item "d" de "Recomendações aos médicos que exercem a psicanálise", que passo a citar na íntegra – a partir da tradução para o português – por conter bem nitidamente a discrepância entre tratamento e pesquisa.

*(d) Uma das reivindicações da psicanálise em seu favor é, indubitavelmente, o fato de que, [(A) em **sua execução, pesquisa e tratamento coincidem**]; [(B) não obstante, **após certo ponto, a técnica exigida por uma opõe-se à requerida pelo outro**]. [(C) Não é bom **trabalhar cientificamente** num caso enquanto o **tratamento** está ainda continuando – reunir sua estrutura, tentar predizer seu progresso **futuro** e obter, de tempos em tempos, um quadro do estado atual das coisas, como o interesse científico exigiria. Casos que são dedicados, desde o princípio, a **propósitos científicos**, e assim tratados, sofrem **em seu resultado**]; [(D) enquanto os casos mais bem-sucedidos são aqueles em que se avança, por assim dizer, **sem qualquer intuito em vista**, em que se permite ser tomado de **surpresa** por qualquer nova reviravolta neles, e sempre se os enfrenta com liberalidade, sem **quaisquer pressuposições**]. [(E) A conduta correta para um analista reside em oscilar, de acordo com a **necessidade**, de uma atitude mental para outra], [(F) em evitar **especulação** ou **meditação** sobre os casos, **enquanto eles estão em análise**, e em submeter o material obtido a um **processo sintético** de pensamento **após a análise ter sido concluída**]. [(G) A distinção entre as duas atitudes*

seria sem sentido se já possuíssemos todo o conhecimento (ou, pelo menos, o conhecimento essencial) sobre a psicologia do inconsciente e a estrutura das neuroses, que podemos obter do trabalho psicanalítico. Atualmente, ainda nos achamos longe desse objetivo e não devemos cercear-nos a possibilidade de conferir o que já sabemos e ampliar mais nosso conhecimento]. (Freud, 1969/1912, pp. 152-153, grifos meus)

No item citado anteriormente, que subdividi em trechos para facilitar a referência durante a discussão a seguir, destaca-se, em primeiro lugar, em (A) a afirmação de que pesquisa e tratamento coincidem. Mas, já na continuação da frase é apontada, em (B) a primeira contradição: a técnica exigida por uma opõe-se à requerida pelo outro.

Penso que essa contradição, e as que apontarei a seguir, poderiam ser resolvidas se fosse considerado que Freud estaria aqui trabalhando com dois conceitos de ciência: "pura" e "aplicada". Isto é, o intuito da ciência pura seria a busca desinteressada do conhecimento, a procura da verdade independentemente de sua aplicação, o atendimento do impulso epistemofílico (Klein, 1948/1928), ser impelido pela paixão do conhecimento ("K" de Bion, 1962).

Assim, exemplificando e simplificando:

Ciência pura:	Biologia	Física	Química	Psicanálise
	|	|	|	|
Ciência aplicada:	Medicina	Eletrônica	Farmácia	Psicoterapia psicanalítica

Essa concepção daria um novo sentido ao que Freud chamou de "pesquisa", em oposição a "tratamento", que seria incluído na concepção de "ciência aplicada". Ou seja, a parte da ciência que visa a um resultado prático específico, o domínio e o controle da realidade que, no caso, seria a compreensão dos dinamismos psicopatológicos; e, por meio do tratamento, da *psicoterapia*, obter a cura e a prevenção dos distúrbios psíquicos.

Uma confusão que, suponho, tenha feito Freud entre pesquisa e tratamento, decorre do trecho citado que assinalei com a letra (C). "Não é bom trabalhar cientificamente num caso enquanto o tratamento está continuando – reunir sua estrutura, tentar predizer seu progresso futuro" etc. Imagino que, ao separar muito rigidamente pesquisa e tratamento, Freud deixa de considerar que o médico, ou o psicoterapeuta, está sempre fazendo pesquisa e tratamento simultaneamente ou consecutivamente. Por exemplo, ao consultar um paciente, o médico (ou o psicoterapeuta) formula uma ou várias hipóteses diagnósticas; e, ao solicitar exames (ou testes psicológicos) para verificação das hipóteses, está fazendo *pesquisa* dos fatores prováveis que intervém na patologia, bem como propondo o tratamento adequado para o quadro pesquisado. Mas, com o andamento do caso, e pela resposta ao *tratamento*, o médico (ou o psicoterapeuta), pode modificar o diagnóstico ou o conhecimento dos fatores que influem na patologia. Assim, o tratamento em si mesmo pode funcionar como instrumento de pesquisa. Vê-se que o próprio conceito de "pesquisa" comporta a mesma subdivisão que a ciência: pesquisa pura e pesquisa aplicada.

A atitude de *pesquisa pura* estaria contida na recomendação de Freud que assinalei com a letra (D) no texto referido: "enquanto que os casos mais bem-sucedidos são aqueles em que se avança, por assim dizer, sem qualquer intuito em vista, em que se permite ser tomado de surpresa por qualquer nova reviravolta neles, e sempre se os enfrenta com liberalidade, sem quaisquer pressuposições". Com o avanço do trabalho psicanalítico e, principalmente, com as contribuições enfáticas de Bion em 'Notes on memory and desire'

(1990/1967) a respeito da disciplina do analista: sem memória e sem desejo, e com suas recomendações em 'Second thoughts' (1967) – "o 'desejo' da cura é precisamente um exemplo de desejo que não deve, junto com todos os desejos, ser abrigado por um psicanalista" (p. 151) –, temos elementos para começar a discutir a questão das convergências entre psicanálise e psicoterapia psicanalítica.

Proponho que a postura da ciência pura, a pesquisa da relação com o analisando, dentro da situação analítica, sem finalidade outra que não seja a descoberta do desconhecido como preconizada por Bion, designe-se como *psicanálise*. Esta seria oferecida à pessoa que não tem queixa definida, e apenas está interessada no conhecimento de si mesma; ou na análise didática.

Quanto à *psicoterapia psicanalítica*, ela seria aplicável a todas as pessoas que procuram ajuda para a cura de quadros sintomáticos de maior ou menor gravidade e/ ou problemas de ajustamento nos vários setores da adaptação, baseando-se na teoria e na técnica psicanalíticas preconizadas principalmente por S. Freud e M. Klein.

Desde que escoimada da confusão entre pesquisa e tratamento, aqui poderia caber a proposição de Freud que no texto citado destaquei com a letra (E). "A conduta correta para um analista reside em oscilar, de acordo com a necessidade, de uma atitude mental para outra", que assim interpreto com relação à psicoterapia psicanalítica: no começo da sessão, deixar fluir o material da associação livre do paciente, acompanhado pela atenção livremente flutuante do psicoterapeuta, em uma atitude de pesquisa pura, isto é, até distinguir o tema inconsciente da comunicação. Em seguida, se for conveniente, complementar terapeuticamente com uma intervenção de pesquisa aplicada (interpretação, clarificação, sugestão, informação), observando a resposta do paciente para testar a teoria subjacente à intervenção terapêutica. Isso porque, contrariamente ao recomendado por Freud no trecho precedido pela letra (F) –

"evitar especulação ou meditação sobre os casos, enquanto eles estão em análise" –, o conhecimento existente (embora não abundante) já permite intervenções psicoterápicas eficazes (vide letra G): "a distinção seria sem sentido se já possuíssemos todo o conhecimento (ou pelo menos o conhecimento essencial) sobre a psicologia do inconsciente e a estrutura das neuroses"]. Como foi dito anteriormente, a intervenção terapêutica baseada em uma teoria preexistente pode funcionar como fator de pesquisa, confirmando ou corrigindo a teoria suposta. Não utilizar o conhecimento existente, porque ele não é completo, seria desperdiçar a oportunidade de conseguir maior eficiência e abreviar o tratamento. O próprio Freud, acompanhando Ferenczi, adotou práticas da "técnica ativa"; por exemplo, estipular uma data para o término da análise com o intuito de estimular a produção de material significativo, tirar um paciente recalcitrante de uma posição acomodada (vide o período final da análise do "homem dos lobos"). As recomendações técnicas de Freud sobre o *manejo das resistências* são exemplo claro de *utilização de desejo e memória*: visto que a resistência se opõe à emergência do reprimido, usa a sugestão – apoiada na transferência positiva – para forçar a superação da resistência. Aqui está explícito o desejo do analista que o impede de manter a atenção livremente flutuante. E há também uma nítida aplicação da teoria (memória), isto é, a resistência deve ser superada porque o reprimido é o causador da enfermidade.[2] Se observarmos com atenção, em toda a obra clínica de Freud e de Melanie Klein, bem como na de Bion antes de 1962 (vide *Second Thoughts*, 1967) a teoria psicanalítica é utilizada com finalidade terapêutica.

Na abordagem que proponho chamar de *psicanálise*, não havendo o desejo de compreender e nem o de curar, não há o que

---

2 Freud (1973a/1919, p. 162). "Definimos nossa *tarefa terapêutica* como consistindo de duas coisas: tornar consciente o material reprimido e descobrir as resistências" (grifos meus).

forçar.[3] A resistência e o resistido são aspectos da personalidade que se procura conhecer, como qualquer outro. Desse conhecimento resulta uma evolução cognitivo-afetiva que o sujeito utiliza como lhe aprouver. Não há conflito entre analista e analisando (a não ser quando intervém a contratransferência), mas coincidência no intuito de investigar o desconhecido do analisando.

Tentativa de solução do problema

Penso que a confusão entre pesquisa e tratamento nunca pôde ser adequadamente resolvida (assim como a decorrente distinção entre psicanálise e psicoterapia psicanalítica) porque todas as abordagens propostas utilizavam métodos de ciência aplicada. Ou seja, construíam suas concepções e procedimentos segundo o modelo médico de tratamento para obtenção da cura. O procedimento que considero "psicanálise" só teve possibilidade de separar-se claramente da "psicoterapia psicanalítica" – *ciência do tratamento psíquico* – quando, graças à evolução de Bion, o desejo da cura pôde ser abandonado. Não só abandonado, mas considerado um obstáculo, um risco, à consecução da psicanálise como *ciência da investigação psíquica*.

Iniciando o exame dos pontos em que psicanálise e psicoterapia psicanalítica concordam ou divergem, admito haver uma *total concordância na teoria básica* proposta por Freud, e alguma divergência nos desdobramentos propostos por seus continuadores. É na teoria básica que se fundamentam os métodos psicanalíticos ou psicoterápicos. Mas, porque *divergem completamente nos objetivos* (tratamento ou investigação), os métodos de abordagem *divergem*

---

3 "Não deve permitir que desejos de resultados, de 'cura' ou mesmo de compreensão proliferem" (Bion, 1967, p. 31).

parcialmente. Ou seja, concordam: no emprego da associação livre – e de sua contrapartida – a adoção da atenção livremente flutuante; na adoção da interpretação como meio de comunicar o entendimento dos processos inconscientes na composição do enquadre como meio de propiciar o desenvolvimento da situação analítica. Mas divergem parcialmente no modo de lidar com a transferência e com a resistência, por exemplo.

Em suma, se psicoterapia psicanalítica e psicanálise a) concordam na teoria básica; b) divergem parcialmente no método; e c) divergem completamente nos objetivos, suponho que a partir destes últimos, será preferível iniciar o exame dos aspectos em que concordam ou divergem os métodos de trabalho. Contudo, antes disso, e para que minhas considerações adquiram uma consistência mais definida, será útil ater-me a propósitos de ordem teórico-prática. Isto é, a prática clínica tem demonstrado que nem todos os pacientes precisam da mesma "psicoterapia psicanalítica". As pessoas que procuram ajuda distribuem-se em conjuntos de queixas e necessidades, abrangendo: 1) áreas de distúrbios estruturais da personalidade que acarretam distorções adaptativas mais amplas (e graves); e 2) outras pessoas – com personalidade mais integrada – apresentando dificuldades situacionais, com perturbações mais localizadas (e brandas). Não seria terapeuticamente adequado propor o mesmo modelo de psicoterapia psicanalítica para esses dois grupos com características de personalidade – e clínicas – distintas. Utilizando as concepções de Melanie Klein, admito que as pessoas que apresentam extensos pontos de fixação nos períodos evolutivos designados por posição esquizoparanoide e posição depressiva e têm características psicóticas ou neuroses estruturadas requereriam psicoterapia psicanalítica de "amplo espectro", utilizando proposta de Andrade (1995). E aos pacientes que elaboraram esses estágios evolutivos sem pontos de fixação extensos, necessitando de ajuda mais localizada, aplicar-se-ia a psicoterapia psicanalítica de "espectro restrito", na acepção do mesmo autor. Recentemente apresentei (Simon, 1996) uma proposta de redefinição de minha *Escala Diagnóstica Adaptativa Operacionalizada* (EDAO) (Simon, 1989), que pode auxiliar na indicação da modalidade de psicoterapia psicanalítica, segundo o diagnóstico adaptativo atribuído.[4]

Prefiro, uma vez adotada minha escala diagnóstica (EDAO), separar a psicoterapia psicanalítica em dois subgrupos: *psicoterapia psicanalítica para quadros graves*, indicada aos pacientes classificados nos grupos 4 (adaptação ineficaz severa) e 5 (adaptação ineficaz grave), e que provavelmente teriam fortes fixações evolutivas nas posições esquizoparanoide ou depressiva; e *psicoterapia psicanalítica para quadros medianos*, indicada a pacientes dos grupos 1 (adaptação eficaz), 2 (adaptação ineficaz leve) e 3 (adaptação ineficaz moderada), que provavelmente teriam superado evolutivamente as posições esquizoparanoide e depressiva sem intensas fixações. Adiante, quando apresentarei um esboço para reflexão sobre convergências e discordâncias, ficarão mais caracterizadas as discriminações entre os dois subgrupos de psicoterapia psicanalítica.

Enfim, apreciando os critérios de diferenciação entre psicanálise e psicoterapia psicanalítica que pude encontrar na literatura, nenhum me pareceu resolver o problema sem ambiguidade. Seja pelo enfrentamento ou evitação da neurose de transferência; seja pelo predomínio de procedimentos mais sugestivos ou mais

---

[4] Minha proposta compreende cinco diagnósticos estruturais baseados em critérios de eficácia da adaptação: grupo 1: *adaptação eficaz* (correspondente aos indivíduos com personalidade "normal", com raros sintomas neuróticos ou caracterológicos); grupo 2: *adaptação ineficaz leve* (pessoas com sintomas neuróticos brandos, ligeiros traços caracterológicos, algumas inibições); grupo 3: *adaptação ineficaz moderada* (sintomas neuróticos de mediana intensidade, inibição moderada, traços caracterológicos com alguma flexibilidade); grupo 4: *adaptação ineficaz severa* (sintomas neuróticos mais limitadores, inibições restritivas, rigidez de traços caracterológicos); grupo 5: *adaptação ineficaz grave* (pessoas com neuroses incapacitantes, borderlines, psicóticos não agudos, extrema rigidez caracterológica).

interpretativos; seja pela maior ou menor gravidade do quadro clínico; seja pela busca de maior ou menor alcance terapêutico, nenhum desses referenciais está livre de incoerências. De maneira paradoxal, a concepção de Freud, que dá margem às confusões anteriormente apontadas entre psicanálise como método de pesquisa e tratamento, é a que me parece fornecer o caminho para a discriminação mais límpida e esclarecedora, ou seja, a discriminação deve partir dos objetivos primordiais. A *psicanálise* estaria circunscrita ao âmbito da ciência pura, da busca desinteressada da verdade sobre o sujeito e suas relações intrapsíquicas, interpessoais e ambientais.[5] A *psicoterapia psicanalítica* adotaria o modelo médico de ciência aplicada, tratamento visando à cura, considerando que isso signifique remissão ou atenuação dos sintomas, reestruturação da personalidade, permitindo flexibilidade adaptativa, ou solução a problemas de ajustamento.

Os comentários e críticas levantados durante o 1º Encontro do Curso de Especialização em Psicoterapia Psicanalítica (realizado na USP, em São Paulo, em 18 de outubro de 1997) forneceram elementos para localizar pontos que requereriam mais esclarecimento. As objeções se concentraram no fato de que tanto a abordagem da psicanálise quanto a da psicoterapia psicanalítica trabalham com a busca do desconhecido, do inconsciente, e, portanto, não haveria divergências nesse aspecto essencial da pesquisa. Essas colocações ajudam-me a precisar um pouco mais a forma como entendo as divergências de método em ambas as abordagens. O desconhecido que interessa descobrir na psicoterapia psicanalítica é aquele que está vinculado aos conflitos inconscientes que sustentam a patologia (sintomas de várias ordens) e/ou a ineficácia

---

5 Poder-se-ia perguntar: onde o candidato à psicoterapeuta submetido à psicanálise iria aprender a exercer psicoterapia psicanalítica? Nos estudos sobre técnica e nas supervisões. O aprendizado definitivo seria por meio do paciente, que é o melhor dos mestres.

adaptativa (atitudes, posturas, traços caracterológicos). Uma vez circunscritos e trazidos ao conhecimento os fatores que influem no quadro clínico, e liberto o paciente das armadilhas dos processos patogênicos, fica atendida a demanda terapêutica, e não haverá mais necessidade de outras pesquisas aplicadas. A evolução clínica ditará a necessidade de mais trabalho ou a oportunidade da alta, a menos que o paciente queira agora ampliar o conhecimento geral sobre sua pessoa. E será então o caso de adotar um procedimento de pesquisa pura – a psicanálise – como aqui definida.

Outra objeção foi a de que as pessoas que buscam o autoconhecimento, ou a análise didática, são portadoras de vários processos psicopatológicos. E isso fatalmente surgiria durante o processo da psicanálise. Isso me permite acrescentar que o que diferencia as duas abordagens não é o diagnóstico clínico do pleiteante. É a motivação que o leva a buscar um procedimento ou outro. O sujeito interessado em se livrar de sintomas ou problemas de adaptação pede uma ajuda localizada, ou definida. Ainda que durante o processo surjam outros sintomas ou outras formas de inadequação, a pessoa quer ajuda para superar dificuldades específicas. E se, para resolvê-las, é preciso ir em busca das raízes inconscientes, estas só interessam ao trabalho psicoterápico à medida que permitem a compreensão dos conflitos inconscientes e que são encontradas soluções menos patológicas e mais eficazes.

Quanto aos aspectos psicopatogênicos das pessoas que procuram psicanálise, esses inevitavelmente serão abordados no processo de pesquisa pura. Eles não serão, porém, privilegiados. Não haverá o desejo de cura por parte do psicanalista. Apenas a procura do desconhecido naquele momento, seja qual for o modo pelo qual se apresente. É a ausência de intenção de chegar à compreensão, ou de produzir mudança, que caracteriza a postura de pesquisa preconizada por Bion – segundo eu a entendo. Por esse método, o analisando terá conhecimento das soluções inconscientes equivocadas, das confusões – sobre os mundos externo e interno – que sustentam sua patologia. Ele alterará suas distorções perceptivas. Mas esse não será o intuito da análise.[6] Também, e principalmente, ele adquirirá percepção de sua pessoa mais além da enfermidade: "por mares nunca dantes navegados", como disse o poeta. E, nessa busca desinteressada de pesquisa pura, terá ensejo de alcançar um conhecimento de si mesmo não determinado pela tirania do sofrimento psíquico. Haveria então uma oportunidade de descobrir e desenvolver potencialidades novas e insuspeitadas. Mas não haveria intenção deliberada de ir em busca de tesouros desconhecidos.

Até aqui, utilizei critérios clínicos para indicação de ambas as abordagens de psicoterapia psicanalítica. Para não parecer que estou na estratosfera especulativa, valeria considerar aspectos práticos e motivacionais. Sempre se cogitou ser o fator econômico o limitador da frequência semanal à análise. Mas, além desse, atualmente, dadas as dificuldades de locomoção nas grandes cidades, há que se considerar também o fator geográfico (localização domiciliar ou ocupacional dos pacientes), acarretando gasto de tempo

---

6 Poderia ocorrer uma situação de crise; por exemplo, um desequilíbrio econômico, a descoberta de uma infidelidade conjugal, a morte de um ente querido; ou uma promoção no trabalho desafiando a capacidade adaptativa do sujeito. Nesse caso, o interesse do analisando ficará totalmente voltado para a situação crítica. O analista, nesse momento, poderá continuar em uma postura de pesquisa pura, procurando investigar qual o sentido desconhecido que esse evento tem sobre as reações do analisando, embora este, seu "parceiro na pesquisa", esteja mais interessado em respostas do que na prospecção do novo. Ou poderá o analista adotar uma postura de pesquisa aplicada – cedendo a sua contratransferência, seu desejo de "curar" o analisando. Caso em que adotará uma diretriz de psicoterapia psicanalítica, ou de psicoterapia breve, no intuito de ajudar o "paciente" a encontrar uma saída rápida para a situação crítica. Ele terá sempre em mente a possibilidade de o analisando estar se utilizando da situação externa para realizar um empenho mais ou menos inconsciente de escapar a seu propósito de fazer psicanálise. E, uma vez superada a situação crítica, retornar à posição de pesquisa pura, se for possível (o que requereria, no mínimo, a autoanálise da contratransferência).

considerável entre ida e volta ao consultório do psicoterapeuta. Poucos teriam condições práticas para comparecer a mais de duas sessões semanais. Acrescem os fatores motivacionais: pacientes com grave ou severa ineficácia adaptativa poderiam não estar dispostos a comparecerem quatro a cinco sessões por semana, como seria tecnicamente desejável. Haverá que se optar descartá-los ou aceitar trabalhar em condições menos adequadas.

Por outro lado, um dado factual como o número de sessões semanais contratado com o paciente tem uma repercussão técnica decisiva. No caso de duas sessões semanais, por exemplo, o método permanece psicanalítico, mas a técnica sofre alterações para adequar-se à menor frequência de atendimento, como se sugere no esboço adiante. O próprio alcance do tratamento é restringido devido à dificuldade de elaborar a neurose de transferência e reduzir as angústias persecutória e depressiva. E, ainda, havendo menos tempo para trabalhá-la, aumenta o risco de *acting out*.

Caracterização das abordagens da psicoterapia psicanalítica

A experiência clínica mostrou-me – embora à primeira vista eu não tenha notado – que *o número de sessões por semana é o elemento organizador essencial da psicoterapia*. É a partir da frequência semanal que se trava a batalha principal do contrato psicoterápico. Essa determina quanto dinheiro o paciente tem de investir no tratamento. Quanto tempo de sua vida ele despenderá nesse processo. Quanto tempo paciente e psicoterapeuta estarão juntos semanalmente. Em consequência do número de sessões semanais, ordenam-se (se o que se procura é coerência) todos os outros elementos do processo psicoterápico.

Admito que o número de sessões por semana tem como um quase corolário o "nível de profundidade" das interpretações, como se verá a seguir. Assim, para facilitar o entendimento e resumir a comunicação, esses dois fatores – número de sessões por semana e nível de profundidade das interpretações – caracterizarão o que chamarei de "abordagem para quadros graves" e "abordagem para quadros medianos".

Abordagem para quadros graves

Frequência: quatro a cinco sessões por semana (o número de sessões por semana é determinado pela gravidade do caso, e não pela diferença entre psicanálise e psicoterapia psicanalítica). Profundidade das interpretações: geralmente a nível psicótico; isto é, fantasias, desejos, angústias e defesas compreendidos e comunicados a partir de situações das posições esquizoparanoide e depressiva, com a finalidade de remover as fixações e bloqueios nesses níveis e favorecer a evolução psíquica e integração da personalidade.

Abordagem para quadros medianos

Frequência: duas sessões por semana.[7] Profundidade das interpretações: geralmente a nível neurótico (no conceito de M. Klein

---

7 Estou projetando uma pesquisa – que contará com a colaboração de docentes e alunos do curso de especialização em psicoterapia psicanalítica (o tema já interessou vários profissionais e docentes de outras universidades após divulgação de meu "Projeto de pesquisa em psicoterapia psicanalítica" durante a apresentação no 2º Encontro do Curso de Especialização em Psicoterapia Psicanalítica, realizado na USP em 22 de outubro de 1998). Essa pesquisa servirá para verificar quais diferenças haveria em termos de transferência, resistências, evolução da personalidade, adaptação e variação de sintomas em função da frequência de atendimento de pacientes com uma ou duas vezes por semana. [Adendo: Essa pesquisa já foi concluída e seus resultados estão contidos no Capítulo XIV *A pesquisa possível em Psicoterapia Psicanalítica: Uma ou duas sessões semanais?* e

sobre "neuroses infantis", entendidas como recursos defensivos contra angústias paranoides e depressivas não elaboradas suficientemente nas posições evolutivas correspondentes), visto que, tratando-se de quadros medianos, os pontos de fixação nas posições evolutivas dos primeiros meses de vida não teriam provocado bloqueios rígidos. Consequentemente, as interpretações transferenciais far-se-ão preferencialmente a nível de profundidade neurótica. Se houver sistematicamente interpretações profundas, com duas sessões semanais surgirá o risco de liberar angústias intensas que, não sendo trabalhadas a tempo na relação psicoterápica, facilitarão a ocorrência de *acting outs*. Quando o paciente apresentar quadro grave e o terapeuta aceitar atendê-lo com duas sessões semanais, o manejo psicoterápico se fará enfatizando abordagens de psicoterapia suportiva (vide item 3).

Existem dificuldades específicas para as modalidades de psicoterapia psicanalítica para quadros graves ou medianos. A psicoterapia psicanalítica para quadros medianos exige do analista destreza nas intervenções e capacidade de abarcar situações de grande complexidade envolvendo relações interpessoais e psicossociais.

A psicoterapia psicanalítica para quadros graves, embora não exija tanta rapidez nas intervenções e manejo de complexidades extratransferenciais, implica a continência, por tempo prolongado, de fortes tensões afetivas provocadas pelas regressões a níveis psicóticos.

Em suma, se aceitamos a psicoterapia psicanalítica como tratamento visando à cura,[8] a opção da forma de abordagem necessaria-

---

publicada em meu livro *Psicoterapia Psicanalítica – Concepção Original*. S. Paulo: Casa do Psicólogo, 2010.]
8 Em uma prova escrita recente para estudantes do curso de especialização em psicoterapia psicanalítica, chamou-me atenção o número de vezes em que os alunos psicoterapeutas se sentiram culpados pelo não desenvolvimento do paciente. Por exemplo, o paciente dizia: "faz tempo que estou vindo aqui e não

mente levará em conta o diagnóstico adaptativo (ou outro tipo de classificação psicopatológica).

Com o intuito de fornecer material para reflexão e eventual utilização das concepções aqui abordadas, citarei a seguir tópicos e critérios correspondentes.

Esboço de caracterização de concordâncias e divergências entre psicanálise e psicoterapias psicanalíticas

1) Indicações

Psicanálise. Pessoas que procuram o conhecimento de si mesmas. Pessoas que pretendem formação em psicanálise ou psicoterapia psicanalítica. Pessoas que iniciaram psicoterapia psicanalítica e, superados os problemas da queixa, querem continuar o atendimento.

Psicoterapia psicanalítica qg.[9] De preferência pessoas com diagnósticos de adaptação ineficaz grave (grupo 5) ou severa (grupo 4).

---

estou melhorando nada. O tratamento não está adiantando", ou algo semelhante. Pelo relatório da sessão, era possível notar que o psicoterapeuta se sentia culpado pela falta de progresso e tentava se justificar de algum modo. Suponho gerar alguma confusão a expressão "psicoterapia psicanalítica como tratamento visando à cura". A responsabilidade do psicoterapeuta é pelo *tratamento*. Ele dará o melhor de seus esforços e conhecimento profissional disponíveis para *tratar* o paciente. Cabe ao paciente *utilizar* o tratamento para obter a cura (remissão dos sintomas, evolução pessoal, ajustamento mais adequado). O tratamento visa à cura; mas quem se cura (ou não), seja por culpa inexorável, seja por excessiva competição invejosa, ou incapacidade de elaboração, é o paciente.

9   qg = quadros graves.

Psicoterapia psicanalítica qm.[10] De preferência pessoas com diagnósticos de adaptação eficaz (grupo 1), ineficaz leve (grupo 2) ou moderada (grupo 3).

2) Objetivos

Psicanálise. Investigação sobre a personalidade do sujeito, com o intuito de aproximação da verdade desconhecida por meio da *rêverie* do analista, mediante a disciplina de observar sem memória e sem desejo (Bion).[11]

Psicoterapia psicanalítica qg. Evolução da personalidade, trabalhando as defesas arcaicas, proporcionando maior integração psíquica, permitindo a utilização de potencialidades latentes; melhoria de sintomas (psicológicos e psicossomáticos) e atenuação da rigidez de traços da personalidade.

Psicoterapia psicanalítica qm. Remoção dos sintomas (psicológicos ou psicossomáticos) ou alívio destes. Maior flexibilidade de traços da personalidade. Solução a problemas de ajustamento, diminuição das inibições ou ineficácia adaptativa, proporcionando relativa evolução da personalidade.

3) Uso de coadjuvantes

Psicanálise. Não usa.

Psicoterapia psicanalítica qg. Geralmente não usa psicotrópicos como coadjuvantes, porque estes encobrem as angústias e

---

10 qm = quadros medianos.
11 "O único elemento de importância em qualquer sessão é o desconhecido" (Bion, 1967, p. 31).

obscurecem o conflito entre impulsos, sentimentos e defesas. É preferível manejar as defesas no campo da neurose ou psicose de transferência para obter mudanças estruturais em vez de paralisação artificial do conflito.

Psicoterapia psicanalítica qm. Geralmente dispensáveis, visto que a indicação compreende quadros medianos. Raramente realiza entrevista com familiares para lidar com problemas de ajustamento. Desnecessário o acompanhamento psiquiátrico se a adaptação é eficaz, ou ineficaz leve ou moderada. Todavia, haverá pessoas com *quadro grave* que, por dificuldade econômica, geográfica ou motivacional, só comportam atendimento *uma* ou *duas vezes* por semana. Quando do atendimento de pessoas com adaptação ineficaz severa ou grave, serão requeridas mudanças técnicas. Aprofundamento das interpretações apenas para compreensão e controle dos sintomas. Manejo das crises de angústia geralmente com técnicas suportivas (reasseguramento, sugestão, persuasão, orientação, eventualmente intervenção familiar). Interpretação da psicose de transferência apenas para contornar os silêncios, o negativismo, para retomada da colaboração no trabalho psicoterápico. Quando houver excesso de angústia e dificuldades de sono, uso limitado de psicotrópicos (indicando psiquiatra da confiança do psicoterapeuta) para evitar insônia grave e irrupção de estados confusionais.

4) Associações livres x diretividade

Psicanálise. Não diretividade. Associações deixadas a evoluir espontaneamente.

Psicoterapia psicanalítica qg. Não diretividade. Associações deixadas a evoluir espontaneamente. Se as associações parecem não levar a lugar algum, uso de interpretações sobre a resistência transferencial.

Psicoterapia psicanalítica qm. Semidiretividade. Deixar as associações livres enquanto elas evoluírem em torno de tema relevante. Se as associações caminham para um rumo que as distancia do problema emergente, trazer o assunto novamente à baila. Eventualmente, uso de interpretações transferenciais para superar as resistências ao trabalho terapêutico.

5) Uso do divã

Psicanálise. Deixar à escolha do analisando.

Psicoterapia psicanalítica qg. Deve ser utilizado sempre. A resistência ao uso do divã deve ser interpretada (geralmente persecutória). O analisando estará sentado face a face quando a angústia persecutória for intensa.

Psicoterapia psicanalítica qm. Preferivelmente deve ser utilizado. Eventualmente o analisando estará sentado quando a angústia persecutória for intensa.

6) Frequência semanal

Psicanálise. Três sessões semanais. Não há intuito de provocar, nem de reduzir, a neurose de transferência. Para um trabalho de investigação psíquica sistemática, serão suficientes sessões em dias alternados.

Psicoterapia psicanalítica qg. De preferência quatro a cinco sessões semanais, devido à necessidade de estimular a neurose (ou psicose) de transferência e tratar o distúrbio artificial dentro da relação psicoterápica (vide "abordagem para quadros graves" que descrevi anteriormente).

Psicoterapia psicanalítica qm. De preferência duas sessões semanais, visto ser o paciente mais integrado, tolerando melhor as separações e privações, não havendo intuito de estimular a neurose de transferência. A ênfase se localiza na compreensão dos dinamismos inconscientes que interferem nas relações cotidianas (vide "abordagem para quadros medianos" que descrevi anteriormente).

7) *Manejo da transferência*

Psicanálise. Trabalho exclusivamente no aqui e agora. O dado que interessa é aquele que pode ser observado conjuntamente por analista e analisando.

Psicoterapia psicanalítica qg. Dá mais ênfase no aqui e agora com o analista (não evita o lá e então; isto é, fica fora da relação analítica referente a outras pessoas). *Interpretações transferenciais procuram o nível psicótico.*

Psicoterapia psicanalítica qm. Distribui a atenção entre o aqui e agora e o lá e então. *Interpretações transferenciais mantidas a nível neurótico* (abordando defesas como repressão, formação reativa, racionalização, intelectualização). Ajuda o paciente a ver de outro ângulo suas relações atuais ou passadas. Ou seja, além de interpretações, o psicoterapeuta faz clarificações para o paciente sair de um obstinado egocentrismo e conseguir ver a relação interpessoal do ponto de vista do outro, desenvolvendo a empatia. Propor conjecturas sobre uma provável transferência na relação extra-analítica, sugerindo que poderia estar "percebendo" no outro alguém que pertenceu ao passado do paciente, e, ainda, confundindo os pais ou parentes atuais com as "imagos" dos pais e parentes da infância.

8) Neurose (e psicose) de transferência

Psicanálise. Não estimulada. Utilizada, quando surge, para ampliação do conhecimento da parte psicótica da personalidade.

Psicoterapia psicanalítica qg. Estimulada em decorrência da ênfase no aqui e agora. Permite traçar a origem e a evolução dos dinamismos psicopatológicos. Constitui o grande campo em que se desenvolve a batalha terapêutica.

Psicoterapia psicanalítica qm. Não estimulada. Evitada, se possível. Quando surge, mostrar as confusões entre o terapeuta "sentido" e o terapeuta "real" (a não estimulação da neurose – ou psicose – de transferência evita o alongamento da psicoterapia, o que só teria sentido se o objetivo fosse uma ampla reconstrução da personalidade, requerida nos quadros graves).

9) Transferência positiva

Psicanálise. Deixa que se desenvolva espontaneamente.

Psicoterapia psicanalítica qg. Estimulada a desenvolver-se a partir da atmosfera de interesse e consideração. Utilizada para superação das resistências.

Psicoterapia psicanalítica qm. Preferível estimulá-la, enfatizando atitudes e emoções positivas no relacionamento com o terapeuta. Atenção para sinais de dissociação da transferência positiva para o psicoterapeuta e negativa nas outras relações relevantes. Nesse caso, trazer para a relação com o terapeuta a transferência negativa dissociada, interpretando o deslocamento como forma de preservar uma relação idealizada.

10) Transferência negativa

Psicanálise. Aceita como surge, sendo empregada para conhecimento dos processos de transformações em alucinose por meio de identificações projetivas e *acting outs*.

Psicoterapia psicanalítica qg. Interpretada sistematicamente. Seu não reconhecimento implícito levaria a impasse terapêutico.

Psicoterapia psicanalítica qm. Cuidado para não a estimular (com atitudes muito formais, neutras ou distantes). Quando surge, trabalhá-la, se necessário, em termos da situação real. Manejá-la com interpretações, procurando desvendar suas relações com o passado ou que se referem a distorções perceptivas do psicoterapeuta no aqui e agora.

11) Interpretação

Psicanálise. Utilizada para dar conhecimento do novo e do desconhecido, ou dos mecanismos empregados para manter a mentira, visando evitar a dor da verdade sobre a pessoa e suas relações com o analista e com a realidade.

Psicoterapia psicanalítica qg. Focalizada na análise da transferência e da resistência. Tradução dos motivos inconscientes, das emoções emergentes no momento e baseadas nas associações livres (uso de "construções" no intuito de compreender as origens genéticas – históricas – dos conflitos). Interpretações que alcançam o "nível psicótico" (vide "abordagem para quadros graves" que descrevi anteriormente).

Psicoterapia psicanalítica qm. Interpretações dirigidas de preferência a situações-problema atuais. Interpretações transferenciais para reduzir a idealização do terapeuta ou a intensidade da transferência negativa. O rastreamento de situações do passado é circunscrito à compreensão das dificuldades atuais. Interpretação das camadas menos profundamente reprimidas dos conflitos, visando à compreensão das soluções pouco adequadas do paciente. Embora a comunicação interpretativa se dê a níveis neuróticos de profundidade, é necessário que a compreensão do material pelo psicoterapeuta mergulhe até os níveis psicóticos para ter clareza de quais angústias e defesas estão operando no momento, visando apurar a precisão sobre o alvo.

12) Silêncios

Psicanálise. Deixa-os permanecerem. Interrompe-o quando alguma intuição sugere uma descoberta.

Psicoterapia psicanalítica qg. Quando associados a angústias, ligar as dificuldades de verbalizar a prováveis perturbações da relação transferencial.

Psicoterapia psicanalítica qm. Se não surgem associações, intervir para romper o silêncio. Se necessário, trabalhar o silêncio angustioso em termos de possíveis dificuldades transferenciais. Se o silêncio sugere elaboração reflexiva ou gratificação de desejos regressivos, deixá-lo perdurar por volta de dez a quinze minutos.

13) Sonhos

Psicanálise. Informam sobre o grau de integridade da "função-α" e do estado da "barreira de contato", bem como da interação consciente-inconsciente.

Psicoterapia psicanalítica qg. Utilização como elemento associativo, permitindo o desvendamento do inconsciente e seus processos, proporcionando indícios sobre hipóteses relativas à gênese e à estrutura do aparelho psíquico, relações do *self* com os objetos internos e externos, evoluções da situação analítica.

Psicoterapia psicanalítica qm. Utilizados como elementos de esclarecimento de dados referentes à origem dos fatores patogênicos que instalam e sustentam sintomas, traços de personalidade e permitem a compreensão mais profunda dos problemas adaptativos passados e atuais. Eventualmente são úteis para esclarecer aspectos da relação com o terapeuta.

14) Duração

Psicanálise. Indeterminada.

Psicoterapia psicanalítica qg. Indeterminada. Geralmente mais de cinco anos.

Psicoterapia psicanalítica qm. De dois a três anos, de preferência. Se houver necessidade, estendê-la para algo em torno de cinco anos.

15) Alta

Psicanálise. Não visando à cura, a alta não é cogitada.

Psicoterapia psicanalítica qg. É esperado que surja espontaneamente como desejo do analisando ou do analista, e que seja discutida em termos da relação transferencial. Idealmente, a transferência teria que se dissipar; as defesas e bloqueios patológicos serem superados; os sintomas, dissolvidos; teria que haver uma ampla integração da personalidade, sem risco de recaída, em condições normais.

Psicoterapia psicanalítica qm. Havendo melhora da eficácia de adaptação e remissão ou atenuação considerável dos sintomas, alcançados os objetivos iniciais da terapia, o paciente está apto para a alta. Esta é discutida em relação à evolução clínica e a da personalidade. Se o paciente quiser aprofundar o autoconhecimento, propor psicanálise ou encaminhá-lo a um psicanalista.

Referências

Alexander, F. (1954). Psychoanalysis and psychotherapy. *Journal of the American Psychoanalytic Association, 2*, 722-733.

Andrade, V. M. (1995). Psicanálise, psicoterapia e transferência. *Revista Brasileira de Psicanálise, 29* (2), 365-380.

Bibring, E. (1954). Psychoanalysis and the dynamic psychotherapies. *Journal of the American Psychoanalytic Association, 2*, 722-733.

Bion, W. R. (1962). *Learning from experience.* Londres: Heinemann.

Bion, W. R. (1967). *Second thoughts.* Nova York: J. Aronson.

Bion, W. R. (1990). Notas sobre memória e desejo. In E. B. Spillius (ed.). *Melanie Klein hoje* (Vol. 2). Rio de Janeiro: Imago. (Trabalho original publicado em 1967)

Freud, S. (1969). Recomendações aos médicos que exercem a psicanálise. In S. Freud, *Edição Standard Brasileira das obras psicológicas completas de Sigmund Freud* (Vol. 12). Rio de Janeiro: Imago. (Trabalho original publicado em 1912)

Freud, S. (1973a). Lines of advance in psychoanalytic therapy. In S. Freud, *The Standard Edition of the Complete Psychological Works of Sigmund Freud* (Vol. 17). Londres: Hogarth. (Trabalho original publicado em 1919)

Freud, S. (1973b). On psychoanalysis. In S. Freud, *The Standard Edition of the Complete Psychological Works of Sigmund Freud* (Vol. 12). Londres: Hogarth. (Trabalho original publicado em 1913)

Freud, S. (1973c). On psychotherapy. In S. Freud, *The Standard Edition of the Complete Psychological Works of Sigmund Freud*). Londres: Hogarth. (Trabalho original publicado em 1905)

Klein, M. (1948). Early stages of the oedipus conflict. In M. Klein, *Contributions to psychoanalysis*. London: Hogarth. (Trabalho original publicado em 1928)

Rangel, L. (1954). Similarities and differences between psychoanalysis and dynamic psychotherapy. *Journal of the American Psychoanalytic Association*, 2, 734-44.

Rosenfeld, H. (1965). *Psychotic states*. London: Hogarth.

Simon, R. (1989). *Psicologia clínica preventiva*. São Paulo: Editora Pedagógica Universitária (EPU). (Trabalho original publicado em 1983)

Sobre o senso comum

Luiz Tenório Oliveira Lima
Uraci Simões Ramos
Cláudia Starzynski Bacchi

As reflexões que são objeto dessa comunicação vinculam-se à existência de um grupo de estudos cuja duração já data de muitos anos e que recentemente vem se ocupando de estudar os escritos de Bion.[1] No último ano, começamos a estudar as "cogitações", e, justamente o tópico que emerge logo no início, que é o senso comum, despertou muita curiosidade e gerou muitas controvérsias. As anotações que então fizemos serviram de base para elaborarmos a apresentação que faremos hoje, a convite da comissão organizadora do Encontro Bion 2∞4 São Paulo.

O que pretendemos expor envolve três aspectos ou vértices, que foram os mais relevantes em nossas discussões. Um primeiro ponto a ser destacado é que essa noção do senso comum, como exposta por Bion, parece comportar certas ambiguidades que

---
1   Fazem parte desse grupo: Luiz Tenório Oliveira Lima, Regina Maria Ferreira de Almeida, Regina Gianesi, Dora Tognolli, Mônica Fonseca, Cláudia Starzynski Bacchi, Uraci Simões Ramos, Nélio Wanderley Sacramento e Orlando de Marco; eles são coautores deste trabalho por serem colaboradores ativos em todo processo de produção de conhecimento.

estão presentes no conceito e que o autor parece manter deliberadamente. Essa foi uma apreensão ou um entendimento a que chegamos não como uma conclusão inequívoca, mas devido aos vários planos ou camadas que identificamos na forma como Bion trata esse tema.

Uma primeira tarefa que se impõe é, portanto, fazer uma discriminação dessas camadas do senso comum no "senso comum". Um elemento adicional que é preciso destacar é que, em português, a expressão senso comum não é inteiramente equivalente à noção de *common sense* da língua inglesa, na qual se trata de um saber compartilhado decorrente da tradição, dos costumes, das normas internalizadas e da experiência grupal, que exerce uma função coercitiva sobre o grupo. Seu significado em português aproxima-se mais daquele da língua francesa e das línguas latinas em geral.

Assim, antes de chegarmos à noção de Bion, podemos dizer, como um ponto de vista nosso, que o trabalho analítico se faz perfurando essa camada do senso comum. Um exemplo muito simples dessa afirmação pode ser observado quando nosso paciente entra na sala de análise e nos cumprimenta com aparente intimidade. Quer respondamos – de forma sóbria – ou não ao cumprimento, nossa resposta não está no mesmo plano em que as relações sociais se dão fora da sala de análise. O campo de uma relação psicanalítica constitui-se à margem do "senso comum" – como se este fosse o barulho, a algazarra, a luminosidade que atrapalham a observação do desconhecido.

A importância de atentarmos para essa noção de "senso comum" reside no fato de que, por um lado, ela se constitui em uma fonte de reasseguramento para o grupo; é ela que mede a "temperatura" do grupo, que indica a adequação do indivíduo em sua relação com este; mas, por outro lado, pode se tornar uma força obstrutiva, coercitiva, que se opõe aos movimentos inventivos que possam envolver conhecimento novo, criação e mudança.

De alguma maneira, isso é captado e denunciado por artistas, poetas e escritores, sendo objeto de muitas tematizações por parte deles. Isso é ilustrado, por exemplo, no clássico romance de Gustave Flaubert, *Bouvard e Pecuchet*, em que o autor, por meio desses dois personagens interessantíssimos e ao mesmo tempo ridículos, faz uma sátira ao culto da ciência mal entendida.

Um outro exemplo literário e paradigmático dessa noção de "senso comum" operativo no plano político, conceitual e no nível dos costumes é o clássico personagem shakespeariano do drama de Hamlet, Polônio, cujas falas são a imagem do senso comum. Estou me referindo especificamente à fala em que Polônio está encaminhando seu filho Laertes para Paris, com recomendações sobre os bons costumes que se esperaria de um jovem com vistas ao sucesso. É uma fala que se atém ao mundo das aparências, da sensorialidade e dos valores compartilhados, e é, também, a expressão da relação do indivíduo com o grupo. Essa adesão absoluta do indivíduo ao grupo termina por colocá-lo em uma relação de platitude com o grupo, que pode ser desastrosa. No caso de Polônio, embora imbuído das ideias mais sensatas e das intenções as mais razoáveis, ele vai pouco a pouco instaurando o desastre, inclusive o suicídio de sua filha Ofélia.

Um outro aspecto ligado ao senso comum no sentido usual é que qualquer manifestação que escape do que é compartilhado como sensato é considerado não humano, é rejeitado como anômalo. É como se houvesse no senso comum uma espécie de critério muito rígido sobre o que é anômalo e o que é normal. Anômalo, para não dizer patológico. Esse tipo de visão conduz, naturalmente, à intolerância, ao preconceito, à falta de compaixão, à dificuldade de acolher a alteridade, na medida em que passa a predominar fortemente a visão do grupo.

Em alguns momentos, ao nos diferenciarmos do "senso comum", acabamos por engendrar outro senso comum: um senso comum cultivado, que se torna normativo no sentido de orientar as escolhas do sujeito. Estamos nos referindo a parâmetros do que seria uma estética de mau gosto ou uma estética de gosto refinado, que resultam na produção de estereótipos e terminam funcionando como preconceitos, e que de certa forma nos cegam para o brilho que pode aparecer em algo que, em relação a um modelo ou pauta ideal do senso comum cultivado, pode parecer degradado. Então, há muitos artistas e criadores que justamente trabalham garimpando aquilo que é rejeitado pelo senso comum cultivado, e, eventualmente, nos revelam maravilhas. É como se o senso comum fosse uma camada de poeira, fazendo com que fosse necessário estar sempre espanando, sob pena de toldarmos nossa visão pelos hábitos e costumes compartilhados pelo grupo.

Ainda dentro dessa ideia de senso comum cultivado, entre analistas, por exemplo, existe igualmente um senso comum psicanalítico que é compartilhado em diferentes graus, conforme os sistemas de referência que utilizamos ou os grupos a que pertencemos.

O segundo aspecto que enfatizaríamos diz respeito à operação do senso comum no próprio paciente. Tomemos o caso citado por Bion: o paciente vê sangue em todo lugar, mas percebe a estranheza do que está dizendo, pois parece notar que os outros não veem como ele.

Para a abordagem desse segundo vértice, propomos ler o que o autor nos diz na página 23 de suas "cogitações", em que ele se pergunta sobre o que vem a ser "senso comum":

> *este problema não tem recebido atenção suficiente pois, sem a teoria e a técnica psicanalíticas modernas, não é possível fazermos qualquer abordagem útil da questão ou talvez até mesmo nos apercebermos de que um fenômeno muito significativo está incluso no termo senso comum que é, ele próprio, uma impressionante emanação do senso comum.*

Ou, mais adiante:

> *Para evitar uma discussão excessivamente detalhada, proponho que agora possamos dizer que o senso comum é um termo empregado comumente abrangendo experiências nas quais o orador sente que seus contemporâneos, indivíduos que ele conhece, irão sustentar sem hesitação e de comum acordo o ponto de vista que ele apresentou. O senso comum, o mais elevado fator em comum do sensório, por assim dizer, sustentaria o ponto de vista que os seus sentidos veiculam. Além do mais o orador tem o sentimento de certeza, de confiança, associado à crença de que todos os seus sentidos estão em harmonia, cada um se apoiando na evidência fornecida pelos outros. Também nesta acepção, privativa do próprio indivíduo, ele sente que o termo "senso comum" é uma descrição adequada, que abrange uma experiência que sentiu estar apoiada por todos os sentidos, sem desarmonia. Como contraste, pode citar a experiência na qual uma impressão táctil de, digamos, veludo – repentina e imprevista – dá origem à ideia de um animal, ideia que, então, tem que ser confirmada ou refutada pela*

> *visão; e, assim, espera-se, o ponto de vista do senso comum é adquirido. Poderíamos dizer que até aqui o ponto de vista do paciente concorda essencialmente com o ponto de vista estritamente científico ... Uma vez que ele está se referindo às qualidades sensoriais que vão definir o lugar sensorial do paciente no mundo.*

Ao romper com esse elemento, é possível para o analista estabelecer uma ponte com o paciente que possibilite à dupla compartilhar uma experiência inusitada, criando a possibilidade de que essa ponte conecte aquele paciente que sabe que suas vivências, seus estados alucinatórios, não pertencem ao senso comum. O paciente gostaria de "estar" no senso comum em vez de ter as sensações e vivências que tem, das quais se envergonha porque sabe que existe um senso comum que não vai compartilhá-las com ele – pois o compartilhar sensorialmente, que é a base de tudo aquilo que nos constitui como indivíduos no grupo e em nossa relação com o grupo, é o que nos dá uma sensação mínima de conforto, de bem-estar, de inteireza. Exatamente essa relação – que é justamente sensorial e perceptiva – é a mais falha do mundo, mas é a única de que dispomos.

O terceiro ponto de minha comunicação está relacionado às dificuldades com as linguagens, com os sistemas de comunicação entre as pessoas no grupo e da pessoa com ela própria. E, na análise, a questão da comunicação do analista com o seu analisando.

Há uma anedota, uma *boutade*, que se atribui a Bernard Shaw, mencionada por Bion, que diz que entre ingleses e americanos há tudo em comum, menos a língua.

Então, apenas para exemplificar, o psicanalista, na relação com seu analisando, pode fazer uma interpretação perfeitamente correta do ponto de vista de seu sistema de referência teórico, mas ela não será alcançada pelo paciente, nem produzirá *insight*, pois o paciente está em um outro plano que não é apreendido pela interpretação. Pode ser uma interpretação correta, mas está dentro de um senso comum psicanalítico e de um senso comum que não pode entender ou aceitar aquela linguagem que o paciente está manifestando corporal, psíquica ou verbalmente.

Penso que muitos dos mal-entendidos presentes em nossas comunicações institucionais podem estar relacionados com essa noção de senso comum e do quanto estamos mergulhados nesse mar de signos compartilhados. Naturalmente, existem outras formas de se aproximar dessa questão da comunicação, como a da escola de Palo Alto. Mas a preocupação de Bion é com a comunicação entre analisando e analista, e com as teorias do analista compartilhadas com seu grupo, com sua instituição.

Uma outra questão envolvendo o senso comum é o medo da loucura: o sentimento de não estar compartilhando impressões sensoriais básicas com seus pares, com o grupo, inclusive no plano corporal e físico. Na verdade, essa situação emocional está vinculada à vivência de solidão e de desamparo, próprias da condição humana, e à possibilidade de poder ou não ser tolerada. A análise oferece uma possibilidade de a pessoa poder desenvolver a capacidade de tolerar o fato de ser só para poder compartilhar. Terminamos com esse paradoxo.

Produções oníricas e expansões de continência psíquica e do pensar na análise de um adolescente[1]

Teresa Rocha Leite Haudenschild

Introdução

Para Bion, o desenvolvimento de uma personalidade se dá à medida que o sujeito possa pensar suas experiências emocionais em vez de evadir-se delas. Para isso ele necessita, no início da vida, de uma mãe com capacidade de *rêverie* (Bion, 1962): capacidade psíquica de acolher, metabolizar e devolver transformadas ao bebê as primitivas experiências afetivas que ele projeta nela, agora já com um sentido emocional. É com a introjeção desse objeto continente que o sujeito constitui sua autocontinência emocional, seu continente mental. Como fatores constitucionais, Bion aponta o amor à verdade e a tolerância à frustração como predominantes na decisão do sujeito evadir-se ou enfrentar a realidade interna e externa. Se ele tolera a insatisfação inerente à realidade (insatisfação necessária, portanto), pode, então mais facilmente, abdicar do sensorial pelo mental, do concreto pela representação, pelo pensamento.

---

[1] Prêmio "Niños y adolescentes" do XXVIII Congresso da Fepal, em Bogotá, 2010. Publicado em 2010 na *Revista Brasileira de Psicanálise, 44* (4), 37-58

Bion postula, ainda, que um dos requisitos para que a *rêverie* materna seja utilizada com o filho, é o "amor da mãe pelo pai". Se o analista funciona na análise como esse objeto-mãe, que recebe quaisquer conteúdos nele projetados, precisa também ter predominantemente amor pelo "pai": ter um espaço em sua realidade psíquica para o outro, o desconhecido, o novo.

O terror ao novo é colocado por Bion como inerente à mente humana, ainda despreparada para o pensar. Para Ferro (1997), o acolhimento do terror, do medo anterior ao recalcado, seria mais importante até que o da agressividade, constituindo a narração e as "holografias afetivas" (Ferro, 1992; 1997), o meio transformador que esses sentimentos (e outras emoções) encontram para se expressar. É pela constatação e nomeação desses sentimentos que o sujeito pode, aos poucos, se apropriar de seus próprios recursos e ganhar continência psíquica, ganhando repertório onírico e capacidade para pensar suas experiências emocionais.

Na análise de Pedro, essas holografias e narrativas vão aparecendo, maturadas no encontro analítico, como metáforas das experiências emocionais vividas naquele momento da análise, como reelaborações de experiências anteriores ou surgindo pela primeira vez.

A compreensão afetiva dessas experiências, desde que não saturada, abre, aos poucos, caminhos para o enfrentamento do desconhecido vir-a-ser do analisando e do analista, no aqui-e-agora de cada sessão.

O foco deste trabalho não é a minha maneira de trabalhar clinicamente, mas as produções oníricas de Pedro durante o processo analítico: narrativas e sonhos trazidos no término de patamares de elaboração, como a última frase de um capítulo, que ao mesmo tempo termina e abre o espaço para novas elaborações, a do capítulo seguinte (D. Quinodoz, 1994). Aparecidas no aqui-e-agora da situação analítica, essas produções indicam que elaborações importantes chegaram a termo, ao mesmo tempo que trazem claramente à luz angústias e fantasias inconscientes primitivas, assim como defesas e conflitos, que podem assim ser reelaborados minuciosamente, em um segundo tempo. O critério foi, portanto, focalizar essas produções de Pedro que, como *fatos selecionados* (Bion, 1962), emergiram durante o processo analítico, permitindo sua evolução.

Compreensão afetiva na análise do adolescente

Penso (cf. Rolla, 1974) que o adolescente dispõe de maturidade motora genital e maturidade intelectual e ideativa, mas carece de maturidade afetivo-emocional. A genitalidade e a coordenação motora estriada são postas a serviço do ideativo, não estão ainda relacionadas a um comando afetivo. Este só poderia advir com a compreensão afetiva das relações, num campo que possibilite "demorar a ação pelo tempo necessário para a tomada de conhecimento dos fenômenos, o estudo deles, a configuração de alternativas" (p. 109), convenientes ou não, um tempo de espera...

Que campo seria mais propício para isso que o campo da análise?

A apropriação e compreensão afetiva de sua sexualidade masculina vão aparecer como elaboração recorrente nas construções oníricas de Pedro no campo da relação analítica, nas minhas construções e reconstruções partilhadas por nós.

A análise de Pedro

Pedro

Pedro vem para a análise devido à preocupação da mãe por ele andar com a "turma da bagunça" na escola; ela estava temerosa com a possibilidade do uso de drogas. Ele é um rapaz forte, aloirado, que, ao iniciar a análise, estava com 15 anos e 10 meses, e atualmente está com 18 anos e 6 meses. Nasceu de uma relação ocasional e viveu com os pais até os 18 meses. A partir daí viveu com os avós maternos em outro estado, separado da mãe até os 13 anos, quando, por resolução própria, resolveu procurá-la, pois "só a conhecia por fotos" enviadas por ela. O pai, com quem não tinha contato, lhe telefona no dia de seu aniversário de 18 anos, convidando-o para passar as férias de verão em sua cidade (onde Pedro nasceu). Atualmente ele mora com a mãe, a quem chama de Beth, o padrasto Francisco e a irmãzinha de 9 anos. Continua a chamar os avós de pai e mãe.

Desde o primeiro encontro, Pedro parece contente em encontrar um espaço de atenção e escuta psíquicas para ele. Concorda em vir três vezes por semana, passando a vir quatro vezes após um ano e meio de trabalho.

Na apresentação clínica que farei a seguir, vamos acompanhar, no curso da análise de Pedro, como ele, por meio da compreensão dos afetos confusos e/ou extremamente ambivalentes em relação à analista, expande, pouco a pouco, sua continência psíquica, expansão expressa por produções oníricas que vão pontuando o processo analítico. Essas produções seriam como que *construções* (Greenacre, 1983) suas, abrindo passo para construções minhas e *reconstruções* nossas, juntando o infantil ao atual e pondo em marcha o processo analítico.

Primeiro período: (dos 16 aos 17 anos)

Primeiro semestre: resgatando vivências sonoras e silenciosas

Em contraste com as entrevistas, em que se mostra falante, contando sobre sua vida e suas relações com a família e amigos, Pedro passa as primeiras sessões praticamente em silêncio, um silêncio expectante. Abre-se aos poucos para um contato íntimo consigo mesmo neste espaço de que dispomos. Acompanho-o.

Pedro chega, deita-se no divã, sempre com a perna esquerda estendida e a direita flexionada, com o pé no chão, em direção à porta, como que se entregando por um lado e, por outro, mantendo-se pronto para sair. Passa a mão direita pelo cabelo, alisando-o com os dedos. Alternadamente, com os dedos da mão esquerda, sente a textura da minha parede. Parece tranquilo, mas um pouco tenso.

Espero sempre que ele comece a falar. Fala-me do som dos pássaros – distingue-os todos pelos nomes –, do som dos ônibus distantes, do apito do trem. Assusta-se, de repente, com o som de uma pedreira, cuja explosão regularmente se dá no meio de sua última sessão da semana.

Digo-lhe, então, que ele parece estar assustado de estar ali comigo, para ambos escutarmos o que se passa dentro dele. Que assim como há sentimentos conhecidos, como os sons dos pássaros que ele distingue tão bem, há sentimentos desconhecidos, assustadores, como esse som estranho. Será que eu poderia acolher o seu susto e juntos procurarmos compreender o que estava acontecendo?

O padrão das sessões se repete nas semanas seguintes, em que o silêncio perdura. Ora o sinto como um homem, temeroso do que pode surgir ali na relação comigo, ora como uma criança muito pequena. Em ambos, curiosidade e temor. Há dias em que a atmosfera é tensa, em outros, triste, mas predominantemente o clima é de confiança e cooperação, em que ele parece estar se abrindo para uma relação mental íntima, intra e interpsíquica.

Contratransferencialmente, ora sinto-me como a mãe de uma criança muito pequena que mal fala, mas que move as mãos, olha e – principalmente – escuta, ora sinto-me como uma mulher perante um homem adolescente, temeroso de sua sexualidade. Comunico--lhe essas impressões à medida que sinto que ele as pode ouvir, e nosso espaço de comunicação se amplia aos poucos.

Em uma última sessão da semana, às vésperas de suas primeiras férias, após ter respondido com um tremor do corpo todo à explosão da pedreira (a qual sempre o surpreende e assusta), além de falar-lhe da raiva que ele poderia sentir às vésperas das férias, quando eu poderia estar deixando-o para viajar com meu marido, relaciono seus sentimentos com os que ele poderia ter sentido em criança, ao ser deixado pela mãe, atento então a todos os sons: dos pássaros, dos ônibus distantes. Além da expectativa amorosa pela volta dela, ele também poderia temer explodi-la com sua raiva por tê-lo deixado. E temer explodir a si mesmo também, não restando nada, nem ela, nem ele. E tudo isso ele estava sentindo agora, às vésperas da minha partida.

Após um curto silêncio ele então me traz o seguinte relato que chamei de "O copo quebrável e o copo plástico":

— A Beth (mãe) contou que quando me levou para a casa do meu avô em Floresta, eu passei uma sede danada no caminho. Eu tinha medo de tomar água em copo de vidro. Ela diz que é porque uma vez eu quebrei um copo e ela então me apavorou, para eu nunca mais chegar perto de copo de vidro. Eu tinha um copinho de plástico que eu levava comigo. Na viagem ela me deu água e eu bebi. Pus o copo na janela do ônibus. O vento levou. Daí ela tentava me dar água em copo de vidro e eu não bebia de jeito nenhum. E chorava de sede... Isso muitas vezes. Até que uma mulher, que tinha muitos filhos, me deu um copinho de plástico, e então eu bebi. Acho que tenho esse copinho até hoje, na casa dos meus pais, dos meus avós... Da última vez que fui para Floresta, ele estava lá.

Digo-lhe que ele passou muita sede aqui, até perceber que eu poderia lhe oferecer "um copinho de plástico". E que agora, um pouco antes das férias, ele estava querendo me comunicar o medo que ele sentira em relação à minha pessoa: seria eu uma mulher perigosa, como um copo de vidro quebrável, ou seria uma mulher-mãe a lhe oferecer água em um copo forte e não perigoso, a lhe oferecer compreensão para o que ele sentia?

Agora, na véspera de ir embora para as férias, estava me deixando (como ao copinho de plástico na casa da avó) e então se perguntava se me encontraria quando voltasse... Será que eu sobreviveria à raiva dele, por me ver partindo e não poder fazer nada?

Continência para angústias primitivas de perda do objeto primário e possibilidade de existência deste e do self

Acredito que a lembrança-metáfora da sobrevivência do copinho de plástico já fala da existência de um objeto continente internalizado, assim como da sua confiança que eu tenha, na minha casa mental, um "copo" só dele, maleável e forte, apropriado para compreender a sua parte infantil, que ele espera encontrar na volta das férias.

Penso que até o momento em que Pedro traz as imagens dos copos de vidro e de plástico, ele estava elaborando a tolerância da ausência do objeto: se esta não pode ser tolerada, no lugar dela há uma "não coisa, um fantasma terrorífico, um seio danificado e desvalorizado" (Symington, 1996, p. 117). Há elaboração quando há a possibilidade da representação tanto deste "mau" seio quanto do "bom".

Bion utiliza o ponto para representar o lugar onde estava a emoção ou o objeto, ou o lugar onde estes teriam a possibilidade de estar, como uma pré-concepção disponível para encontrar uma realização para formar, então, uma concepção, promovendo desenvolvimento mental. Bion diz que

> *se o conceito do geômetra de espaço deriva de uma experiência do "lugar onde alguma coisa estava", é preciso retornar a ele para iluminar o domínio em que, em minha experiência, é significativo dizer que "um sentimento de depressão" é o "lugar onde um seio ou outros objetos perdidos estavam", e que "espaço" é "onde a depressão, ou alguma outra emoção costumava estar".*[2] *(1970, p. 10)*

No meu entender, por meio de nossa relação e interpretações, Pedro traz o lugar onde "estava" o objeto para ele, assim como as emoções envolvidas, até então não nomeadas, paralisadas. Assim, aos poucos, ele constitui um espaço mental aberto para novas possibilidades de significação.

Acredito que nesse momento ele pode trazer à luz do campo analítico a vivência subjacente de uma ameaça de fragmentação de sua mente, recíproca à fragmentação (em fantasia) da mãe primária interna. Quando o temor dos sentimentos persecutórios é amenizado devido à maior confiança na nossa relação, e ao fortalecimento de continência psíquica interna dada pela compreensão

---

[2] "If the geometer's concept of space derives from an experience of 'the place where something was' it is to be returned to illuminate the domain where it is in my experience meaningful to say that 'a feeling of depression' is 'the place where a breast or other lost object was' and that 'space' is 'where depression, or some other emotion, used to be'" (tradução livre).

das angústias aparecidas nas sessões anteriores, Pedro pode, então, ter coragem de trazer um relato em que essas angústias podem ser "sonhadas" por ele, organizadas numa narrativa que integra e articula representações e afetos, vivamente.

É como se ele, mais forte agora, pudesse chegar mais perto da realidade e das dores decorrentes desse contato. Então, é preciso valorizar essa aquisição que mostra a evolução do pensar e da simbolização.

Creio ter feito isso em minhas formulações, relacionando primeiramente o "copo plástico" à sua percepção de que eu podia compreendê-lo (e implicitamente a internalização dessa confiança e compreensão, como um *objeto compreensivo* – Bion, 1962). Só depois disso falei das angústias primitivas presentes ali, em cada momento das sessões.

Processo adolescente e integrações

Desde Freud (1893-1895), sabemos que a incorporação de partes psíquicas dissociadas ao ego faz parte do processo normal do desenvolvimento do adolescente, ocasionando perturbações.

Se o conflito básico da crise adolescente é a elaboração do vínculo de dependência simbiótica (Paz, 1971), os processos de separação e diferenciação desorganizam a identidade conseguida até então, pois retornam ao psiquismo do adolescente partes que estavam, em fantasia, projetadas nos objetos primários e identificadas com eles (objetos idealizados ou denegridos onipotentemente).

É a análise, como campo terapêutico depositário dessas partes, que possibilita ao adolescente resgatar aspectos de sua personalidade de modo mais realístico, desidealizando-os.

E, no caso de Pedro, que passava por um período de dessimbiotização ao separar-se abruptamente dos pais aos 18 meses (fase de reaproximação – Mahler, Pine e Bergman, 1975), penso que as angústias de separação e diferenciação próprias da adolescência serão sobrecarregadas por angústias precoces afins. Essas angústias seriam relativas ao terror de não existência, buscando compreensão e continência. Seriam angústias catastróficas, muito primitivas e, nesse sentido, psicóticas.

Penso que a confiança que Pedro já deposita em mim possibilita – por meio de uma *relação transferencial básica* (Greenacre, 1983), uma confiança originada na relação criança-mãe e que provê a matriz para surgir a transferência – que essas angústias venham à luz na análise.

Segundo semestre

Resgatando a mãe sexual "perdida"

Pedro começa a falar: inicialmente sobre as tias que ajudaram a criá-lo e depois sobre sua habilidade para manter várias mulheres interessadas nele, ao mesmo tempo. Como qualquer rapaz, tem muitas namoradinhas de sua idade, que são "para ficar". Mas o inédito é que Pedro mantém, entre 15 e 17 anos, vários casos com mulheres bem mais velhas (de 22 a 29 anos), o que vai rareando com o prosseguir da análise. O ponto comum nesses casos é que essas mulheres não têm marido, embora a maioria seja mãe, e todas cuidem de Pedro: emprestam-lhe malas para viajar, dão-lhe roupas, discos, e ele só recebe atenção e presentes, "esquecendo-se" delas, até que o chamem. Agora são elas que esperam por ele.

A força do amor e o ódio mortal

Numa última sessão da semana, explicito, aos poucos, como essas relações lhe asseguram atenção cuidadosa e contatos corporais muito próximos com uma mulher adulta, atenção e contatos aos quais pode sempre recorrer, pois são muitas mulheres, e não uma só. Que além disso, não têm marido... Não são como eu, sua mãe que tem o padrasto... Ele corrige:

— *Não! Minha avó é que é minha mãe! Eu a chamo assim até hoje. A Beth (mãe) é a Beth...*

Assim, acentua a predominância da avó como figura materna. Ao falar isso, Pedro reforça com a unha um vinco na minha parede: noto então que nela há quatro vincos, um ao lado do outro, mas que há um mais forte – o primeiro em minha direção – justamente o que ele acabara de acentuar: "o vinco da mãe-avó".

Relaciono essas marcas às que os matadores fazem em suas armas, e esta última, mais forte, a mim, na interpretação que lhe dou. Saliento a raiva despertada nele quando pode perceber a mulher que tem função materna como sexualizada: tem então vontade de matá-la. Ele, continuando a falar da "avó", diz que *quer cuidar da mãe e do pai* (avós) *como eles o cuidaram na infância*:

— *Ela tinha tantos filhos e era tão preocupada com a gente... Quando a gente chegava, ela perguntava: está cansado filho? Venha comer. E sentava perto de mim para conversar. A Beth só fala comigo para me corrigir...*

Pedro começa a abrir espaço em sua mente para a representação da mulher sexualizada: a que ele desejaria matar. O temor de matar e o cuidado aparecem, então, na transferência, evocando os sentimentos extremamente ambivalentes em suas relações com as figuras primárias internalizadas.

As mulheres, objetos das atuações sexuais de Pedro, seriam como figuras deslocadas em que ele estaria testando o "perigo" de sua sexualidade, nos dois níveis: pré-genital e genital (*acting-out* como disponibilidade aloplástica – Fenichel, 1945). Segal (1997a, p. 98) diz que "o ódio ao vínculo parental se torna um ódio ao pensar": é esse ódio à mãe, que faz um casal sexual com o marido, que pode ser "nomeado" (Britton, 1998), para ser mais amplamente explorado e ganhar significação e continência.

Após esse passo, Pedro pode focalizar o temor (escondido) do "pênis perigoso" do adulto, de seu próprio pênis. Na sessão seguinte, Pedro, após um silêncio inicial, olha para as marcas feitas por ele na parede e diz:

— *Vou te contar uma coisa que nunca disse para ninguém: meu pênis é muito estranho, muito grande – pensava que podia machucar as mulheres. Se não tivesse vindo aqui para São Paulo acho que nunca ia namorar. Ia ficar me achando estranho, ficar longe das mulheres...*

Digo-lhe que talvez ele sentisse que a força da sua sexualidade poderia explodir a mulher e, então, ele teria que ficar longe. Mas se ele estava me contando isso agora, é porque já podia se sentir menos estranho e perigoso como imaginava que era como homem e se aproximar mais de mim. Nesse momento tenho em mente a imagem do copo de vidro e o perigo do encontro deste com seus dentes duros e perigosos como vidro (Aberastury, 1967). Dentes de menino-homem. Capazes de ferir uma mulher-mãe, talvez até estilhaçá-la.

Numa sessão da semana seguinte, aparece a intensa raiva de que eu, como mãe, além de distanciar-me dele, fique com um homem só para mim, impedindo Pedro de ter contato com ele. Aparece a dor imensa por desejar ter um casal de pais como a analista e seu marido, e o medo de destruir esse casal, que é ao mesmo tempo invejado, com sua enorme agressividade.

À medida que o temor de sua agressividade (componente de sua sexualidade) diminui e esta é aceita como distinta da destrutividade e é representada, assim como as emoções correlacionadas à ruptura primitiva da relação com a mãe, o pai e o casal, Pedro caminha para um funcionamento mental predominantemente genital. Ele, então, pode ter sonhos esperançosos para o futuro...

Segundo período: aparecem os sonhos (dos 17 aos 18 anos)

Sonhar é como se abrisse uma esperança

Depois que eu trouxe suas atuações com mulheres para nossa relação na situação analítica, vêm à luz vivências ambivalentes como as que lembra ter experimentado na relação com a avó-mãe, Pedro começa a sonhar com mulheres. Se a lembrança introduz um tempo histórico – o dele, o de nossa análise – o sonho introduz a antecipação, a prospecção.

Pedro sonha constantemente que está voltando para Floresta, onde viveu com os avós que o adotaram. E se espanta de não precisar tanto visitar suas mulheres, nesse período só uma se mantém, que também logo é deixada. Suas atuações parecem estar cedendo lugar às simbolizações. Diz:

— *Estou namorando menos e sonhando mais... Tem gente que não acha importante sonhar. Mas para mim, sonhar é como se abrisse uma esperança. Hoje eu sonhei que estava indo para Floresta. Tinha comprado uma moto e ia casar: eu tinha feito uma casa para mim na fazenda do meu avô.*

Pedro, apropriando-se de sua força masculina (moto), pode agora se casar (por ter aceitado o casal) e pode ter casa (continência para abrigar conteúdos mentais).

Da ação ao sonhar, rumo ao pensar

Quando Pedro, das atuações com mulheres, passa a sonhar com mulheres, elas aparecem de um modo menos concreto e sensorial, são companheiras, têm mais ou menos a idade dele e nesses sonhos ele "pensa" (Bion, 1962) em suas ambições para a vida adulta, como trabalhar, casar, construir uma casa. Acredito que, após um ano de análise, Pedro tornou-se mais continente de seus afetos, muitos deles vindos à luz em nosso diálogo. Afetos aceitos e representados, "compreendidos" (Bion, 1959) por ele, agora com uma capacidade mais estável de autocontinência emocional (Meltzer, 1975). A apropriação dessa capacidade de conter emoções vitais pode ser evocada pela metáfora de um "balde", que aparece numa narrativa-sonho, após um ano e meio de análise.

"O balde emborcado" (17 anos e meio)

1. *P — Estranho, ultimamente não ando pensando em mulher... (Pausa) As meninas não querem namorar, só querem ficar... Aí não dá certo. Eu nunca fico só por ficar.*

T — Acho que aqui você gostaria de "ter um namoro firme" com nosso trabalho, mas tem uma parte sua que "só quer ficar": a parte que não o leva muito a sério, que esquece de vir, que falta... (Pausa) Assim, a gente fica na superfície, não vai mais fundo.

P — *Buscar o que perdeu...*

2. T — Buscar o que perdeu?

P — *As lembranças... Lembro uma vez que eu estava com meu tio Nino lá brincando, aí não sei quem foi embora e fiquei chorando para ir junto. Daí ele falou: "não, não vai não!". (Pausa) Fiquei lá, chorando, e ele não quis deixar eu ir... (Pausa) Tem muita coisa para tirar lá do fundo. É que nem o fundo de um poço... (Pausa) A Beth (mãe) diz que sonhou que eu caí no poço lá de Floresta e morri. O pior é que eu sonhei também, antes de ela me contar. Sonhei que caía dentro do poço e lá dentro eu ficava. No sonho, eu me afogava, não sabia nadar. (Pausa).*

3. P — *Uma vez, entrei nesse poço, com uma corda amarrada em um pau que tem uma manivela: os meus tios rodavam ela. Desci sentado em outro balde para tirar um balde que tinha afundado porque a corda quebrou. Acho que eu tinha uns 13 para 14 anos. Meus tios não conseguiram tirar o balde: eles tiram quando o sol do meio-dia bate bem no meio da água, com um gancho. Mas dessa vez não conseguiram: o balde tinha virado e emborcou. Ele estava bem emborcado. Aí eu falei: "vou descer".*

T — Às vezes a gente precisa mergulhar lá no fundo, e é por isso que tem este nosso trabalho aqui, para ajudar você a recuperar coisas lá no fundo de você, para não se perderem. Para descer no fundo do poço, é preciso ter um companheiro confiável que desenrole a corda. Se não tiver um companheiro para ajudar você a voltar, você pode ficar perdido.

4. P — *Aí tenho que subir pelos buracos da parede. Se não conseguir, posso até morrer.*

T — Então, mesmo que você possa sair sozinho, é sempre uma garantia ter um companheiro. No caso de nosso trabalho, em que você vai para dentro de sua vida mental para "desemborcar" coisas, este companheiro também pode ajudar a pensar sobre o que elas significam para você...

5. P — *Estava pensando numa vez em que vi perfurarem um poço. Tinha aquelas pedras grandes, tinha que furar e depois colocar banana de dinamite para explodir. Tinha que deslocar a pedra para chegar na água.*

T — Só você pode deslocar a pedra. Eu não vou forçar você a me dizer coisas que você não quer dizer, como quem coloca banana de dinamite na pedra. Por outro lado, tem coisas que estão escondidas até de você, como água que está embaixo de uma pedra.

6. P — *Até a pedra sair dali... (Pausa) Estava pensando quando era pequeno: estava acostumado a ver uma pessoa todo dia, depois não vi mais. Como é isso de sumir assim de repente? (Pausa) Agora eu penso nos meus pais: meus avós João e Maria. Eu sumi de lá. Tenho que arrumar a minha vida e tentar ajudar eles. (Silêncio)*

T — Você tem de estar preparado, daí você pode ajudar.

P — *Isso é. (Pausa) Feito um cara lá que tinha uma oficina, tinha dinheiro, mas não tinha cabeça: é daqueles caras desandados da vida.*

T — O que quer dizer "desandado da vida"?

P — Usuário. De craque. Do pior que tem. Deixa a cabeça feito uma geleia. Ele foi internado para ver se conseguia largar, mas brigou lá dentro e saiu: no mesmo dia que saiu, já fumou. (Pausa) E ele não é velho, não. Um coitado desses só mesmo Deus para ajudar, porque outra coisa acho que não ajuda não.

A sessão termina, com associações dele sobre o perigo de "desandar": de cair num vício, como a bebida, e não se recuperar...

Relaciono esse perigo com o seu medo de querer ficar grudado à mim, como uma criancinha dentro da mãe, sem nascer: ele morreria. Mas que há nele uma força para sair – que é algo que ele percebe que tem que partir dele, que ninguém pode fazer por ele – como o bebê tem que fazer força e encontrar caminho para sair de dentro da mãe e nascer. Assim como a mãe precisa ajudar. Senão, ele morreria, e a mãe também.

Comentários

Estes comentários, que seguem passo a passo o transcorrer da sessão, sintetizam muito do trabalho analítico que se seguiu à emergência desse sonho-relato produzido por Pedro.

1. Ele começa a sessão dizendo precisar de uma relação firme, uma relação "bem amarrada" comigo (para descer até o fundo de si mesmo: o poço).

2. Nessa "busca de si mesmo", o que primeiro emerge é a lembrança da separação de alguém muito importante, e a dor sentida, ainda muito criança. Uma dor dura, perdida, como o balde que desamarrou e caiu duro, no fundo do poço... O balde é a mãe perdida. O balde é ele, desamarrado da mãe, vivendo como uma morte psíquica, morte de *self*, abandonado no escuro: ele sonha ter

morrido no fundo do poço, o mesmo sonho da mãe que o acreditou perdido para sempre para ela... Ele não pode, como a criança de Freud (1976/1920), representar a ida e a vinda da mãe ao jogar o carretel e o puxar: rompeu-se a ligação entre ele e o objeto, e rompeu-se abruptamente.

3. E é ele quem tem a iniciativa, tanto de recuperar o balde, como de vir para São Paulo encontrar a mãe. Vem ajudado pelos tios, como eles o ajudam a "descer o poço" no "balde amarrado à corda", sustentado pelo pau da manivela articulada por eles. Penso que essa metáfora representa, nesse momento, a firmeza de nossa relação, assim como a confiança depositada em mim. Ele sabe que tem recursos escondidos, sabe que pode desenterrar o "balde", mas não sabe o que vai acontecer. Será que poderá contar comigo para sair do poço? Ou será que ficará colado a mim, como o balde no fundo do poço?

4. Para se defender de ficar grudado a mim (o que também deseja), ele, quase maniacamente, fala da possibilidade de "sair sozinho" do poço, sem minha cooperação.

5. Após se defender do medo do engolfamento desejado por ele (ou por mim na sua fantasia), Pedro traz o medo da minha intrusividade.

6. Quando lhe digo que não vou atender ao seu pedido para ser intrusiva, que vamos caminhar a partir da compreensão tolerável para ele, no ritmo dele, ele põe em palavras a indagação crucial, até então não formulada: "como pode uma pessoa sumir de repente?", colocando-se agora não só passivamente, como o menino que é deixado, mas também ativamente: como a pessoa que deixa os avós que cuidaram dele e se sente responsável por eles. Quem sabe a mãe também não o teria deixado para conseguir melhores condições

para voltar e cuidar dele? Pedro formula a intenção de se cuidar, para um dia poder retribuir os cuidados que lhe deram. Pedro não quer ser alguém que "se perde", que "cai no fundo do poço e não tem mais volta". E traz sua ansiedade profunda, de "desandar": cair num vício e não prestar nem para si nem para os pais-avós, como um balde perdido para sempre no fundo de um poço, referindo-se a seu medo de ficar aderido à mãe primária, no fundo do útero...

Saber e compreensão insaturada

Penso que Pedro começa a perceber a importância da compreensão da experiência, mesmo que esta seja lenta e sempre inacabada, sobre o "saber" da fantasia onipotente. Este, no meu entender, aparece nas metáforas: dos tios, que "sabem" tirar o balde ao sol do meio-dia, dele, que "sabe" sair do poço sozinho, de mim, que "saberia" dinamitar e remover a pedra que tapa seu manancial mental. Mas é com o reconhecimento de que "nem sempre os tios conseguem", que eles podem "não saber", é que Pedro se expõe pessoalmente ao perigo da descida regressiva até o fundo do poço para recuperar o balde. Perigo de deixar de ser o "poderoso" (com suas atuações defensivas) e ir ao encontro de sua parte "menino-abandonado" e desvirá-la, com todas as dores e raivas que poderão emergir violentamente, para serem compreendidas verdadeiramente (K).

Mas se a intenção é recuperar o balde (o objeto e ele próprio), o medo de seus próprios afetos ambivalentes que virão à tona o faz temer querer ficar para sempre como um bebê não nascido, grudado a mim, o que seria paralisação de crescimento psíquico para ambos, morte da análise: ele ficaria para sempre com uma parte de si mesmo "emborcada", como um continente virado sobre si mesmo, o que levaria a distorções no conhecimento (-K).

A partir do material trazido nas sessões seguintes trabalhamos sobre os sentimentos transferenciais ambivalentes expressos por ele tão claramente nesta sessão: a esperança de que eu coopere com a sua vida e o seu crescimento, o pavor e o desejo de ficar colado a mim, como o balde no fundo do poço. O adolescente de quase 18 anos traz à tona como que os temores, angústias e desejos de uma criancinha de 18 meses, que precisam ser nomeados, pois, anônimos, ficarão paralisados, impedindo o uso de seu manancial mental.

Terceiro período (dos 18 aos 18 anos e meio)

"Como desprender-se do menino e assumir seu destino de rapaz?"

Ao receber, no dia em que faz 18 anos, o telefonema do pai para passar as férias do final do ano com ele, Pedro começa a trabalhar as ansiedades em relação a esse encontro. Ele conta que o pai "tem a voz grossa e me chamou de rapaz".

Na última sessão dessa semana, lembra que a mãe deixou para ele, na casa da avó, além do copinho de plástico, um carrinho para brincar.

P — Eu tinha também um carrinho que andava sozinho, um jipinho que batia na parede e voltava, batia de novo e voltava. A Beth deixou com minha avó e minha avó deu para eu brincar. (Pausa) É duro...

T — É duro, é doloroso, um menino que já sabe andar procurar a mãe e não a encontrar, procurar por outro lado o pai e não o encontrar... Agora, no fim da semana, além de se perguntar aonde andará a Teresa, você vai se perguntar: aonde andará o meu pai, esse homem de voz grossa que me chama de rapaz?

Ele conta que imaginava que sua mãe o deixara para voltar a viver com o pai, mas que na verdade ela sofrera muito, pois seu avô não a deixara ficar em Floresta para não desencaminhar as tias, por ela ter tido um filho sem se casar e ser assim uma mulher "perdida".

Digo-lhe que, ao imaginar que a mãe o deixou para viver com o pai, ele deveria ter sentido muita raiva dela, como sentia de mim ao deixá-lo, como nesse final de semana, para ficar com meu marido. E raiva também por ficar com meu marido só para mim, como ele imaginava que sua mãe havia feito, distanciando-o do pai.

Pedro diz que sentiu raiva por muito tempo. Mas que depois ficou com dó da mãe, quando soube a verdade.

Digo-lhe que, talvez, ao saber a verdade, quis resgatá-la, como fez com o balde "perdido". Que deveria, então, ter se sentido culpado por ter tido tanta raiva dela, como sente quando vou embora e ele não pode fazer nada.

Pedro fica em silêncio, como que pensando no que acabáramos de falar e, então, quase ao final da sessão, lembra-se de um filme.

P — Ontem eu assisti o filme O rapto do menino dourado. *É um menino careca que tem poder e é raptado por um velho e depois é salvo por um herói. Para os da terra do menino ele era um Deus, então os do mal o roubam e o prendem numa gaiola. No filme não falam se ele tem pai ou mãe. Queriam que ele tomasse sangue, aí eles o poderiam matar. Tentam, mas ele não bebe. Jogavam borboleta morta dentro da gaiola, passarinho morto, ele encostava o dedo e eles saíam voando. Só comia uma folhinhas de mato que tinha trazido com ele, uma cada dia.*

T — Que idade ele tinha?

P — Uns 13 anos, não era criança não. O cara do mal se transformava em demônio e só morria com um punhal que estava numa sala escura, que não tinha chão. O herói tinha que andar por cima de uns paus que se mexiam, levando um copo de vidro com água e não derrubar, e beber quando chegasse para pegar o punhal e matar o demônio.

T — E o que mais te impressionou no filme?

P — Acho que tudo. (Pausa) Acho que quando prenderam o menino e ele nem se mexeu.

T — É como você. Você se sente preso aqui, longe de Floresta, alimentando-se com as lembranças que guarda de lá, que nem o menino com as folhinhas que trouxe da terra dele. Você gostaria de já ser adulto como o herói, de carregar o copo de vidro sem derrubar, procurar seu caminho no escuro e conquistar sua força de homem, como o herói conquista o punhal.

P — (Silêncio) Pegaram o menino, colocaram dentro da gaiola e ele não falou nada... Quando eles o prenderam, ele estava lá com os caras que acreditavam que ele fosse o Deus deles. (Pausa) Foram eles que elegeram o herói para salvar o menino. Quando o Eddie Murphy perdeu a chave do carro, o menino enfiou o dedo no contato e o carro andou. Tinha um portão grande de ferro, igual ao daqui, com um cadeado, o menino pôs o dedo na cabeça e o portão abriu.

T — Era bom ser esse Menino Dourado, não? Punha o dedo na cabeça e o portão já abria... Você não precisava apertar a campainha, esperar que abrissem...

P — O menino passou por uma frestinha e o Eddie Murphy perguntou: "vai me deixar aqui?" Ele fez um gesto, o portão abriu e o Eddie Murphy passou.

T — Agora já está na hora de você ir embora, passar o portão. Quem sabe você não gostaria que eu falasse: "Vai me deixar aqui?", para eu ir junto com você?

P — *Isso só acontece em filme... — ele diz rindo.*

Comentários

Ao falar do copinho e do carrinho, penso que ele está se referindo a suas capacidades como menino: a primeira, representada pelo copo plástico, de conter de maneira flexível, como uma pessoa individualizada, sentimentos e pensamentos; a segunda, representada pelo pequeno jipe, sua força masculina já organizada e com uma direção, que lhe possibilita ter iniciativas, mostrando sua identificação com o pai, como homem. Quando no final diz: "é duro" e silencia, imagino um menino muito pequeno que, embora no seio de uma família que o adota, se sente de repente sem a mãe e sem o pai. Tudo o que lhe resta é um copinho de plástico e um jipinho, e uma dor, que bate na parede e volta, bate de novo e volta, anônima, assim como os sentimentos que a acompanham.

Nomear seus sentimentos bons e maus e resgatá-los, assim como as situações originais a que pertencem, é tarefa primordial da análise. Integrar essas experiências iniciais ao seu *self* o tornará mais forte para enfrentar tarefas futuras, como o encontro com o pai, que se avizinha. Ao lembrar o "copinho plástico" e o "jipinho", Pedro parece estar inventariando os recursos que tem para prosseguir rumo ao seu futuro. Embora esteja se encaminhando para a conquista de sua masculinidade, como rapaz, precisa ainda refazer relações primárias: é por isso que o "herói" ainda guarda algo de onipotente. No meu entender (cf. Blos, 1982), ele precisa reviver comigo uma relação diádica com o pai idealizado, protetor; uma relação pré-competitiva, para restabelecer a confiança básica como homem que o pai e o avô lhe proporcionaram ao amá-lo e ao se orgulharem dele na infância inicial. Assim, poderá enfrentar as ansiedades relativas ao pai "mau", advindas de suas próprias fantasias ou das emoções negativas inconscientes, que poderão surgir na relação com o pai, o padrasto e outras figuras paternas. Somente após a reelaboração dessa relação inicial com o pai é que Pedro, fortalecido, poderá lutar contra a passividade da submissão ao pai. Somente após revisitar a identificação primária com o pai, é que vai poder des-idealizar esse pai e se desprender da passividade à sua proteção onipotente. Somente após a evolução do complexo de Édipo negativo é que a posição positiva pode ser naturalmente alcançada. Blos diz que o ideal de ego adulto é

> *uma agência de aspirações autônomas; como tal é cuidado como um estimado atributo da personalidade, cuja origem arcaica baseia-se no apego ao pai, na identificação paterna, ou, em resumo, no complexo de Édipo negativo; isto é, o ideal de ego adulto é o herdeiro do complexo de Édipo negativo. (Blos, citado por Breen 1993, p. 62)[3]*

Há então o perigo do "sequestro" dele como "menino", não só pelos do "mal" – os que querem que "beba" sangue: a parte dele que se entrega à bebida –, como pelos do "bem": a parte dele que quer ficar eternamente sob a proteção do pai-primário idealizado, como menino, ou ficar numa relação idealizada comigo, numa infância dourada idealizada.

---

3 "*An agency of autonomous aspiration; as such it is guarded as a cherished and beloved personality attribute whose archaic origin lies in father attachment, father idealization or, briefly, in the negative complex, i.e., the adult ego ideal is the heir to the negative Oedipus complex*" (tradução livre).

Pedro quer ser como o herói: levar, como um adulto, um copo de vidro sem quebrar, caminhando por chãos incertos, e beber água desse copo, para atingir sua masculinidade. Mas o herói não é tão onipotente como o menino, é livre e enfrenta o perigo com coragem, lutando e enfrentando frustrações da realidade.

Numa sessão posterior, ele conta que no filme há também um velho que, embora não possa fazer as tarefas do herói, sempre o acompanha. Relaciono-o então a mim, ao avô-pai, que o acompanhamos em seu crescimento, embora o caminhar seja dele, na sala-escura-de-chão-incerto que é a vida.

A partir do material trazido por Pedro em sessões subsequentes, evoco as cenas do filme trazidas por ele nesta sessão, para trabalharmos na transferência seu desejo e temor de ficar para sempre o menino dentro da mãe (como o balde emborcado), o menino sob a proteção do pai-avô (na gaiola) e a intenção de se arriscar e crescer, levando o que recebeu da mãe (água, alimento psíquico) com o cuidado de um jovem adulto (num copo de vidro) e usar esses recursos para atingir a sua masculinidade adulta (a posse do punhal).

O trabalho de desidealização na adolescência

O adolescente precisa desidealizar o adulto pré-genital, desprender-se da proteção onipotente das imagos pré-genitais, para andar pelos caminhos da realidade. Quando Pedro traz o filme, é para contrastar com a realidade: só acontece em filme...

Quando aos 13 anos Pedro sai da proteção do pai-avô, faz um movimento exogâmico, como Édipo ao deixar a casa dos pais adotivos: já é homem e quer ser homem fora da casa materna-paterna. Mas nesse movimento há o retorno à mãe primária, que o gestou e criou até os 18 meses, e o perigo da fusão-morte no útero materno (poço). E há o perigo do incesto com essa mãe-moça, sempre buscada. Contra este, Pedro atua contrafobicamente tendo várias mulheres mais velhas, não agindo como Édipo.

O novo movimento exogâmico é a vinda para a análise para, no exílio da não atuação sensorial, poder ver o que faz, o que sente, o que lembra, e poder, pouco a pouco, situar internamente a si mesmo e as figuras familiares internas. E assim, ir abrindo caminho para a vida com a ajuda de pais internos que o convidam a pensá-la realisticamente.

Não sem antes revisitar as imagos pré-genitais para se certificar que continuam em algum lugar de sua mente, como repertório, para tirar alento e prosseguir, com esperança, em direção a novos caminhos.

Os dois últimos sonhos

Dois meses depois, numa primeira sessão da semana, às vésperas das férias de verão em que Pedro irá conhecer o pai, traz dois sonhos em que representa vivamente a nossa relação.

Primeiro sonho: a lagoa com pessoas conhecidas
(ou: "Banhando-se nas águas do pai primário em direção a futuros encontros")

Logo ao entrar, depois de um curto silêncio, Pedro conta que o zelador de seu prédio quase sofreu um acidente: quebraram os dois primeiros degraus de uma escada muito alta em que subiu. Por sorte ele tinha amarrado bem a escada no prédio. Ele ficou pendurado, mas não caiu. Imagine se ele não tivesse amarrado!

Digo-lhe que ele também sente que é perigoso "ir para cima" e crescer, quando teve tantas dificuldades nos primeiros degraus da vida, mas que sente confiança na nossa relação, sente-se bem "amarrado" e amparado para zelar de seu prédio mental, cuidar de seu crescimento psíquico. Após um curto silêncio, ele diz:

P — Lembro de um pedacinho de um sonho: estava nadando, não sei com quem, num rio cheio. Entrava no rio aqui em São Paulo e saía numa cachoeira igualzinha à que tem em Floresta, perto do sítio do meu avô. A correnteza da água era forte. Eu sei que caía na cachoeira junto com essa pessoa — não sei se era homem ou mulher — saía numas pedras. Entrava no rio, nadava, caía em outra cachoeira. Depois essa cachoeira dava numa lagoa com todo mundo tomando banho, e eu também. Não sei se acordei, ou o sonho acabou... As pessoas eram conhecidas, só que não lembro quem eram. Tinha mais velho que eu. Tinha criança também... Hoje eu tentei lembrar quem eram, não consegui... Estava todo mundo nadando, muito contente. (Pausa)

Interpreto que ele estava muito contente de poder prosseguir em seu caminhar como homem, sentindo-se acompanhado e acolhido por mim como o fora por seu avô na infância. E que, sendo assim, tinha esperança de ser bem acolhido na terra de seu pai (famosa por ter uma cachoeira e um grande lago). Digo-lhe que ele podia perceber que havia várias gerações: a de seu avô, a de seu pai, a dele, a das crianças. Mas ele gostaria que todas estivessem se banhando nas mesmas águas, que não houvesse muita diferença entre adultos e crianças.

Ele contesta que lá não tem piscina de adulto e criança, como aqui, rindo.

Respondo-lhe que aqui, na nossa relação, ele percebe quando está sendo mais criança ou mais adulto, e também percebe que sou de uma geração diferente da dele. No momento, ele parece estar me comunicando a alegria de que eu possa compartilhar o contentamento de ter sido convidado pelo pai para ir à terra dele, assim como a esperança de ser bem recebido. Mas ele sabe que isso ainda é um "sonho", e que a realidade pode ser diferente...

Segundo sonho: a rua com pessoas desconhecidas

Está caminhando por uma rua cheia de gente desconhecida, numa manhã ensolarada, e encontra uma mulher adivinha que lhe fala de seu futuro e das coisas boas e más que podem lhe acontecer. Ele está com tanta pressa de seguir em frente que não para nem para agradecer a mulher.

Interpreto que quando ele me vê como uma mulher que cuida dele, precisa partir com pressa, pois teme que, além de gratidão, possa emergir muita raiva de mim por deixá-lo fazer sozinho seu caminho, não lhe dando minhas invejáveis capacidades que ele imagina que o protegeriam de qualquer dor no enfrentamento da realidade, de tudo o que pudesse lhe acontecer no futuro, como o próximo encontro com o pai.

Ele parece se entristecer. E, a partir do sonho, traz associações sobre a possibilidade de antecipações para que não aconteçam coisas desagradáveis, como ser posto fora de casa pela mãe se chegar bêbado.

Interpreto que ele parece temer que, se desejar ficar numa relação comigo como uma criancinha pequena que só "mama", eu o mande embora da análise. Mas está reconhecendo que, para crescer, é preciso deixar de querer só "mamar" e olhar para a raiva que tem de mim quando me vê como alguém diferente dele, como mulher e adulta, como uma mãe que não é adivinha, mas que pode antecipar-lhe coisas da realidade. Então, com medo de viver essa raiva, ele se afasta, para não me destruir e não se destruir.

P — É, não é mole, crescer...

Digo-lhe que não é mole sair de uma situação paradisíaca como a do primeiro sonho "que acabou" de repente, em que ambos flutuamos dentro d'água como crianças no útero, e "acordar" para uma situação como a do segundo sonho, em que ambos andamos sobre nossos pés, pensamos com nossa própria cabeça (Alvarez, 1996) e conversamos sobre a realidade, como a mulher e ele, indo depois cada um para o seu destino.

A sessão está terminando e ele sai, dizendo:

P — Quando não dá para agradecer pessoalmente, dá para telefonar, não é?

Penso que está sendo sincero em dizer que, neste momento da análise, pode ficar grato de longe (tele), pois, na proximidade, no quente da sessão, teme ainda ou o desejo (dele, meu) de fusão, ou os sentimentos destrutivos que poderão advir pelo fato de ele no segundo sonho já me ver como mulher (no primeiro sonho eu era "alguém" que o seguia) ou por invejar minhas capacidades enormes (de adivinha). Por outro lado, penso que também quer me comunicar que já mantém internamente a possibilidade de um "fio" de comunicação comigo, como a criança do carretel (Freud, 1976/1920).

Subjacentes às tarefas edípicas de alguém que individuado dá os próprios passos em direção a seu destino, existem ainda elaborações em andamento quanto à sua capacidade de manter o vínculo com o bom objeto primário.

Assim como o feto chega a termo no recém-nascido, e a criança no adolescente, este chega a termo no jovem adulto (Bion, 1979). E, no meu entender, cada um desses processos traz reelaborações psíquicas dos anteriores a serem refeitas por Pedro.

Expansões do continente mental: o copo, o balde e o poço, a gaiola e a sala escura, a lagoa e a rua

O primeiro objeto psíquico, o mais fundamental, é o objeto continente, introjetado na relação com uma mãe com capacidade de *rêverie* (Bion, 1962). O pré-requisito fundamental para que seja utilizada com o filho é o "amor da mãe pelo pai".

A mãe diz literalmente "nunca ter amado" o pai de Pedro, com quem viveu um ano e meio, por insistência dele, e que teria criado seu filho sozinha. Assim, que disponibilidade teria tido a mãe para receber as primitivas projeções de Pedro, acolhê-las, compreendê-las e devolvê-las com um sentido emocional para ele? Como teria se dado a introjeção do primeiro continente emocional, proporcionada nas relações iniciais com a mãe, resultando na capacidade autocontinente de Pedro?

Bion (1970) diz que a configuração continente-contido é o mecanismo mais importante utilizado pelo psicanalista, derivando-se das posições esquizoparanoide e depressiva de Klein (1946). Em cada sessão, o analista expõe-se *pacientemente* ao desconhecido (como ao caos da posição EP), até que um modelo evolua, proporcionando *segurança* (como a proporcionada pela posição D). É resistindo à tentativa de apegar-se ao conhecido que se pode alcançar o estado de "não saber", associado a dor psíquica e tolerância à frustração inerentes ao contato com a realidade. É desse contato da realidade psíquica do analista com a do paciente que surge algo, firmemente, a ser formulado. Desde que analista e analisando considerem essa formulação como insaturada, como passo do trabalho analítico, este pode evoluir, sempre como passagem de *segurança* (D) à *paciência* (EP), e vice-versa (EP<=>D).

Hanna Segal (1997b) acredita

> *ser mais fácil pensar na transferência/contratransferência em termos do modelo de Bion do continente e do conteúdo. O paciente projeta para dentro do analista partes não assimiladas e não elaboradas de seu mundo interno, como na descrição de Bion do bebê projetando elementos-β para dentro da mãe. O analista tem uma resposta emocional a elas, mas também uma compreensão, e a contenção é essa compreensão. Se isso puder ser transmitido ao paciente, num momento propício, os elementos-β serão modificados pela capacidade do analista de conter os sentimentos, compreendê-los e transformá-los em elementos-α passíveis de serem usados pelo paciente. Eu enfatizaria que o elemento essencial da continência é a compreensão do analista. (p. 125)*

O copo

No fim do primeiro semestre de análise, Pedro traz a narrativa do "copo de vidro" e do "copo plástico" perdido e recuperado. Se tomarmos esses copos como a representação do primeiro continente mental de Pedro, a representação desse objeto continente oscilaria entre um continente frágil, ameaçado de se quebrar, até de "explodir", ou um continente flexível, mas ameaçado de ser perdido ("o vento levou"), porém passível de ser recuperado.

Na relação primária com a mãe, há ainda, como conteúdo, a sexualidade não reprimida, mas desbordada. Se é a mãe quem funda a sexualidade inicial (Laplanche, 1987), quando criança, Pedro é marcado pelo padrão materno: ele próprio é fruto do transbordamento da sexualidade dos pais (estavam embriagados ao concebê-lo). É essa sexualidade atuada que aparece no segundo semestre do processo analítico e pode, então, adquirir um "contexto narrativo" ao ser interpretada tanto quanto a possibilidade de testar contrafobicamente o temor de sua sexualidade sentida como "explosiva", desmesurada, como seu desejo de criança que perdeu a mãe, de ser capaz de "possuir" o corpo da mãe e assim mantê-la sempre, nunca perdê-la. Aqui "a compreensão do conteúdo afetivo" primitivo dessas atuações vai dando "prosseguimento ao processo analítico" (Laplanche e Pontalis, 1973), em que os vínculos podem deixar de ser concretos e atuados, e passam a ser "sonhados".

O balde e o poço

Já com uma capacidade de autocontinência emocional mais estável, Pedro pode simbolizar seus objetos internos e vínculos, "pensá-los". No final do segundo semestre de análise, ele é capaz de expressar seu sentimento de dor da separação de alguém que vai embora, trazendo em seguida o sonho-narrativa do "balde emborcado". Penso que ele "fala" ricamente de nossa relação, o "outro balde", no qual desce sentado para resgatar o balde perdido, e que poderia ser a minha capacidade de continência "não emborcada", já introjetada por ele, que poderia ajudá-lo a enfrentar os sentimentos violentos que poderiam advir no resgate de sua parte paralisada, emborcada, ao ser desvirada: um continente cuja compreensão seria distorcida pelo ódio. Uma capacidade de continência em que prevalece o amor à realidade e compreensão amorosa, construtiva, podendo ajudá-lo a pensar e conhecer (K) aquilo que pelo ódio foi distorcido (-K), e que ficou "invisível" (O'Shaughnessy, 1989), escondido até dele, lá no fundo de sua mente, por detrás do balde emborcado, da mãe perdida... E assim ajudá-lo a resgatar uma parte dele paralisada, sem uso, amortecida, para poder integrá-la a seu *self* e fortalecê-lo, após o verdadeiro enfrentamento dos primitivos sentimentos soterrados há tanto tempo, sentimentos relativos à ruptura da relação primária, sentimentos de abandono e exclusão relativos ao Édipo precoce.

Pedro "fala" também da sua iniciativa própria, tanto para "descer" (ele que decidiu) quanto para "subir". Penso que aqui, além de um lado contrafóbico, há uma constatação de que a decisão e a iniciativa de sair do poço (nascer psiquicamente) tem que ser dele.

Neste momento da análise, o poço como continente de um manancial de água viva, funcionando com todos os seus componentes, pareceu-me ser uma representação fina de sua compreensão do que é o psiquismo.

Preso na "gaiola" ou livre para andar com o copo de vidro, numa "sala-escura-com-chão-incerto", até pegar o punhal

Por meio do filme *The Golden Child* (Ritchie, 1986) Pedro "fala" de um continente apertado: a gaiola (e a passividade) de menino pré-edípico, da qual precisa sair, com a ajuda de um "herói". Ele agora representa sua aventura de apropriação de seu continente mental e de seus conteúdos, pela "façanha" do herói que leva um copo de vidro com água para beber quando chegar ao punhal, dentro de um continente sem solo firme, enquanto não atinge a masculinidade adulta (a posse do punhal). Sinto que, nesse ponto da análise, ele me vê como o "herói" que pode ajudá-lo a se desprender da sua "gaiola" de menino que usa passividade ou onipotência para lidar com a realidade. Para libertar o menino, Pedro conta também com sua própria iniciativa: ele, como o herói, teve a capacidade de suportar os perigos de enfrentar a escuridão do poço-mente, buscando o encontro com a realidade (tanto externa quanto interna).

A oposição "gaiola"/"sala-escura-com-chão-incerto" seria a oposição entre um continente conhecido restrito (*claustrum* – Meltzer, 1992) e um continente desconhecido e com chão incerto, ambos ameaçadores.

Todos esses elementos da narrativa de Pedro foram usados como metáforas, evocadas por suas associações, em diálogos subsequentes. Assim como o feto chega a termo e sai do útero,[4] o "menino dourado" precisa sair da "gaiola" quando a infância chega a termo na adolescência. Logo que esta é atingida, o processo de tornar-se adulto já está em andamento. Despedindo-se da infância, Pedro antevê o término da adolescência. E todos esses lutos, desde o primeiro, alternam-se no material trazido por ele.

"Meninos e meninas dourados vão para o pó, como os limpa-chaminés"[5] (Bion, 1979, p. 436 – cf. Shakespeare em Cymbeline). Para que a chama de nossa vida mental singular possa se alentar, é preciso que se desobstrua o espaço entre ela e o ar fresco da realidade, para que este venha animá-la verdadeiramente, mesmo

---

4 Na metáfora do balde emborcado resgatado por ele que passa, então, a poder fazer uso dessa sua parte bebê até então excindida: a continência de seus aspectos de amor e de ódio, de vida e de morte.

5 "Gold boys and girls all must | Like chimney sweepers come to dust" (tradução livre).

sabendo que algum dia, quando ela se extinguir, dela só restarão cinzas...

Transmutação de ouro a cinza, de grandiosidade a humildade, pode ser sentida como catástrofe e exigirá paciência, até encontrar continência firme, sempre provisória.

Esta metáfora do "limpa-chaminés" parece-me traduzir com exatidão nosso ofício humilde e paciente de analistas, em que é fundamental a coragem de enfrentar situações confusas e deixar-nos "empoeirar" por elas até que, desobstruída um pouco a comunicação com a realidade (O), possamos oferecer algum "ar" ou formulação que realmente vivifique a chama mental do analisando e esta possa ganhar algum alento, assim como a nossa. O importante é a disponibilidade para entrar em contato com a realidade, é abrir o caminho para que seja acolhida (manter a chaminé limpa), e os resultados aparecerão: aqui uma chama mais iluminadora, ali outra nem tanto, mas todas mantendo acesas as nossas vidas mentais.

A lagoa e a rua

Acredito que, após três anos de análise, Pedro sente as "águas vivas" de sua mente fortalecidas pelo nosso vínculo, que é como um rio onde ele pode recuperar o seu curso de menino, renascendo nas terras do pai-avô diádico, que é como ele me vê na transferência. Aí ele fortalece suas "águas" (confiança básica adquirida nessa relação diádica) para prosseguir em direção a futuros cursos, onde tem a esperança de renascer bem, amparado por uma lagoa (continente mental com solo firme) que contém muita vida, de várias idades.

O "sonho acaba" ou "ele acorda". Acredito que, como quando fala numa sessão anterior: isso só acontece em filme; cada vez mais Pedro distingue entre fantasia e realidade, podendo então utilizar seus sonhos não mais para refugiar-se onipotentemente neles, mas como projetos que poderão fortalecê-lo na relação com a realidade, desde que esta seja levada em consideração.

Em seguida, ele conta outro sonho em que conversa com uma mulher "adivinha" – que ele encontra numa manhã ensolarada numa rua cheia de gente que ele não conhece – que lhe faz antecipações realísticas sobre seu futuro. Eles caminham um certo tempo enquanto conversam, depois se separam. Pedro diz que gostaria de agradecer à mulher, mas que segue adiante o seu caminho e não a vê mais.

Continência primária e continência psíquica "adulta"

Penso que os dois sonhos de Pedro falam de duas modalidades de continência: uma continência básica adquirida e introjetada nas relações iniciais com a mãe (e o pai diádico), cerne de futuras modalidades de continência que se caracterizarão por caminhar com liberdade rumo à apreensão do desconhecido, caminhar acompanhado de fé e risco (Bion, 1970).

O primeiro sonho de Pedro parece-me um sonho de "recapitulação" (Guillaumin, 1979) em que ele realça e junta vários momentos do curso de sua vida, passados e futuros, desde a "queda" na fazenda do avô (a primeira cachoeira que o conduz a Floresta) em que se assegura de que é acompanhado e acolhido (embora essa primeira queda tenha sido "dura": sobre pedras), o rio continua a levá-lo em seu curso, por outras cachoeiras e lagoas, até desembocar na lagoa grande, cheia de gente conhecida.

Pedro percebe que o "sonho acabou", que é preciso "acordar" e partir rumo à vida adulta, como no último sonho: solto no mundo, numa rua cheia de gente desconhecida, caminhando com uma mulher que o reconhece e se interessa pelo que pode acontecer a ele, a quem ele é grato, mas da qual se distancia.

Narrativas e sonhos que "viram a página": marcos de mudanças psíquicas estruturais

Penso que algumas narrativas e sonhos de Pedro são como "sonhos que viram a página" (J.-M. Quinodoz, 1999, 2001). Se a principal característica destes é a intensa reação de ansiedade do sonhador, alguns sonhos e narrativas de Pedro trazem essa marca, desde a do "copo", como a do "balde emborcado", assim como a do "menino dourado preso na gaiola", a cena do filme que mais impressionou Pedro.

Jean-Michel Quinodoz (1999) diz que tais sonhos coincidem com uma fase de integração, quando projeções indesejadas anteriormente expelidas por identificação projetiva nos mundos interno e externo retornam ao *self*, atingindo o ego e causando integração dos afetos de amor e ódio em termos de *self* total e objeto total. Há, então, aumento de ansiedade, pois o ego se confronta momentaneamente com o medo de confusão e loucura.

Se aproximarmos essas observações das observações de Freud (1974/1893-1895) sobre o processo adolescente e das ideias de Bion sobre mudança catastrófica, podemos conjeturar que a cada mudança estrutural corresponde uma capacidade continente que, ao chegar a termo, abre-se para outras, ante-vistas: como quando um horizonte é atingido e, então, se descortina a existência de outros, inumeráveis...

Voltando à análise de Pedro, percebo, cada vez mais, que as narrativas e sonhos selecionados por mim (ou expressos vivamente por ele, e, nesse sentido, são "fatos selecionados" de seu material), dão conta, o mais realisticamente possível, das "viradas" de sua análise ou das "e-voluções" de sua capacidade de contenção psíquica e, consequentemente, de sua personalidade...

O sonho da "rua" mostra a ansiedade de Pedro, mas também a alegria ao se perceber separado, sem as qualidades onipotentes atribuídas à adivinha, caminhando entre desconhecidos, de acordo com sua singular destinação, com seus próprios pés, no chão de uma clara manhã, sob o sol da realidade.

Atualmente, ainda trabalhamos os sentimentos, extremamente ambivalentes, de Pedro entre agradecer e reconhecer a separação ou temer ficar grudado e/ou destruir nossa relação. As ansiedades do umbral da posição depressiva (Klein, 1946) colorem o processo analítico, e este prossegue.

Ele cada vez mais percebe a sutileza da intimidade entre duas pessoas, e isso o assusta: a imagem do copo de vidro tem aparecido agora nas associações de Pedro para representar a capacidade adulta de lidar com relações delicadas, "duras", em oposição às relações "moles" – como o copo de plástico flexível à boca... Por aí se depreende a importância da flexibilidade da continência primária, subjacente a todas as outras: se a realidade é "dura", que o analista seja compassivo e possa, pacientemente, respeitar o ritmo de tolerância do analisando, a cada momento de e-volução, com suas dores inevitáveis e sucessivos rompimentos de continente (mudanças catastróficas, Bion, 1965). Pois, como bem lembra Bion:"não sabemos onde estão os confins da mente, nem onde os impulsos começam..."⁶ (1970, p. 373).

Ainda há muito trabalho a fazer, na transição de Pedro à sua vida adulta. Cabe-me acompanhá-lo, com viva escuta psíquica.

Referências

Aberastury, A. (1967). La existencia de la organización genital en el lactante. *Revista Brasileira de Psicanálise, 1* (1), 18-45

Alvarez, A. (1996). Falhas na vinculação: ataques ou deficiências? In M. O. França (Org.), *Bion em São Paulo: ressonâncias*. São Paulo: Imprensa Oficial do Estado.

Bion, W. R. (1959). Attacks on linking. In W. R. Bion, *Second thoughts*. Londres: William Heinemann.

Bion, W. R. (1962). A theory of thinking. In W. R. Bion, *Second thoughts*. Londres: William Heinemann.

Bion, W. R. (1965). *Transformations*. Londres: Karnac.

Bion, W. R. (1970). *Attention and interpretation*. Londres: Karnac.

Bion, W. R. (1979). The dawn of oblivion. In W. R. Bion, *A memoir of the future* (Book three). Londres: Karnac.

Breen, D. (1993). *Gender conundrum*. Londres: Routledge.

Britton, R. (1998). Naming and containing. In R. Briton, *Belief and imagination*. Londres: New Library of Psychoanalysis.

Fenichel, O. (1945). Neurotic acting out. In O. Fenichel, *Collected papers* (Vol II). Nova York: Norton & Co.

Ferro, A. (1992). *La tecnica nella psicoanalisi infantile*. Milano: Rafaello Cortina.

Ferro, A. (1997). *Nella stanza d'analisi*. Milano: Rafaello Cortina.

---

6 "We do not know where the mental boundaries are, nor do we know where the impulses commence" (tradução livre).

Freud, S. (1974). Estudos sobre a histeria. Caso Catarina. In S. Freud, *Edição standard brasileira das obras psicológicas completas de Sigmund Freud* (Vol. 2, pp. 173-183). Rio de Janeiro: Imago. (Trabalho original publicado em 1893-1895)

Freud, S. (1976). Além do princípio do prazer. In S. Freud, *Edição standard brasileira das obras psicológicas completas de Sigmund Freud* (Vol. 18, pp. 13-85). Rio de Janeiro: Imago. (Trabalho original publicado em 1920)

Greenacre, P. (1983). Sobre la reconstrucción. *Diez años de psicoanálisis en los Estados Unidos* (1973-1982). Madrid: Alianza Editorial.

Guillaumin, J. (1979). *Le rêve et le moi*. Paris: PUF.

Klein, M. (1946). Notes on some schizoid mechanisms. In M. Klein, *The Writinsg of Melanie Klein* (Vol. 3, pp. 1-24). Londres: Hogarth Press.

Laplanche, J. (1987). *Nouveaux Fondements pour la Psychanalyse*. Paris: PUF.

Laplanche, J. & Pontalis, J. B. (1973). *Vocabulaire de la Psychanalyse*. Paris: PUF.

Mahler, M.S.; Pine, F. & Bergman, A. (1975). *The psychological birth of human infant*. Nova York: Basic Books.

Meltzer, D. (1975). *Explorations in Autism*. Strath Tay: Clunie Press.

Meltzer, D. (1992). *The Claustrum*. Strath Tay: Clunie Press.

O'Shaughnessy, E. (1989). The Invisible Oedipus Complex. In J. Steiner (Org.), *The Oedipus Complex Today*. Londres: Karnac.

Paz, L. (1971). Adolescencia. Crisis de desimbiotización. In A. Aberastury (Org.), *Adolescencia*. Buenos Aires: Kargieman.

Quinodoz, D. (1994). *Le vertige, entre angoisse et plaisir*. Paris: PUF.

Quinodoz, J.-M. (1999). Dreams that turn over a page. *International Journal of Psychoanalysis, 80,* 225-38.

Quinodoz, J.-M. (2001). Les rêves qui tournent une page. Paris: PUF.

Rolla, E. (1974). Vicisitudes del trabajo de desidealización en el adolescente In A. Aberastury (Org.), *Adolescencia*. Buenos Aires: Kargieman.

Ritchie, M. (1986). *The Golden Child*. USA: Paramount Films.

Segal, H. (1997a). O complexo de Édipo hoje. In H. Segal, *Psicanálise, literatura e guerra*. Rio de Janeiro: Imago.

Segal, H. (1997b). Usos e abusos da contratransferência. In H. Segal, *Psicanálise, literatura e guerra*. Rio de Janeiro: Imago.

Symington, J.N. (1996). *The Clinical Thinking of Wilfred Bion*. Londres: Routledge.

Uma experiência com um grupo (inicialmente) médio: em busca do grupo perdido – experiência de elaboração de uma situação grupal

Elsa V. K. P. Susemihl
Ester H. Sandler
Leda B. Spessoto

Nosso objetivo, nesta comunicação, é descrever a experiência que tivemos no desempenho de uma tarefa: coordenar um dos grupos de trabalho do Encontro Bion 2∞4, em São Paulo.[1] A tarefa do grupo seria discutir e elaborar o estímulo apresentado momentos antes na reunião plenária. Nosso grupo, como todos os outros, teve seus participantes designados pelos organizadores do Encontro. A lista com o nome de todos os participantes ficou afixada durante todo o período de trabalho do lado de fora da porta da sala onde nos reunimos. O tema do estímulo desse dia foi "Inquietações-Serenidade". Cada grupo, mantendo em princípio a mesma composição, teria três períodos de trabalho de noventa minutos de duração cada, com intervalos para café e almoço.

---

[1] O formato desse encontro se caracterizou pela ideia de grupos de trabalho; nesse sentido, houve previamente um escalonamento dos grupos tendo como critério a escolha de temas de interesse do participante no ato da inscrição. Essa sistemática proposta foi amplamente divulgada para facilitar o pressuposto de trabalho e não estimular, por exemplo, dinâmicas em torno de um líder messiânico.

Nosso texto contempla dois planos distintos e interligados. Um deles se refere às qualidades das experiências vividas no grupo, emoções, movimentos e dinâmicas observadas, e decorrentes conjeturas e reflexões. O segundo plano trata dos conteúdos ideativos das discussões propriamente ditas, as aparentes respostas ao estímulo recebido na reunião plenária. As ideias e autores mencionados não serão referidos bibliograficamente, ao modo convencional.

Primeiro período

No horário determinado para o encontro, comparecem na sala apenas oito dos vinte participantes do grupo, cujos nomes constam da lista afixada na porta da sala. O grupo possui duas coordenadoras e uma colaboradora para traduzir italiano.

A conversa se inicia com uma participante que levanta três questões suscitadas pelo estímulo: 1) como se pode entender a transformação de O para K; 2) como relacionar a questão da sexualidade na teoria freudiana, em termos de fases psicossexuais, com a teoria do pensamento de Bion; 3) como entender a concepção tradicional da transferência e sua interpretação a partir das contribuições de Bion.

Segue-se um curto período de silêncio. Rompendo-o, um colega italiano diz que, embora não tenha entendido as palavras ditas, consegue apreender algo, algum sentido, a partir da musicalidade da língua. O tema logo é acolhido pelo grupo, que deixa de lado as três indagações iniciais e faz considerações sobre a possibilidade de a dimensão estética capturar o clima emocional. Faz-se um paralelo dessa experiência com a experiência na sala de análise. O fato de o paciente se expressar em um idioma, cujas palavras compreendemos e podemos tomar como certas e conhecidas, pode nos fazer perder de vista que cada paciente também se comunica em uma espécie de "língua estrangeira". Temos então a enganosa sensação de sabermos o que está sendo dito. Essa observação é relacionada com a questão da transformação de O em K, quando algo vivido e inefável precisa ser colocado em palavras do nosso conhecimento, quando algo apreendido além das palavras precisa delas para se tornar conhecimento. O grupo, assim, retoma uma das questões apresentadas inicialmente e que pareciam ter sido deixadas de lado.

A discussão grupal transcorre em clima de colaboração com a participação de todos os presentes. Diferentes questões vão sendo apresentadas e discutidas, entremeadas de curtos silêncios e alguns momentos de boas risadas. A tradutora opta por uma tradução consecutiva, traduzindo todas as intervenções resumidamente em voz alta para o italiano ou português. A coordenação deixa o grupo trabalhar livremente, abstendo-se de intervir e limitando-se a demarcar o tempo e enquadrar a tarefa.

Pondera-se que, para o paciente, a fala do analista também é estrangeira. Essa questão da língua remete o grupo a considerar como se pode entrar em contato com um universo desconhecido. Alguém menciona uma observação de Bion sobre o fato de que, no encontro entre analista e paciente, pelo menos alguém deve experimentar medo, de preferência o analista. Cogita-se a hipótese de pensar na transferência e contratransferência como uma espécie de defesa em relação ao desconhecido, quando este então é transformado em um conhecido de padrão transferencial. Nesse momento, o grupo retoma a terceira questão apresentada no início da conversa.

Os participantes, agora mais à vontade, passam a relatar as experiências pessoais que estão vivendo nesse encontro grupal, bem como experiências com outros grupos e com outros "estrangeiros".

Associações e comentários com relação à língua italiana são feitos. Surgem assim no grupo movimentos de projeção e comparação, buscando-se aplacamento e tentando possivelmente sobrepujar o medo e hostilidade.

Menciona-se a necessidade de se ter algo conhecido para fazer frente ao desconhecido, a fim de poder buscá-lo. Assinala-se que a conversa grupal está girando em torno do estímulo do encontro, acalmar-inquietar, conhecido-desconhecido, notando-se um trânsito entre esses polos, cuja existência é reconhecida como o que realmente importa. Ressalta-se a atenção dada por Bion ao trânsito entre as diferentes posições.

Alguém destaca a necessidade do autoconhecimento para que se possa conhecer o outro, em outras palavras, que a qualidade de conhecimento que alcançamos a respeito do outro depende da qualidade do conhecimento que temos a nosso respeito. É lembrado o texto-estímulo, que ressalta a inclusão do observador naquilo que é observado. Bion inclui o analista, definitivamente, na sessão e no contato. Cita-se Freud, que entende o inconsciente como o estrangeiro dentro nós. Nesse sentido, a qualidade do contato com o outro depende da qualidade do contato que temos com o estrangeiro dentro de nós, e o inconsciente é, então, entendido como uma modalidade desse estrangeiro. Nesse momento, surge uma imagem forte no grupo, a de "ilhas desertas" que temos dentro de nós e que podem ser contatadas e confrontadas na análise pessoal, como faz o enfermeiro do filme *Fale com ela* (Almodóvar, 2002) que se comunica com uma mulher em coma e, desse modo, faz com que ela renasça. Temos dentro de nós esse estrangeiro, e precisamos construir uma língua para dar conta dele e falar com ele, assim como também ocorre com enfermeiro e paciente no filme. Fala-se então de "função analítica" como a capacidade de observar e pensar, e que é desenvolvida e introjetada na análise.

A função analítica é então associada à segunda questão levantada inicialmente sobre sexualidade e pensamento, continente-contido, um modelo sexual. Não existe, pois, por parte de Bion, uma separação entre sexualidade e pensamento. Nesse ponto do encontro, é ressaltado um valor de continência no grupo pela forma como a tradução está sendo realizada, ao resumir calma e suscintamente os temas e traduzi-los sempre para o português e o italiano respectivamente, o que é visto como facilitador da discussão e colaboração para o desenvolvimento do pensamento grupal. Surgem algumas questões, como: a necessidade de um investimento amoroso para aprender uma língua estrangeira, ou como a experiência de absorver determinada teoria se dá por meio da uma experiência analítica, e, ainda, se a função analítica é uma pré-concepção anterior à experiência e à análise. Alguém acrescenta mais uma ideia à conversa, se a relação mãe-bebê não seria a primeira realização dessa experiência de função analítica. Lembra-se mais uma vez do papel do enfermeiro no filme, que se mostra capaz de entrar em contato direto com o paciente. Fala-se de diferentes relações e vínculos, experiências emocionais passíveis de elaboração.

No final da primeira parte do encontro, surgem algumas associações relativas à guerra, com a questão sobre a luta ser contra o outro, não familiar e estranho, ou contra o conhecido. A evolução seria a possibilidade de poder pensar a experiência emocional que pode, então, ser trabalhada. São lembradas experiências ligadas ao medo da violência: traumas internos podem determinar uma confusão com relação à percepção externa.

Nesse momento, ouve-se à certa distância o estouro de rojões festivos, ruído que estimula fantasias de violência, bombas ou disparo de armas. Alguém verbaliza a convivência com situações de violência urbana, a que estamos expostos na cidade grande, e às quais aparentemente nos habituamos.

Encerra-se, então, a primeira parte do trabalho desse grupo, conforme previsto. Na saída, um dos participantes italianos despede-se, comunicando que deve ir ao aeroporto para voltar à Itália.

Segundo período

Enquanto os integrantes do grupo começam a se acomodar, momentos antes de iniciarmos a segunda parte dos trabalhos, uma das coordenadoras e a tradutora conversam à porta da sala; o sofrimento e a preocupação de uma delas é bastante evidente. Um membro do grupo entra, então, na sala somente para informar que não participará do restante dos trabalhos, pois decidiu fazer um passeio turístico, despede-se do grupo e vai. Os participantes restantes ficam alvoroçados e declaram que vão se transferir para outros grupos, dos quais ouviram falar no intervalo do café. A conversa é rápida, a decisão, ligeira, e a despedida, instantânea, quase afobada, pois todos se mostram aflitos com a possibilidade de não conseguirem se inserir nos outros grupos.

Diante dessa revoada, nós, as coordenadoras e a tradutora, sobramos atônitas na sala. Decidimos permanecer e continuar conversando, considerando que, de nosso ponto de vista, constituímos um grupo.

Tentamos retomar a discussão da primeira parte da discussão, mas a experiência impactante nos ocupa por um bom tempo. Reavaliamos: a experiência parecia ter sido interessante, o grupo empenhado na tarefa destinada. Teria a despedida do colega italiano, que havia despertado interesse e curiosidade e estimulado afetivamente o grupo, colaborado para dispersar o grupo? Nesse sentido, o pressuposto básico que teria prevalecido teria sido o de dependência em relação à liderança daquele colega e, implicitamente, uma oposição a nós, coordenadoras e tradutoras, representantes do *establishment* e dos organizadores do encontro. A ausência, já na primeira parte do grupo de doze de seus integrantes já seria uma manifestação de não concordância com o sistema proposto. O pressuposto básico de luta e fuga teria assim se revelado em relação ao subgrupo formado pelas coordenadoras e tradutora?

Consideramos, ainda, que, na primeira parte do encontro, teria prevalecido uma aparente atmosfera de intimidade, entendimento – serenidade. Nos momentos finais, questões relativas a guerra, bombas e violência, estimuladas possivelmente pelos ruídos de fogos, desvelaram as inquietações subjacentes. Uma de nós objeta que intimidade também assusta. O grupo teria reagido com medo e hostilidade a essa intimidade?

Refletimos se a conversa entre duas de nós, momentos antes do início da segunda parte dos trabalhos, com sinais de preocupação e sofrimento, poderia ter sido mais um fator na fuga que se viu acontecer. Eventualmente acentuou sentimentos de desamparo e exclusão, já estimulados pela saída dos outros dois dos integrantes, o colega que voltava à Itália e o que decidira fazer um passeio turístico, levando os restantes à procura de abrigo em um grupo grande e "bem-sucedido". Voltamos à imagem de "ilhas desertas" com as quais temos que nos haver quando alguém morre ou vai embora, ilhas que são bem mais difíceis de serem contatadas do que aquelas da violência. Conjecturamos ainda a existência de uma "fantasia de receber conhecimento" como mais um fator possível a estimular a debandada, buscando grupos com *status* mais garantidos.

Ressaltamos a oportunidade que tivemos, no primeiro período de trabalho de um grupo pequeno, e sem a presença de estrelas e notáveis, de partilhar uma dinâmica distinta de outras experiências feitas naquele encontro. Todos puderam falar e expressar suas experiências, sem depender de autorização externa. Percebemos que certamente nossas ideias e considerações estavam imbuídas de uma boa dose de tentativa de reasseguramento e consolo.

As bombas apareceram... A ideia de que a guerra com o estranho é, na verdade, a guerra com partes cindidas, negadas, projetadas e atacadas no outro torna mais tolerável o confronto com nosso vazio e "ilhas desertas". Consideramos a importância de estarmos, as três em conjunto, tentando prosseguir a experiência grupal, em vez de nos dispersarmos também. Mas as indagações continuavam a nos ocupar. Por que os outros integrantes inscritos para esse grupo não teriam comparecido, nem sequer na primeira parte? Pensamos que a questão remetia, de algum modo, ao conflito entre narcisismo e socialismo, e lembramos de várias situações em que diferentes pessoas se sentiram prejudicadas ou reclamaram privilégios durante a organização do encontro. Situações em que não foi possível contemplar o fato de que o encontro, e todo o trabalho proposto, tinha como meta um trabalho grupal que prevaleceria sobre interesses individuais.

Lembramos que, embora o grupo tenha falado muito sobre investimento amoroso, *Fale com ela*, "ilhas desertas", em não abandonar alguém em coma, quando esse mesmo grupo teve que se confrontar com a experiência de lacunas, com os desafios de uma maior intimidade, com sentimentos depressivos, as pessoas não o suportaram. O discurso não se confirmou na prática.

Retomamos o momento em que uma pessoa do grupo precisou se afastar por alguns instantes, visivelmente tomada de emoção, e que foi acompanhada por outra, ambas ficando dentro da sala, nas proximidades da porta. Esse evento humano não despertou no grupo uma curiosidade interessada, tão comum quando o sofrimento de uma outra pessoa é evidente. Uma hipótese seria que essa saída tenha sido percebida como um sinal de perigo, ou de conspiração, e tenha contribuído para a debandada. O grupo, em vez de sustentar as tensões, dissolveu-se, deixando que interesses individuais prevalecessem, que foram verbalizados pelo desejo de se ver "outras coisas", fazer passeios ou outras ideias. Nesse sentido, o grupo não teria se disposto a ter a experiência compartilhada antevista teoricamente no primeiro período de trabalho, não teria havido o interesse de "falar com ela", mas sim uma volta para algo que talvez tivesse uma conotação de conhecido.

Após essas elaborações, conseguimos retomar a discussão conceitual gerada pelo estímulo. Já havia sido mencionado que a passagem de O para K poderia ser entendida como uma vivência ou experiência que precisa ser transformada em algo comunicável. Algo próximo ao que estávamos vivendo ali. Já o caminho inverso, K para O, poderia ser pensado como algo a que não foi dado a oportunidade de acontecer, algo antevisto como trabalhoso, doloroso e que foi abortado. Aquilo que estávamos vivendo poderia ter possibilitado o acontecimento de algo de novo, algo que foi vivido em sua impossibilidade, em seu negativo? Notamos a distância entre o que foi dito, o que foi feito e o que poderia ter sido sustentado, como eventualmente acontece com a "função analítica".

Consideramos então a segunda questão, pouco discutida na primeira parte do encontro, sobre a relação imbricada da sexualidade com o pensamento. A origem da sexualidade é a reprodução sexuada, esse é o âmbito do ser vivo ao qual pertencemos, e cujo patrimônio é ser sexuado. O princípio do prazer é lembrado como a necessidade de um "bônus de prazer" no âmbito da sexualidade, um estímulo e uma compensação para a troca de material genético. Talvez a natureza humana básica seja mesmo narcísica e tendente ao isolamento. Freud descreve o desenvolvimento psicossexual, indicando um certo paralelismo entre psique e corpo. Mas nem tudo pode ser superposto, e sua indicação talvez valha mais para enfatizar o enraizamento profundo da mente no corpo. Cada célula do corpo humano é uma célula sexual, cada uma possui o genoma da mãe e o do pai. Freud é, às vezes, mal compreendido, especialmente quando se enfatiza um raciocínio causal na sua teoria, esquematizando forçadamente suas hipóteses sem contemplar a sua liberdade de observação e pensamento. Isso eventualmente resulta em uma acentuação dos antagonismos teóricos entre vários autores. Quando determinadas hipóteses de trabalho colocadas como tais por Freud são tomadas como certezas concretas, Freud nos apresenta intermitentemente ideias de complexidade. Talvez não exista uma única teoria que dê conta de todos os fenômenos. Nesse sentido, nosso desafio é abrir mão da ideia de poder compreender e amarrar tudo a partir de uma única teoria. Precisamos saber que lidamos com partes. Foi lembrado um antigo filme, *Colcha de retalhos* (Moorhouse, 1995), no qual várias mulheres, de várias gerações de uma família, e cujas vidas se passam em lugares distantes entre si e com experiências diferentes, se reúnem periodicamente. E, enquanto conversam, se ocupam simultaneamente em fazer em conjunto uma colcha de retalhos. Podemos estar utilizando também uma colcha de retalhos teóricos; certos retalhos fazem sentido em certos momentos clínicos. Fizemos uma aproximação dessas imagens com o modelo freudiano de construção. No início de uma construção, muitas coisas servem, porém, à medida que a construção avança, a necessidade de coisas específicas se impõe. Na situação de análise também necessitamos, no início, fazer uso de vários aportes e teorias, como em um quadro gestacional, de continência, e então, talvez podemos abrir espaço para a "análise clássica" em que a interpretação seja necessária.

Quanto à transferência, existe uma diferença na concepção de Bion com relação a Freud? Existe um trabalho analítico além da transferência? Observou-se a importância de não atribuir valores ou preferências a determinadas transformações em detrimento de outras, não preterir as transformações em movimento rígido, pois todas as transformações ocorrem, de certa forma, em conjunto, embora em certos momentos um ou outro tipo de transformação ocupe o primeiro plano.

Voltamos ao modelo gestacional, lembrando que, em determinados momentos do desenvolvimento do feto, certas substâncias são essenciais. Existem "retalhos" específicos e necessários em determinados momentos. Ao chegar à transferência, já temos um longo caminho percorrido. Nesse sentido, a teoria das transformações nos permite um trabalho, ao final do qual a transferência pode ocorrer. Ressaltou-se, como novidade, o trabalho aquém ou além da transferência. A transferência não é algo a ser visto de modo esquemático e simplificado. É um fenômeno muito delicado, pulsante, não estático, em pleno e constante movimento.

Concluímos essa parte do trabalho com a sensação de que a discussão foi muito rica e que não teria sido assim em qualquer outro momento em que nós três tivéssemos nos reunido, fora do âmbito daquela experiência grupal. Decidimos continuar a conversa no terceiro período previsto.

Terceiro período

Ao nos reencontrarmos, recebemos dois novos integrantes no grupo; agora somos cinco. Durante o intervalo do almoço, uma de nós havia comentado a nossa experiência com alguns colegas que ressaltaram a importância de termos conseguido sustentar a situação e o trabalho. Essa ideia também foi expressa por um dos novos colegas, que sublinhou o fato de termos nos disposto a experimentar a situação de inquietação e a serenidade ao enfrentar a realidade tal qual ela se apresenta, sem a persecutoriedade e o desejo de que ela seja diferente, e sem a pretensão delirante de que a quantidade é superior à qualidade.

Conforme havia sido sugerido, retomamos a leitura do estímulo para discussão. Seguimos assim a nossa conversa, alternando entre leituras e conversas. Primeiro, discutimos a questão da transferência, pois, no texto, Bion era citado e compreendido como se considerasse que o trabalho de interpretação da transferência pertenceria a uma época passada da psicanálise. Após consultarmos o texto original de Bion, citado no estímulo, observamos que não é essa a sua ideia; pelo contrário, Bion reconhece a transferência como um fenômeno transitório, assim como reconhece outras transformações, também transitórias. Não há por parte de Bion nenhuma ideia de superioridade ou de oposição do conceito da transferência em relação a outras transformações.

Outros questionamentos da leitura levantaram a preocupação quanto ao hiperinvestimento de uma determinada teoria em detrimento de outras, esquecendo eventualmente que se trata apenas de uma teoria. A experiência analítica aponta para algo que se expande, sendo que a teoria das transformações, assim como qualquer outra teoria, é somente um instrumento que permite navegar. Há de ser lembrado que quem navega é o barco, não o instrumento, e que há muitos instrumentos úteis para a navegação, como bússola, radar ou sextante. Foi lembrado, ainda, que Bion uma vez comparou a psicanálise a uma bengala de cego: ela não diz nada, mas pode ajudar a encontrar o caminho. Cabe ter em conta sempre o uso que se faz de um determinado instrumento.

Nova discussão se dá em torno de uma oposição colocada no texto, entre inconsciente e infinito, que parece não nos fazer muito sentido. Bion sempre irrompe para algo novo, parece sempre desvendar uma paisagem maior. Tudo isso nos remete à pulsão de vida, à busca do novo. Pode-se pensar em um paralelo entre a tendência muito forte da busca do desconhecido e do novo que nunca se completa com a pulsão e o desejo, essa roda viva, essa coisa inesgotável, e ainda tudo isso em oposição à morte e ao fim. Nesse sentido, a vida está o tempo todo presente nos textos de Bion. Mas será que a transferência é realmente uma reedição, ou somente parece ser? Foi lembrada a passagem de Freud, sobre o caso Dora, quando ele lhe pergunta quem tosse da maneira que ela está tossindo – a transferência e a psicanálise já estão todas lá. O uso desse instrumento, que depois vai se formalizar como transferência, é o que conversamos até hoje. Mas não podemos ficar presos à formalização. E mais, não há necessidade de se buscar o novo, o novo está presente o tempo todo. O esforço é no sentido de não se evadir do novo. Temos evidência disso na nossa experiência grupal atual, temos agora dois novos colegas no grupo.

Pensamos então ser importante diferenciar entre as contribuições da psicanálise e o uso que as pessoas fazem dessas contribuições. Há o risco do desgaste na maneira que determinadas ideias ou conceitos são utilizados. Toda novidade não passa de esquecimento, conforme alguém já nos alertou. Talvez, nesse sentido, Bion traga novidades, porque os psicanalistas se esqueceram da psicanálise. Em 1912, Freud já escrevia que a transferência é um fenômeno alucinatório e, no entanto, para nós isso (re)aparece como novidade. A retórica muitas vezes é sedutora e plausível, mas, após exame cuidadoso, pode se mostrar vazia. Foi lembrada a origem e o sentido da palavra inconsciente, o não conhecido, aquilo de que não temos ciência, infinito nesse sentido, assim como o conhecido também o é. A oposição inconsciente-infinito realmente não fazia sentido para nós. Foram lembradas as palavras "pouco saber é coisa perigosa, pouco saber é pior do que nenhum saber".

Comentou-se também que Schubert, o compositor, procurava o velho no novo; poderíamos falar em transformação ou em invariância. Não é possível uma sem a outra.

Continuamos a leitura até o final. Surgiu, então, a questão de qual é a especificidade do analista, pois, considerando o texto, a descrição dada serviria para qualquer relacionamento ou pessoa. A questão foi recolocada da seguinte forma: em que momento, no *setting* analítico, alguém é analista? Existe uma oposição entre interpretação no sentido de decodificação e de investigação científica? Voltamos à questão da "função analítica". Foi lembrada uma passagem de Bion, na qual ele fala que, quando o analista diz algo, ele precisa saber o que ele mesmo está querendo dizer. A partir de dois modelos, da culinária e da música, pensa-se sobre as necessidades individuais para uma determinada função; cada um tem que saber por si do que precisa e do que pode prescindir. Considera-se que ser psicanalista é poder acompanhar o que vai acontecendo na sala de análise, poder ser realmente quem se é mesmo, e enfrentar toda a turbulência decorrente disso. Além disso, ter confiança em sua análise pessoal. Ressalta-se a diferença entre falar sobre o paciente e com o paciente, como Bion ousou sublinhar. O modelo de se ensinar a pescar, e não dar o peixe, também é lembrado, pois exige o desenvolvimento de uma habilidade, uma atuação e também uma ciência do que está se fazendo.

Consideramos, finalmente, como uma inquietação do nosso grupo atual a quantidade de transformações que redundam em mal-entendidos ou alucinoses, coisas aparentemente inteligentes e plausíveis, mas que não significam "nada". E, ainda, ter sido muito útil a oportunidade de pensar e trocar ideias, independentemente de termos ou não obtido respostas, mas simplesmente por estarmos a caminho.

Referências

Almodóvar, P. (2002). *Fale com ela*. Madri: El Deseo.

Moorhouse, J. (1995). *Colcha de retalhos*. Los Angeles: Amblin Entertainment.

A experiência de grupos médios

Odilon de Mello Franco Filho

Avaliação geral do coordenador: as duas formas de grupo tentadas foram eficientes; grupos em torno de um autor e seu respectivo tema; grupos em torno do estímulo genérico proposto pelo colegiado.

Experiência como um dos coordenadores[1] do segundo tipo de grupo

a. Creio que o grupo executou a tarefa pedida e a circulação de ideias foi razoável. Se mais não houve, ou se mais deveria ser, não o foi por inibição ou repressão por parte de alguns. Foi por limite de ideias para tratar as propostas. E esse limite tem que ser respeitado, mesmo porque "traduzir" as ideias de Bion e casá-las com a experiência não é fácil. Não acho que poderíamos exigir mais do aconteceu.

b. A que atribuo o nível de eficiência que houve: essencial, a atuação da dupla de coordenadores. Ativos sem praticar usurpação

---

1 Mayer Snitcovsky era o outro coordenador.

do uso da palavra. Suas intervenções limitaram-se a aspectos técnicos (dirigindo a conversa) e, ao mesmo tempo, de conteúdo (expressando opiniões pessoais). Creio que essa dosagem "ativa" foi muito importante. Funciona quando a dupla não entra em competição entre si ou com os participantes. Pessoalmente, não somos a favor de coordenações só burocráticas e silenciosas. Os coordenadores precisam estar comprometidos com o tema; caso contrário, o grupo "murcha".

Questão não explicitada pelo colegiado organizador

Na sessão de encerramento, houve forte determinação, principalmente dos estrangeiros, em realizar um evento desses *a cada dois anos*. Estes coordenadores questionam: por que esse prazo? Por que não maior? Todos os congressos psicanalíticos são a cada dois anos. Será que os encontros de Bion estão competindo com eles e se institucionalizando por meio de um prazo fixo e estrito? Vamos entrar no "circuito produtivo" de congressos que se realizam em um prazo tão pequeno que impossibilita haver espaço para que novas ideias surjam e os justifiquem? Desconheço as razões dessa questão, mas ela nos preocupou. O que acabaremos fazendo com as ideias de Bion? Não acho que essa tendência faça jus a elas.

Mantendo viva a chama: encontros sobre a obra de Bion pelo mundo

Paulo Cesar Sandler

Graças à publicação de palestras e conversas, tornou-se conhecida a atividade mantida por Bion quando convidado para encontros em alguns locais. Sua obra permaneceu vivificada de um modo estreitamente ligado à sua presença real. Por "real" quero dizer "sensorial e psíquica", no modo dele mesmo falar e escrever, pelo menos a partir de 1970, em uma de suas tentativas de tolerar um paradoxo indissolúvel. Do ponto de vista do conhecer e dos processos de pensar, um paradoxo não sujeito a compreensões e, menos ainda, resoluções; mas passível de apreensões. Essa presença real iniciou-se no Brasil e na Argentina. Locais – nessa ordem histórica, ainda pouco reconhecida – em que sua obra escrita foi pela primeira vez traduzida, por Jayme Salomão e Paulo Dias Correa, e estudada, por Virginia Leone Bicudo, Lygia Alcântara do Amaral, Frank Philips, Laertes de Moura Ferrão, Alcyon Baer Bahia, Felix Gimenes, Bernardo Blay Neto e, logo a seguir, Leon Grinberg, Darío Sor, Elizabeth Tabak de Bianchedi, entre outros.

O desaparecimento físico de Bion foi recebido com um choque consternado. Não parece ter decretado o fim das atividades grupais locais, independentemente de algumas distorções – criticadas por Bion –, como idealizações e idolizações, e seus contrários. Alguns desses encontros pautaram-se pela inspiração – independentemente do grau e da qualidade – de sua obra. Neles, tentou-se aplicar inovações nos modos de organização, como os havidos em 1981, 1983 e 2004, em São Paulo.[1] A inovação incrementou tentativas não autoritárias, nesses modos de organização de encontros grupais.

Em 2002, ainda que de modo experimental, a organização passou a praticar uma ausculta cuidadosa, na tentativa de captar interesses que emergiam de nossas bases, depurados de ingerências "políticas", ou seja, pautou-se por interesses compostos por analistas praticantes. Constitui tentativa de não permitir preponderância de meritocracia política sobre meritocracia científica, uma tendência até agora inexorável no movimento psicanalítico mundial. A origem disso se situa em três trabalhos de Bion: *Experiências em grupos* (1961), *Atenção e interpretação* e *Uma memória do futuro*, além de dois trabalhos póstumos publicados em *Cogitações* (p. 327; p. 374): uma transcrição de gravação magnetofônica de abril de 1979 (três meses antes de seu falecimento) e do artigo "Psicanálise profética e psicopatologia profética", de julho, 1971. Em função dessas inspirações, tentou-se favorecer discussões menos superficiais, em pequenos grupos. Esta última tendência, nos últimos quinze anos, ganhou guarida em organismos internacionais, ligados à International Psychoanalytical Association (IPA). Ao mesmo tempo, analistas de outros locais, como Buenos Aires, Montevidéu, Roma, Turim e Paris, também sentiam a necessidade de encontros científicos para ajudar a manter viva a chama das contribuições de Bion – talvez não por coincidência, nesses

---

1 Organizados por Deocleciano Bendocchi Alves, Pérsio Osório Nogueira, Amazonas Alves de Lima e Antonio Luiz Serpa Pessanha, entre outros.

locais passou-se a favorecer discussões em pequenos grupos, não mais apensas explicitamente à obra de Bion.

Novamente internacional

Em Amsterdã, em 1993, iniciaram-se como atividade extraoficial dentro do IPAC, por iniciativa da sra. Thalia Vergopoulo, analista didata da Sociedade de Genebra e, posteriormente, de Atenas, encontros internacionais sobre a obra de Bion. A sra. Vergopoulo tinha experiência em grupos e mantivera contato, em termos de supervisões, com Bion.

Esse primeiro evento caracterizou-se por manter a universalidade, a abertura e a ausência de sectarismo, que caracterizaram a própria obra de Bion e sua atitude quando vivo. A sra. Vergopoulo solicitou a dr. León Grinberg, dr. André Green, dr. Otto Kernberg e à sra. Francesca Bion, cujo interesse na obra e no trabalho em torno da obra de Bion já era bastante conhecido, nomes de pessoas que tivessem feito uma reconhecida contribuição em termos de leitura, estudo, ensino, divulgação e desenvolvimento. Embora todos esses psicanalistas pudessem indicar colegas que viviam nos Estados Unidos, na Europa e na Argentina, nenhum deles sentiu-se em condições de indicar alguém que morasse no Brasil. Apenas a sra. Francesca Bion conhecia e poderia indicar alguém de nosso país.

O dr. Grinberg, considerado pelo próprio Bion como privilegiado conhecedor de sua obra, era, por coincidência, também o diretor científico do IPAC. Ele facilitou de todas as maneiras a realização do evento, que se chamou Bion's Writings Around the World (Os Escritos de Bion pelo Mundo).

O espírito científico imperou sobre o político, de certa forma contrabalançando, ainda que em menor escala em termos de número de pessoas, a decidida oposição de membros dirigentes da International Psychoanalytical Association (IPA) à divulgação da obra de Bion. Esta não influiu na consecução do encontro. Os trabalhos de Bion, ecoando o que ocorrera com os trabalhos de Freud, passavam a exercer influencia global independentemente do reduzido número de estudiosos e, provavelmente, praticantes. Para que o leitor possa ter uma ideia do clima, fui apresentado ao presidente do congresso, que acumulava nessa função o cargo de presidente da IPA com a condição de "nunca revelar qual seria o motivo" de minha "presença no recinto do congresso".

Iniciados os trabalhos, houve, espontaneamente, sensível interesse sobre a influência de Bion no Brasil, que se sabia ser intensa. Mas que não era claramente conhecida fora daqui e havia sido objeto de controvérsias.

Como representante brasileiro e indicado por Francesca Bion, fui convidado pela sra. Vergopoulo, devidamente autorizada pelo dr. Grinberg, para introduzir a discussão. Aprovado pelos circunstantes, fiz a introdução por meio de um relato especialmente preparado para tal evento não oficial.

Todos os presentes puderam ter noção – independentemente de suas reações inciais, que caminharam da surpresa ao descrédito de que traduções das obras de Bion foram feitas no Brasil, pioneiramente, desde o *Aprendendo da experiência* e *Elementos de psicanálise*, em 1966, pelo dr. Salomão e pelo dr. Dias Correa, até

Uma memória do futuro, em 1984, passando por várias versões de *Atenção e interpretação* e *Transformações*.[2]

Causou espécie nesse grupo a existência de uma versão em português de *Uma memória do futuro*, obra até então considerada como "ilegível" e não psicanalítica. Em função dessa apresentação inicial e do espírito de abertura e liberdade que permeou o encontro, analistas ingleses, norte-americanos, alemães, peruanos, italianos e outros sentiram-se em condições de expressar suas experiências. Ampliando a discussão para o ensino das obras de Bion nos vários institutos, a experiência brasileira despontou pelo pioneirismo e surpreendeu nossos colegas como a mais completa e abrangente em todas as áreas (ensino, uso em análise e traduções), despertando considerável interesse dos circunstantes. Um relato (em inglês) desse encontro foi posteriormente distribuído aos integrantes do grupo; nele constavam representantes ingleses, como as sras. Edna O'Shaughnessy e Betty Joseph, além de norte-americanos, suecos, holandeses e sul-americanos, como a dra. Elizabeth Tabak de Bianchedi, o dr. Marcelo Bianchedi e o dr. Jayme Heresi.[3]

O evento se ampliou no IPAC São Francisco, em 1995, novamente organizado pela sra. Vergopoulo, que solicitou a ajuda do palestrante brasileiro em Amsterdã.

---

2 Em função de controvérsias sobre essas versões, elas foram realizadas por várias pessoas, seguidamente, e em substituição umas às outras, pela sra. Maria Regina Affonso Junqueira, por dr. Carlos Heleodoro Pinto Affonso, sr. Frank Julian Phlips, dr. Luiz Carlos Junqueira e dr. Paulo Dias Correa. A primeira versão mundial de *Uma memória do futuro*, feita por mim, antecedeu em mais de uma década as versões em italiano, feita pela dra. Parthenope Bion Talamo e Gianni Nebbiosi, e em espanhol, feita na Argentina.

3 A pedido do então editor do periódico *Ide*, o relato foi publicado em português, em 1994.

O evento contou com a presença de palestrantes como Parthenope Bion Talamo, Elizabeth Tabak de Bianchedi e James Grotstein, escolhidos por meio de uma eleição democrática no mundo inteiro, a partir de uma lista em que a inscrição era livre. Esse método de escolha, de índole representativa e participativa, foi proposto pelo representante brasileiro, e entusiasticamente aprovado pela sra. Vergopopulo.

O evento contou com a presença de mais quinze brasileiros, inclusive José Américo Junqueira de Mattos, que tivera a rara experiência de uma análise com Bion. Cerca de duzentos colegas participaram como audiência – incluindo o dr. André Green e a sra. Francesca Bion.

Dezoito dos presentes apresentaram suas ideias e experiências, e foram feitas trinta perguntas. Nesse encontro, foi distribuído um material de estudo previamente, pois o tema era "função-α". Foi feita uma eleição entre os presentes, escolhendo-se três representantes por área geográfica para que organizassem o evento seguinte; eram eles a sra. Vergopoulo, pela Europa, a sra. Jane van Buren, pela América do Norte, e eu, pela América Latina.

Um novo passo: Turim e Buenos Aires

Com base nessas duas experiências, principalmente a de São Francisco, e pelo fato de 1997 marcar o centenário do nascimento de Bion, sua filha, Parthenope, e um grupo de analistas italianos, especialmente Silvio Merciai e Franco Borgogno, decidiram ampliar ainda mais o experimento, e organizaram um grande encontro em Turim, com a presença de aproximadamente setecentas pessoas. O clima de abertura, democrático e inclusivo, permitiu uma ampla gama de experiências que compreendeu pequenos grupos, grandes grupos, conferências, trabalhos individuais. A sra. Francesca Bion emocionou a audiência em uma das plenárias com um relato vívido e pungente de seu dia a dia com Bion.

Houve ainda um experimento pioneiro de internet, com um site, um grupo de discussão e um *chat* ao vivo durante o congresso, para que aqueles que não puderam viajar a Turim pudessem acompanhar o encontro. O evento foi chamado de Bion 97, e sua sequência foi dupla, pois deu seguimento aos eventos ligados aos IPACs: em uma data diferente, intervalada, programou-se o Bion 99, em Buenos Aires, e o Bion 2002, em Los Angeles.

As atividades locais continuaram em Buenos Aires, Suécia, Alemanha, Japão. Sabendo da iniciativa de Parthenope para 1997 em comemoração ao centenário, Maria Olympia de Azevedo Ferreira França, Leopold Nosek e Luiz Carlos Uchôa Junqueira Filho organizaram, um ano antes, 1996, um encontro duplo, em bases políticas que contou com convidados estrangeiros: Parthenope, Elizabeth Tabak de Bianchedi, Marcello Bianchedi e Robert Caper.

Em 1997, o grupo se reuniu no congresso da IPA em Barcelona, sempre como painel não oficial, para o estudo do "objeto psicanalítico". Os encontros de Buenos Aires e de Santiago tiveram que enfrentar uma dura e trágica perda: a de Parthenope Bion Talamo. Em sua memória, foi feita uma homenagem em ambas ocasiões: um *site* Bion 97 de Turim contando com uma biografia de Bion, e de Parthenope, com fotos inéditas. Em 1999, em Santiago, o tema foi "derivados narrativos da função-α", exposto por; o nome do grupo foi modificado para "Bion's Readers Around the World", pois sentia-se que "Bion's writings" dava um sentido apostólico ao encontro. Em 2001, o encontro foi em Nice, organizado após consulta aos participantes, que escolheram o tema e o apresentador ("sexualidade na obra de Bion"); em 2004, em New Orleans novamente escolheu-se o tema após consulta aos participantes: um texto de Bion sobre evidência científica.

Assim como nos eventos nos IPACs, pude participar da organização do evento de Los Angeles, que foi precedido de um encontro preparatório em São Paulo. Em Buenos Aires um grupo de colegas norte-americanos propôs a realização do evento em São Paulo. Firmou-se uma tradição na qual os grupos de pessoas que compareciam aos eventos se encarregavam de compor um grupo organizador para o próximo evento no país que o abrigasse. Seria no Brasil, em São Paulo, o próximo evento. Os participantes em Los Angeles, que incluíram colegas de Porto Alegre e do Rio de Janeiro, ampliaram o grupo, convidando cada um deles um colega com reconhecida experiência e interesse na obra de Bion, para que começassem a esboçar algumas linhas mestras de trabalho. A SBPSP decidiu patrocinar o evento.

Os eventos seguintes ao Bion 2∞4 São Paulo ocorreram em Roma, organizados pelo dr. Giorgio Correnti; em Porto Alegre, pelo dr. Arnaldo Chuster; em Los Angeles, pelas sras. Glenda Costorphine e Afsaneh Alishobani, com o dr. James Gooch, a sra. Shirley Gooch, o dr. Joseph Aguayo e o dr. Barnet Malin; houve ainda um evento menor, em termos de participantes, organizado por Monica Horvitz, em Marrakech, no Marrocos. Segui de novo encontro em Milão, na Itália, organizado pelos Dr. Giorgio Correnti, Dr. Alessandro Bruni, no qual elegeu-se, por unanimidade, a cidade de Ribeirão Preto para abrigar o encontro de 2018.

GRÁFICA PAYM
Tel. [11] 4392-3344
paym@graficapaym.com.br